民國歷史與文化研究

二 編

第 8 冊

從「自由的馬克思主義」到「新自由主義」
——胡秋原思想研究(上)

霍賀 著

花木蘭文化出版社

國家圖書館出版品預行編目資料

從「自由的馬克思主義」到「新自由主義」——胡秋原思想
研究（上）／霍賀 著 -- 初版 -- 新北市：花木蘭文化出版社，
2015〔民 104〕

目 4+268 面；19×26 公分
（民國歷史與文化研究 二編；第 8 冊）
ISBN 978-986-404-276-0（精裝）
1. 胡秋原 2. 學術思想 3. 馬克斯主義 4. 新自由主義
628.08   104012461

ISBN- 978-986-404-276-0

9 789864 042760

民國歷史與文化研究
二 編 第 八 冊   ISBN：978-986-404-276-0

從「自由的馬克思主義」到「新自由主義」
——胡秋原思想研究（上）

作 者 霍賀
總 編 輯 杜潔祥
副總編輯 楊嘉樂
編 輯 許郁翎
出 版 花木蘭文化出版社
社 長 高小娟
聯絡地址 235 新北市中和區中安街七二號十三樓
　　　　 電話：02-2923-1455／傳眞：02-2923-1452
網 址 http://www.huamulan.tw 信箱 hml 810518@gmail.com
印 刷 普羅文化出版廣告事業
初 版 2015 年 9 月
全書字數 455001 字
定 價 二編 24 冊（精裝）台幣 45,000 元

從「自由的馬克思主義」到「新自由主義」
——胡秋原思想研究（上）

霍　賀　著

作者簡介

霍賀（1979～），男，漢族，2014 年畢業於南京大學歷史學系，獲歷史學博士學位，研究方向
為中國近現代思想文化史，現在華北水利水電大學思想政治教育學院任教。

提　　要

　　在中國近現代思想文化史上，胡秋原是一位具有相當影響和極具研究價值的人物。他少年
時期受新文化運動自由、民主和科學價值觀的影響，奠定了思想上的自由主義底色。進而鍾情
於五四後期在中國廣泛傳播的馬克思主義和其他激進革命學說，視其為救國救民之道，並一度
投身於革命風潮之中。但對獨立人格的追求和對自由理念的癡迷，又讓他在民族危機日益嚴峻、
社會矛盾不斷加劇的現實面前，陷入迷惘與困頓。為此，作為文化人的他，從文藝和史學理論
方面的路徑入手，對自己思想上的迷惘作一釐清。他首先參與「文藝自由論辯」，成為「人道主
義文藝觀」的主要提倡者；繼而以《讀書雜誌》為陣地，組織開展了在民國思想史、學術史上
頗具影響的中國社會性質的討論和中國社會史論戰；抗戰爆發後又積極投身於抗日救亡運動之
中，在此期間，他從比較中西文化的視角探索抗戰建國之道，提出了超越傳統、超越西化、超
越俄化，走中國自己發展道路的主張。

　　因他對共產黨領導下的新政權抱有深刻的疑慮和不信任，1949 年離開大陸遠赴臺灣，此後
多年致力於文化和文化史方面的研究，但仍不忘情政治，並以其特有的家國情懷對中國的發展
進行不懈的思索，也是臺灣思想文化界頗有影響的人物之一。大陸改革開放後，他也是最早來
大陸探訪的文化名人之一。可以說，自 20 世紀 20 年代以來，在中國現代思想史上的許多重要
問題上，胡秋原都發出了自己的聲音，在近現代思想文化史上理應據有其一席之地。然而，儘
管他在思想文化界頗為活躍，也有一定影響，但卻是個不得志的「失敗者」。他畢生對「超越之
路」理想的求索，希望調和兩個極端、謀求「中間道路」的願景，一直處在不斷碰壁之中。不
過，也正因為這樣，胡秋原的命運和遭遇，實際上也成為中國歷史上那個時代很多像他那樣抱
此理想的一代知識人命運的寫照。由於眾所週知的原因，像胡秋原這樣立場曖昧不明的「中間
人士」，一個政治上的失意人和失敗者，以往學界關注和研究都相當薄弱，對他們歷史所起的作
用和價值也缺少公正客觀的評說，筆者主要為彌補此缺陷而作。

目次

緒　論

第一節　選題緣起與研究意義

一、選題緣起

　　由於近代中國日益深重的民族危機和不斷激化的社會矛盾，中國知識分子向西方尋求解決危機的出路。然而，歐戰的爆發，尤其是巴黎和會對於追求「公理」的中國人帶來了巨大的幻滅感，更使一大批懷有救亡情懷，卻又深陷於失望中的知識分子思考中國向何處去？蘇俄十月革命的勝利，吸引了迷茫中的中國知識分子對社會主義的嚮往。由此，近代以來中國知識分子尋求出路的視線由西方轉向俄國。幾乎與民國同時誕生，受新文化運動洗禮，懷有自由民主理念和尋求富強的胡秋原（1910～2004），與當時大多數懷有救亡情懷的熱血青年一樣，一度被蘇俄十月革命後在中國得到廣泛傳播的激進馬克思主義所吸引，成為社會主義的追隨者，進而投身於革命洪流。然而，大革命中的種種挫折，使他對蘇俄革命道路和一度追隨的「主義」產生懷疑，並開始獨立思考中國社會問題，探求馬克思主義的本質，提出相應的立國之道，成為其畢生矢志不渝的追求，故本文以胡秋原思想演變的進路作為研究選題。

　　由於中國的社會主義是以蘇俄激進革命道路為模式取得成功的，因此建政後依然延續革命戰爭年代的思維，以「階級鬥爭為綱」，最終導致十年「文革」，使國家建設和社會發展陷入停滯的危險境地。「文革」後執政黨對以往

階級鬥爭的革命道路進行反思，提出了解放思想的口號，也開始重新思考馬克思主義，反思「文革」中那種摧殘人性的災難性行為是否符合馬克思主義的本質。沉舟側畔，病樹前頭，1980 年代初，思想理論界提出了人道主義的討論。馬克思主義關於「人的解放」之理論精髓一旦得到開掘，其對正在進行撥亂反正的中國思想界所產生巨大啓蒙和引領作用是人所共見的。1990 年代蘇東歐巨變和蘇俄社會主義模式的告退，使人們更加質疑蘇俄的社會主義是否符合馬克思主義的本質？爲此，學界掀起對馬克思主義理論問題的熱烈討論，人道主義、自由主義與馬克思主義「人的解放」之理論有著怎樣的內在關聯？這一問題再次引起了中國學界和思想界的廣泛關注。

隨著討論的深入開展，有人提出這樣的思考其實並非始於今日，早在馬克思主義在中國熱播中，思想界圍繞這一問題，就曾有過幾場相當激烈的論戰。在相關討論中，就有類似口號的提出。胡秋原這位至今雖仍被湮沒，但在民國文化思想舞臺卻曾十分活躍的人物，就有「人道的馬克思主義」和「自由主義的馬克思主義」之口號的提出。提出這些口號的胡秋原究竟是怎樣的一個人？他多年前提出的「自由的馬克思主義」、「人道的馬克思主義」口號究竟有著怎樣的內涵？在思想界重新認識馬克思主義的當下，胡秋原的思想是否還有重新認識的價值？這一連串問題的存在，引發了筆者對這一人物及其思想的探索和研究興趣，可以說，也是本文以此爲研究對象展開的緣起和初衷。

學界對胡秋原缺乏應有的關注和研究，也是本文選題的重要原因之一。五四後對尋求富強的中國知識分子來說，或多或少都有社會主義情懷，作爲一種思潮和制度選擇，他們並不反對社會主義，分歧在於採取何種方式來實現。在研究追隨馬克思主義的知識分子時，以往關注焦點多集中在信奉俄化的馬克思主義理論家，而對一度追隨馬克思主義，提出「自由的馬克思主義」的胡秋原未得到應有的重視。與傾向蘇俄革命道路的馬克思主義理論家更多注重革命和政治實踐相比，胡秋原從思想和學理上較早對馬克思主義進行追根溯源的探究，並對馬克思主義在蘇俄的流變，以及重估馬克思主義價值方面作出了相應貢獻。因此，從研究馬克思主義的本質層面，有必要對胡秋原進行系統研究。

胡秋原以超越左右的「中間人」自居，畢生對「超越之路」、「中間道路」的探求，一直處在不斷碰壁之中。事實上，他的命運也是那個時代很多抱此

理想的一代知識人命運的眞實寫照。由於衆所週知的原因，像胡秋原這類人
思想上對馬克思主義入乎其內，又出乎其外，政治上的失敗者，立場曖昧不
明的「中間人士」，長期以來由於被視爲「異類」，學界對其關注和研究相當
薄弱，而對其歷史作用和價值也缺少公正客觀的評說，這也是筆者以胡秋原
思想研究爲選題的主要原因。本文嘗試以胡秋原爲個案研究，以探索中國出
路過程中的思想演進作爲切入點，對之進行思想史脈絡的梳理，並對其思想
價值予以深入透視和重新認知。

二、研究意義

　　胡秋原以「自由人」相標榜，長期以來既與國共兩黨保持若即若離的關
係，又試圖超越左右探索中國出路。史學界受宏大敍事革命史觀影響，對胡
秋原這樣的「中間」人物，通常會被摒棄在歷史研究者的視野之外，即便有
所涉及，也是作爲被批判的歷史負面人物，予以簡單的否定和貶斥，其歷史
上曾扮演的角色和起到的積極作用，會被嚴重遮蔽，其思想更是會被歪曲，
影響了對其進行更爲精確、可信的解讀和詮釋，因此有重新發掘的必要和價
值。就本文的研究意義而言，希冀在學術價值、思想價值和現實意義方面有
所裨益。

　　目前學界對胡秋原的研究爲數不多，誠如有學者評價道：「對胡秋原的學
術思想的研究還是初步的，有許多方面尙未深入開展」。〔註 1〕就研究內容而
言，除傳記外，尙未有一部全景式的胡秋原研究著作，現有的研究也存在諸
多不足。第一，以往的研究多集中於胡秋原的「文藝自由論」及其與「左聯」
的論戰，無論是否定，還是肯定其「文藝自由論」的價值，都缺乏甚至忽略
對其人道主義思想的解讀和詮釋。第二，對胡秋原的自由民主理念，在自由
主義思想史中其異質性較少涉足。由於其獨特經歷，在探索中國出路的過程
中，他思想的多次轉向，既有前引，又有後果，且對後來者也不無啓示和影
響。這種思想來源的多元化和雜糅性，以及他對近代中國民族和文化危機的
思考與回應，學者雖有所論述，但很少展開。第三、對胡秋原這類人對馬克
思主義入乎其內，又出乎其外的原因關注較少，有待於進一步深化。他畢生
研究馬克思主義，爲何未成爲馬克思主義者？通過梳理他對馬克思主義的研

<hr>

〔註 1〕李敏生：《胡秋原學術思想研究・前言》，北京：社會科學文獻出版社，1996
　　　年。

究，不僅可以豐富思想史研究的內容，而且也為當下重新認識馬克思主義提供思想價值方面的借鑒，為更全面研究馬克思主義提供一些啟示。第四、對胡秋原思想上的求索價值定位不夠準確。因其思想上受自由主義、馬克思主義和民族主義等思潮的影響，有些論者懷著理解之同情的態度，將其視為自由主義者有之，馬克思主義者也有之。那麼，他究竟屬於哪一類人？在近現代思想譜系中，如何給予他一個清晰準確的定位，是本文深入探討的問題。筆者以為對胡秋原思想進路的解讀和詮釋，必須將其盡可能還原到當時的歷史語境中，與同時代的知識分子進行縱向和橫向比較，才能審視其思想演變脈絡背後的深層原因，也才能更準確詮釋其思想價值。誠如有論者評價道：「思想的價值和它的正確與否，要由時間和歷史作出裁決。可是思想者前行的足跡是堅實的，並非沙漠上的海市蜃樓」。〔註2〕

對胡秋原思想進路的研究不僅具有學術價值，還富有現實意義。1980年代以來思想界的熱烈爭論，從虛無主義到重建人文精神，從對傳統文化的辨析到對現代化道路的反思和重新建構，從對蘇俄社會主義模式的反思到重新認識馬克思主義等問題的討論，胡秋原當年都曾觸及到。因此，無論從歷史還是現實角度來審視，對胡秋原思想的研究都有價值和必要，也可以為曾經和當下理論上的誤區提供一些啟示。前人的研究上已經走了很遠，但思想的發展並未遵循直線進化論模式。也正因為如此，我們才有從學術思想史上恢復其真實面貌並重新認識的必要。本文力圖實現將胡秋原思想演進置於當時的歷史場景中，拓寬歷史研究視野，沿著歷史發展脈絡，重新審視其思想演進和對中國出路的思考及探索的路徑——從追隨「馬克思主義」到「新自由主義」進而到「超越前進論」的轉變，追尋胡秋原的思想進路、理論主張和終極關懷，進而重新評價並予以深入透視其思想價值。同時也希望本文能為民族復興、建設現代化以及近現代中國思想史的論戰提供新的思考維度。

第二節　學術史回顧與分析

胡秋原一生徘徊於學術與政治之間，在兩方面都頗有建樹。其思想跨越中西，縱橫古今。與那些在學術界地位卓越而備受關注的學人不同，如前所述，在民國思想史上他是被遮蔽的歷史人物，因此研究成果並不多，直到1988

〔註2〕竹林：《眾人皆醉我獨醒——悼念胡秋原先生》，《作品》2004年第11期。

年他訪問大陸後才得到改觀。以下爲筆者綜合兩岸三地的相關學術研究動
態，對迄今爲止胡秋原研究狀況的一個粗略介紹和敍述：

一、大陸地區

　　大陸學界對胡秋原的研究起步於 1980 年代，但到目前爲止，取得的成果
並不多，據知網和維普等數據庫檢索統計，相關論文共 80 餘篇。傳記 3 部，
學術研討會論文集 1 部。博士學位論文中，還沒有以胡秋原爲選題的。〔註3〕
碩士論文僅有 6 篇，且大都是以文藝自由思想和中國社會史論戰作爲研究主
題。〔註4〕下面就大陸學界對胡秋原的研究成果進行回顧和分析。

　　受政治和意識形態的影響，長期以來胡秋原是以「反馬克思主義」者的
形象，出現在文學史和哲學史教科書上，並把其與「左聯」的論爭定性爲「敵
我鬥爭」，他反對「藝術墮落爲一種政治留聲機」的說法，以及社會發展路徑
的觀點被批判了半個多世紀。1980 年代以來學界逐漸擺脫「左」傾錯誤的束
縛，伴隨著「反思文學」的興起和重新認識馬克思主義的研究熱潮，胡秋原
以文藝自由思想論者的身份出現在研究者的視野。李旦初首先反思並質疑「敵
我鬥爭」的定性〔註5〕，開啓對胡秋原的研究。隨著研究的不斷深入，研究領
域擴展到中國社會史論戰、哲學、政治、文化、歷史、馬克思主義、民族主
義等諸多方面。

〔註3〕　毛劍：《「左聯」時期馬克思主義文藝理論的引進與發展研究》，山東大學博士
　　　　論文，2006 年。該文涉及胡秋原對普列漢諾夫的研究及其對庸俗社會學的批
　　　　判。
〔註4〕　張體坤：《20 世紀 30 年代中國自由主義文學思潮探源——兼對「泛自由主義」
　　　　傾向的批評》，陝西師範大學碩士論文，2008 年；吳建萍：《論胡秋原的自由
　　　　文藝觀》，蘇州大學碩士論文，2009 年；陳波：《胡秋原三十年代文藝思想初
　　　　探》，首都師範大學碩士論文，2007 年；徐元紹：《論胡秋原的文藝自由觀》，
　　　　聊城大學碩士論文，2006 年；李迎迎：《胡秋原文藝思想初探》，山東師範大
　　　　學碩士論文，2008 年；張春英：《審美與自由——胡秋原文藝思想研究》，汕
　　　　頭大學碩士論文，2007 年。此外還有梁銀妹：《政治·學派與學術——20 世
　　　　紀 30 年代「亞細亞生產方式」的論爭》，華南師範大學碩士論文，2007 年；
　　　　呂超：《揭開歷史冰山的眞實一角——論三十年代的「第三種人」現象》，山
　　　　東大學碩士論文，2004 年。這兩篇論文雖不是以胡秋原爲研究對象，但文中
　　　　有胡秋原參與「文藝自由論辯」和「中國社會史論戰」的相關內容。
〔註5〕　李旦初：《「左聯」時期同「自由人」「第三種人」論爭的性質質疑》，《中國現
　　　　代文學研究叢刊》1981 年第 1 期。

1. 文藝自由思想

1930 年代初，胡秋原與「左聯」的「文藝自由論辯」是在革命話語霸權語境下的一次思想論爭，學界對此用力頗多，主要集中於三方面：一、對論爭性質的再認識，由敵我矛盾恢復到文藝問題上的思想鬥爭和學術爭論。二、文藝觀的辨析。在文藝與政治、階級的關係，及其黨性原則等問題上，由原來認定胡秋原向「左聯」進攻，是根本錯誤和反動的，到認爲論辯對當時「左聯」較「左」的文藝觀起到糾偏作用。三、魯迅對胡秋原等人批評的辨析。

1930 年代「左聯」動輒上陞到「主義」高度的批判，在當時已蔚然成風，以至於左右了後來評價此次論爭的思維方式。1949 年後大陸由於在高度統一的意識形態霸語權下，對歷史的敘述也被納入到一個統一的模式下。學界對胡秋原等人與「左聯」的文藝論爭的評價，隨著主流意識形態的起伏而波動，經歷了 1949 年後「一邊倒」，視「自由人」爲階級敵人的徹底否定，到 1980 年代以來倒轉方向的逐漸逆轉，對「左聯」在論爭中的宗派主義和極左傾向，胡秋原等人對文學和政治採取比較中立而寬容的姿態已達成共識。這種轉變是在改革開放和社會轉型之際，隨著執政黨對「文化大革命」的全盤否定，「知識界和學術界則遵循著另一種更具否定性和批判性的邏輯，竭力恢復被閹割的歷史和文學史，發掘出以往被貶低、被排斥、被壓抑的思想文化資源，使之重新具有『當代性』和『戰鬥性』。胡秋原在 1930 年代初所倡導的『文藝自由論』就是在這種歷史背景下被重新發現，並用於對『不自由』的現狀和曾經『更不自由』的歷史做出一種學術性的抵抗。查閱近二十年文獻會發現，以胡秋原當年的『文藝自由論』糾正左翼文學功能論已成爲學界風尚」。〔註6〕

1980 年代，葉德浴等人從反思的角度肯定胡秋原「文藝自由論」對「民族主義」文學的批判，對左翼作家存在的機械論、教條主義和庸俗階級論的傾向有糾偏作用〔註7〕，吉明學甚至指出胡秋原博採「馬克思、列寧、普列漢諾夫以及布哈林、托洛茨基等人的理論熔於一爐，倒眞的呈現出『萬花繚亂之趣』」。〔註8〕仍有不少論著將胡秋原等人視爲「敵人」或「反動文人」，其

〔註6〕 張寧：《同途‧殊途‧同歸——魯迅與胡秋原》，《文史哲》2012 年第 6 期。
〔註7〕 葉德浴：《關於對「第三種人」鬥爭的幾個問題》，《中國現代文學研究叢刊》1981 年第 1 期等。
〔註8〕 吉明學：《試論「自由人」》，《揚州大學學報》（人文社會科學版）1980 年第 4 期。

理論是「反動謬論」或「反馬克思主義理論」，對其批判是完全必要的。〔註9〕
錢理群等人認爲論爭是馬克思主義與自由主義文藝思潮的對立。〔註10〕這種
一改此前全盤否定的觀點，無疑具有突破性的意義。如張景蘭所言：「這樣的
對比評價，應該說在當時是極爲新穎的，不僅顯示了重估歷史的勇氣，還隱
含了經歷一個極左政治時代的知識分子災難性的痛切體驗，具有突破傳統意
識形態的時代意義」。〔註11〕這些研究還是在革命史觀指導下進行的，站在左
翼文壇的角度，對極左觀點進行辯護，依然帶有明顯的意識形態下的政治化
思維和功利色彩，對胡秋原的評價還處于謹愼的起步階段。

　　1990 年代，對胡秋原的研究隨著其 1988 年和 1992 年兩度訪問大陸而逐
漸升溫。何梓焜、吳家榮、劉炎生等人肯定胡秋原文藝自由論的價值，同時
也指出其局限，將他視爲「左聯」的同路人，其爭論屬於人民內部矛盾。這
種評論與前期相比已經取得了質的突破，〔註12〕尤其是胡秋原學術思想研討
會的召開及其著作的公開出版，〔註13〕推動了對其研究的進展。進入新世紀
以來，學界突破政治化思維和意識形態的束縛，從文學與政治的角度解讀胡
秋原的文藝思想。〔註14〕吳勝利等人認爲「左聯」以政治干預文學論爭開了

〔註 9〕錢宗義：《評〈試論「自由人」〉》，《揚州師院學報》（社科版）1983 年第 2、3
　　　　期；邵伯周：《中國現代文學思潮研究》，上海：學林出版社，1993 年；姚辛：
　　　　《左聯史》，北京：光明日報出版社，2006 年等。

〔註10〕錢理群等：《中國現代文學三十年》，上海：上海文藝出版社，1987 年，第 224
　　　　～225 頁。

〔註11〕張景蘭：《隱含話語、政治策略與倫理立場的夾纏——再論左聯、魯迅與「第
　　　　三種人」的論爭》，《文史哲》2009 年第 2 期。

〔註12〕何梓焜：《評胡秋原對普列漢諾夫藝術理論的研究》，《江漢論壇》1990 年第 9
　　　　期；吳家榮：《「左聯」與胡秋原的論爭及其歷史反思》，《社會科學戰線》1992
　　　　年第 4 期；劉炎生：《「自由人」再認識》，《中國現代文學研究叢刊》1994 年
　　　　第 3 期；葛紅兵：《胡秋原、蘇汶的文藝自由論》，《益陽師專學報》1996 年第
　　　　3 期。

〔註13〕李敏生編：《中華心：胡秋原政治文藝哲學文選》，北京：社會科學文獻出版
　　　　社，1995 年；李敏生主編：《胡秋原學術思想研究》，北京：社會科學文獻出
　　　　版社，1996 年。前者是胡秋原的文章選編，後者是 1995 年 8 月在北京召開的
　　　　海峽兩岸學者參加的「胡秋原學術思想研討會」的論文集。

〔註14〕朱曉進：《政治化思維與三十年代中國文學論爭》，《中國社會科學》2002 年第
　　　　6 期；韓學臨：《衝突：文學話語與政治話語》，《福州大學學報》（哲學社會科
　　　　學版）2001 年第 4 期；胡梅仙：《文學的方向與傾向——左聯時期魯迅與「自
　　　　由人」、「第三種人」的論爭》，《文史哲》2010 年第 1 期等。

極壞的先河，導致建國後文學論爭演化爲可怕的政治風暴。〔註 15〕徐文廣、徐元紹、李明清等人認爲胡秋原與左翼作家的論爭，是自由主義者與馬克思主義者之間的交鋒，是一場「錯位的文學對抗」，胡秋原的文藝論更符合馬克思主義的文藝觀。〔註 16〕孟慶澍、張景蘭等人肯定胡秋原文藝觀的價值，但認爲與激進的時代節奏不合拍，處於歷史困境之中，又與眞正的自由主義者有明顯區別。〔註 17〕葛飛認爲應承認胡秋原是馬克思主義者，〔註 18〕黃德志認爲有關自由人是「同路人」問題的爭論應在具體的歷史語境和革命主體的界定中理解。〔註 19〕

　　有關胡秋原與魯迅的關係，也成爲學界關注的焦點問題之一。蔡清富等人認爲胡秋原和魯迅在文藝觀上有許多共性，但對革命文學的態度不同，〔註 20〕這也成爲魯迅批判胡秋原的原因。〔註 21〕對魯迅指責胡秋原是「在馬克思主義裏發見了文藝自由論」，「在列寧主義裏找到了殺盡共匪說」之說，進行考證和詮釋比較充分的當屬秋石。他澄清了魯迅給胡秋原帶的兩頂帽子是莫

〔註 15〕 吳勇利、王向陽：《「話語霸權」陰影下的「自由人」——對「左聯」與「自由人」論爭的一點認識》，《婁底師專學報》2004 年第 3 期。

〔註 16〕 徐文廣：《錯位的文學對抗——重評三十年代的「文藝自由論辨」》，《山東社會科學》2001 年第 1 期；陳琳琳：《從原始期刊看三十年代文藝論爭的焦點》，《浙江學刊》2000 年第 6 期；李明清：《評「自由人」、「第三種人」的自由主義文藝思想》，《重慶教育學院學報》2003 年第 1 期；徐元紹：《論胡秋原的文藝自由觀》，《聊城大學學報》（社會科學版）2005 年第 3 期。

〔註 17〕 孟慶澍：《話語夾縫中的思與辨：略論「自由人」時期胡秋原的文藝理念》，《中州學刊》2003 年第 5 期；張景蘭：《「藝術正確」與歷史困境——論「文藝自由論辨」中胡秋原與左聯理論家的分歧》，《江海學刊》2010 年第 5 期。

〔註 18〕 葛飛：《文人與革命：從「第三種人」問題生發的左翼諸面相》，《中國現代文學研究叢刊》2009 年第 1 期。

〔註 19〕 黃德志：《左翼對自由人與第三種人的誤讀》，《中國現代文學研究叢刊》2007 年第 4 輯。

〔註 20〕 蔡清富：《胡秋原與革命文學論爭》，《魯迅研究月刊》1989 年第 9 期；熊顯長：《自由人論戰時期胡秋原文藝思想論析——兼與魯迅文藝觀比較》，《湖北大學學報》（哲學社科學版）1991 年第 2 期；劉逢敏：《魯迅與「自由人」胡秋原——〈從魯迅全集一個注釋談起〉》，《張家口師專學報》（社科版）1994 年第 3 期。

〔註 21〕 徐元紹：《盟主的氣度，歷史的高度——「文藝自由論辨」中魯迅對胡秋原保持緘默態度原因之探析》，《山東教育學院學報》2007 年第 4 期；黃悅：《階級革命與知識分子人格：重論魯迅的「第三種人」觀》，《文史哲》2009 年第 2 期。

須有、毫無依據的史實。〔註22〕葉德浴和張寧對秋石的觀點提出商榷。〔註23〕
此外，也有一些具有史料價值的回憶訪談性文章。〔註24〕

　　30多年來學界對胡秋原文藝觀的研究，基本是沿著「祛左翼化」，充分理
解和合理化其文藝自由論的思路進行。「這種看似『純學術化』和『客觀化』
的研究，既沒有『復原』歷史，也談不上『純粹』與『客觀』，而是基於1980
年代問題的話語構建。當時過境遷，當年反對『極左』、倡導文藝自由的問題
性不再顯得尖銳，那原本極具新穎性和尖銳性的見解，也就凝固成一種超時
空的抽象邏輯」。長期以來大陸學界對胡秋原與「左聯」的研究交替式地傾向
於對立的「二分法」，這種「二分法」背後其實隱含著用「正確」反襯「反動」
的立場和觀點，把複雜的歷史現象和豐富的思想內涵，簡單化爲一套單純的
邏輯觀念，在價值判斷上黑白分明。然而這種價值判斷以及歷史的複雜性，「使
得我們採取任何單一視角，特別是單一價值判斷都無法窺見其眞實面貌。尤
其是在具體的歷史語境消失之後，反抗者內部的差異變化，妥協者言辭的曖
昧意味，也都在新的似乎清晰明瞭的言說中消失了其豐富性和曖昧性，使之
更容易直接鑲嵌在後來者的各種意識形態既有思維模式中」。〔註25〕基於此，
本文對胡秋原與「左聯」論爭的再解讀，力圖盡可能恢復其發生在1930年代
的現實感，在文本和語境的動態關聯中考察其最初的位置及其對當下的意
義。把問題放在歷史背景和胡秋原的精神圖景中進行全面審視，以便呈現出
1930年代文藝思潮的多樣性及其思想的眞正價值。

2. 中國社會史論戰

　　20世紀30年代的「中國社會史論戰」，在馬克思主義史學史、現代學術
史和思想史上都具有舉足輕重的地位，1949年後成爲一段固化的歷史，作爲
推動並參與此次論戰的「讀書雜誌派」，相關專著較少關注，對胡秋原等人在

〔註22〕秋石：《胡秋原與魯迅的論戰與糾葛》，《粤海風》2008年第5期；秋石：《讓
　　　　歷史回歸眞實：還文學自由人本來面目——對1981年出版〈魯迅全集〉中的
　　　　胡秋原相關注釋之質疑》，鄭欣淼等主編：《多維視野中的魯迅研究：1981～
　　　　2005》，鄭州：河南人民出版社，2007年，第1145～1172頁。
〔註23〕葉德浴：《關於魯迅扣給胡秋原的兩頂「帽子」》，《粤海風》2011年第1期；
　　　　張寧：《同途‧殊途‧同歸——魯迅與胡秋原》，《文史哲》2012年第6期。
〔註24〕沈寂：《鄭超麟與胡秋原的「隔海書簡」》，《世紀》1998年第6期；裝高才：《胡
　　　　秋原見證陳獨秀的最後歲月》，《世紀行》2012年第2期等。
〔註25〕張景蘭：《隱含話語、政治策略與倫理立場的夾纏——再論左聯、魯迅與「第
　　　　三種人」的論爭》，《文史哲》2009年第2期。

論戰中提出的中國未經過奴隸社會、「專制主義論」的觀點持批判態度，將其視爲反馬克思主義者。〔註 26〕關於學術史的討論，學界已有溫樂群、陳峰等人進行過相關評述，〔註 27〕但其評述是從宏觀上進行的，對胡秋原等「讀書雜誌派」較少涉及，基於此，本文重點梳理學界對胡秋原等「讀書雜誌派」的研究。

1980 年以來，對「中國社會史論戰」的研究大致有兩種取向：「一是將之視爲馬克思主義與非馬克思主義史學的一場鬥爭，過多強調其政治和革命意義；二是從『學術視野』的角度進行『重新審視』，將其視爲唯物史學內部的一場論戰，尋回其背後的學術意義。反映了中國現代史學從簡單的『革命』敘述，逐漸發展到研究視野日益多元，還原研究對象豐富立體的歷史面相的可貴進步」。〔註28〕馬克思主義史學家將「五種生產方式理論」用來解釋中國歷史，主要是爲了佐證革命理論的正確性，帶有明顯的政治語境下的意識形態色彩。1980 年代以來，許多學者挑戰這種單線進化論，認爲奴隸社會非人類社會必經階段，以及中國歷史上不存在奴隸社會的觀點已成爲眾多學者的共識。〔註 29〕而對封建社會問題的討論沒有像奴隸社會問題那樣熱烈，直到最近幾年才形成熱潮。〔註 30〕大多數學者認爲將秦至清的中國稱爲封建社

〔註26〕高軍編：《中國社會性質問題論戰（資料選輯）》，北京：人民出版社，1984年，對《讀書雜誌》未引起太大的關注。周子東等編：《三十年代中國社會性質論戰》，上海：知識出版社，1987 年。該書專門提到並中肯評價了《讀書雜誌》，但也只是一筆帶過。

〔註27〕溫樂群、黃冬婭合著：《二三十年代中國社會性質和社會史論戰》，南昌：百花洲文藝出版社，2004 年。書中將胡秋原列入中間派，在論述時基本上是羅列胡秋原的觀點。陳峰：《民國史學的轉折——中國社會史論戰研究（1927～1937）》，濟南：山東大學出版社，2010 年。書中對《讀書雜誌》的創辦作簡要介紹，但對於胡秋原的觀點也僅僅是一筆帶過。

〔註28〕何剛：《「革命」與「學術」的雙重變奏——中國社會史研究 80 年》，《黨史研究與教學》2011 年第 2 期。

〔註29〕參見張廣志：《中國古史分期討論的回顧與反思》，西安：陝西人民出版社，2003 年。

〔註30〕近年來學界掀起了對封建社會的熱烈討論，《社會形態與歷史規律再認識筆談》，《歷史研究》2000 年第 2 期；年鑒學派創始人之一的法國學者馬克·布洛赫的經典著作《封建社會》中譯本 2004 年由商務印書館出版，「馬克·布洛赫《封建社會》中譯本出版筆談」，《史學理論研究》2004 年第 4 期；馮天瑜：《「封建」考論》，武漢大學出版社，2006 年；《秦至清社會形態再認識筆談》，《湖北社會科學》2007 年第 1 期；《封建譯名與中國封建社會筆談》，《史學月刊》2008 年第 3 期；2007 年 10 月中國社會科學院舉辦「封建社會名實

會，既脫離了「封建」的本義與西義，也有悖於馬克思的封建社會原論。他們「反對不加分析、削足適履地把中國社會近代以前的漫長歷史納入到西歐封建主義『普世化』的框架內，認爲西周是中國封建社會的起源而秦是封建主義歷史的正式終結，是中國中央集權專制主義時代的開始」。〔註31〕劉志琴認爲「胡秋原『自由主義的馬克思主義』與視馬列主義爲正統的中共以及托派有區別，但也是國際共產主義運動內部不同派別，之所以出現勢不兩立，是因爲1927年國共分裂後的國際背景和個人政治立場決定了問題的性質而非學術本身。應當承認那些因強調中國社會特殊性等特徵而長期受到批判的論者所揭示的某些特點，他們的觀點正是馬列主義史學家留下的許多矛盾和薄弱環節」。〔註32〕「封建社會理論」帶有濃厚的政治色彩困擾著中國學者，突破已凝固的框架並爲其鬆綁，已成爲學界共識。對奴隸社會和封建社會的重新討論和達成的共識，證實了胡秋原等「非馬克思主義者」觀點的合理性，他們儘管在政治上處於「社會革命」的對立面，但在學術上也曾信奉唯物史觀，其思想價值在宏大的「革命史觀」敘事下被遮蔽了。誠如王學典所言：「唯物史觀派學術史敘事的最大缺略，也是這一學術史敘事革命史化的最集中表現，就是將那些曾經一度信從過唯物史觀的人完全排除在外」。〔註33〕

　　對胡秋原在「中國社會史論戰」中提出從秦到清的中國是「專制主義」社會的觀點，近年來學界已逐漸擺脫以前缺乏詳細的學理分析，且多持批判觀點的研究範式和研究思路的窠臼。事實上，胡秋原跳出西歐歷史模式，駁斥那些誤解馬克思唯物史觀公式的人，認爲唯物史觀並不能機械教條地應用於解釋中國歷史的發展。馮天瑜認爲「當時的多數論者尙無法擺脫西歐歷史模式的影響，關於秦至清的社會形態只能在『封建』與『資本』之間作出選

　　　　與馬列主義封建觀」學術研討會；中國社會科院歷史研究所等編：《「封建」名實問題討論文集》，南京：江蘇人民出版社，2008年；葉文憲、聶長順：《中國「封建」社會再認識》，北京：中國社會科學出版社，2009年；2010年5月，《文史哲》編輯部舉辦的「秦至清末：中國社會形態問題」專題學術研討會；《「秦至清社會性質研究的方法論問題」筆談》，《史學月刊》2011年第3期。還有很多學者紛紛撰文參與這種討論，不再一一列舉，這些都极大地推動了學界對中國封建社會問題更深入的研究。

〔註31〕榮劍：《論「中國封建主義問題」──對中國前現代社會性質和發展的重新認識與評价》，《文史哲》2008年第4期。
〔註32〕劉志琴：《請爲「封建社會理論研究」鬆綁！》，《讀書》2009年第6期。
〔註33〕王學典：《唯物史觀派史學的學術重塑》，《歷史研究》2007年第1期。

擇。胡秋原是少數跳出此一窠臼的論者」；其「言說較接近於中國歷史的自身狀態，也較爲切合卡爾・馬克思的封建原論和東方社會史論」。因其「係個體性論者，影響力有限，甚至被遺忘，然其謅議終究不能掩沒」。〔註34〕周建偉、陳金龍認爲胡秋原用專制主義來指代整個亞細亞生產方式，且證明此「並非東方國家所獨有，而是人類社會所共有」；這種「迂迴的」解構方式是「爲中國歷史的進程與發展的世界性做辯護」。〔註35〕朱慈恩則認爲胡秋原等人機械地援蘇俄學者拉狄克等人的理論解釋中國歷史，「把『商業資本主義』社會和『專制主義』社會作爲封建社會和資本主義社會的『過渡期』」，「無端造成了中國歷史上一個兩千多年的『過渡期』」。胡秋原最後「走向了馬克思主義的對立面」。〔註36〕李洪岩指出《讀書雜誌》避免意識形態色彩、採取兼容並包、不拘一格的自由主義立場，認爲王禮錫與胡秋原形成獨具特點的「讀書雜誌派」，在論戰中，王禮錫的見解並沒有多少創獲，更多的受胡秋原的影響。〔註37〕金敏、羅新慧以《讀書雜誌》爲中心進行探討，肯定《讀書雜誌》在論戰中的作用，指出論戰中各派的理論取向及其缺陷。〔註38〕鞠新泉認爲王禮錫、胡秋原主持下的神州國光社，及其組織的中國社會史論戰，爲陳銘樞的反蔣事業提供了輿論和理論的支持，爲知識分子提供學術討論的空間和思想論辯的陣地。胡秋原的觀點對王禮錫和陳銘樞都產生很大影響，但中共對「神州」的「學術」姿態始終持否定態度，將其視爲敵我矛盾和反馬克思主義的思想鬥爭。〔註39〕張曉東指出「福建事變」中的政綱和宣言與胡秋原在《讀書雜誌》上論戰的觀點一脈相承。〔註40〕

〔註34〕馮天瑜：《「封建」考論》，北京：中國社會科學出版社，2010年，第243、244頁。

〔註35〕周建偉、陳金龍：《亞細亞社會理論在中國社會史論戰中的命運及啟示》，《華南師範大學學報》（社會科學版）2008年第4期。

〔註36〕朱慈恩：《波克洛夫斯基與中國史學》，《俄羅斯學刊》2012年第3期。

〔註37〕李洪岩：《從〈讀書雜誌〉看中國社會史論戰》，中國社會科學院近代史研究所編：《中國社會科學院近代史研究所青年學術論壇》（1999年卷），北京：社會科學文獻出版社，2000年，第273～296頁。

〔註38〕金敏：《〈讀書雜誌〉與中國社會史問題論戰》，《浙江學刊》2007年第5期；羅新慧：《讀書雜誌與社會史大論戰》，《史學史研究》2003年第2期。

〔註39〕鞠新泉：《論神州國光社的政治意圖與文化策略（1930～1933）》，《歷史教學》（高校版）2009年第2期。

〔註40〕張曉東：《中國社會性質問題論戰與福建事變》，《福建論壇》（人文社會科學版）1988年第2期。

　　周英才、蔣建農梳理了陳銘樞、王禮錫與神州國光社的關係，〔註41〕陳
銘樞、俞巴林、邢天生對神州國光社的回憶具有史料價值。〔註42〕陳峰認為
社會史論戰一直徘徊於學術與意識形態之間，論戰具有強烈的現實訴求，目
的在於解答「中國向何處去」的問題。他指出將論戰視為馬克思主義與非馬
克思主義、反馬克思主義的鬥爭，是以政治立場而非學術觀念和主張來劃分
派別，扭曲政治與學術的關係，從學術史角度看則是唯物史觀的內部爭論。
謝寶成對論戰各派進行綜述和分析，指出其影響及存在簡單化、公式化等問
題，拿外國的「先進思想」解釋中國歷史這種思想文化領域帶「規律性」的
普遍想像，最值得深思。〔註43〕邢占國、陳峰對德里克的《革命與歷史》的
學術價值給予高度評價，就國內學界的社會史研究進行檢討，並提出要多方
位、多角度地獲取問題資源的研究方向。〔註44〕

3. 對胡秋原思想的綜合研究

　　胡秋原的文化觀、歷史觀和哲學思想非常豐富，對馬克思主義的研究和
民族主義思想的堅守貫穿其一生，目前學界對這些方面的研究還很薄弱。劉
惠林認為胡秋原對馬克思「外在化（異化）」與「疏遠化」等詞語的翻譯與運
用上未能進行區分，值得商榷。〔註45〕周平遠認為在中國文論界，胡秋原是
從學理層面對庸俗社會學作深入剖析的第一人。其理論資源，來自普列漢諾
夫的「中介論」，他對弗里契（佛理采）《藝術社會學》「圖式化」弊端之批評，
亦發時人所未見，他對文學「自律」與「他律」關係的洞見與把握，給後人

〔註41〕周英才：《王禮錫與神州國光社》，《文史精華》2004 年第 9 期；蔣建農：《陳
　　　　銘樞與神州國光社》，《百年潮》2002 年第 5 期；蔣建農：《神州國光社與十九
　　　　路軍》，《史學月刊》1992 年第 3 期。
〔註42〕陳銘樞：《神州光國社後半部史略》，民革中央宣傳部編：《陳銘樞紀念文集》，
　　　　北京：團結出版社，1989 年；陳銘樞：《經營神州國光社》，朱宗震、汪朝光：
　　　　《陳銘樞回憶錄》，北京：中國文史出版社，1997 年；俞巴林：《關於神州國
　　　　光社的情況》，《古舊書訊》1981 年第 3 期；邢天生：《神州國光社回憶片斷》，
　　　　《編輯學刊》1995 年第 2 期。
〔註43〕陳峰：《在學術與意識形態之間：1930 年代的中國社會史論戰》，《史學月刊》
　　　　2010 年第 9 期；謝寶成：《學術史視野下的社會史論戰》，《學術研究》2010
　　　　年第 1 期。
〔註44〕邢占國、張靜：《略論德里克的「中國社會史論戰」研究》，《歷史教學》2005
　　　　年第 10 期；陳峰：《馬克思主義史學研究的海外視角——評〈革命與歷史：
　　　　馬克思主義歷史學的起源 1919～1937〉》，《史學理論研究》2006 年第 2 期。
〔註45〕劉惠林：《對胡秋原關於馬克思巴黎手稿的批判的批判》，《社會科學戰線》1980
　　　　年第 3 期。

以啓示。〔註 46〕胡治洪指出胡秋原揭露西方文化危機的目的，在於矯正中國西化派崇西貶中的心態，由此表達「超越西化」思想具有不可忽視的現實意義。〔註 47〕李維武認爲胡秋原「不是文化保守主義者，更不屬於現代新儒家人物，但他對儒學的現代意義與現代價值持積極認肯的態度」。他對「儒學核心價值觀念的吸收與弘揚，從一個方面鮮明地體現了儒學核心價值觀念在 20 世紀中國思想世界的生命力與影響力」。〔註 48〕

對於發生在臺灣的中西文化論戰，崔永東、范泓從不同角度進行解讀。崔永東指出在中西文化論戰中，胡秋原的「超越前進論」雖有商榷之處，但把文化學研究推向一個新的層次，而李敖對胡秋原的攻擊有欠公允。胡秋原能夠從「傳統」與「西化」的百年門戶之爭中超脫出來並認識到其危害，是其見識過人之處。他對中國文化發展方向的一些構想以及對西方文化的評價態度，反映了他在此問題上的理智與冷靜。與李敖的「全盤西化論」相比，胡秋原的「超越前進論」更現實一些，更符合中國國情，也更容易被國人接受。范泓認爲胡秋原和李敖等人的論戰欠缺「理應具有的理性、客觀、謙和和寬容的態度」，致使本是學術論戰演變成「文字罵戰」和「人身攻擊」，最終成爲一樁訴訟，結果是「雙方皆輸」。〔註 49〕

胡秋原的歐洲蘇俄之行使他遠離馬克思主義，逐漸確立其反俄化、反西化和反傳統的三大思想認識，並歸結爲文化民族主義立場。蕭寶鳳認爲胡秋原的「文化民族主義立場」使其思想「摻雜了民族主義和重估傳統文化的自由主義」，「將自由主義、民族主義、歷史哲學這三者融於一爐而不致彼此衝突、抵消並非易事，民族主義的主張有可能局限自由主義思想伸展的可能性，而在史學理論框架構的過程中花大力氣追本溯源開出的藥方，又未必具有充分的現實實踐空間。」〔註 50〕何卓恩認爲胡秋原由政治到文化再深化到學術

〔註 46〕 周平遠：《20 世紀 30 年代初胡秋原的庸俗社會學批判》，《南昌大學學報》（人文社科版）2002 年第 1 期。

〔註 47〕 胡治洪：《超越西化——論胡秋原的西方文化觀及其意義》，《齊魯學刊》2010 年第 5 期。

〔註 48〕 李維武：《胡秋原哲學思想的心學特徵》，《孔子研究》2011 年第 1 期。

〔註 49〕 崔永東：《六十年代臺灣中西文化論戰述評》，《清華大學學報》（哲學社會科學版）1989 年第 3、4 期；范泓：《四十年前的一場「中西文化論戰」——〈文星雜誌〉與一樁訴訟》，《書屋》2005 年第 2 期。

〔註 50〕 蕭寶鳳：《自由之軛：從胡秋原參與的兩次論戰說起》，《汕頭大學學報》（人文社科版）2009 年第 1 期。

層面，構成逐步追問「中國向何處去」的民族主義思想歷程，但政治面相國家至上論對自由民主的遮蔽，文化面相超越前進說的含糊性，學術層面理論歷史學的唯智傾向等，使其民族主義顯示出若干局限。〔註51〕馬俊山認為在東西文化問題上，胡秋原不斷修正錯誤，是一位「見解比較公道的理論家」；其「文化史觀較好地綜合了進化論與形態論的長處，而又避免了折中主義的模棱兩可似是而非」；他的歷史研究和現實思考，「最終還是使他落實到了中國現代化的問題上來」。可以說，他是一位「較早地提出中國要現代化，而不是要西化或蘇化的自由主義思想家」。〔註52〕

綜上所述，大陸學界對胡秋原的研究成果不多，除傳記外，至今仍沒有一部系統的研究專著問世，僅有的研究成果主要集中在文藝思想，僅有個別學者對胡秋原思想其它方面的研究有所涉及，但對「胡秋原的研究目前只是剛剛開始」，〔註53〕對他的研究相當薄弱。他的自由主義理念、民族主義思想，對馬克思主義的認識、批判和修正，文化史觀、知識分子論、中西文化觀、「超越前進論」、對費正清「東方社會論」的批判以及與其他自由主義者、馬克思主義者的分歧諸方面都需要深入研究，有待深度發掘。胡秋原思想多變且雜糅，自由主義、馬克思主義、民族主義、國家主義和儒家學說都對其有過深刻影響，他對中國出路的思考和現實政治活動都是他思想的具體體現，現有的研究成果，由於總是強調他思想的某方面，而缺乏從總體進行宏觀審視進而影響到研究的深入，甚至有誤讀胡秋原的思想傾向。他一生遊走於政治與學術之間，1949年後經香港赴臺，仍筆耕不輟，對政治、經濟、文化、哲學、馬克思主義、民族主義、中西文化、中國前途等仍有諸多思考，絕大部分論著都留在臺灣，大陸引進和發表的為數不多，資料的缺乏限制了對胡秋原的深入研究。

二、港臺地區

1949年胡秋原南下香港，1951年舉家遷居臺灣，至2004年在臺北逝世，

〔註51〕何卓恩：《胡秋原民族主義論的三個面相及其評析》，《江蘇社會科學》2010年第6期。

〔註52〕馬俊山：《現代自由主義作家與新文學人文合法性》，《文藝理論研究》1999年第1期。

〔註53〕郭齊勇：《胡秋原論中國知識分子》，《南京大學學報》（哲學・人文・社會科學版）2011年第4期。

55 年間在臺灣政壇文壇都留下其身影，學術文章和政治文論在報刊雜誌先後發表，留下了豐富的資料，其論著和文章類編也相繼出版，爲學者研究提供了極大的便利。即便有如此條件，臺灣對他的研究也並不多，據臺灣圖書館檢索初略統計，截止到 2013 年僅有 50 餘篇，絕大部分是回憶和紀念文章。出版的論著方面：張漱菡的《胡秋原傳：直心巨筆一書生》爲傳記類著作；胡秋原生前子女及門生故友爲其舉辦 70、80、90 誕辰，分別召開紀念性的學術研討會，以及胡秋原逝世一週年的紀念文章都結集出版。〔註 54〕這三本文集都是回憶、緬懷、書評和紀念文章。1995 年在中國社會科學院舉行胡秋原學術思想研討會後，臺灣與大陸遙相呼應也出版了一本論文集。〔註 55〕。

　　臺灣對胡秋原的研究較少意識形態的影響，較多的從學理和資料方面進行梳理。鄭學稼在《社會史論戰簡史》中指出馬克思五種社會發展形態不是「放之四海而皆準的眞理」，不具有「普遍性的規律」。他將論戰解讀爲不同政治思想之間的爭論，認爲胡秋原在論戰中呈現出多方面的修養和特見。〔註56〕該書是臺灣研究社會史論戰的一部代表性著作，但書中對史料的羅列多而分析少。在《讀書雜誌與中國社會史論戰》（1931～1933）一書中，趙慶河對論戰中的基本理論、方法與態度、影響與啓示進行了評析；詳細分析了十九路軍與《讀書雜誌》及神州國光社的淵源，闡述論戰在政治思想史中的意義，力圖呈現論戰背後隱含的政治與思想博弈。他認爲社會史論戰，「未能引出自由、民主、人道的馬克思研究，反而阻斷了社會主義研究的多元化傾向」。論戰中胡秋原等非主流群體的言論「在當初曾被救亡心切的中國知識分子指責爲迂闊不切實際」，但在蘇東歐巨變後的當下，「卻又隱約透露出若干程度的正確性」。旨在「還原 30 年代那種較少政治干預下（或是說較多政治勢力均衡之下）的馬克思研究，從而瞭解近代中國何以從追求民主政治始，卻以建立威權體制終，其間曲折變化的原由」。威權體制的建立，「固然暫時解決了

〔註 54〕　《中華雜誌編》輯部編著：《胡秋原先生之生平與著作》，臺北：學術出版社，1981 年；錢江潮等合編：《胡秋原先生八十‧九十壽辰紀念文集》，臺北：海峽學術出版社，2001 年；毛鑄倫編：《人格的自由與學問的尊嚴：中國當代民族主義思想家胡秋原先生逝世週年紀念文集》，臺北：海峽學術出版社，2005 年。

〔註 55〕　毛鑄倫、劉國基合編：《志業中華──胡秋原學術思想研討會論文集》，臺北：海峽學術出版社，1996 年。

〔註 56〕　鄭學稼：《社會史論戰簡史》，臺北：黎明文化事業股份有限公司，1978 年，第 120 頁。

救亡與民族統一的問題，但卻也扼殺了各派社會主義思想體系中有關人道、民主的許多可貴遺產」。〔註57〕逯耀東認爲中國社會史論戰「初次把馬克思的思想和理論，應用到中國歷史解釋體繫上來。但中國社會史大論戰也反映了當時共產國際與中共內部權力和革命路線的激烈鬥爭」，並指出「馬克思的發展規律的公式和中國歷史資料配合的問題」是社會史論戰中各派爭論的中國社會不同形態和發展路線的主要原因，也是長期困惑中共史學的一個重大理論問題。〔註58〕吳安家的博士論文《中國社會史論戰之研究，1931～1933》認爲論戰中胡秋原等人由「不敢否定社會主義之最後歸宿」轉變爲「根本否定中國之社會主義前途」，〔註59〕能夠擺脫斯大林式馬克思主義的影響，建立更合理的馬克思主義研究。鄭學稼、嚴靈峰等當年參戰者發表了回憶文字，〔註60〕這些著作以回憶介紹爲主，兼有理論的反思，具有一定的學術價值。但其中難免將政治上意識形態的偏見投射到學術研究中，缺乏客觀理性的評析。總體而言，港臺學者對論戰的研究還有待於進一步深化。

　　文藝自由論方面，臺灣學界把文藝自由論辯看作是胡秋原等人對左翼文壇鬥爭的勝利，是「文藝自由」的勝利。劉心皇的《現代中國文學史話》，對左翼作家聯盟及其文學運動與文藝自由論辯的來龍去脈有詳細的介紹，並對之進行分析和評價。〔註61〕周玉山的碩士論文《「中國左翼作家聯盟」研究》，〔註62〕以「探討1930年代文壇與國家命運之關係」爲其重心，對於「左聯」與民族主義、自由主義者之間的論爭著墨最多，旨在釐清1930年代文藝論戰的原貌。

　　也有一些學者從不同角度對胡秋原進行探討，孟德聲對胡秋原的民族主義思想進行詮釋，認爲他是「文化民族主義」論者，也可以說是民族及民族

〔註57〕趙慶河：《讀書雜誌與中國社會史論戰・序》（1931～1933），臺北：稻禾出版社，1995年，第16頁。

〔註58〕逯耀東：《中共史學的發展和演變》，臺北：時報文化出版事業有限公司，1979年，第45、50頁。

〔註59〕吳安家：《中國社會史論戰之研究，1931～1933》，臺灣政治大學東亞研究所博士論文1986年，第386頁。

〔註60〕鄭學稼：《中國社會史論戰五十週年感言》、炎炎：《社會史論戰五十週年訪嚴靈峰先生》，《中華雜誌》1981年10月號。

〔註61〕劉心皇：《現代中國文學史話》，臺灣：正中書局，1979年。

〔註62〕周玉山：《「中國左翼作家聯盟」研究》，臺灣政治大學東亞研究所碩士論文1975年。

主義的「原有論者」。從史學研究中討論中西文化危機，目的是爲求中國文化和民族的復興。「這是一種哲學的、文化的、人道的、普遍的民族主義的」。〔註63〕姜新立以歷史的脈絡，將胡秋原持續長達 70 年對馬克思主義的研究進行了梳理，指出其超越意識形態的羈絆，對馬克思主義進行深刻的學理分析。〔註64〕中華雜誌編輯部、何慶華、王英銘等對胡秋原的學術思想及其政治主張進行論述，〔註65〕但只是停留於簡單的介紹層面，而缺乏深入的分析。綜上所述，臺灣學界對胡秋原的研究成果也不多，除傳記、祝壽文集和學術研討會論文集外，尚未有系統的研究專著，研究成果主要關注其生平事蹟，也有不少從紀念和追憶的角度對其文藝思想、哲學思想、中西文化、歷史觀、對馬克思主義的研究、民族主義思想等多個面相都做過介紹，但缺乏詳細分析和深入討論。至於胡秋原在探索中國出路過程中思想演進的脈絡還未進行過系統研究。

　　香港對胡秋原的研究很少，通過香港中文檢索系統，僅有 20 餘篇文章，大多是新聞雜誌對胡秋原 1988 年訪問北京後海峽兩岸反響的報導，也有幾篇是胡秋原的門生故友撰寫的屬於追思性質的回憶文章。海外學者中研究胡秋原的寥若晨星，日本學者佐治俊彥認爲胡秋原「在對革命的理解上，他缺乏階級觀念，不瞭解繼承戰鬥的唯物論傳統的馬克思主義，只是把馬克思主義看成一種解釋學。」〔註66〕丸山升認爲魯迅批判了蘇汶，未批判胡秋原的觀點是不能成立的，並指出魯迅「殺盡共匪說的政客」就是指胡秋原。〔註67〕

〔註63〕 孟德生：《胡秋原與民族主義》，李敏生主編：《胡秋原學術思想研究》，北京：社會科學文獻出版社 1996 年，第 124、153 頁。

〔註64〕 姜新立：《胡秋原與馬克思主義》，毛鑄倫、劉國基合編：《志業中華──胡秋原學術思想研討會論文集》，臺北：海峽學術出版社，1996 年。

〔註65〕 《中華雜誌》編輯部：《胡秋原先生之學問思想及其意義》、《胡秋原先生與當代十六種思潮》、《五十年來胡秋原先生的政治主張》，參見《中華雜誌》編輯部編著：《胡秋原先生之生平與著作》，臺北：學術出版社，1981 年，第 319～427 頁：何慶華：《胡秋原先生生平事略》，《傳記文學》第 85 卷第 2 期，2004 年 8 月：王英銘：《論胡秋原之思想》、《訪親歷 20 世紀百年的思想家──胡秋原》，錢江潮等合編：《胡秋原先生八十‧九十壽辰紀念文集》，臺北：海峽學術出版社，2001 年，第 217～235 頁。

〔註66〕 〔日〕佐治俊彥：《記胡秋原──胡秋原與三十年代文藝》，〔日〕伊藤虎丸、劉伯青、金川敏編，《日本學者研究中國現代文學論文選粹》，長春：吉林大學出版社，1987 年。

〔註67〕 〔日〕丸山升著，胡世璨譯：《魯迅的「第三種人」觀──關於對「第三種人」論爭的再評价》，《雲南師範大學學報》（哲學社會科學版）1986 年第 2 期。

美國學者德里克認為胡秋原、王禮錫在中國社會史論戰中的「專制主義論」源自蘇俄學者,「誇大了其理論分析的原創性和獨特性」。德氏指出「馬克思並非意在用這一發展模式代表人類歷史演進的普遍公式」;「馬克思的著作中也有足夠的證據表明他支持多元演進的歷史觀」;但「在政治考慮的導引下,中國馬克思主義者將『普世的』模式強加於中國歷史,結果是對理論概念和中國歷史解釋的雙重簡化」。〔註68〕該書突破了國內學界以往政治背景加觀點分析的固定模式,從學術史的高度上考察社會史論戰,以史學與革命的互動關係來探討中國馬克思主義史學的成敗得失,是海外研究馬克思主義史學的權威之作。德國學者羅梅君認為社會史論戰是「關於中國社會的發展規律問題論戰」,「政治上是回答現實問題,確定革命的未來發展」,學術上提出了「社會性質」和「規律性」的概念,論戰的參戰者「不是職業歷史學家,而是熱衷政治的知識分子」。〔註69〕羅氏對論戰的認識接受了德里克的基本觀念。

第三節　當前的不足與本文的創新

　　胡秋原遊走於學術與政治之間,生平活動相當廣泛,海峽兩岸的學者以不同視角詮釋其政治和學術思想。總體而言,香港對胡秋原的研究較少,海外除極個別日本和美國學者外幾無研究。海峽兩岸對胡秋原的研究側重點各有不同,其門生故友從不同層面的回憶、祝壽、緬懷和紀念文章,在研究廣度和深度上臺灣均領先於大陸,而大陸的研究主要集中在文藝思想和社會史論戰上,其他方面較少涉及。兩岸的研究因受政治和社會環境的影響,多少帶有意識形態下的價值判斷,如大陸學界最初將胡秋原定性為「敵人」或「反動文人」,武斷地認為其理論是「反動謬論」或「反馬克思主義理論」。隨著研究範式的轉變和研究的不斷深入,近年來,大陸學界出版的論著已擺脫以往革命史觀下固化人物臉譜與貼標籤的評價模式。在傳記中,臺版張漱菡的《胡秋原傳》資料最為豐富詳實,裴高才的《臺海「破冰」第一人:胡秋原

〔註68〕　〔美〕阿道夫・德里克著,翁賀凱譯:《革命與歷史:中國馬克思主義歷史學的起源,1910~1937》,南京:江蘇人民出版社,2005年,第168、190、191、199頁。

〔註69〕　〔德〕羅梅君著,孫立新譯:《政治與科學之間的歷史編纂——30和40年代中國馬克思主義歷史學的形成》,濟南:山東教育出版社,1997年,第78、71頁。

全傳》和謝遠筍的《胡秋原》，都是對胡秋原的生平事蹟進行簡略的敘述。這些傳記都是採取重構歷史人物生平與思想的寫作模式，依時序詳實敘述和介紹胡秋原不同時期的活動、讀書治學的心得與思想轉變的過程，突顯其複雜歷史人物的多重面貌，釐清了很多史實。爲瞭解胡秋原的一生提供了概貌，爲本課題的研究提供了一定的史料基礎。

以往對胡秋原的研究相對集中在對其「文藝自由論」的考察上，而對其思想多個面相都未有系統研究。材料使用上，缺乏第一手資料，介紹多提煉少。學界在考察其思想時，往往忽略或未充分重視他對中國出路探索中的主張、民族主義、人道主義思想的訴求和自由民主的價值維度。無論是臺灣學者肯定其思想價值，還是大陸學者對其思想的否定、批判或忽視，都是基於意識形態下各自的判斷。學界對胡秋原思想演進內在理路背後的原因缺乏深入分析，顯然不能詮釋其思想演進的豐富內涵，而對其思想背後的價值理念的學理性認知則明顯不足。因此，其思想深度的詮釋自然就大打折扣。研究內容的碎片化、研究視角的單一化、二元對立的研究範式、價值判斷的黑白分明，以至於無法窺見隱含在複雜的歷史現象和豐富的思想內涵背後的眞實面貌。基於此，本文嘗試對其進行全面分析和詮釋。

胡秋原對馬克思主義入乎其內又出乎其外的過程，是那個時代中國一大批對社會發展有憧憬，具有強烈憂國憂民情懷的青年知識分子，曾共同經歷的思想困惑、彷徨、最終揚棄的思想歷程。因此將他與其周圍有類似思想取向的知識分子結合起來考察，對其思想的異同及其最後走向進行比較研究，也是現有成果研究中尙未開拓之處。

綜上所述，學界對胡秋原的研究，大多側重於宏觀論述，而系統分析和深入詮釋則相對不足，胡秋原思想演進背後的價值取向、理念、淵源等都有待於深入分析。胡秋原對自由主義和西方文化危機的反思，對馬克思主義的辨析和修正，對蘇俄社會主義模式的認識和批判，對中國傳統文化的揚棄，對知識分子在國家建設中地位和作用的思考，對思想言論出版自由的捍衛，對建設民主化、工業化現代國家等問題的思考，都是有待深入研究的課題。

本文在現有研究基礎上，嘗試著對其探索中國出路過程中的思想演進進行系統梳理和探討，旨在詮釋和分析以胡秋原爲代表的這類人探索的第三條路徑的思想內涵，並重新審視其思想價值。將把重點放在其政治思想的理論探索上，希望通過對胡秋原思想求索過程的梳理，對近代中國知識界那些不

屬於「左」、「右」兩翼陣營，而被歸爲「中間知識分子」心路發展過程，以及對中國社會問題和發展前景所作出的有價值的思考予以揭示。

在借鑒和分析以往研究成果的基礎上，以胡秋原不同時期的活動及其思想進路爲主線，重新審視其探索中國出路過程中的思想訴求和心路歷程，嘗試在以下幾個方面尋求突破：

一、轉換評價尺度，力求以學術的視角對胡秋原的思想做出客觀公正的評價。將其思想演進置於歷史背景下，進行系統分析和詮釋，兼有思想史、文化史、學術史和政治史的特點。力圖突破過去比較單一的研究視角和框架，勾畫出胡秋原思想完整的發展脈絡，並分析其學術思想與政治立場轉向的相互依存關係，有助於深入理解政治立場轉向的思想淵源。以往學界更多關注1930年代的胡秋原思想，對1940年代以後他的思想演進涉獵較少，本文通過對不同階段的學術思想與政治活動的比較分析，全面審視其思想發展的進路。

二、突出問題意識，超越就事論事的局限。通過對馬克思原典思想的分析，審視其經俄日傳入中國過程中的變異，全面勾勒出胡秋原的文藝思想和社會發展路徑理論，與馬克思主義文藝批評家和史學家的異同，以及在馬克思主義話語傳播中的方位，嘗試回到歷史現場，用還原歷史的方法，詮釋胡秋原與所謂正統馬克思主義者分道揚鑣背後隱含的深層原因。

三、將胡秋原與其有類似經歷的人一起考察，以點帶面，點面結合，突顯胡秋原在這類人中的典型特徵。嘗試從現代性的角度來詮釋胡秋原探索中國出路的努力，並對其尋求解決中國向何處去問題的思想路徑予以重新定位。

第四節　研究思路與研究方法

本文的問題意識是：中國知識分子對馬克思主義不同回應中，胡秋原這類人既不同於完全教條式迎合，又不同於排拒的態度，而是超越左右紛爭，從馬克思原典思想中開掘人道主義思想。又在比較中西俄文化的基礎上，探求國家與社會出路，進而得出所謂文化上的「超越前進論」，即中國需要超越傳統、超越西化、超越俄化而前進。

胡秋原無論是參與思想論戰，還是投入到實際政治活動中，都是「由學問求一個中國應有的將來」。〔註70〕思考的是「中國之出路與前途，亦即中國

〔註70〕胡秋原：《八十年來——我的思想之來源與若干心得》，《中華雜誌》1990年7月號。

向何處去，亦即中國立國之道」。〔註71〕有鑒於此，本文基本研究思路是：（1）通過考察胡秋原的人生求索，對其探索立國之道過程中思想演進的脈絡進行梳理，展現其思想的多種面相。（2）以胡秋原思想進路作爲切入點，進入當時的歷史語境，不以現有詮釋模式框架來裁剪與研究對象有關的史料，而是通過考察其思想演進的脈絡和動態，從其尋求中國出路的全盤理解中論述背後的問題意識，進而反觀現有理論框架，反思文本研究中可能存在的方法論缺陷。（3）將胡秋原置於左右皆不贊成的這類學人中考察，既突出重心又兼顧一般，更能突顯胡秋原思想的獨特價值。隨著政治環境的變遷，胡秋原的思想經歷三次轉向，因此忠實於思想演進及其發展脈絡的具體語境，避免隨意附會，通過考察其思想理念的變遷及對其思想的建構作用，進而深入分析在探索中國出路中的實際意義，在歷史的長時段中重新審視其思想價值。

　　本文採用個案、跨學科和思想史的研究方法。葛兆光先生「新思想史研究，應該回到歷史場景，在知識史、思想史、社會史和政治史之間，不必畫地爲牢」〔註72〕的觀點爲本文以很大啓發，思想史研究不能脫離具體的歷史語境，否則歷史詮釋就可能會產生極大的偏差和誤讀；而單純歷史語境的還原也難以容納思想史的全部意義，只有回到歷史場景，考察史料背後不同派系的政治主張、各種社會思潮和意識形態的碰撞與衝突，穿透文本的詮釋才能最接近思想者內核。在闡釋胡秋原思想時，注重思想產生與演變的社會和知識背景，考察其對西化、俄化、傳統思想的吸收、批判和修正，審視其在具體政治實踐活動中的思想理念，突顯知識分子建立現代民族國家路徑的多樣性。故此，本文盡力袪除對胡秋原等人先入爲主的價值判斷，在充分發掘史料的基礎上，保持價值中立的學術立場，對其思想予以重新詮釋和評價，追尋其思想演進背後的深層原因，重構價值譜系和思想源流，勇於面對曾經被遺忘且無法迴避和拒絕的思想遺產。

　　本文還將採用國際化視角進行詮釋。胡秋原思想中的自由主義理念，對馬克思主義的追隨、批判和修正都與國際化思潮緊密相連。他遊歷歐美俄的獨特經歷，使其對西方和蘇俄歷史文化有更實際的觀察和更深入的研究，因

〔註71〕　胡秋原：《答謝之辭》，《中華雜誌》編輯部編著：《胡秋原先生之生平與著作》，
　　　　　臺北：學術出版社，1981 年，第 539 頁。
〔註72〕　葛兆光：《道統、系譜與歷史：關於中國思想史脈絡的來源與確立》，許紀霖、
　　　　　朱政惠編：《史華慈與中國》，長春：吉林出版集團有限責任公司，2008 年，
　　　　　第 380 頁。

而考察他思想演進的歷史語境，不僅要關注紛繁複雜的中國政治和文化生態環境，還要關注他所在的各種思潮相互交織的國際環境，誠如哈佛大學教授柯偉林（William C. Kirby）所言，「這一時代的所有大事都具有國際的層面」。〔註73〕西方、蘇俄和中國思想文化觀念對胡秋原都產生了深刻的影響。

　　資料運用上，本文搜集了包括港臺在內的與胡秋原直接相關的期刊和胡氏全部著作，以便更全面客觀地審視其思想。研究取向上，當前學界多以褒多貶少的方式評價歷史人物，先入爲主的從其論著中拼湊資料爲證己說、以論代史的做法並不少見。客觀而言，無論是對胡秋原的探討，還是對本文所涉及的其他人物研究，既要擺脫以往意識形態下「非楊即墨」的研究模式，又要避免「被重新發掘」的炒作。因此，本文對胡秋原思想的研究，本著論從史出，史論結合的原則，將其置於具體的歷史場景之中，置於中國現代學術、思想與社會的大框架下，追尋其探索中國出路的心路歷程和思想演進的脈絡，探討其思想演進在學術研究中的諸多內容，如文藝自由論辯、中國社會史論戰、福建事變、抗戰救國、國共內戰、中西文化論戰等問題上的立場。運用背景分析、文本詮釋、宏觀與微觀、橫向與縱向比較相結合等方法，以「理解之同情」回到現場，觸摸歷史，進行綜合考察，重新審視其思想演進的價值取向、現實關照等多個方面的學術意義。

　　由於胡秋原畢生的思想、學問和理論都是爲思考、解決中國出路而構建，縱橫馳騁於哲學、史學、文學、政治、經濟、文化等方面，超越意識形態的羈絆，道德學問，自成一家。一生留下了五千萬的皇皇巨著，其思想豐富而複雜。本文將通過考察在「風雨如晦，雞鳴不已」的年代，追索被革命的刀光劍影遮蔽下，胡秋原這類人的活動與思想演進的歷程，揭示其在民族危亡與激烈的社會變動中，對中國出路探索的路徑及其思想價值，並對現有研究中所忽視或誤讀的部分予以重新審視，力圖對其進行全景式透視。

　　就研究框架而言，本文共分五章，以胡秋原政治活動和思想演進的軌跡爲研究進路，力圖對其思想進行全景式展呈。第一章主要考察青年胡秋原思想上先後接受傳統文化中「明道救世」、新文化運動鼓吹的自由民主、五四後從蘇俄傳播的中國的馬克思主義等思想的影響，通過三種思想的系統梳理，審視胡秋原折衷調合自由主義與馬克思主義的思想和價值取向。第二章分析

〔註73〕〔美〕柯偉林：《中國的國際化：民國時代的對外關係》，《二十一世紀》（香港）1997 年總第 44 期。

胡秋原的文藝自由思想,探討他與「左聯」文藝觀分歧的思想淵源,對其文藝觀進行綜合分析和評價。第三章分析「讀書雜誌派」超越左右對中國社會發展路徑的理論探討,揭示他們所追求的「第三條道路」的思想內涵,進而審視胡秋原對中國前途的初步思考。第四章結合胡秋原遊歷歐美俄的經歷,分析其思想轉向新自由主義文化史觀的根本原因。結合抗戰期間的政治活動,考察其對抗戰建國問題的思考。第五章探討 1949 年後胡秋原在比較研究中西文化優劣的基礎上,希望走「超越傳統、超越西化、超越俄化而前進」的立國之道的思想訴求。

第一章　青年時代的問學與求索

　　鴉片戰爭以來，在西方列強的步步緊逼下，中華民族和中國文化都遭遇到前所未有的危機。為尋求富強，挽救民族和文化危機，中國知識分子求出路於西方，新文化運動的爆發將學習西方的潮流推向高潮。生於1910年的胡秋原，少年時期受新文化運動的「洗禮」，崇尚自由民主，以「明道救世」、科學報國為志。因身處內憂外患的亂世之中，與當時大多數具有挽救民族危亡情懷的熱血青年一樣，被俄國十月革命後在中國受到廣泛傳播的、激進的馬克思主義所吸引，成為馬克思主義的追隨者，也因此捲進激進革命運動的洪流之中，試圖以此來探索救國之道。然而，大革命的現實，尤其是革命陣營中的過激等非人道行為，讓身處其間的胡秋原為之驚醒，對曾一度追隨的「主義」產生懷疑，開始了他對中國社會發展問題的獨立思考。通過對馬克思主義追根溯源的研究，他認為自由、民主、人道主義的思想理念與馬克思主義並不衝突，試圖將當時被認為是截然對立的兩種思潮——自由主義和馬克思主義進行折衷調和，提出了「自由主義的馬克思主義」，這是他思想進路的第一個階段。這種思想路向的選擇對於他後來的學術思想轉向的重要意義有兩點：一是自由主義的價值觀，二是馬克思主義方法論。

第一節　少年志向

　　就思想影響而言，他是接受新文化運動「洗禮」之人。受傳統文化「明道救世」，新文化運動中「民主」與「科學」等西化思潮的影響，以「科學救國」為志。十月革命勝利後，又在社會主義思潮的影響下，成為馬克思主義的追隨者，拉開了早年思想求索的序幕。

一、家世與家學

　　1910 年 6 月 11 日，出生在湖北省黃陂縣（今武漢市黃陂區）木蘭山北麓胡家灣的胡秋原，原名曾祐，筆名曾先後用未明、石明，冰禪。據他自述，出身於「小地主家庭」。父親胡康民「『進』過『學』，當過兵，革過命，教過書，做過官」；但「因脾氣不好，四面碰壁。後來回縣辦中學，修鐵路，但什麼都被沒收了，於是家境一天一天地破產」。〔註1〕而據涂月增回憶：「胡康民爲當時黃陂士紳中號稱四大金剛之一」。〔註2〕按照胡康民投資辦學、興修公路、鐵路等一系列舉措來看，涂月增的說法更可信。胡康民生於 1880 年 3 月 28 日，在不滿一周歲時其父因病去世，他在母親的獨自撫育下成長起來，因家道中落，不得不跟隨常年在黃安任教的堂兄胡家善隨館附讀，期間曾與後來成爲中共元老的董必武同窗就讀。

　　1900 年，已學有所成的胡康民意識到「教育乃啓迪民智，強國富民之本，乃在家鄉設館授徒」。〔註3〕因痛感八國聯軍侵華後嚴重的民族危機，他於 1904 年秋辭去教職，赴武昌投入黎元洪統屬的第一混成協，準備以軍功報國。因表現優異得到賞識，被授予五品軍功，並擬授實職，因近視無果。「從軍報國之志既爲目力所限，乃向長官請求出營仍赴科舉考試」。〔註4〕考中師範學堂，遂離營入校，並以優異成績畢業，在安徽寧國府和湖北咸寧等地執教五年。1911 年，胡康民調任荊州府師範監學，武昌首義，被召回武昌都督府任參議。鑒於制度未定，人事紛繁，財政恐慌，他建議並協助都督府和省議會成立審計廳，以整理財政而安庶政，被擢升爲科長負責預算決算。1913 年，黎元洪赴京任副總統，袁世凱派段芝貴任湖北督軍。「一時政治風氣表現，使他覺得不堪」，〔註5〕並認爲這些人事調動，「用意不在國計民生」，不過是爲了消滅革命勢力，培植黨羽而已。目睹此情形，遂辭職回鄉躬耕，決心走教育救國之路。

〔註1〕　《胡秋原自記》，《讀書雜誌》第 3 卷第 1 期，1933 年 1 月。

〔註2〕　涂月增：《我所知道的胡秋原》，《黃陂文史》第 1 輯，1988 年，第 162 頁。

〔註3〕　何慶華：《胡秋原先生生平事略》，《傳記文學》（臺北）第 58 卷第 2 期，2004 年 8 月。

〔註4〕　胡康民：《胡康民自述》，張漱菡：《胡秋原傳──直心巨筆一書生·附錄一》，臺北：皇冠出版社，1988 年，第 1130 頁。

〔註5〕　胡秋原：《家庭教育與學思之始》（上），《民主潮》（臺北）第 9 卷第 14 期，1959 年 7 月。

　　1916 年黃陂縣教育會改選，鑒於胡康民多年來的教育成績有目共睹，被推選為會長、勸學所長。據胡康民自述：「自計國家事雖不可為，地方事應盡義務。且如仁人志士不慕聲華，各由地方事業著手，則地方之健全，當即國家之大治。況教育為我舊業，亦立國之根本乎？」本此宗旨，幾經敦促於 1917年就職。他為黃陂縣的教育事業奔走，幾年間，「增設公私立初小六百餘所，公私立高等小學十餘所，並創辦圖書館，旬刊社，半日學校，夜校，簡易識字學塾及巡迴演講，以啟民智」。〔註 6〕黃陂縣的教育頗具規模，有全省模範縣之稱。被時人評價道：「無錫南通模範縣，前川望魯（黃陂一舊書院名）聖人邦」。胡康民以多年教育經驗所得，認為公辦學校束縛較多，與其教育理念不合。他指出公辦教育「多務形式，即令青年頗有見聞，而不知為人之道，與國家社會之急，又曷足為貴？」又因黃陂地瘠民貧，貧寒子弟很難到武漢求學。「他深信全國各地有志人才由教育實業著手，造就新人新事業，方能改變惡政」。〔註 7〕本著「教育桑梓子弟之職志」，〔註 8〕在新思潮推動下，以社會募捐的形式，創建黃陂縣私立中學。為紀念生於黃陂的「二程」，採用程顥詩中的「前川」作為校名。〔註 9〕

　　據胡秋原自述，其父的辦學方針是：一、「他認為教育根本是要明白為人之道，因此，重在人格之陶冶，和誠樸風氣勤勞習慣之養成」。二、「要使這學校在師資設備課程等方面不遜於全國任何同等學校，以培養學生進一步升學就業的良好基礎」。〔註 10〕1921 年春，正式開學。1923 年，擴充班次，復設小學。其費用大部分靠各方士紳捐助，黎元洪捐助其在黃陂銀行股款為基金。1927 年大革命失敗後，胡康民和黃陂縣長發生矛盾。縣長「派人查抄了學校營業社，抄出一些紅色書刊，並羅織一些罪名，指控前川赤化，將胡康民五花大綁，遊街示眾，投入監獄。從此，學校師生逃散一空，學校遂告停辦，校部變成國民黨的縣政府」，〔註 11〕1929 年停辦。1946 年，胡秋原返鄉

〔註 6〕 胡康民：《胡康民自述》，張漱菡：《胡秋原傳——直心巨筆一書生‧附錄一》，臺北：皇冠出版社，1988 年，第 1131 頁。

〔註 7〕 胡秋原：《家庭教育與學思之始》（二），《民主潮》第 9 卷第 15 期，1959 年 8月。

〔註 8〕 何慶華：《胡秋原先生生平事略》，《傳記文學》第 58 卷第 2 期，2004 年 8 月。

〔註 9〕 「二程」是指北宋著名理學家程顥、程頤，「前川」源自程顥詩《偶成》：「雲淡風輕近午天，傍花隨柳過前川。時人不識余心樂，將謂偷閒學少年」。

〔註 10〕 胡秋原：《家庭教育與學思之始》（上），《民主潮》第 9 卷第 14 期，1959 年 7月。

〔註 11〕 陳慶存、彭準口述，王學其整理：《前川中學與胡氏父子》，《黃陂文史》第 1

恢復前川中學，並任校長，親自講授《國學概論》，于右任先生題寫了「勤仁誠勇」的校訓。1949 年春，再次停辦。現今黃陂實驗中學就是當年前川中學的部分校址，胡氏父子辦教育的餘澤猶存。胡康民也因此成為該縣現代教育的奠基者，黃陂第一所中學——前川中學的創辦者和首任校長。因秉持教育救國、實業救國的理念，他認為中國之事應從地方做起，在創辦前川中學育人之外，胡康民還與地方鄉紳，開交通以興實業，「倡修縣道，以利交通，為繁榮經濟之本」。在其努力下，輕便鐵道和公路先後通車，幾年後收歸省有。「湖北民間交通事業，當以黃陂為先河」。〔註12〕

　　胡秋原三歲時，跟隨比其年長七歲的姐姐識字，姐弟間感情篤深，1929年姐姐因病去世，「這在一生中將永留悲痛的記憶」。當胡康民發現年幼的胡秋原具有博聞強記的天分後，在閒暇之餘親自教讀。1917 年入城就職前，胡康民修正族中所辦小學的課程，讓長女帶著胡秋原一同上學，學習國文、修身、四書、理科等。1918 年，黃陂一群富有商人，在胡康民指導下創辦了乙種商業學校。1919 年，胡秋原入該校就讀，學習文法、英文等課程，奠定了日後的外語基礎。他從小養成愛讀書的習性，十歲前閱讀了很多小說，甚至吃飯入廁時也不放手。「這唯一的效果就是訓練了讀書的能力，早熟」。〔註13〕在父師關愛下，胡秋原養成了非凡的求知欲。這個當時堪稱進步的家庭，為他營造了自由成長的環境，對其後來的人生道路產生重要影響。他繼承了其父的堅毅、正道、堅持信念、不為權勢所屈等個性色彩。如他所言：「乃父而兼師，我做人讀書為學的基礎，都是在父親的影響和指導之下奠定的，即今日的許多思想，也是由父親來的」；〔註14〕「我的一點社會經驗，以及做人之道，在青年時代，主要是有父親的處境及其對我所教訓者得來的」。父親經歷的許多遭際，「使我在自己單純生活之外，得知社會情偽，民間疾苦；父親歷年之所教訓，加上我自己的體驗與讀書與思考，才逐漸形成我立身處世之道」。〔註15〕父親對他個性形成、立身處世之道的影響由此可見一斑。隨著閱讀的增加，逐漸形成自己對若干問題的判斷力，他「不宗一家之言，雖然不

輯，1988 年，第 215 頁。

〔註12〕胡康民：《胡康民自述》，張漱菡：《胡秋原傳——直心巨筆一書生‧附錄一》，臺北：皇冠出版社，1988 年，第 1131 頁。

〔註13〕《胡秋原自記》，《讀書雜誌》第 3 卷第 1 期，1933 年 1 月。

〔註14〕胡秋原：《家庭教育與學思之始》（上），《民主潮》第 9 卷第 14 期，1959 年 7 月。

〔註15〕胡秋原：《父親之訓》，《民主潮》第 10 卷第 15 期，1960 年 8 月。

能分析新文化運動以來的各種思想爭論，但大略瞭解雙方的論點，而不隨便盲從」。〔註16〕正是這種不隨便盲從的態度，使他與那些出身沒落家庭、激進的青年知識分子對革命態度等很多社會問題上看法根本不同。尤其是在傾向蘇俄革命的社會主義的狂潮中，他「對此尚無狂熱之感」，〔註17〕更多的是保持理性和質疑，沒有陷入馬克思主義的教條化之中。這種不畏權勢、不盲從、理性的治學態度與他的家庭成長環境、早年所受良好的教育以及父親的教導是分不開的。

二、明道救世

　　晚清時期，湖廣總督張之洞，在武漢辦新學新政，開風氣之先。他提倡的「中學爲體，西學爲用」，在民國初年的湖北依然有巨大影響。胡秋原認爲這是「傳統主義之尾聲」。繼而新文化運動，西化主義思潮盛行，五四運動後，社會主義思潮成爲最時髦的新潮。五四運動爆發後，全國響應，中國民族運動潮流風起雲湧，日本旨在滅亡中國的「二十一條」要求傳到黃陂，胡康民在縣城聖廟前的牆壁上，將「二十一條」全文用大字刊出，在幼小的胡秋原心中播下愛國的種子。此時在黃陂乙種商業學校就讀的胡秋原，和師生一起走上街頭進行反日言論的演講。據他自述：「這是我關心國事之開始」，對五四運動後傳播到中國的新思潮抱有極大的熱忱，「養成了一種如饑似渴瘋狂的求知欲」，〔註18〕希望從中尋求救國之道。進入中學後隨著閱讀的增加，開始關心國內外局勢。政治上感受到國家的危險，希望國家富強，並自覺有一種莊嚴責任。據涂月增回憶，1923 年，「在一次參加黃陂學生反日運動集會上，見到一位前川中學的學生代表登臺演講，口若懸河，情緒激昂」。〔註19〕演講者就是胡秋原，可見少年時期他對日本侵略懷有民族主義情愫。課餘之際，他也常翻閱宣傳新思潮的書刊，但畢竟年齡尚小，處於懵懂狀態，對思想文化運動還不能深入理解，僅有的認識也多是粗淺的。

〔註16〕胡秋原：《家庭教育與學思之始》（二），《民主潮》第 9 卷第 15 期，1959 年 8 月。

〔註17〕胡秋原：《綜論北伐到九一八時期》（一），《民主潮》第 10 卷第 3 期，1960 年 2 月。

〔註18〕胡秋原：《家庭教育與學思之始》（上），《民主潮》第 9 卷第 14 期，1959 年 7 月。

〔註19〕涂月增：《我所知道的胡秋原》，《黃陂文史》第 1 輯，1988 年，第 162 頁。

　　1921 年，胡秋原進入其父創辦的前川中學讀書，胡康民的辦學理念中「尤其注意人格之陶冶、勤勞風氣之養成」。每周一都對學生訓話，其要義是人格、學問為救國之本。將人格修養、科學研究和救國志氣視為最重要的事情。這些對他性格的形成產生了深遠影響。赴臺後他所創辦的《中華雜誌》，提倡人格尊嚴、民族尊嚴和學問尊嚴，實際上源於父親早年的教導。在時人談論西化主義、整理國故、社會主義和反日等潮流中，梁啟超提倡明末黃梨洲、顧亭林、王船山、顏習齋等幾位大儒的思想。由於梁啟超是當時胡秋原的偶像之一，對於他推薦的思想家，自然也愛屋及烏。胡康民喜談顏習齋，在前川中學常引用東林復社之事及其之學勉勵學生。受其影響，胡秋原畫了顏氏的畫像掛在房中，作為學習的榜樣。文史課教師也常談到明末諸儒經世致用之學，將「明道救世」思想傳授給學生。據他自述：「在我最初要求在思想上有所啟發之時，給我影響的，是明末諸儒（黃顧、王顏等）。這在當時，所知自是極斷片的」；〔註 20〕「明末清初幾個大儒，是我們讀書為學的山斗或模範。而當時思想也就是經世致用的思想」。〔註 21〕尤其對顧亭林「明道救世」的思想倍加推崇，多年後他指出，顧亭林所言：「君子之為學，以明道也，以救世也」；「君子之為學也，非利己而已也。有明道淑人之心，有撥亂反正之事，知天下之勢之何以流極而至於此，則思起而有以救之」。他在闡述此思想對其影響之時說：「明道救世這四個字，是對我有終身影響的，我之『立志』自此始」。〔註 22〕

　　胡秋原深受這些大儒致力於研究學問，堅持民族氣節和批判專制主義思想的影響，多年後他撰寫一系列文章讚揚並呼籲繼承他們這種可貴精神，建設新的文化運動。〔註 23〕某種程度上可以說，這些思想和精神形塑了胡秋原的個性，也對其日後學術思想歸結於民族主義立場產生極大影響。如他所言：「我逐漸讀諸大師之書。由於在這裏立定腳跟，即使在我接觸西洋學說以及

〔註 20〕　胡秋原：《談我自己的思想》，胡秋原：《世紀中文錄》，臺北：今日大陸社，1955 年，第 601 頁。

〔註 21〕　胡秋原：《家庭教育與學思之始》（二），《民主潮》第 9 卷第 15 期，1959 年 8 月。

〔註 22〕　胡秋原：《八十年來——我的思想來源與若干心得》，《中華雜誌》（臺北）1990 年 7 月號。

〔註 23〕　胡秋原：《宋元學案明儒學案節補》，重慶：中央周刊社，1944 年；《偉大的愛國者和思想家黃梨洲》，《顧亭林之生平及其思想》，《中華雜誌》1967 年 6、7 月號；《復社及其人物》，臺北：學術出版社，1968 年。

浸淫於馬克思主義的時期，我也能有一尺度。而在我見聞漸廣之後，實不覺得中西思想有何根本不同，且日益相信中國及中國文化之復興，仍須繼續這幾位大師而前進」。他進而指出要學習明末諸儒致力於學術救國精神，「研究諸儒的學問，可使我們瞭解民主與科學亦我們所固有，使我們瞭解十七世紀，中國學術猶在與西方平衡之狀態，不僅可在理智上立自信之心，亦可破封建社會論、東方社會論之說，於是便能在立定腳跟之後，採並世之新知，在自己的道路上前進，來發展自己」。〔註24〕胡秋原將民主和科學視爲中國傳統文化中固有的民族精神，值得商榷。傳統文化中固然有民本思想，但與現代西方國家的具有普世性的民主價值還是有區別的。他是站在文化民族主義的立場上，對中西文化進行比較研究，來喚起民族自信心和對傳統文化的重視，以駁斥那些全盤否定傳統文化之人，站在這一角度來審視其主張不無道理。從他一生遊走於學術與政治之間的軌跡來看，他對中國現實政治的介入之深，以及政治和學術選擇上的多次轉向，其言論顯得斑駁多變。以現代學術思想的標準來審視，在現代思想譜系中，儘管很難爲他建構一個清晰明確的定位，但仍不難發現，「明道救世」成爲貫穿終身對學問追求的基線。

三、科學報國

自晚清以來，西方船艦利炮打開中國大門後，仁人志士掀起了學習西方科學技術的潮流。新文化運動中提出「民主」與「科學」口號，更是將這種潮流推向高潮。胡秋原少年時期，恰逢中國遭遇一個求新求變的時代，科學救國成爲時人追求的目標。1921 年進入前川中學後，因老師講授方法得當，他對數學產生濃厚興趣。不久，在老師指導下，胡秋原等人擔負起胡康民發起興建的縣公路建設中的勘測、計算任務。這次活動不僅使他學以致用，而且激發其學習數學的興趣。由此，他對用幾何學證明方法興趣濃厚，這對其畢生的治學方法產生深遠影響。在父師教誨下，他懷有「一種天眞的愛國心與自負心」。書室中掛起了顏習齋和拿破侖的照片，並在日記中寫道：「力學上繼顏博野，華國當如拿破侖」。他將「這兩個名字放在一起似不倫類，但表示少日一種抱負」。當時志願主要是「想做一個大（自然）科學家」。在解釋科學報國之志時，他說：「此非輕視其他學問，而是以此報國，較爲深切著明。而我看其他文史書籍，多是

〔註24〕胡秋原：《〈復社之研究〉自序》，臺北：學術出版社，1968 年。

一種知識的興趣，以及增加對各種其他問題之瞭解而已」。〔註25〕

　　當時流行的社會思潮是科學、民主、社會主義等，青年知識分子相信科學救國。胡康民也期許胡秋原學習理工，將來走科學報國之路。據他自述，「在青年時代，一般青年似乎『理想主義』較多，『現實主義』較少。惟讀書空氣，對國家熱忱，一般似乎很高。我在中學時代，原志在做一工程師，想在科學上有報於國家，但文史是課餘讀物」。〔註26〕經過新文化思想的「洗禮」和師友的鼓勵，他準備走科學報國之路。如其所言：「那時候，我已經盤想過更艱苦漫長的道路。要救國，只有從學問做起」！五四時期，中國知識分子「研究科學，講究民主，只有一個念頭，就是如何爲國家雪恥，把中國的國家地位提高」。〔註27〕1924 年，前川中學畢業之際，在同學錄中他提出「人格、國家、科學」三個概念，以科學報國爲其志。這是他的信仰與抱負，也是當時中國知識分子自覺自強潮流中的普遍想法，與五四前後思想之主流相符。至於爲何沒有民主概念，他解釋說當時「大家所苦者還不是言論思想自由，而是軍閥政治軍閥戰爭」；「國會因豬仔墮落，護法因爭權奪利而義晦」。由此可見，「人格是自由民主的基礎」。〔註28〕多年後，他依然認爲這種認識是正確的，這也成爲其畢生爲之奮鬥的目標，赴臺後他提出人格、民族和學問三大尊嚴與此一脈相承。

　　中學畢業後，原本準備啓程北上報考唐山交通大學，實現科學報國之志，因時局動蕩，不得不放棄這一計劃，就近考入武昌大學（武漢大學前身）學習理工，可見他並未放棄科學報國之志。進入大學後，他仍秉持「人格、國家、科學」的理念，「科學即學的數理，不過在人格觀念中加進了尼采的『超人』『強者』觀念；在國家觀念中，由相信富強，到打倒強權，到『打倒帝國主義』，這是閱讀多種著作後的混合觀念」。〔註29〕1926～1927 年，因時局動

〔註25〕 胡秋原：《家庭教育與學思之始》（二），《民主潮》第 9 卷第 15 期，1959 年 8月。

〔註26〕 胡秋原：《在唐三藏與浮士德之間》，胡秋原：《〈在唐三藏與浮士德之間〉及其他》，臺北：胡秋原自刊本，1962 年，第 1～2 頁。

〔註27〕 胡秋原口述，宋江英整理：《胡秋原的青年時代》，《人間》（臺北）1987 年 3月。

〔註28〕 胡秋原：《家庭教育與學思之始》（二），《民主潮》第 9 卷第 15 期，1959 年 8月。

〔註29〕 胡秋原：《家庭教育與學思之始》（四），《民主潮》第 9 卷第 17 期，1959 年 9月。

亂，武大陷入停頓狀態，理工科教授奇缺，使其剛入門的高等數學荒廢了。
他認為如改學文科，縱然教授不足，也可自修，科學救國的熱忱也不如前，
1927 年秋，轉入中國文學系就讀。據他自述：「我從此正式離開自然科學，這
在我求學方向上是一大變」。〔註 30〕儘管此後學術興趣轉向文學、哲學和史
學，但並未放棄對自然科學的關注，在畢生從事社會科學研究中十分重視科
學態度和科學方法的應用。

第二節　追溯與調適：青年時代對馬克思主義的思考

　　受時代思潮影響，胡秋原和很多青年知識分子一樣，因不滿現狀，對十
月革命後蘇俄的社會主義充滿憧憬。為傳播到中國的激進馬克思主義所吸
引，成為馬克思主義的追隨者，大革命中不同程度地捲入到革命的潮流之中。
在此過程中，思想上進入追溯和調適階段，為此後進入他思想進路的第一個
階段——「自由主義的馬克思主義」奠定思想基礎。

一、初識馬克思主義

　　第一次世界大戰使西方陷入文化危機之中，蘇俄十月革命的勝利，在亞
歐大陸上形成了影響巨大的社會主義思潮。隨著蘇俄對華輸出革命，發表對
華友好宣言，放棄在華特權的行動，激發青年知識分子對社會主義的嚮往，
對蘇俄革命產生興趣。五四運動後，社會主義得到廣泛傳播，成為思想界最
時髦的思潮。連孫中山也在民族主義之外，以社會主義自命，國共合作前，
李大釗、胡漢民、戴季陶等國共兩黨知名人士皆推崇唯物史觀，國民黨的民
智書局也出版很多社會主義書籍。1924 年，國民黨改組的思想、組織、方法
都「以俄為師」。中國接受蘇俄的幫助，即是將中國革命納入世界革命的軌道。
不但傾向社會主義的孫中山對蘇俄抱有善意與希望，連一向強調中國傳統文
化的梁漱溟也一度動心。他說：「共產黨理論，多麼值得玩味！有聰明有頭腦
的人如何不傾向他？共產黨的要求，多麼值得同情」？「這又使青年人，有
勇膽能幹的人，多麼逗勁而爽心快意的去幹！當十二三年全國隱晦沉悶，最
燥人不過的時候，如何不成了最應時的玩藝？革命總不成功，正沒辦法的國
民黨，如何能不跟著他走？十三年以來的革命潮流，便是這樣由社會上有力

〔註30〕胡秋原：《北伐時期》（下），《民主潮》第 9 卷第 22 期，1959 年 11 月。

分子所形成有力傾向」。「十五年北伐，這新興運動到達長江；全國震動，青年界猶爲興奮」。〔註31〕汪精衛爲國民黨起草的國際問題議案和「二大」宣言，充滿蘇俄的意識形態，蘇俄的馬克思主義在中國的影響由此可見一斑。當時很多青年對軍閥混戰與國運深表不滿，眞誠希望蘇俄幫助中國，因而傾向蘇俄社會主義道路。受五四運動「洗禮」的胡秋原，思想上「不能不受世界和中國形勢和潮流的影響」。〔註32〕

　　1921 年胡秋原進入中學後，課餘之際就經常翻閱《新青年》、《新潮》等很多討論新思潮的雜誌和新書，接受了不少新思想。據他自述：「在中學念書時，接受了唯物史觀的理論」。〔註33〕「後來知道『新思潮』，所知者，自只是若干介紹……是極粗淺的」。〔註34〕可見，他對馬克思主義的研究，是從「唯物史觀」開始的。此後他又閱讀胡漢民等人介紹唯物史觀的文章，曾在日記中談及唯物史觀很有道理，但他並未限於一家之言。如他所言：「我當時是在中外自由思想影響之下的，後來聽到尼采和馬克思之名，知道『超人』和『唯物史觀』的一點概念。二者在以後數年中日益引起我的注意，尤其是後者，幾乎和我有十二年之蜜月」。〔註35〕中學的國文老師是其表兄潘小凡，他日語、英語、法語、德語都很好，提倡白話文，經常談論共產主義，無政府主義，知識淵博。胡秋原回憶說：「特別是潘先生，在打定我們求學初步基礎，特別是鼓勵我對學問的興趣上，是我永不能忘的」。〔註36〕又受一位中國早期社會主義者的族兄之影響，閱讀了《嚮導》和廣州人民出版社的許多宣傳社會主義的書籍，成爲社會主義潮流的追隨者。據陳慶存等人回憶，當中共在黃陂建立後，在前川中學傳播馬列主義思想。「在革命浪潮的激蕩下，學校一派沸騰，學生們大都投身於革命洪流，每天到社會上搞宣傳活動」；「當時在

〔註31〕 梁漱溟：《中國民族自救運動之最後覺悟》，上海：中華書局，1933 年，第 13、11 頁。

〔註32〕 胡秋原：《八十年來——我的思想之來源與若干心得》，《中華雜誌》1990 年 7 月號。

〔註33〕 胡秋原：《唯物史觀藝術論：樸列汗諾夫及其藝術理論之研究·編校後記》，上海：神州國光社，1932 年，第 1 頁。

〔註34〕 胡秋原：《談我自己的思想》，胡秋原：《世紀中文錄》，臺北：今日大陸社，1955 年，第 601 頁。

〔註35〕 胡秋原：《在唐三藏與浮士德之間》，胡秋原：《〈在唐三藏與浮士德之間〉及其他》，臺北：胡秋原自刊本，1962 年，第 1〜2 頁。

〔註36〕 胡秋原：《家庭教育與學思之始》（上），《民主潮》第 9 卷第 14 期，1959 年 7 月。

校讀書的胡秋原，受大家熱情的感染，也彙入革命激流之中」。〔註37〕

　　1924 年孫中山北上之際，擴大招收黨員，爭取優秀青年加入國民黨，在族兄的介紹下胡秋原加入了國民黨。1925 年春，在漢口備考武昌大學之際，目睹西方人在中國享受特權，剝削壓榨的一幕幕場景，激發他內心深處追求公平正義、悲天憫人的人道主義情懷，更加堅定明道救世、科學報國的志向。此時，他對尼采的超人學說和馬克思主義唯物史觀表現出濃厚興趣。在此期間，他購買了一本《新青年》「列寧紀念專號」（1925 年 4 月出版），該期的宣傳口號是：「我們的旗幟——列寧，我們的武器——列寧主義，我們的任務——世界革命」。閱讀陳獨秀等人介紹馬克思主義、列寧主義與中國革命關係的文章，核心內容是主張西方社會革命和東方民族革命結合起來，完成世界革命，實現社會主義。從此，「馬克思以及列寧地位，便在我心中慢慢擴張」。在閱讀過程中，他發現「他們認為世界各國都不好，只有俄國好。中國都不行，只有共（產）黨對，國民黨還可以，但其中還有要不得的人。這些話不能盡信，但想他不至於亂說」。尤其認為陳獨秀文章中的觀點「也都甚合理」，贊同孫中山聯俄聯共的政策。在研讀《朱執信全集》時，其中兩句話吸引他的注意，「做人為學對自己應學尼采，對社會應學馬克思」；〔註38〕「這使我心動……而最入迷者是唯物史觀」。〔註39〕馬克思和尼采之名早為他熟知，將二人並列的言論，無疑加深他們在胡秋原心中的地位。此後，在閱讀中他特別注意介紹尼采的文字，甚至暗中以「超人」自居。

　　1925 年進入武昌大學後，他依然保持廣泛閱讀的習慣，一度沉迷於尼采著作，在和同學閒聊中，因瞭解尼采較多，被稱為「小超人」。據他自述：「將馬克思尼采二人加以比較，那時尼采在我心中比重還大得多」。〔註40〕在國共合作進行國民革命的高潮中，閱讀有關馬克思列寧的譯本。「馬克思之解說與譯本，也曾盡力閱讀。列寧之所謂帝國主義論，已有解說與譯本，當時認為

〔註37〕 陳慶存、彭準口述，王學其整理：《前川中學與胡氏父子》，《黃陂文史》第 1 輯，1988 年，第 214、215 頁。

〔註38〕 胡秋原：《家庭教育與學思之始》（四），《民主潮》第 9 卷第 17 期，1959 年 9 月。

〔註39〕 胡秋原：《談我自己的思想》，胡秋原：《世紀中文錄》，臺北：今日大陸社，1955 年，第 601 頁。

〔註40〕 胡秋原：《家庭教育與學思之始》（四），《民主潮》第 9 卷第 17 期，1959 年 9 月。

『大發明』」。隨著翻閱更多國共兩黨的小冊子，他「對馬克思以經濟與階級解釋歷史社會文化之說，與列寧所謂帝國主義三大矛盾說感覺興趣，並受鼓勵，開始寫一點所謂『打倒帝國主義，打倒軍閥』的文章」。〔註41〕受五卅運動後高漲的民族主義運動的影響，他更關注政治，至此馬克思列寧的影子開始出現在他的思想領域。儘管他對十月革命、社會主義、世界革命等觀念和思想已有初步認識，但他畢竟還是一個未滿16歲的少年，很難說對這些思想有強烈認同。

在參加武大國民黨支部會上，胡秋原結識左翼青年嚴達洙，一名老資格的共青團員，談論新文學和社會科學方面的新知吸引其興趣，結為好友。當時流行的革命宣傳是中國國民革命是世界革命的一部分，在打倒帝國主義和資本主義之後，還要繼蘇俄革命之後，建設社會主義。那時關心國運的知識青年對帝國主義侵華行徑無不深惡痛絕，自然傾向社會主義新思潮。這也引起胡秋原探求興趣，隨著馬列主義影響加深，他對共產主義和世界革命的憧憬日益濃厚。1925年11月，在嚴達洙介紹下，他正式加入中國共產主義青年團，拉開與馬克思主義長達十年的「纏綿之情」。在北伐軍到達武漢前，他在《十月革命紀念專號》上發表有關帝國主義、蘇俄革命與中國革命關係的文章，獲得好評，引起董必武等中共人士的注意。不久，受邀參與湖北省國民黨機關報《武漢評論》的編輯，由於當時國民革命是在國共合作下進行的，國共兩黨的董必武、羅貢華等人組成該報的主持人，但實權操縱在左派之手。

1926年「三一八」慘案發生後，胡秋原參與到學校組織的悼念活動，加深其對「打倒軍閥」的決心。在武大黨團聯席會議中，與左翼青年一起討論布哈林的《共產主義ABC》、國家主義與法西斯蒂，東方文化與封建思想等問題。由於中共「三大」決議共產黨員以個人身份加入國民黨，這些左翼青年也成為國民黨員。據胡秋原自述：「這聯席會議決定什麼，在國民黨支部也就一致通過。這使我瞭解何謂『黨團作用』。他們也研究在學校要『吸收』什麼人，『打擊』什麼人。這便是策略之列」。受上級指示，他們決定遊行和所謂「飛行集會」。〔註42〕凡熱心於此的稱為「活動分子」。胡秋原因喜歡看書，被認為「理論」很好，算「半活動分子」，有時也會被勸說不可專坐「象牙塔」

〔註41〕 胡秋原：《在唐三藏與浮士德之間》，胡秋原：《〈在唐三藏與浮士德之間〉及其他》，臺北：胡秋原自刊本，1962年，第2頁。
〔註42〕 胡秋原：《北伐時期》（上），《民主潮》第9卷第21期，1959年11月。

內，也要「走上街頭」，參加運動。

在此期間，中共中央機關刊物《嚮導》周報所刊先反對後又贊成北伐的文章，這種前後自相矛盾的態度，令他感到極爲困惑。1926 年 8 月，胡康民以私通革命軍被湖北督軍逮捕，胡秋原第一次體驗到革命對其及家庭的影響。之後武大發生的兩件事引發他道義上的不滿和心理上的惶惑。一是 1926 年秋，他目睹校長被左翼青年捆綁起來毆打致傷，二是黨團決定參加中華大學有關國家主義的講座，並派胡秋原等五人提出辯駁。然而，講座剛開始，武大學生群中有人尋釁滋事，大打出手，秩序大亂。因不贊成暴力，胡秋原逃離現場。事後武大國共兩黨作「自我批評」，承認此舉不妥。經調查後眞相大白，肇事者並非武大學生，而是專門製造暴動的左翼分子幕後的「傑作」。其父誤信胡秋原參與暴力事件，並以訛傳訛說他是共產黨的頭目，訓斥說這是野蠻無禮的行爲。胡秋原據實相告，父親又擔心其加入國民黨和共青團與這些事情有瓜田禮下之嫌，並告誡勿捲入是非，好好研究學問。他承認父親的勸說不無道理，但對革命的認識上，他說：「我看的那些『世界革命』，也不能說無理。我這時對馬克思主義小姐已有點初戀之情」。〔註43〕他感到無所適從，心理上處於困惑和矛盾之中。

北伐軍攻克武昌後，國民黨湖北省第一次代表大會宣言出自胡秋原之手，成爲一篇重要文獻。由於獲得好評，受邀負責主編《武漢評論》，成爲他辦刊之始。據他自述：「1927 年，我被較年長的朋友認爲很懂『理論』，能寫文章，被拉著編《武漢評論》」。〔註44〕受國民革命的影響，「當時捲入實際運動中，就很少讀書」；「被一些朋友拉著，似乎也革命，在黨務學校教點書，寫點文章，編兩三個小刊物」。當時在中國流行的革命理論是打倒列強除軍閥，爭取中國革命非資本主義前途，進行土地革命。當北伐軍進入武漢後，鬥爭恐怖漸起。武漢國民政府成立後，他目睹革命家成爲特權階級、工人被迫罷工、濫殺無辜等行爲，其父也被人控告爲「土豪劣紳」。「革命軍會師武漢了，許多朋友都關起來。我看了許多滑稽的事，於是對於革命懷疑起來。時已有人談革命文學，我們當時有幾個朋友，則相戒不談革命，成天吃冰，談談天」。〔註45〕對這些非人道的

〔註43〕 胡秋原：《北伐時期》（上），《民主潮》第 9 卷第 21 期，1959 年 11 月。
〔註44〕 胡秋原：《在唐三藏與浮士德之間》，胡秋原：《〈在唐三藏與浮士德之間〉及其他》，臺北：胡秋原自刊本，1962 年，第 2 頁。
〔註45〕 《胡秋原自記》，《讀書雜誌》第 3 卷第 1 期，1933 年 1 月。

革命行徑，他表示「不喜歡這一套，對政治之爲物，頓感失望」；「實則我對武漢政府下狀況反感日增，很想藏身『象牙之塔』，乃轉入中國文學系，與嚴達洙及其他年相若的朋友，吃吃零食，談談文學」。〔註46〕

因與中共武大書記宗某在遊行示威事件上意見不合，憤而退出「共青團」，脫離國民黨，辭《武漢評論》主編。這些事情影響到他對實際政治的態度，他說：「我原先與國民黨發生關係，因容共被拉入 CY（共青團），好在 CY 並非嚴格政治團體，並在他們勢力方盛時退出」；「我與一般人民一樣，對武漢政府早具厭惡之心。不幸反共以後的武漢較之武漢政府時代，更爲可怖。這大大影響我對國民黨觀感」。〔註47〕由此可見，對大革命時代國共兩黨在蘇俄革命的馬克思主義指導下的武裝革命，他表示出不滿，根本原因在於這些革命行徑與他的人道主義情懷背道而馳。儘管如此，他並未完全脫離政治。1927 年 4 月下旬，在全國學生總會主席唐鑒邀請下，在得到不參加組織和會議的保證後，負責主編該會機關報《中國學生》，一度代理全國學生總會宣傳部長。由於不認同武裝革命，此時他已開始有意識地保持自由者之身，某種程度上可以說是其後來提出「自由人」的思想先導。

因不贊同武裝革命，政治熱情驟減。「1926 年冬北伐軍到湖北，當時國共不分，常有恐怖行爲」。1927 年 4 月，蔣介石在上海清黨，繼之寧漢分裂，武漢分共，中共在南昌發動起義，全國陷入了大亂之中。12 月，桂系「西征軍來清共了，白色恐怖擴大到青年身上」。他表示「我對這兩種局面都很厭惡。我想如果政治要殺人，還是不理爲是」。〔註48〕儘管如此，災難幾乎殃及到他身上，身在其中一無所知。在這種捕殺進步青年的恐怖氛圍中，嚴達洙枉死，胡秋原幸免於難，逃往鄉下，本以爲是偶然之事，準備在家讀書。鑒於追捕他的風聲甚緊，除夕前一日，父親訓斥其對革命和政治的無知，除夕本應是親人團聚之日，而他卻在歲暮天寒之日背井離鄉，經漢口逃往上海，也是其一生中逃難之始，有望門投止之感。其悲憤的心情猶如「嗚咽辭密親，世網嬰我身」（陸機）。到上海後進入復旦大學中國文學系就讀。

大革命失敗後，各色人物齊聚上海，上海成爲中國文化中心。中共雖在

〔註46〕 胡秋原：《在唐三藏與浮士德之間》，胡秋原：《〈在唐三藏與浮士德之間〉及其他》，臺北：胡秋原自刊本，1962 年，第 2 頁。

〔註47〕 胡秋原：《北伐時期》（下），《民主潮》第 9 卷第 22 期，1959 年 11 月。

〔註48〕 胡秋原：《我的生活》，胡秋原：《世紀中文錄》，臺北：今日大陸社，1955 年，第 782 頁。

政治暫時陷入低潮，但在思想文化界卻處於進攻狀態，馬克思主義成爲思想文化界最時髦的思潮。「終使其在青年中保持其強大影響，並在思想界保持其不衰之勢」。〔註49〕在革命文學論戰中，魯迅的人道主義思想引起胡秋原的共鳴，依據所掌握的馬克思主義理論，撰文支持魯迅。此後以普列漢諾夫爲中心，研究文藝理論。爲研究普氏赴日留學，在此期間，他研讀西方馬克思主義與反馬克思主義的書籍，尤其是西方學界將蘇俄社會主義與法西斯主義視爲孿生子的論說，引起他探究興趣，進而他研讀《馬克思恩格斯全集》，西方歷史、哲學、經濟等方面的名著，思考從蘇俄傳播到中國的馬克思主義是否符合馬克思主義的「本質」？馬克思主義中是否包含人道主義思想？帶著這些疑問對普列漢諾夫進行系統研究，進而對馬克思主義作追根溯源的探究，提出了「自由主義的馬克思主義」思想。

　　縱觀胡秋原一生研究馬克思主義的思想歷程，1925 年前，他「大體上是正統的自由思想影響之下，此後逐漸接近馬克斯主義」。〔註50〕在武大求學時他認爲「馬克斯主義中的唯物史觀，是一種最好的學問和方法，然對社會與人生的態度，應該保持自由主義」。〔註51〕在困惑中不斷探索，受武漢時代兩種恐怖的體驗注定他不贊成武裝革命，但「保持馬克斯主義，卻更堅持人道主義和自由主義」。〔註52〕可以說武漢革命政府治下的恐怖氛圍，促使他對蘇俄革命的馬克思主義產生深深的懷疑，與他思想中的人道情懷和自由理念發出衝突。由此思想上開始調適，進入他一生思想演進的第一個階段——「自由主義的馬克思主義」，也成爲他畢生研究馬克思主義的第一階段。

二、普列漢諾夫的信徒

　　在中學讀書時，胡秋原對馬克思主義唯物史觀的理論產生了興趣，由於年齡尚小，「自然當時之所知，極其有限」。在學習中國文學和中國文化史時，產生一個疑問，「如何以唯物史觀解釋中國文學和文化史呢」？在當時「國學」研究的熱潮中，「已略知唯物史觀之原理，讀書偶有所獲，即力索其社會原因」。進入武大後，與嚴達洙等人時常談論這些問題，「因爲一般馬克斯主義教養之水

〔註49〕　胡秋原：《綜論北伐到九一八時期》（二），《民主潮》第 10 卷第 4 期，1960年 2 月。
〔註50〕　胡秋原：《青年時代思想之回憶》，《民主潮》第 9 卷第 13 期，1959 年 7 月。
〔註51〕　胡秋原：《六十年來我的重要著作和主張》（上），《中華雜誌》1990 年 12 月號。
〔註52〕　胡秋原：《北伐時期》（下），《民主潮》第 9 卷第 22 期，1959 年 11 月。

準的低落，我們的鑽研依然沒有什麼結果而終」。〔註53〕對馬克思主義瞭解已有兩年多歷史的胡秋原，也注重其理論研究，在閱讀很多介紹唯物史觀的書籍後，更想應用唯物史觀。此時恰逢應邀到國民黨湖北省黨部一黨校講授《各國革命史》，根據其瞭解的唯物史觀，參考西洋歷史書，編著《各國革命史》講義。但他認為「唯物史觀是不僅說明經濟政治，而且要說明文化學藝的」。他收集一些經濟史的材料，試圖以此來解釋西洋各國文藝思潮的變遷，因當時所知甚少，總覺得問題太多而作罷。閱讀日本學者廚川白村的《近代文學十講》譯本等書後，他思考「怎樣用唯物史觀說明近代文學變遷」的問題。〔註54〕

在目睹大革命中的革命行徑後，他認為真正的馬克思主義並非不講人道、忽視人權，以武裝革命的手段來實行共產主義，這種思考使其陷入不知所措的苦悶心態之中。此時其興趣也由科學轉向文藝，開始閱讀西方文學譯本，尤其是俄國文學，9 月，轉入中國文學系就讀。據他自述，「此時我心中發生一個問題，如何以唯物史觀說明文藝思潮的變化？沒人答覆這個問題。後來看《蘇俄文藝論戰》譯本，在其附錄中說到俄國樸列漢諾夫是首先研究這個問題的人，從此我記住這個名字」。〔註55〕雖然該文未能解答胡秋原的問題，但覺得很有道理，卻「增高對於科學的文學論與樸列漢諾夫的興趣」，〔註56〕成為其對普氏決心探求之始。如他所說：「因閱讀了一篇談他的文章，影響我幾乎十年之久」；〔註57〕「這一篇文章，竟是促成我研究樸列漢諾夫的動機。文章影響之大，於此亦可見一斑」。〔註58〕普氏是使唯物史觀系統化之人，以正統的馬克思主義者著稱。恩格斯曾讚譽道：「我認為只有兩個人理解和掌握了馬克斯主義，這兩個人是：梅林和普列漢諾夫」。〔註59〕普氏根據馬克思恩

〔註53〕 胡秋原：《唯物史觀藝術論：樸列汗諾夫及其藝術理論之研究·編校後記》，上海：神州國光社，1932 年，第 1 頁。

〔註54〕 胡秋原：《北伐時期》（上），《民主潮》第 9 卷第 21 期，1959 年 11 月。

〔註55〕 胡秋原：《哲學與思想·自序》，臺北：東大圖書股份有限公司，1994 年，第 11 頁。

〔註56〕 胡秋原：《唯物史觀藝術論：樸列汗諾夫及其藝術理論之研究·編校後記》，上海：神州國光社，1932 年，第 2 頁。

〔註57〕 胡秋原：《綜論北伐到九一八時期》（二），《民主潮》第 10 卷第 4 期，1960 年 2 月。

〔註58〕 胡秋原：《在唐三藏與浮士德之間》，胡秋原：《〈在唐三藏與浮士德之間〉及其他》，臺北：胡秋原自刊本，1962 年，第 2 頁。

〔註59〕 〔蘇〕米·約·列夫楚克、依·庫爾巴托娃著，宋洪訓等譯：《普列漢諾夫傳》，北京：三聯書店，1980 年，第 156 頁。

格斯的學說提出民主社會主義理論，成爲第二國際著名的理論家。他不贊同列寧的武力革命，其著作教育了俄國馬克思主義者和許多歐洲社會民主主義者。被譽爲「俄國馬克斯主義之父」的普氏、「西方正統馬克斯派」的考茨基都「否認列寧主義爲馬克斯主義」。〔註60〕從思想來源上來看，從社會主義追隨者到普列漢諾夫的信徒，胡秋原接受的馬克思主義是由普列漢諾夫而來，與中國左翼知識分子接受的蘇俄革命的馬克思主義，即列寧主義是有區別的。

　　1928 年初，進入復旦大學不久，恰逢革命文學興起。魯迅在「革命文學論戰」中的人道主義思想引起他情感上的共鳴，運用馬克思主義理論，依據所獲得的普列漢諾夫的文藝理論，撰文支持魯迅，強調文藝理論要請教普列漢諾夫，「對文藝取一種自由主義的態度人道主義的目標」，也由此開始。但縈繞他的問題依然是「如何用唯物史觀來解釋文藝的性質、起源、發展與社會間的關係」；「普列漢諾夫用唯物史觀講文學與思想的『上層建築』，最有成就」。在書店看到普氏《階級社會之藝術》等書，因語言問題而愧不能讀，這是他「發憤去日本讀日文的主要動機」。〔註61〕

　　1928 年 5 月 3 日，濟南慘案發生，基於民族激憤，他撰寫了《日本侵略下之滿蒙》，〔註62〕這是他對日本與滿蒙問題研究之始，也是公開出版的第一本書。當他在上海文壇初露頭角時，前川中學被縣長霸佔和大姐病故，使其本已低落的情緒更加憂鬱與感傷，無心在上海讀書，不日返鄉。本「打算山居讀書終老」，因風傳逮捕他的謠言，「不容，歲暮又來上海」。〔註63〕一年首尾，兩次逃難，且又在除夕，其悲憤的心情可想而知。「這一次逃難——欲耕田而不得，望病榻以辭親，使我心情與上次大不相同」。〔註64〕經過一連串打擊反而使他擺脫憂鬱，心路歷程進入另一境界。在師長的鼓勵和幫助下，進入大東書局擔任編輯，同時研讀文學理論，試圖根據馬克思主義解釋文藝的變遷。在日本人開設的內山書店看到很多馬克思主義的譯本，尤其是普列漢諾夫、梅林（Mehring）等論文藝的著作。據他自述：「當時因爲日文程度之不

〔註60〕　胡秋原：《駁費正清中國觀》，胡秋原：《中西歷史之理解》，臺北：中華雜誌社，1966 年，第 69 頁。
〔註61〕　胡秋原：《談我自己的思想》，胡秋原：《世紀中文錄》，臺北：今日大陸社，1955 年，第 601 頁。
〔註62〕　胡秋原：《日本侵略下之滿蒙》，上海：大東書局，1928 年。
〔註63〕　《胡秋原自記》，《讀書雜誌》第 3 卷第 1 期，1933 年 1 月。
〔註64〕　胡秋原：《始逃上海賣文記》（上），《民主潮》第 10 卷第 10 期，1960 年 5 月。

足，不甚了然，又沒有英譯本，於是增加我先到日本及學習俄文的決心」。〔註65〕他編撰三本有關民族運動的書籍，以稿費於 1929 年 3 月赴日留學，翻譯日本學者平林初之輔《政治的價值與藝術的價值》，〔註66〕該文是他間接批評「普羅文學」之始。

　　胡秋原且看且譯有關普列漢諾夫的書籍，據他自述，「當時日本在馬克斯主義高潮中，我十分入迷。但不過欣賞其理論，對於當時國共之事，不願聞問」。〔註67〕正當他醉心於研究馬克思主義和普氏之際，1929 年 9 月底，其父被縣長誣陷為共產黨頭目，再次被捕入獄。本準備回家，接到父親的勸誡信後留在東京繼續求學。家庭的慘痛遭遇、經歷與見聞使他對國共兩黨都不抱希望，遠離政治，繼續研讀普氏和馬恩著作。普氏不僅是第一個應用唯物史觀解釋文藝問題之人，而且「應用唯物史觀研究各種歷史問題，文化問題，哲學問題，如是而進入文化帝國最細緻的文藝問題的」。他有關科學的美學決不給藝術家以教條和命令等相關論說，「與當時蘇俄官方以及我國左翼完全不同的主張和態度」。這不僅解答胡秋原的疑惑，更激發其探究興趣。據他自述，「我到日本是為了找樸列漢諾夫的。我學好日文之後，便搜集所有樸列漢諾夫著作之日文、英文譯本及《馬克斯恩格斯全集》及自奧古斯丁以來的歷史哲學，藝術哲學和重要文學藝術作品寫《唯物史觀藝術論：樸列漢諾夫之研究》。自此我才知道樸列漢諾夫是『俄國馬克斯主義之父』，列寧等皆其後學」；〔註68〕「從此我追求樸列漢諾夫八年之久」。〔註69〕有關普氏文字中介紹和引證的書，他都設法去讀。他說：「我總看了幾十本書，翻閱了幾百本書」。可見他開闊的視野，其思想未受馬克思和普氏之限制。此書並非普氏一家之言，他把與馬克思主義有關和相反的哲學、藝術、文學等問題，俄國文學批評等都進行了述評，還附有他撰寫的普氏傳記，其研究普氏用功之勤，及受其影

〔註65〕　胡秋原：《唯物史觀藝術論：樸列汗諾夫及其藝術理論之研究・編校後記》，上海：神州國光社，1932 年，第 2 頁。

〔註66〕　〔日〕平林初之輔著，胡秋原譯：《政治的價值與藝術的價值》，《小說月報》第 21 卷第 1 期，1930 年 1 月。

〔註67〕　胡秋原：《我的生活》，胡秋原：《世紀中文錄》，臺北：今日大陸社，1955 年，第 782 頁。

〔註68〕　胡秋原：《哲學與思想・自序》，臺北：東大圖書股份有限公司，1994 年，第 12 頁。

〔註69〕　胡秋原：《八十年來──我的思想之來源與若干心得》，《中華雜誌》1990 年 7 月號。

響之深不言自明。在寫作過程中，他「不僅覺得自己是一社會主義者，而且以馬克斯主義者自命了」。〔註70〕通過撰寫該書，深化了把馬克思主義與自由主義並存的信念，又無意的探索了俄國社會思想和革命運動的歷史。為其瞭解普氏和列寧的分歧，〔註71〕以及後來研究蘇俄歷史奠定基礎。

胡秋原在研究普列漢諾夫及其藝術理論時，並非簡單轉述，而是根據對普氏思想系統的瞭解，加以發揮，詮釋自己的見解。他指出普氏用「馬克思主義哲學方法的武器」，「光照了社會意識形態的全範圍」，以唯物史觀在「文化史上藝術史上作了新穎而深刻的研究」，他是「科學底美學之創始者，以馬克思哲學社會學的方法深耕藝術領域的第一人，在世界最初的馬克斯主義藝術理論建設上，負有絕大的功績」。他在藝術及思想上留下的遺產，比起在政治上的成就更有價值。同時也承認他還未為藝術理論建立一個完整的體系，其「著作不能不說不過是帶一般原則或斷片素描性質的東西」。〔註72〕因而，他呼籲應彌補普氏之不足，完成普氏未竟之業。由此可見，胡秋原站在學術立場上，對普氏的評價是公正的、客觀的。

胡秋原根據自己的理解加以發揮、詮釋和補充馬克思主義藝術理論，並非如左翼學者所言成了「普氏最壞的歪曲者，最惡劣的引用者」。〔註73〕他自認為該書「非常粗淺而不嚴謹」，是其「從事學問研究上一個重要紀念」，不僅「介紹」，而且「批評」。〔註74〕儘管是「幼稚之作」，「弊帚自珍」，但對「初學唯物史觀藝術理論乃至研究普列漢諾夫者，或者仍不失為一個入門的書」。

〔註70〕 胡秋原：《「自由主義的馬克斯主義」之形成》，《民主潮》第 10 卷第 13 期，1960 年 7 月。

〔註71〕 普列漢諾夫是俄國馬克思主義之父，列寧也承認普氏著作教育了整整一代蘇俄社會主義者。普氏主張資產階級民主革命，通過議會鬥爭，建立各黨派聯合的自由民主制度。列寧主張武力革命，階級鬥爭，一黨專政，沒收一切財產，跳過資產階級民主革命直接進行社會主義革命。普氏在遺囑中說：「社會主義是人道的、公正的社會，因此依靠暴力和恐怖是建設不了社會主義的」，並認為列寧「執著朝著一個方向（篡改的方向）、一個目標（證明他的錯誤結論是正確的）來『發展』馬克思主義」。參見《普列漢諾夫的政治遺囑》，《馬克思恩格斯列寧斯大林研究》2000 年第 2 期。

〔註72〕 胡秋原：《唯物史觀藝術論：樸列汗諾夫及其藝術理論之研究》，上海：神州國光社，1932 年，第 20、21 頁。

〔註73〕 洛揚（馮雪峰）：《「阿狗文藝」論者的醜臉譜》，《文藝新聞》第 58 號，1932 年 6 月 6 日。

〔註74〕 胡秋原：《「自由主義的馬克斯主義」之形成》，《民主潮》第 10 卷第 13 期，1960 年 7 月。

在解釋撰寫該書的動機時，他說：「普列漢諾夫的理論雖已盛入中國，而這輸入稍嫌無系統，而一般人對於普氏理論尚不甚了然，因此用我的話加以解釋」，「錯誤自仍不少」；因資料所限，「故論藝術之本質，進化與發展，極不充分」。在論普氏藝術批評、文學與政治宣傳、社會學與美學批評、政治與藝術價值等方面，他指出：「多少將他們分離來看，沒有正確地統一起來，甚至有時使他們對立，在方法論上多少表現一種二元論或折衷論的傾向」；在「文藝方法上之辯證法唯物論問題」，還未能「具體地正確地全面地加以發揮」。〔註75〕他不贊同蘇俄和中國左翼學者以政治立場否認普氏的理論價值，並用列寧評述普氏著作是馬克思主義文獻中的精華之論，提醒左翼理論家勿忽視普氏的思想價值。該書出版後，日本學界稱胡秋原為「中國之普列漢諾夫」。〔註76〕在日本國會珍藏的戰時出版的《世界名人字典》收錄的胡姓欄中，稱他為「當代中國的馬克思主義研究家」。〔註77〕

　　1930 年代初，在中國對普氏研究極為有限的情況下，胡秋原對普氏文藝思想進行系統研究，奠定他在中國學界對馬克思文藝理論研究的開拓之功。儘管不夠嚴謹，但對馬克思文藝理論在中國的傳播做出應有的貢獻。梁實秋在評價其貢獻時說：「像這樣大規模的、有系統的著作在如今是很難得的」；「不到二十歲的人能有如此的巨著，自然是不容易的」；「這一部書比現在國內任何一本譯著都能使我們更明白的懂得普氏理論」。梁實秋此文寓貶於褒，目的是借胡著以諷刺其論戰對手──「魯迅派的翻譯」。〔註78〕儘管如此，從一個側面也反映出胡著對推動研究和傳播馬克思主義文藝理論的貢獻。

　　自 1926 年以來，胡秋原一直保持朱執信將尼采和馬克思學說並用的觀念，作為生活信條。尼采的超人學說使他擺脫憂鬱與感傷的情緒，思想上逐漸傾向馬克思主義之後，仍認為二者可以調和，但他們卻不能給藝術的理想，或道德的標準，然而普列漢諾夫有關人道、自由的觀念給胡秋原以啟示。他

〔註75〕　胡秋原：《唯物史觀藝術論：樸列汗諾夫及其藝術理論之研究‧編校後記》，上海：神州國光社，1932 年，第 4、5、6 頁。

〔註76〕　胡秋原：《在唐三藏與浮士德之間》，胡秋原：《〈在唐三藏與浮士德之間〉及其他》，臺北：胡秋原自刊本，1962 年，第 9 頁。

〔註77〕　裴高才：《胡秋原全傳》，北京：中國文聯出版社，2007 年，第 48 頁。

〔註78〕　程慎吾（梁實秋）：《普列漢諾夫及其藝術理論──讀胡秋原著〈唯物史觀藝術論〉》，天津《益世報‧文學周刊》第 23、24 期，1933 年 4 月 29 日、5 月 6 日，又見梁實秋：《梁實秋文集》第 7 卷，廈門：鷺江出版社，2002 年，第 115～132 頁。

由社會學觀點研究藝術，思考人道與自由的理論基礎時，法國哲學家居友（Guyan）的「人道愛」思想，即將「生命之深化與擴大，人心相通之愛，看作人類『休戚相關』（Solidarity）社會性之根源」等思想又給予他啟示。他認為這種思想可以補充唯物史觀說明「何以如此」，而不說明「應該如何」的不足。這不僅使他在苦讀之際保持良好的心態，而且也成為思想轉變的基點。通過對《唯物史觀藝術論》的研究，在思想上有兩個中心。即「自由主義，這自由主義也就是人道主義」；「馬克斯主義，主要是唯物史觀」。他套用此前朱執信尼采和馬克思並用之說，即：「對己，應本自由與人道立場；對於社會現象，應用唯物史觀的分析方法」。自由與人道成為他畢生堅守的價值理念，直到後來構建文化史觀後才取代唯物史觀，成為其歷史哲學。對普列漢諾夫的研究也為他畢生治學方向奠定了基礎，即「系統化之要求」。〔註79〕

　　這些年來他和父親的慘痛遭遇，使其不會擁護國民黨；儘管對馬克思主義感興趣，但在目睹工農武裝革命下許多過激、非人道的革命行動後，也未使他走上中共的革命道路，因此對國共兩黨都排斥抗拒。對政府的不滿並未使他走上反政府的偏激之路，對國事的冷漠也未使他陷入遁世之途。這歸結為他從父親的教導、明末諸儒明道救世思想、許多著作中，瞭解到偉大的思想家對人類懷有深厚的人道主義情懷，因而他認為馬克思主義被人誤解、扭曲和利用。1930 年春，他考入早稻田大學政治經濟學部，時值湖北省庚款官費章程修改，爭取未果。暑假回國拜訪熊十力先生，在其幫助下補得官費。他與熊先生的淵源可追溯到 1925 年，當時他投考武昌大學的國文試卷的出題者和評閱者均是熊先生，其答卷獲得熊先生的誇獎，以至於赴北大任教後還致信武漢友人問及其情況，胡秋原看過信後表示感謝並拜託向熊先生問安。由於這段淵源，1930 年暑假回國後，他到杭州西湖拜訪熊先生，說明來意。熊先生問及其「畢生志趣何在？是學問，還是事功？」胡秋原答覆說：「學問」，「當年進武大之日，我有此志氣。但這幾年我看政治是殺人之事，我於心不忍」。熊先生勸誡說：「事功更重要」，「正要以不忍之心，行生人之政」，「事功正是要整頓乾坤，為生民萬世謀太平」。鼓勵其不可因一時之事灰心，不可忘記匹夫有責之言。〔註80〕當時熊先生對其勉勵向學，以事功相期。據當時

〔註79〕胡秋原：《「自由主義的馬克斯主義」之形成》，《民主潮》第 10 卷第 13 期，1960 年 7 月。

〔註80〕胡秋原：《入學及回國》，《民主潮》第 10 卷第 14 期，1960 年 7 月。

與胡秋原同在日本早稻田大學留學的楊玉清記載:「胡君來,曾道及熊先生說以『學問事功,必求專一』勸勉他」。〔註81〕多年後胡秋原在回憶這段經歷時說:「凡諸前輩,特別是熊先生的好意,至今我皆不敢忘」;「可愧者,兩年以後,我有意於事功了,七年以後,我非常有意於事功了,可是不久依然先後放棄此念」。〔註82〕他考入武大後曾抱著科學救國之志,然而目睹大革命中非人道的行爲,讓他感覺政治殺人,逐漸對政治產生冷漠,致力於研究學問。兩年後有意事功是指 1933 年參與「閩變」,七年之後有意事功則是指 1937 年從美國歸國後進入黨政機構,闡述他抗戰建國的理念。如他所說:「抗戰時期,我還有從政一顯身手之意」。〔註83〕他所言「放棄此念」並不準確,儘管 1945 年因反對中蘇條約,被「免本兼各職」,但他還擔任「立法委員」等職,此後遊走於學術與政治之間,始終致力於民族統一大業。1988 年,組建「中國統一聯盟」,衝破阻力到大陸訪問,開啓海峽兩岸交流的新篇章,這些可以看作他致力於事功,爲民族統一謀太平的壯舉。

1930 年暑假在家鄉目睹到農村革命的眞相後,進一步加劇了他對蘇俄革命的馬克思主義的懷疑。其父擔心他研究馬克思主義,受蘇俄革命的影響,他回應說:「我研究的馬克斯,是由俄國列寧的老師來的。我愈研究,才愈瞭解俄國列寧的共產主義的理論,而實際表現的那一套,並不是眞正的馬克斯主義」。又說:「我花了那麼多的時間去鑽研,去探討,我是想寫出書來使國人充分瞭解這一點。而且我看的書很多,也不會只看一家之言的」。〔註84〕儘管如此,他仍相信社會主義,關注蘇俄馬克思主義的討論。但他相信的馬克思主義,除馬克思恩格斯之外,只承認普氏、梅林、考茨基、盧森堡等。他認爲蘇俄斯大林統治時期,攻擊普列漢諾夫不懂唯物辯證法,甚至否認其思想和理論價值,製造「馬恩列斯的道統」。〔註85〕從思想譜繫上來看,他的馬克思主義來自馬恩普等人;而對列寧等人的論斷只是他的一家之言,完全否

〔註81〕楊玉清:《肝膽之剖析——楊玉清日記摘鈔》(1930 年 10 月 5 日的日記),北京:中國時代經濟出版社,2007 年,第 86 頁。

〔註82〕胡秋原:《入學及回國》,《民主潮》第 10 卷第 14 期,1960 年 7 月。

〔註83〕胡秋原:《從香港到臺灣》,《文學與傳記》(香港)1999 年 7 月 15 日。

〔註84〕張漱菡:《胡秋原傳——直心巨筆一書生》,臺北:皇冠出版社,1988 年,第 318 頁。

〔註85〕胡秋原:《「自由主義的馬克斯主義」之形成》,《民主潮》第 10 卷第 13 期,1960 年 7 月。

認列寧主義，則過於武斷。

　　通過對《唯物史觀藝術論》的研究，使胡秋原瞭解到蘇俄革命運動的歷史，不僅成爲他不贊同蘇俄革命的思想來源，也爲其後來研究蘇俄歷史奠定基礎。多年後，儘管他聲稱放棄馬克思主義，但依然保持普氏照片，表明他仍未忘記青年時代的「故舊」，並相信今日仍有研究普列漢諾夫的必要。隨著普氏政治遺囑的發表，近年來中俄學界又掀起對普氏研究的激烈討論。〔註86〕在研究普氏過程中，進而研讀《馬克思恩格斯全集》和西方歷史哲學，對馬克思主義作追根溯源的研究，瞭解馬克思的哲學、經濟、歷史理論，並由此瞭解歷史比較法，爲他後來從事歷史研究提供方法論的借鑒，也爲構建自己的歷史哲學提供參照。更重要的是加強對自由主義與馬克思主義可以並存的信念，爲其提出「自由主義的馬克思主義」奠定思想和理論基礎。

第三節　「自由主義的馬克思主義」的提出和闡述

　　社會主義自傳入中國後，在五四時期得到了廣泛傳播。由於十月革命的巨大影響，從蘇俄傳播到中國的馬克思主義取代白由主義，逐漸成爲中國思想界最時髦的思潮，並被激進的知識分子認爲是正統的馬克思主義。在「以俄爲師」的旗幟下，國民黨實行聯俄聯共的政策，取得了北伐的順利進行。大革命的失敗，引發了許多知識分子回到書齋重新思考救國之道，從理論上探索蘇俄的革命道路是否符合中國的現實？經歷大革命的胡秋原，決心對馬克思主義進行追根溯源的探索，提出了「自由主義的馬克思主義」，亦稱「自由的馬克思主義」。

一、「自由主義的馬克思主義」提出的背景

　　馬克思主義傳播到中國後，和西方其他思潮一樣，在中國都有各自的受眾，開始甚至影響不大，這種局面直到五四前後才得到根本改變。西洋代議政治在中國上演的豬仔議員等一幕幕政治醜劇，淪爲笑柄。歐戰宣告了歐洲文明的破產，尤其是巴黎和會對於追求「公理」的中國人帶來了巨大的幻滅

〔註86〕 1999 年 11 月 30 日，俄國《獨立報》發表普列漢諾夫的《政治遺囑》，中國學界也將該文翻譯出來公開發表在《馬克思恩格斯列寧斯大林研究》2000 年第 2 期上。對於普氏政治遺囑的眞僞，及其預言的思想價值，中俄學界進行了激烈的爭論。

感，使五四時期一大批充滿救亡情懷，卻又深陷於失望中的知識分子思考中國出路在哪裏？與西方列強犧牲中國利益不同，蘇俄宣佈放棄在華特權的行動，對國人產生極大的衝擊和影響，吸引了很多知識分子對社會主義的嚮往。社會主義宣傳建立公正平等的理想社會藍圖，與中國文化中源遠流長的「不患寡而患不均」，大同兼愛的社會理想相通。因此兼備價值理想與現實革命方略的馬克思主義，成為知識分子救國的思想理論武器。近代以來中國知識分子向西方尋求救國眞理的視線由西方轉向了蘇俄，使他們不僅從書本上，更是從俄國革命勝利中眞切地感受到馬克思主義的威力，給在黑暗中苦苦求索而找不到出路的中國人提供一個可資傚仿的榜樣，並由此走上俄國人開創的道路，中國共產主義運動也由此發軔。

　　中國學界反覆引用毛澤東的話：「十月革命一聲炮響，給我們送來了馬克思列寧主義」。〔註87〕形象地說明蘇俄革命的馬克思主義對中國的影響。茅盾的回憶也道出知識界對蘇俄革命的崇拜心態：「當時被『十月革命』的炮聲所驚醒，往往幻想著那個橫跨歐亞兩洲的大國，在革命以後就該是一下子變成怎樣一個極樂的世界。認爲『就該是』，這是多麼天眞，多麼幼稚；如果有人表示了不同的意見，那是一定要和他爭得面紅耳赤的」。〔註88〕然而，這種革命的馬克思主義，實際上是列寧主義。至於列寧主義是否符合馬克思主義的本質，在「必與俄國打成一片，一切均借俄助」的氛圍下，〔註89〕不得不按照蘇俄的方式理解馬克思主義，使當時激進的知識分子失去了理性的研究、思考、比較、批判，亦步亦趨地「以俄爲師」，中國革命納入蘇俄的軌道。十月革命勝利後，蘇俄建立了世界上第一個社會主義國家，吸引了羅素、杜威、羅曼‧羅蘭等世界著名學者的注意，甚至表現出對社會主義的嚮往。然而，蘇俄在革命的馬克思主義──列寧主義指導下開創的社會主義道路，究竟是否代表正統的馬克思主義？在當時就有以考茨基、普列漢諾夫等爲代表的第二國際，與列寧爲首的第三國際之間激烈的爭論。這種爭論時至今日依然成爲學界的焦點，特別是普列漢諾夫遺囑的發現，究竟是普列漢諾夫，還是列

〔註87〕毛澤東：《論人民民主專政》（1949 年 6 月 30 日），《毛澤東選集》第 4 卷，北京：人民出版社，1991 年，第 1471 頁。

〔註88〕茅盾：《紀念秋白同志，學習秋白同志》，《人民日報》1955 年 6 月 18 日第 3 版。

〔註89〕《蔡和森給毛澤東信》（1920 年 8 月 13 日），中國革命博物館、湖南博物館編：《新民學會資料》，北京：人民出版社，1980 年，第 132 頁。

寧代表真正的馬克思主義,在中俄學界尚未塵埃落定。社會主義思潮傳播到中國後,中國有不同社會主義派別的受眾。正如王凡西所言:「歐戰結束,特別因為俄國十月革命的勝利,社會主義思想來到中國,成為中國知識分子『靈魂上最時髦的裝飾』」;然而,「它們只是『裝飾』而已。舉凡西方近百年發生過的各種社會主義,不管是科學的也好,烏托邦的也好,革命的也好,改良的也好,甚至帶有反動色彩的也好,只要有社會主義其名,一律被歡迎進來,譯成中文,登上雜誌,在客廳裏談論,或在講堂上發揮,以此圖利(稿費也),以此沽名(前進也)」。〔註90〕

當時連孫中山也說其主張的民生主義就是社會主義,周佛海、陶希聖等許多國民黨左派也以社會主義者自居。胡秋原對社會主義者的羅列更是有別於蘇俄革命的馬克思主義:「一八九五年左右,孫中山先生在英國接受社會主義,羅素在德國接受社會主義,杜威也是社會主義者。張(君勱)先生在一九一三年赴德留學後,成為社會主義者。歐戰後梁啟超先生遊歐回國之初亦自稱社會主義者(後不然)。那時黎元洪亦主張國家社會主義。至於世界各國作家哲學家主張社會主義者比比皆是。在此『潮流』中,我在一九三四年亦信仰社會主義。然一九三五年我到歐洲,看見希特勒和斯大林(斯大林)的兩種社會主義以後,我再深切地再思考這個問題,思想一變」。〔註91〕在胡秋原看來,社會主義的範疇遠比馬克思主義寬泛得多。

革命戰爭年代,由於缺乏深入細緻的理論研究,對馬克思主義和中國革命的複雜性認識不足,僅僅靠蘇俄的革命經驗和第三國際的指示,幼年的中共在探索中國革命道路過程中走了很多彎路。對理論不足的現實,誠如中共早期領導人張國燾所指出:「五四運動前後一部分急進的學者和青年,開始仰慕俄國革命,傾向社會主義。那些參加中共的青年,實質上並非真正的共產主義者;他們對於馬克思列寧的學說既無研究,更無所謂信仰:他們對於蘇聯的共產國際的理論和實際,也是一知半解,那些青年幾乎都是對於中國的積弱和腐敗,懷抱著痛心疾首的心情,他們心目中所憧憬的,是一個獨立自由和富強之中國」。〔註92〕十月革命勝利後,蘇俄為推行世界革命,在歐洲遭

〔註90〕 王凡西:《雙山回憶錄》,上海:東方出版社,2004年,第162～163頁。
〔註91〕 胡秋原:《張君勱先生之思想》(下),《中華雜誌》1986年4月號。胡秋原說1934年亦信社會主義,可能有誤,應為1924年。他在多部著作回憶中述及中學時就瞭解唯物史觀,對馬克思主義和社會主義產生興趣。
〔註92〕 龔楚:《龔楚將軍回憶錄·張(國燾)序》,香港:明報月刊社,1978年。

遇失敗後，將目光轉向遭受西方列強侵略的中國。仰慕蘇俄革命、傾向社會主義的急進青年知識分子，在蘇俄的幫助下，組織革命政黨，發動工農進行武裝革命，奪取革命政權。然而，在國際關係中，蘇俄並非完全無私的幫助中國建立獨立富強的國家，而是爲了自身利益，試圖將中國納入其推行的世界革命的軌道，變成其附庸。「就國際政治的演講而言，俄國人影響和介入中國革命的過程，恰恰是列寧主義逐漸從西方移向東方，在最適宜其生長的條件下生根、開花、結果的過程」。〔註93〕這種評價道出了列寧主義對中國革命的深刻影響。

　　正是由於理論不足，急進的青年知識分子對蘇俄犧牲中國利益的企圖認識不足，對列寧主義是否符合馬克思主義的本質，是否適合中國革命的現實等重大理論問題，則難以分辨。對此胡秋原指出：「對資本主義不求甚解，對社會主義實亦道聽途說，尤其是對俄國社會主義歷史，更爲盲然。只是聽人宣傳，並宣傳他人之宣傳，目爲最新潮流」；近代以來中國的內憂外患，「皆由產業落後而來，我們的痛苦皆有資本主義不足而來」；由於「社會科學知識不足，不知資本主義社會主義眞正屬害得失，不知俄國的歷史，布塞維克主義眞相，不知日本俄國遠東政策及太平洋各國霸權競爭實際，以及中國自處之道」；又由於「哲學知識不足，對世界思想無批評之能力」，「對俄國一套宣傳無判斷之能力，不能提出中國民族自主命運之道路」。〔註94〕在思想界接受資本主義是反動的、罪惡的宣傳後，在感情上自然肯定社會主義，傾向蘇俄。受蘇俄社會主義的影響，國民黨實行聯俄聯共後，擴大了蘇俄革命的馬克思主義在中國思想界的傳播和影響。至此，社會主義成爲中國思想界的時髦思潮，甚至出現「舉國奉蘇俄」（章太炎語）的現象。當時宣傳蘇俄是革命的大本營，共產黨是社會革命的先鋒隊，受此影響國人便接受了一種革命的人生觀，談論革命，怎能不對社會主義大本營的蘇俄心嚮往之？胡秋原將其中的原因歸結爲「英美等西方國家沒有一個積極的遠東政策，而蘇俄不斷發表對華友好宣言」。這種鮮明的對比使「渴求民族地位平等的中國，憤慨於英法，失望於美國，希望於蘇俄」。中蘇友好宣言和所謂「平等」條約，以及打倒帝

〔註93〕楊奎松：《「中間地帶」的革命：國際大背景下看中共成功之道》，太原：山西人民出版社，2010年，第53頁。

〔註94〕胡秋原：《家庭教育與學思之始》（三），《民主潮》第9卷第16期，1959年8月。

國主義的政策宣傳，在中國各界廣受歡迎。「列寧去世後，《東方雜誌》且謂威爾遜『騙人』，列寧才是『救星』。中國以蘇俄爲友由此可見一斑，至此美國在中國的聲望遠不如蘇俄，這是蘇俄外交政策的勝利，美國的失敗。蘇俄以「全中國民族配合其世界政策，以中共爲主體、國民黨及其他各派爲同路人組織」，逐步將中國納入其整個世界革命的藍圖之中。「百年來外人經營中國之成功，遂無如蘇俄之巨矣」。〔註95〕在此背景下，國共兩黨的建黨理論都以蘇俄爲榜樣，並合作開展國民革命。也正是由於對社會主義理論研究的不足，大革命遭遇到失敗。

　　1925 年前後，先後加入國民黨和共青團的胡秋原，因主編《武漢評論》的關係，常被邀請參加中央黨部舉行的會議。因此十分熟悉當時流行的革命理論：「帝國主義三大矛盾」，「打倒列強除軍閥」，「爭取中國非資本主義前途」和「土地革命」。鮑羅廷在演說中提出土地革命後，「才能提高農村購買力，開啓資本主義前途。這與當時的公式理論爭取非資本主義前途相矛盾。如何將這兩個前途連在一起，他並未說明」。此後才明確提出中國革命「一面反帝──民族革命，一面反封建──土地革命」。在胡秋原看來，這原本是「一種資本主義性革命，但在無產階級領導下，亦即在蘇俄和中共領導下，他又可不經資本主義，直接過渡到社會主義，當時第三國際的理論關鍵便是如此」。換言之，「中國是封建社會，土地革命才能打倒地主，打破封建社會，打倒封建軍閥基礎；這也就是打倒帝國主義在中國的工具了」。〔註96〕共產國際和斯大林指出中國革命發展前途將是「走向非資本主義發展」，「更確切些說，走向社會主義發展的過渡政權」。〔註97〕時任中共中央婦女部長向警予秘書陳修良的回憶，給我們提供理解當時思想混亂的狀況。她說：對「非資本主義道路」的口號「只有一個模糊的理解」，向警予也未回答什麼是「非資本主義道路」；「當時對革命的階段不明確，後來又對於蘇維埃政權口號不理解，到底是搞無產階級革命，還是民主革命，說不清楚」。〔註98〕

〔註95〕胡秋原：《家庭教育與學思之始》（二），《民主潮》第 9 卷第 15 期，1959 年 8 月。

〔註96〕胡秋原：《北伐時期》（上），《民主潮》第 9 卷第 21 期，1959 年 11 月。

〔註97〕〔蘇〕斯大林：《斯大林論中國革命的前途》（1926 年 11 月 30 日在共產國際執行委員會中國委員會會議上的演說），《共產國際有關中國革命的文獻資料》第 1 輯，北京：中國社會科學出版社，1981 年，第 268 頁。

〔註98〕陳修良：《我走過的道路》，1989 年，未刊稿。

對這些理論宣傳，胡秋原回憶說：「我能接受打倒帝國主義與軍閥，取消不平等條約，然對這土地革命理論自始即懷疑。我不相信將農村弄亂可以提高購買力。我也不相信地主與封建軍閥有何關係」。〔註99〕他在解釋反對土地革命的原因時說：「看穀使我瞭解佃農生活，並對他們同情」，「我知道他們未要求革命，此亦可證明」。〔註100〕直到 1935 年在莫斯科期間，他才瞭解土地革命是第三國際和蘇俄指導中國革命的策略。在土地革命中，農民要求「耕者有其田」是合理的，並非如其所言「未要求革命」。由比較經濟史的研究，他「深信中國有發展資本主義的必要，而為了發展資本主義，中國需要者是農業革命，不是農民革命」。〔註101〕

對北伐軍進入武漢後建立起來的國民政府，他深感不滿。首先，湖北省政府在行政上的第一道命令是「撤除城牆，照得城垣為封建時代遺物」等；國民政府財政部第一道命令是「繼續釐金，而這是他們事前極力攻訐的」。其次，社會風氣也有很大變化。革命家成為新特權階級，查封北洋時代官員的產業歸革命家所有。最令他最反感的是「空氣漸漸恐怖起來，鬧工潮，慫恿店員組織工會監督商店，工人組織糾察隊，強迫罷工，捉反革命。在學校中，甚至在街上，間有捉國家主義派之事。在農村中則在鮑羅廷土地革命演說後，強迫農民鬥爭地主，名曰打倒土豪劣紳，並謂『有土皆豪，無紳不劣』」。湖南省首先成立「審理土豪劣紳法庭」，第三國際下令「武漢政府要每縣找出最著名的土豪劣紳殺掉，激發一個『革命的高潮』」。胡秋原認為這種「先立一個殺人之目標，然後再物色合乎要殺標準之人」，這是他「首先厭惡武漢政府之一事」。〔註102〕這種絕對化做法，在此後中國革命和建設過程中多次上演。

從理論上來說，「國民革命」是資產階級民主革命。由於幼年的中共對中

〔註99〕 胡秋原：《北伐時期》（上），《民主潮》第 9 卷第 21 期，1959 年 11 月。

〔註100〕 胡秋原：《家庭教育與學思之始》（上），《民主潮》第 9 卷第 14 期，1959 年 7 月。「看穀」是指每當收穀之際，照例佃農邀請「老闆」（即地主）到家吃飯，商量地租打折事宜。胡秋原家有田佃給附近農人耕種，胡康民因忙於學校事務，無暇兼顧，他擔負起「看穀」的責任。

〔註101〕 胡秋原：《北伐時期》（上），《民主潮》第 9 卷第 21 期，1959 年 11 月。

〔註102〕 胡秋原：《北伐時期》（上），《民主潮》第 9 卷第 21 期，1959 年 11 月。在另外一篇文章中，胡秋原也表示：中共受第三國際指示，提出「打土豪分田地」，「打倒封建」等革命口號，並下令「每一縣殺一個土豪劣紳」。繼而「這也是封建，那也是封建，一切廟宇祠堂也是封建，又打毀廟宇」。農民被逼組織「紅槍會」與之對抗。參見胡秋原口述，宋江英整理：《胡秋原的青年時代》，《人間》1987 年 3 月。

國革命的複雜性認識不足，在工農革命實踐中提出超越「國民革命」允許的範疇。農民要求「減租減息」，進行土地革命，實行「耕者有其田」，這本無可厚非。但農民要從地主手中奪取土地，勢必引起尖銳的農村革命。由於北伐軍中很多軍官出身於地主家庭，工農起來鬧革命直接觸及他們的切身利益，這種複雜又微妙的情況加劇了混亂的局面。李宗仁的回憶揭示了工農運動的過激行爲：「所謂群眾運動更搞得天翻地覆。這種過激的作風，早已引起軍中官兵的疑慮。到十六年夏季，兩湖軍隊憤懣的心情，已到無可壓抑的境地。因當時中、下級軍官多爲中、小地主出身。其父母或親戚在故鄉都橫遭工會、農會的淩辱，積憤已久。而各級黨部竟視若無睹」。〔註103〕這些過火行爲激起出身中小地主家庭的軍官的反抗，進一步加劇了農村革命的尖銳性。而在這種氛圍下，胡秋原之父也被人指控爲「土豪劣紳」。

在大革命中，工會和農會的確得到了驚人的發展，鄉政多落在農會手中，「並很快採取拒納一切租稅以至公然沒收土地的步驟」；這等於說是將「反帝和打倒軍閥的民族統一運動，與土地改革發生聯繫」。如何解決這個危機，幼年的中共並未有理論研究和解決危機的宣言，甚至有人感歎農運「過火」；「自稱代表工農的中共，不能控制工潮和農村『過火』的行動，必然影響到國共的關係」。由於馬克思主義理論不足，革命者中又「充滿中國農民暴動思想」，中國經濟和文化的落後使得革命者「自然沒有一些人文主義的教養」。〔註104〕在農村開展的工農革命中，因將廟宇中農民供奉的菩薩視爲封建性的東西，予以撤除，激起民變，並將其視爲「反革命」予以武力鎮壓，致使大量無辜農民死於非命。連陳獨秀等人也不贊成土地革命中這種「過火」行爲，此時代理國民黨中宣部長的毛澤東先後在湖南和武漢組織農會。「農會便成了唯一的權力機關，眞正辦到了人們所謂『一切權利歸農會』。農會在鄉村簡直獨裁一切，眞是『說得出，做得到』」。〔註105〕在鄉村中組織農會成爲此後中共工農革命的指導綱領。

大革命中工農運動中出現的過激行爲，引發胡秋原內心深處的人道主義情懷。在遊行示威事件上，因與黨團書記意見不合，他被指責爲不守紀律，

〔註103〕唐德剛：《李宗仁回憶錄》，上海：華東師範大學出版社，1995年，第349頁。
〔註104〕鄭學稼：《第三國際史》，臺灣：商務印書館，1977年，第1073、1364頁。
〔註105〕毛澤東：《湖南農民運動考察報告》（1927年3月），《毛澤東選集》第1卷，北京：人民出版社，1991年，第14頁。

完全是腐化分子，不遊行就是反革命。這暗含當時流行的口號「不革命就是反革命」，腐化分子是指在省黨部領取主編《武漢評論》40 元的「生活費」。胡秋原因此受到「留團察看」的處分，基於義憤脫離共青團，也隨之離開國民黨，與幾個朋友一起談笑「革命」。這對他此後的思想有很長久的影響，即「經世之思告退，而竹林之意方滋」。〔註106〕4 月間，自稱賀某的中共武大黨團要員致信胡秋原，請求赴漢口幫忙處理稿件。在其住處，發現房間用具與日用品均爲進口，感歎無產階級領袖竟然如此奢侈，豈不矛盾？這種現象從時任中央婦女部長向警予秘書陳修良回憶中得到佐證。她說：「武漢政府工作的黨員，大吃大喝之風相當盛行，女同志多喜歡找軍人結婚，因爲他們錢多，其中有許多黨團員。無怪 1928 年周恩來同志在莫斯科時對我說過一句很重要的話，他說：『當時武漢不少的同志大吃大喝，生活腐化，武漢政府不失敗才是怪了』」。〔註107〕由於上述經歷，胡秋原對武漢政府的各種政策十分熟悉，對其崩潰也不意外。本對政局抱有希望，實現「和平統一救中國」願望的胡秋原，準備安心讀書，不曾想國民黨內爭由此大起。「我更不會想到共（產）黨之盲動與國民黨之內爭，造成一極可怕局面，毀滅無數生命，而我幾受池魚之殃」。

1927 年 12 月中旬，桂系西征軍進入武漢，以清黨爲名大肆屠殺左翼青年，嚴達洙枉死，胡秋原幸免於難，逃往上海。一年多以來，先是其父被北洋軍以「通敵」爲名被逮捕入獄，1927 年上半年，武漢國民政府在左派治下，以土豪劣紳之名殺人，現在算右派來襲，又以追殺共產黨爲名，屠殺無辜青年，胡秋原也差點被殺。據他自述：「這是一個濫殺世界。想到這一切，我對國家觀念變了。國家不愛我，我何必愛他？我更覺得政治可怕。從前有人說『吃人的禮教』，現在是『吃人的政治』，『吃人的革命』。」本已消沉的心更趨於消沉，決心今後專門從事閱讀和研究。這種經歷使他「快樂的天性變爲憂鬱感傷了」，對政治態度由冷淡轉向厭惡，決心走進「象牙之塔」。此後，「始終爲藝術而藝術」辯護，也是由「目擊武漢時代兩種恐怖的體驗而來」。不過，「由於我在北伐前家庭教育和基礎知識，忠厚之教和人格、國家、科學觀念，使我在十六年一年中目睹兩種恐怖皆爲不滿，並自此對國共兩黨敬遠，然而卻未失去心理平衡。我雖對國事消極，保持馬克思主義，卻更堅持人道主義，

〔註106〕胡秋原：《北伐時期》（上），《民主潮》第 9 卷第 21 期，1959 年 11 月。
〔註107〕陳修良：《我走過的道路》，1989 年，未刊稿。

自由主義」。〔註108〕可以說目睹大革命中左右兩派的武力革命，引起他道義的不滿，萌發對蘇俄革命的馬克思主義的懷疑，致力於對馬克思主義追根溯源的探究，提倡人道主義。「革命文學論爭」中魯迅人道主義思想引起共鳴，撰文支持魯迅，主張文藝自由。

　　1929 年 6 月，英國社會主義元老卡本特（E.Carpenter）去世，胡秋原在上海時譯述過其論友愛的文字，頗欣賞其見解。卡氏的社會改造思想，「不專注意經濟問題，而是富於自由人道色彩。他毋寧是將同情，友愛，更高的民主，勞動藝術化，創造性的自由，看作社會主義之靈魂」。此時在日本留學的胡秋原撰寫紀念文章在上海發表，受此鼓舞他以社會主義為題撰文。社會主義對其影響，如他所言：「自 1925 年以來，我已經傳染了一點社會主義思想，有一漠然的社會主義觀念在我心中。這社會主義觀念，又繼因我浸淫於唯物史觀以及俄國文學而逐漸濃厚。但實際上不過人云亦云，我並未認真的去想他。即令我重視他，是其代表正義與反抗精神。至於是否『科學』，我並不管」。〔註109〕由此可見，由於認為「社會主義代表正義與反抗精神」，胡秋原接受並相信它是救國之路。然而，大革命中的見聞又使其產生了困惑，隨著閱讀的增加更加質疑蘇俄革命的馬克思主義。

　　在翻閱《新舊約》、《基督教與馬克思主義》、《文藝思潮論》後，他又閱讀了恩格斯講古代社會主義小書和考茨基《基督教之基礎》，書中都說基督教是古代的社會主義，他產生一個疑問：「古代社會主義之基督教代替了希臘思潮，現代社會主義是否將代替西方資本主義，並將與古代社會主義（基督教）有同樣命運？」社會主義勝利後是否變為一種教條和特權呢？他對西方批評馬克思的著作中說布爾什維克與法西斯是孿生子的觀點很感興趣，便對馬克思主義作追根溯源的研究，著文《基督教與社會主義：一個文化史的比較研究》。他指出「在羅馬，當希臘異教文明腐敗以後，基督教文明代之而興的過程。然當中古的基督教變為教條並以殘忍維持其特權與荒謬以後，異教文化又以文藝復興而再生。現代社會主義對抗資本主義而興，有如古代基督教對抗羅馬文明而起。而其結果，將視資本主義能否避免羅馬帝國之覆轍？如若不能，社會主義將能勝利。然而社會主義有無前途，亦將視其能否避免中古教會之覆轍」。他還將蘇俄發生的「斯大林與托洛茨基之爭，看作一種天主教

〔註108〕胡秋原：《北伐時期》（下），《民主潮》第 9 卷第 22 期，1959 年 11 月。
〔註109〕胡秋原：《由上海到東京》，《民主潮》第 10 卷第 12 期，1960 年 6 月。

會與新教徒之爭的預演」。該文投出後石沉大海，在該文中，他提出了一個值得注意的問題，其中的觀點不無見地。據他自述：「這一平行的類似之問題，始終在我心中。後來我實地比較西歐與蘇俄以後，我發覺這一平行不能成立」。1949 年離開大陸前半年，「我看到資本主義世界之無能，這一平行，又在我心中出現」。此後，對「少年時代這一問題，才加以最後的判斷，寫成《美蘇鬥爭與文化史考察》」。〔註110〕

對於胡秋原在該文中提出的問題，後來有學者評價道：「這是在五十年前，一個青年學者發出的驚世駭俗的見解，具有警世的作用……質諸歷史，不是一一得到驗證了嗎？德意日法西斯重蹈羅馬帝國覆轍而滅亡，英美法避開了羅馬古道而興盛，法西斯的侵略成了社會主義的催化劑，斯大林大規模肅反，將數以萬計的人處決與流放，其殘忍與規模都遠遠超越中世紀的宗教裁判所……把馬克斯主義放在世界文化史領域加以考察，把他與基督教加以研究比較，這是中國現代思想史上值得大書特書的一件事」。〔註111〕該文中胡秋原提出的觀點在當時思想界獨樹一幟、頗有見地。在革命的馬克思主義成為最時髦的思潮、蘇俄推行世界革命之時，儘管這種「逆歷史潮流」的反主流思想在當時思想界顯得微不足道，未能引起重視，歷史的發展凸顯他敏銳的觀察力和洞察歷史的眼光，這正是歷史的複雜和弔詭。

在撰述上文回答自己的疑問後，他才自稱是社會主義者。據他自述：「社會主義才在我心中有一個穩固的地位。我想，我是社會主義者了」。他對馬克思主義思考伊始、撰文比較基督教與社會主義之時，「將社會主義看作一種新的文化形態，一個更高的人道之內容的東西，而認為亦必須如此，他才有存在的理由與價值」。因此，「在我不久相信馬克思社會主義時期，我也從未以為俄國式的血腥獨裁與鬥爭，為社會主義之正道。而不久我主張自由主義的馬克思主義，以及後來放棄馬克思主義，亦皆伏因於此」。〔註112〕由此不難看出，他相信的社會主義，強調自由、民主、公正、人道等核心價值，與蘇俄革命的馬克思主義是有區別的。鑒於此，他探索並提出自己獨立的思想——「自由主義的馬克思主義」。那麼，究竟何謂「自由主義的馬克思主義」呢？

〔註110〕胡秋原：《由上海到東京》，《民主潮》第 10 卷第 12 期，1960 年 6 月。
〔註111〕李國權：《〈胡秋原傳〉讀後》，《中華雜誌》1990 年 5 月號。
〔註112〕胡秋原：《由上海到東京》，《民主潮》第 10 卷第 12 期，1960 年 6 月。

二、「自由主義的馬克思主義」的內涵

1927 年國民革命儘管受到挫折，但並未因此降低馬克思主義的聲望，反而更促使人們在思考失敗原因的同時，更多地把馬克思主義的唯物史觀和階級鬥爭學說運用於中國政治現狀的分析，在文學和社會科學領域，國共兩黨及其支持者的主張與辯論都喜用馬克思主義術語，馬克思主義日漸成爲文化界的時髦思潮。大革命失敗後，中共雖在政治上暫時處於低潮，但其提倡的「革命文學」不僅吸引了大批左翼青年，而且對國民黨文化專制主義也是一個有力的衝擊。在 1928 年「革命文學論爭」中，魯迅的人道主義思想引起了胡秋原的共鳴，撰文《革命文學問題》，提倡文藝自由，反駁革命文學的階級性、黨派性、工具性，將文學墮落爲政治留聲機的觀點，決定依據唯物史觀對文藝理論進行系統研究。據他自述：「對文藝取一種自由主義的態度人道主義的目標，以及唯物史觀和心理學的分析方法，也由此開始」。〔註113〕可以說「自由主義的馬克思主義」思想，始於胡秋原對文藝問題的思考。

如前所述，受英國社會主義元老卡本特社會改造思想的影響，胡秋原認爲比資本主義社會更高的自由、民主和人道是社會主義的靈魂。在研究普列漢諾夫的文藝思想時，他對普氏的人道、自由思想，深以爲然。又因受法國哲學家居友（Guyan）「人道愛」思想的影響，他放棄服膺多年的尼采學說，認爲「人道愛」思想勝於「超人」學說，更能引起他思想上的共鳴，於是致力於探索人道主義。「居友說人生應爲之道，即是人生本然之道──人類更廣大的聯帶性。故唯有強有力人格，才能有更廣大同情心。此則對己對人皆極圓滿，而普列漢諾夫的二元論亦可統一」。〔註114〕這不僅成爲他論藝術理論的依據，也成爲其人生哲學。人道思想與中國傳統文化中提倡的人本思想、天地萬物一體之仁的學說相通。這種見解使他的思想得到昇華，並成爲其思想轉變的基點和酵母。

在對馬克思主義思考伊始、撰文比較基督教與社會主義之時，胡秋原「將社會主義看作一種新的文化形態，一個更高的人道之內容的東西」，並認爲唯如此，「才有存在的理由與價值」。〔註115〕至此，他思想上有兩個中心。據他

〔註113〕 胡秋原：《始逃上海賣文記》（上），《民主潮》第 10 卷第 9 期，1960 年 5 月。
〔註114〕 胡秋原：《「自由主義的馬克斯主義」之形成》，《民主潮》第 10 卷第 13 期，1960 年 7 月。
〔註115〕 胡秋原：《由上海到東京》，《民主潮》第 10 卷第 12 期，1960 年 6 月。

自述：「一個是自由主義，這自由主義也就是人道主義。二是馬克斯主義，主要是唯物史觀」；「對己，應本自由與人道立場；對於社會現象，應用唯物史觀的分析方法」；「過去五年來之思想至此成形，並支配我以後五年的思想」。〔註116〕翻譯佛理采的《藝術社會學》後，他「自覺已有一個一貫的思想體系或哲學了，我自稱爲『自由主義的馬克斯主義』，並以此自喜」。〔註117〕此時，他將「自由主義的馬克思主義」視爲自己思想的定盤星，以一種理性態度觀察世界，如斯賓諾莎（Spinoza）所言「不哭不笑，但求理解」。這裏他提出了一個重要命題，革命是否應該建立在人道主義基礎之上，即革命者是否應該是人道主義者，這個命題直到 1980 年代初的改革開放初期思想理論界才得以提出討論。

在對普列漢諾夫進而對馬克思主義作追根溯源的研究後，他認爲蘇俄的「馬列主義」是「馬克斯主義之庸俗化」，「馬克斯主義與自由主義是可以而且應該合作的」。〔註118〕同時馬克思還是其「思想上的『情人』」，但並未因此「『專寵』他一家一言」。儘管他認爲「唯物史觀很好」，又感到「辯證法太呆板，無產者革命之說更可疑。他應該與自由主義合作，他應該『修正』。」〔註119〕至此其思想發生昇華，不贊同機械的理解馬克思主義，更加質疑無產階級專政。主張「馬克斯主義的方法論，自由主義的價值論」，〔註120〕調和並認爲二者相互合作。他想以社會主義學說補極端個人主義之弊，以自由主義防止馬克思主義的暴力傾向，提倡人道主義。這與當時世界社會主義陣營，奉蘇俄革命的馬克思主義爲正統，實際上生吞活剝式的理解馬克思主義，過分注重無產階級專政和階級鬥爭學說，拒絕自由，忽視甚至否定人道主義截然不同。

對當時普遍存在的勢利主義的感想，也是促使胡秋原認爲馬克思主義應

〔註116〕胡秋原：《「自由主義的馬克斯主義」之形成》，《民主潮》第 10 卷第 13 期，1960 年 7 月。

〔註117〕胡秋原：《哲學與思想·自序》，臺北：東大圖書股份有限公司，1994 年，第 12 頁。

〔註118〕胡秋原：《八十年來——我的思想之來源與若干心得》，《中華雜誌》1990 年 7 月號。

〔註119〕胡秋原：《談我自己的思想》，胡秋原：《世紀中文錄》，臺北：今日大陸社，1955 年，第 602 頁。

〔註120〕胡秋原：《古代中國文化與中國知識分子》，臺北：學術出版社，1988 年，第 13 頁。

與人道主義自由主義合作的原因之一。當時政局混亂，社會上普遍存在的勢利主義，引起他道義上的不滿，在情緒上產生一種反抗精神。思想上，隨著見聞的增長，對社會上冷血欺詐的現象不斷進行思考。主要表現在兩個方面：首先，對那些鼓吹中國精神文明者的不信任。儘管他承認中國文化有其偉大之處，但質疑道：「一個民族輕於殺人，習於畏強欺弱之時，還有什麼精神文明可以自詡」。其次，勢利主義也進一步加強了他對馬克思主義的傾向。在世界文化史上，資產階級推翻封建專制制度使人類文明更加進步，然而資本主義社會成立後，其推行的「帝國主義行為，是日益趨於勢利主義，而其思想文化，也常趨於庸俗」。馬克思在批判資本主義社會的基礎上，提倡建立社會主義的根本目標是要「變革」這一社會。在胡秋原看來，馬克思的這種目標是「一大抱負」，「本質上是反勢利的」。而「其理論，無論得失，斷不庸俗」。從這一點來審視，他反抗勢利主義，贊同馬克思提出社會主義取代資本主義的設想，因而對那些要革命的知識青年抱有同情，認為他們也多因反勢利主義而來。在大革命中的見聞，尤其是在與革命家接觸後，深感他們的勢利，不免有革命使「小人得志猖狂」之感。實際上，他是擔心革命家以革命為名進行「以暴易暴」的所謂革命行動，無視人道的行為。

李白詩云「權歸臣兮鼠變虎」，在鼠虎互變之中，如何逃出勢利主義之天羅地網呢？由此，胡秋原認為民主政治或許是根除勢利主義之「良方」。據他自述：「我在中國沒有看見標本」，「歐美情形我當時還沒有見過，而就許多書報說，似乎還是資產階級的民主乃至於『偽裝』。在不斷思考中，他認為「除了隨時抵抗一切勢利主義外，實在『吾莫如之何』」。他相信唯有「馬克思主義與人道主義自由主義必須合作」，才能從根本上消除勢利主義。「我的自由主義固有看書而來，也由當時對勢利主義的反應而來」；「大概我以馬克斯主義作為對勢利主義之抵抗，而又以自由主義來預防馬克斯主義又變為勢利主義」。勢利主義也由此成為他的「終身大事」，此後學術思想和政治見解的演變都與此有關。這裏，胡秋原將馬克思主義視為對資本主義社會中勢利主義之反抗，這種說法雖不無偏頗，但由此可以看出他反對恃強凌弱和武力革命，其思想中蘊含著對人道主義、公平正義的追求。

1930 年暑假，從日本返鄉的胡秋原，目睹農村工農革命中過激行為，極為反感。據他自述，窮人受鼓動「將地主殺死或驅逐」，「這些窮人或痞子即其基本幹部」；而這實際上是「用富人的田，買窮人的命」；在其家鄉所在的

根據地「威脅若干村子向其納糧納稅」,「搶劫糧食、現金、并擄人勒贖」,甚至「殺人放火,意在製造恐怖,使不敢抵抗」。〔註121〕由此他聯想到自1926年以來,在城鄉間耳聞目睹欺詐殘暴等非人道的社會現實,引起他道義和情感上的共鳴,加深了馬克思主義與人道主義自由主義必須合作的看法。在上海胡秋原與復旦大學學生辯論政局時,他們認為「天下不歸於楊,即歸於墨」,並提出其若能找出一條出路,願意跟隨之。胡秋原雖不滿蘇俄革命的馬克思主義指導下的武裝革命,也不滿國民黨的武力鎮壓,但在理論上還未能提出一條救國之路。如他所言:「我的確還沒有自己的路,也根本不曾認真去想一條路。我只談談自由主義的馬克斯主義。他們說這是理論,不是實行。我只能說,如果楊墨兩嚮導都是瞎子,不如暫時不走。在自己沒有發現一條可信的正當之路之前,寧可研究,休息,而不能盲人,瞎馬,隨人亂走。但他們似乎等不得」。〔註122〕在他看來,在未找到一條正確的救國之路之前,最好對包括馬克思主義在內的各種救國思想和理論進行研究,唯如此才能判斷是否符合中國的現實,而不可像盲人瞎馬一樣,跟在他人之後亦步亦趨。實際上透露出他對當時革命道路的強烈不滿。在當時國共兩黨對峙、階級鬥爭極其尖銳的現實背景下,以及很多左翼青年狂熱追隨蘇俄革命理論的潮流中,這種理性呼籲進行理論研究的聲音極其微弱。此外,這種非楊即墨、非此即彼(革命或反革命、擁護或反對)的二分邏輯成為此後中國革命中,包括革命者自身在內的中國人不得不面對的選擇。

事實上,五四時期馬克思主義在中國的傳播過程中,呈現出泥沙俱下的景象。對馬克思主義這一新思潮,無論是國民黨內的理論家,還是思想文化界的知識分子,追求時髦思潮者有之,背誦詞句、一知半解、囫圇吞棗者有之。這種各取所需、缺乏對理論認真研究的態度,誤讀馬克思主義的本質比比皆是。不僅思想文化界如此,幼年的中共也更是如此。當時中共黨內高層人物對馬克思主義的理論掌握得十分有限,將蘇俄過分強調階級鬥爭和無產階級專政的列寧主義視為馬克思主義的正統,很多時候依賴蘇俄的革命經驗和第三國際的指示,而對馬克思主義的本質究竟是什麼?是否符合中國革命的實踐等問題缺乏深入的理論研究。因而將馬克思主義教條化,先後多次犯「左」右傾錯誤。對此,中共早期理論家瞿秋白承認,

〔註121〕胡秋原:《回鄉記》,《民主潮》第10卷第16期,1960年8月。
〔註122〕胡秋原:《上海往來》,《民主潮》第10卷第17期,1960年9月。

中國無產階級的思想代表「文化程度又非常之低」,「科學歷史的常識都是淺薄得很」;「『沒有牛時,迫得狗去耕田』,這確是中國馬克思主義者的情形」;「秋白是馬克思主義的小學生」,「我這幼稚的馬克思主義理論裏,可以有許多沒有成熟的、不甚正確的思想」;「在現時革命潮流洶湧的時機」,「不應幻想明窗淨几閉戶著書的餘暇」研究馬克思主義理論。〔註 123〕1940年代初,毛澤東也坦承:「我黨在幼年時期,我們對於馬克思列寧主義的認識和對於中國革命的認識是何等膚淺,何等貧乏」。〔註 124〕瞿秋白和毛澤東的話,道出了幼年的中共的確在馬克思主義理論上貧乏的事實,證實胡秋原呼籲進行理論研究的必要性,也由此表明他質疑傳播到中國的馬克思主義是否符合馬克思主義本質的合理性。

1930 年秋,返回東京繼續求學生涯的胡秋原,有更多自由時間研讀歐洲哲學、思想文化史、經濟史等名著,而大部分時間「消耗於《馬恩全集》」,「從頭到尾都涉獵過」。〔註 125〕可見,《馬恩全集》成為他用力最多者,這給予他文化人的背景。他計劃以「自由主義的馬克思主義」思想,從文化史研究入手,在社會經濟與文化的背景中,對整個西方文藝發展,作系統研究。通過大量閱讀,他認為偉大的文學著作應該以「人道愛」為旗幟,不喜極端獨斷的文字,其趣味是富於人道的。正於此時,他結識了他嗣後多年引為至友和思想同道者的王禮錫,以及梅龔彬、王亞南等人。〔註 126〕胡秋原在同王禮錫談到對中國前途的看法時說:「我認為自由主義,原則上是正確的;而馬克斯主義的研究方法也是對的。所以自由主義與馬克斯主義應該合作。這可以使自由主義和馬克斯主義都進一步人道主義化,也可以使馬克斯不致變成一個反自由的暴力的理論。」〔註 127〕又同受中共派遣赴日傳遞第三國際秘密任務的梅龔彬交流,當談及其「自由主義的馬克斯主義」時說:「自由主義與馬克斯主義可以調和,而且應該合作。自由主義應該採用馬克斯主

〔註 123〕瞿秋白:《瞿秋白論文集·自序》,《瞿秋白文集·政治理論編》第 4 卷,北京:人民出版社,1993 年,415~416 頁。

〔註 124〕毛澤東:《改造我們的學習》(1941 年 5 月),《毛澤東選集》第 3 卷,北京:人民出版社,1991 年,第 753 頁。

〔註 125〕胡秋原:《再到東京之讀書生活》,《民主潮》第 10 卷第 21 期,1960 年 11 月。

〔註 126〕因王禮錫、梅龔彬、王亞南是「讀書雜誌派」的主要成員,對其詳細介紹詳見第三章,在此不再贅述。

〔註 127〕張漱菡:《胡秋原傳——直心巨筆一書生》,臺北:皇冠出版社,1988 年,第 334 頁。

義的分析方法，同時馬克斯主義亦必須不背自由主義原則。否則，即不成爲馬克斯主義」。〔註 128〕他又說：「關於馬克斯主義，我倒是下過一番功夫研究過。在我看來，眞正的馬克斯主義，其實是人道的，而且應該是自由的」；「社會主義原是自由、平等、博愛觀念的發展。根據我研究馬克斯之後的結論，認爲馬克斯主義可以和自由主義調合起來，相互合作。自由主義應該採取馬克斯主義的分析方法。同時，馬克斯主義也必須不違背自由主義的原則。否則就不成爲馬克斯主義了」。然而「我們中國人所知道的馬克斯主義，只是蘇俄的一套東西，所以才會有種種不合理的現象，不值得人們信服、遵奉。」〔註 129〕胡秋原是從學術思想上對「自由主義的馬克斯主義」進行詮釋的，其政治意義在於，折射出當時蘇俄革命的馬克思主義「是拒絕自由主義的」，這種「馬克斯主義自然與他們不同，甚至相反」。〔註 130〕王禮錫和梅龔彬都對國民黨不滿，而對馬克思主義抱有很大的期望，但在蘇俄革命的馬克思主義指導下，工農武裝革命中的過火行爲又使他們深感失望，困惑中對胡秋原強調馬克思主義與自由主義人道主義相結合的思想產生共鳴。胡秋原也因此更堅信其思想，認爲如以暴力實現黨派階級之利益，「不僅是有背於馬克斯主義的，而且是瘋狂和罪惡的。此所以我在三十年代之初，以『自由主義的馬克斯主義』自稱」。〔註 131〕

王禮錫和梅龔彬都是對實際政治很感興趣之人，熱衷於談論中國革命的理論、策略、前途，希望胡秋原將「自由主義的馬克斯主義」具體化，應用於中國政治前途的思考。經過思考後，胡秋原認爲「自由主義的馬克斯主義」應用在政治上，是「民主主義加社會主義」，「民主社會主義」或「社會民主主義」。蘇俄的共產黨是由社會民主黨中布爾什維克派在十月革命後改稱而來，「眞正的馬克斯主義應該是『眞正的社會民主主義』」，中國應爲此而努力。他進而指出：「一個有『自由主義的馬克斯主義』爲思想基礎的社會民主主義，則又有新的意義」；「因中國資本主義不發展，中國並無自己的資產階級，因此也就沒有馬克斯所說無產階級。中國既無資產階級民主政治基礎；同樣沒

〔註 128〕胡秋原：《兩個談政治的朋友》，《民主潮》第 11 卷第 4 期，1961 年 2 月。

〔註 129〕張漱菡：《胡秋原傳——直心巨筆一書生》，臺北：皇冠出版社，1988 年，第 341～342 頁。

〔註 130〕胡秋原：《兩個談政治的朋友》，《民主潮》第 11 卷第 4 期，1961 年 2 月。

〔註 131〕胡秋原：《西方文化危机與二十世紀思潮》（上），臺北：學術出版社，1981 年，第 23 頁。

有社會民主黨基礎。甚至連俄國革命時也無此基礎，所以他們只好以工人加農民加士兵，即所謂蘇維埃」。而中國共產黨在蘇俄革命的馬克思主義指導下，發動農民武裝革命，與蘇維埃也有不同。所以「社會民主運動，只能算是遠景而已」。這裏他認為中國既無資產階級，又沒有無產階級的說法，並不符合歷史事實。當時的中國事實上存在資產階級和無產階級，還未達到西方資本主義比較發達的工業化國家的程度，只不過人數較少而已。胡秋原的上述思考，實際上是受普列漢諾夫論俄國革命的影響。由此得出的推論是「中國應該發展資本主義，但因馬克斯主義是肯定資本主義無前途的，這就造成馬克斯主義的中國革命論之『兩難之局』」。〔註132〕

胡秋原對蘇俄革命的馬克思主義的認識，對中國社會前途的思考，也是由對馬克思主義理論的研究而來。他堅持認為馬克思主義對社會主義的設想，是建立在資本主義比較發達的工業化國家之上，無論是蘇俄，還是中國都還沒有實現社會主義的條件。如果從這一點來審視胡秋原的認識，的確符合馬克思本人的思想。1930 年代初，他將「自由主義的馬克思主義」應用於分析中國社會前途，參與中國社會史論戰時，提出中國的前途是「民主化和工業化，要迅速工業化不可不發展民族資本主義，但最後是社會主義」。〔註133〕這種對中國出路的認識和思考符合中國社會的現實，在當時乃至當下具有不可忽視的思想價值。

由「自由主義的馬克思主義」可以看出，胡秋原對中國前途抱有一種「社會主義的信念，這大體上也是折衷的，即調和自由主義與馬克思主義，折衷於歐美與蘇俄之間的社會民主主義，而這也便是希望國共二者以外之前途」。〔註134〕他贊同民主社會主義道路，不反對革命，反對的是革命中的非人道傾向。據他自述：「我以為改革社會，政治運動還是最有效的，不過政治必有道德和學問的基礎」；「我也並不絕對否認武力與權謀之必要──不過此必須服從道義，只能用於自衛及保護弱者而已，又我重視個人權利」；「金錢地位之事應當後退，但對人格之侮辱，必不可容忍，必須抵抗或長期抵抗」。〔註135〕

〔註132〕胡秋原：《兩個談政治的朋友》，《民主潮》第 11 卷第 4 期，1961 年 2 月。
〔註133〕胡秋原：《八十年來──我的思想之來源與若干心得》，《中華雜誌》1990 年 7 月號。
〔註134〕胡秋原：《一百三十年來中國思想史綱》，臺北：學術出版社，1983 年，第 133 ～134 頁。
〔註135〕胡秋原：《父親之訓》，《民主潮》第 10 卷第 15 期，1960 年 8 月。

他強調社會革命必須服從道義，尊重人格，保護人權，這種理念符合自由主義的思想，也與中國傳統文化中的人本思想相通。然而，在革命戰爭年代，當時國共兩黨對立的現實背景下，過分強調人道、人權等價值顯得「不合時宜」。不僅如此，他對馬克思人道主義的理解，以及實現人道主義方式的複雜性認識不足，可謂「書生」氣十足。

鑒於這種認識，他認為蘇俄革命中強調的武裝革命、階級鬥爭，違背馬克思的人道主義思想。據他自述，相信的馬克思主義「以樸列漢諾夫為標準，這使我得以免於崇拜蘇俄之奴性及無條件接收蘇俄宣傳之愚迷，如一般左派者流。這不但由於樸列漢諾夫對文藝持自由態度，與蘇俄官方、中共左翼不同；尤其因為，經過對樸氏傳記之研究，我瞭解近代俄國社會思想與運動的歷史，共產黨的由來，乃至俄共在馬克斯主義中的真正地位」。〔註136〕他後來回憶說：「在我相信馬克斯主義時期，我重視的是馬克斯主義方法論——唯物史觀，不是其教條」，「我從未承認其無產階級專政說」，「無產階級專政這一點，正是德國馬克斯主義與俄國馬列主義者爭論的中心問題」。他表示「在我相信馬克斯主義時期，認為馬克斯主義應與自由主義合作」；並深信「中國將來傾向社會民主主義」。〔註137〕這實際上是當時國際共產主義運動中遭遇到的理論紛爭，以考茨基等人為代表的第二國際與以列寧等人為代表的第三國際之間的爭論，究竟誰更能代表正統的馬克思主義，長期以來成為國際共產主義學界爭論的焦點。1950 年代之後，東西歐社會主義國家先後放棄無產階級專政，致力於探索自由、民主的現代民族國家之路，西方馬克思主義者和新馬克思主義者提出的「青年時代的馬克思主義」是人文主義或人道主義，尤其是蘊含馬克思人道主義思想著作的《1844 年經濟學哲學手稿》的出版，證實了胡秋原對馬克思人道主義思想的探索富有思想價值和學理意義。

與當時大多數傾向蘇俄革命的馬克思主義的左翼青年不同，胡秋原反對武裝革命和階級鬥爭，提倡人道主義，主張自由主義與馬克思主義相結合。其思想中最獨具特色的是人道主義，如他所言：「我是以道自任的。何為道？

〔註136〕胡秋原：《「自由主義的馬克斯主義」之形成》，《民主潮》第 10 卷第 13 期，1960 年 7 月。

〔註137〕胡秋原：《關於〈紅旗〉對胡秋原先生的誹謗及文藝自由與統一救國等問題》，《中華雜誌》1972 年 8 月號。

即人道，自由之道，學問之道，和平之道」。〔註138〕

人道主義在他畢生的學術思想中是一以貫之的，包含科學、民主、自由、人權等普世價值，凸顯出其思想的深邃。無論從學理上還是從社會實踐上來審視這些主張，都呈現出他的敏銳觀察和前瞻性思考。五四運動以來陳獨秀、胡適、魯迅等人提倡人道主義，1920 年代末隨著「革命文學」的興起，人道主義受到批判，以「階級論」否認「人性論」，此後人道主義在中國的遭遇頗值得深思。馬克思把共產主義的人道主義稱爲「實踐的人道主義」，「積極的人道主義」。〔註139〕尊重人性，肯定人的尊嚴和價值，關心人的解放，強調人的社會現實性是馬克思人道主義的立足點。1980 年代初，在改革開放初期，經過艱難的曲折探索，尤其是經過十年「文革」的沉痛教訓後，思想理論界也逐漸認識到馬克思的思想體系中的確存在人道主義思想。儘管乍暖還寒，馬克思主義眞理一旦開啓，並非保守思想所能阻止得了的，人道主義思想得以討論。周揚等人最終認爲是「人」而不是「階級」是馬克思主義的出發點。「許多年來，我們對馬克思主義的瞭解，側重在階級鬥爭和無產階級專政方面」；「馬克思主義是包含著人道主義的」；「馬克思主義確實是現實的人道主義。」〔註140〕胡秋原的思想最終得到回應，這種眞知灼見具有悲壯性的預見性，其思想中表達的人道主義及其價值維度，在市場化和權貴資本化的當下尤其珍貴和迫切。

由於胡秋原對國共兩黨的主張皆不滿，「自由主義的馬克思主義」也有無黨無派之意。他試圖將當時兩種對立的自由主義和馬克思主義進行調和，從馬克思的思想體系中開掘出被忽視的人道主義思想。從學術思想上，對傳播到中國甚囂塵上的蘇俄革命的馬克思主義是否符合馬克思主義的本質，作眞僞之辯，以求重估馬克思主義的價值，進而探索中國的出路。然而，在當時蘇俄革命的馬克思主義，在國際共產主義運動中成爲事實上「正統」的馬克思主義的氛圍中，這種反潮流的思想被當時信奉蘇俄革命的馬克思主義的左翼攻擊爲馬克思主義之「異端」。事實上，此時的胡秋原還只是一個正處於求索中的知識青年，他對馬克思主義的認識儘管存在偏頗，但他畢竟眞誠追隨

〔註138〕胡秋原：《青年時代思想之回憶》，《民主潮》第 9 卷第 13 期，1959 年 7 月。
〔註139〕馬克思：《1844 年經濟學哲學手稿》，北京：人民出版社，2000 年，第 112 頁。
〔註140〕周揚：《關於馬克思主義的幾個理論問題的探討》，《人民日報》1983 年 3 月 16 日第 4 版。

馬克思主義，相信社會主義是中國的前途。如他所言：「我認為我的馬克斯是他們祖宗那裏來的真東西。不過，我既然是馬克斯主義者，當然是社會主義者」。〔註141〕正是帶著這種思想認識，「九‧一八」後，胡秋原留在上海，相繼參與在中國近現代史上影響深遠的兩場思想論戰——「文藝自由論辯」和「中國社會史論戰」，以「自由人」著稱，在 1930 年代的思想文化史上留下濃重的一筆。正是胡秋原與左翼信奉的蘇俄革命的馬克思主義，在多個有關中國革命問題上的不同認識，因而他的「自由主義的馬克思主義」被視為「異端」，被斥責為「偽馬克思主義」或「反馬克思主義」。他的自由主義思想為國共兩黨所不喜，然而受馬克思主義唯物史觀的影響，又使他思想中呈現出非徹底的自由主義的傾向，與純粹的自由主義者不同。在學術思想上，他把馬克思主義唯物史觀作為一種方法論，對其社會政治部分未完全接受，尤其反對階級鬥爭和無產階級專政，自由主義的立場又使他也未成為馬克思主義者。這是他思想的特色，也是與同時期的自由主義者和左翼思想上的最大差異。也由此遭受到來自左右兩翼的夾攻，決定了他在近中國現代思想文化史上成為被遮蔽的歷史人物，其思想價值也被忽視了。

小　結

　　胡秋原自幼受儒學尤其是明末諸儒「明道救世」思想的薰陶，具有不畏強權、以天下為己任的意識，五四運動後接受了自由民主思想。又在內憂外患加劇的特殊歷史條件下，在尋找出路的困惑中，隨著社會主義成為最時髦的思潮和十月革命後蘇俄對中國輸出革命的影響，胡秋原也和大多數知識分子一樣開始對馬克思主義產生興趣。這是那個時代中國一大批對社會發展有憧憬，具有強烈憂國憂民情懷的青年人曾經的思想歷程。然而，他對片面強調階級鬥爭和無產階級專政的馬克思主義產生懷疑，特別是當他目睹中國革命實踐中不斷發生的「無情打擊」、「殘酷鬥爭」等一系列過激的現實時，他也和很多抱有理想的青年人一樣，經歷了思想的困惑和彷徨，於是致力於馬克思主義理論中人道主義的開掘。通過對普列漢諾夫的研究，他認為馬克思主義應與人道主義自由主義相結合，其思想發生昇華，提出「自由主義的馬

〔註141〕胡秋原：《八十年來——我的思想之來源與若干心得》，《中華雜誌》1990 年 7
　　　　月號。

克思主義」。而今，在經歷了「以階級鬥爭爲綱」，最後釀成「文革」這樣的「浩劫」後，人們似乎從只講「階級論」而不講「人道主義」的「馬克思主義」中清醒過來。在不再諱言人道主義是馬克思主義精髓的今天，胡秋原 80 多年前對馬克思主義人道主義的解讀、對與自由主義關係的探索，以及對社會發展路徑的某些前瞻性思考，雖然對人道主義的複雜性認識不足，對自由主義與馬克思主義兩種對立的思想調和，難免有自相矛盾之處，對社會發展路徑的探索並不完善，但其中提出的問題和一些重要見解，仍然不失其思想的價值和光輝，也給今人更全面地理解馬克思主義以重要啓迪。

「自由主義的馬克思主義」，既是胡秋原當時所能達到的思想高度，也是其心路歷程的一個重要階段，具有承前啓後的作用。他是站在自由主義者的立場來理解馬克思主義的，因而與那些不求甚解的理解馬克思主義的左翼青年是不同的，也由此決定他們此後所走的不同道路。儘管他聲稱 1935 年後放棄了馬克思主義，但似乎並不像表面上所表現出來的那樣徹底，其思想中依然可見馬克思主義的痕跡。胡秋原視野開闊，思想和學理來源不限於一家之言，在中西文化的比較研究中探尋中國問題和出路，形成了其融彙儒家中庸之道、自由主義和馬克思主義的開放的思想體系。「自由主義的馬克思主義」是一種具有批判意識和理性思考的人道主義訴求，帶有前瞻性和反潮流精神，與那種威權的教條式的馬克思主義大相徑庭，但卻代表了馬克思主義研究多元化傾向中帶有自由色彩的一種典型。儘管被救亡心切的、信奉蘇俄馬克思主義的左翼知識分子，指責爲過於迂腐不切實際，因而受到批判和圍攻，也不爲國民黨所喜，因而其思想價值被遮蔽了。正如後人評價：「遠在七十年前左右，胡秋原遠遊莫斯科，以親身經歷，即斷言斯大林式的共產主義，絕對不合中國國情，但在當時，這被視爲『落伍言論』」。〔註 142〕胡秋原獨立的思想帶有穿透歷史的深度。

1950 年赴臺後，胡秋原對馬克思主義的研究並未終止。從學術立場上，他對馬克思主義進行深入研究，撰寫多篇論文，指出其存在的問題。〔註 143〕

〔註 142〕童清峰：《兩岸知識界的傳奇展現讀書人的良心與膽識——耿直敢言的胡秋原去世》，《亞洲周刊》第 18 卷第 23 期，2004 年 6 月 6 日。

〔註 143〕胡秋原：《馬克斯唯物史觀及其批評》（《中華雜誌》1967 年 10 月號），《馬克斯之〈資本論〉》，《自我割讓問題與當代思想》（《中華雜誌》1973 年 2 月號），《馬克斯〈1844 年經濟學哲學手稿〉》（一、二，《中華雜誌》1979 年 10、12 月號），《論馬克斯〈1844 年經濟學哲學手稿〉與外化超越論》（《中華雜誌》

他將思想舞臺上的馬克思分爲青年、中年和老年三個時期，比西方馬克思主義者將馬克思思想分爲兩個階段更科學。〔註 144〕終其一生，他對馬克思主義的研究前後長達 70 年，思考馬克思主義與中國問題的關係。儘管在革命戰爭年代對馬克思人道主義的複雜性認識不足，晚年對大陸學界研究馬克思主義的進展關注較少，難免出現偏頗，但瑕不掩瑜，他對馬克思主義、列寧主義的深入研究值得我們深思。大陸學界一度將馬克思主義的階級鬥爭視爲「放之四海而皆準的眞理」，但近年來在「重新發現馬克思」的研究熱潮中，青年馬克思或人道主義的馬克思成爲中外學者的共識。西方馬克思主義者認爲對「異化」的克服，以及個體自由與全人類之解放是馬克思主義的最終目的。〔註145〕從這個角度來審視，胡秋原的研究和西方馬克思主義者有相通之處。在中國學界接受和研究馬克思的誤區中，西方學者曾認爲「中國人不可能理解『馬克思主義』存在的問題，因爲在中國人引進馬克思主義時，大部分馬克思主義的原始文獻還沒有問世（這一情況也是引發近年學術爭辯的導火索）」。因此，「中國馬克思主義者，可能很難理解西方眾說紛紜的對馬克思的解釋」。〔註146〕事實上，近年來，中國學界對馬克思主義的研究已取得相當程度的進展，

1979 年 9 月號），《馬列主義之將來》（《中華雜誌》1981 年 1 月號），《馬克思死後百年之社會主義與馬克斯主義》（《中華雜誌》1983 年 12 月），《論馬克斯主義與中國問題》（上中下，《中華雜誌》1987 年 3、9、10、12 月號），《馬克斯主義共產主義的總批評》（《幼獅學誌》第 7 卷第 1 期，1968 年 1 月）等文。

〔註 144〕 臺灣學者鄭學稼也認爲馬克思的思想分爲三個階段，參見〔德〕卡爾・考茨基著，鄭學稼譯：《論無產階級專政・再版序》，臺北：黎明文化事業股份有限公司，1975 年。西方馬克思主義者認爲有兩個馬克思，即科學、革命的老馬克思，他是社會主義的奠基人；哲學思維的，人道主義的青年馬克思。盧卡奇、葛蘭西、馬爾庫塞和薩特似乎走的是青年馬克思的路線，而阿爾都塞和普蘭查斯（Poulantzas）走的是老馬克思的路線。〔美〕田辰山著，蕭延中譯：《中國辯證法：從〈易經〉到馬克思主義》，北京：中國人民大學出版社，2008 年，第 82 頁。近年來大陸學者張宜賓（張一兵）等人對所謂「兩個馬克思的爭論」，以及西方馬克思主義者的哲學批判進行了深入研究。參見孫伯鍨、張一兵主編：《走進馬克思》，南京：江蘇人民出版社，2012 年；張一兵主編：《當代國外馬克思主義的哲學思潮》，南京：江蘇人民出版社，2012 年等。

〔註 145〕 Schaff, Adam: Marxism and the human individual, NewYork: McGraw-Hill Book Company; Robert C.Tucker; Philosophy and myth in Karl Marx, Cambridge University Press, 1972; D.F.B.Tucker: Marxism and individualism, Oxford: Blackwell, 1980.

〔註 146〕 〔美〕田辰山著，蕭延中譯：《中國辯證法：從〈易經〉到馬克思主義》，北京：中國人民大學出版社，2008 年，第 85 頁。

儘管與西方學界還存在差距，但也展開國際學術交流和對話，並非不能理解
西方學界對馬克思的解釋。從學術思想史的角度來審視，胡秋原對馬克思主
義的研究也是世界範圍內馬克思主義研究的一部分，不能因政治立場而否認
他提出的問題和重要見解的思想價值，也為大陸學界更加全面理解和客觀評
價馬克思主義提供有益的啟示。

第二章 「文藝至死是自由的、民主的」
——「自由人」的文藝思想

　　1930 年代初，在國共兩黨爲爭奪話語權導致黨派思想相互激蕩的背景下，「民族主義文藝運動」和「革命文學」日益對立。在此語境的夾縫下，以「自由人」著稱的胡秋原，以馬克思主義的方法論、自由主義的價值觀和人道主義思想，以超越黨派的獨立姿態提倡「文藝自由」，反對「中心意識」和「黨性」原則，批判將文藝淪爲政治「留聲機」的觀點。既抨擊國民黨以「民族」爲名，實行官方意識形態下的專制主義文化霸權，又批判左翼陣營提出的文藝爲無產階級政治服務的觀點。在無黨無派的中立立場、左右開弓的理論勇氣背後，隱含著反對話語霸權和政治策略下，左右兩翼都存在的簡單化、庸俗化的文藝傾向。胡秋原提出文藝自由思想，引發了來自左右兩翼的攻擊，左翼以階級立場對他進行分析，認爲他打著馬克思主義旗號進攻普羅文學，是國民黨幫兇；右翼在國民黨支持的《社會新聞》上給他戴上「社會民主黨」的帽子，將其視爲傾向左翼的敵人。胡秋原究竟是哪種人？爲何他要對左右兩翼同時開弓？爲何他在論戰中同樣使用馬克思主義話語，不僅未得到左翼之同情，反而將其視爲階級敵人群起而攻之？其「自由主義的馬克思主義」與左翼陣營的馬列主義有何不同？究竟誰更符合馬克思主義的本質？他提倡的「文藝自由論」思想價值何在？影響又如何？本章將圍繞這一系列問題，對胡秋原的文藝自由思想展開全面討論。

第一節 「人性論」與「階級論」之間：胡秋原與 「普羅文學運動」

　　文學革命是新文化運動的一項重要內容，西方啟蒙思想成為建設新文學的方向。「五四」後隨著文學革命的發展，人的覺醒、個性解放、國民性的改造等一系列現代性的課題被提出，這些又都指向變革社會的強烈要求。當時中國革命模式學習和效法的對象，由西方國家轉向蘇俄，即發動民眾，進行反帝反封建的政治革命，建立無產階級專政國家。而這種革命反映在文學上，就是建立為無產階級政治服務的革命文學。從 1920 年代，中國新文學在吸收和借鑒西方文學思想的同時，向蘇俄文學靠近。隨著中國革命形勢的發展，「文學革命」的「人性論」被「革命文學」主張的「階級論」所取代，成為中國新文學的發展方向。在新文化運動「洗禮」下成長起來的胡秋原，思想上受西方自由主義思潮的影響，在文學觀上傾向「人性論」。逃亡上海後，他閱讀「革命文學論戰」的文章後，依據獲得馬克思主義理論，撰文駁斥「革命文學家」所宣揚的文學「階級論」等口號；以自由主義態度、人道主義目標闡發其文學理念，成為當時除魯迅之外，頗具理論色彩的論戰者，這也是他幾年後系統提出的「文藝自由論」的思想先導。

一、從「文學革命」到「革命文學」：「文藝自由論辯」的背景

　　辛亥革命打破了傳統的價值體系，為文化自由發展，尤其是中國社會價值重建打開了方便之門。1915 年以《新青年》為陣地，新的知識分子群體按照他們理解的現代標準，點燃思想火炬，拉開重建中國社會價值體系的序幕。以「為祖國造文學」、〔註1〕「想在思想文藝上替中國政治建築一個革新基礎」〔註2〕的胡適，在重估價值中開闢了文學革命的新領域。胡適的《文學改良芻議》和陳獨秀的《文學革命論》成為文學革命的宣言書。由此，以現代意識為思想基石的新文學觀得以確立。由於不同的價值取向，各派的新文學觀大相徑庭，對文學之目的的不同回答形成了「為人生」和「為藝術」兩個派別。隨著新文化運動陣營的分化，新文學的建設方向也由西方轉向蘇俄，在文學

〔註1〕 胡適：《胡適留學日記‧論譯文寄陳獨秀》（1916 年 2 月 3 日），合肥：安徽教育出版社，2006 年，第 189 頁。
〔註2〕 胡適：《我的歧路》，《胡適作品》（9），臺北：遠流出版事業股份公司，1986 年，第 65 頁。

上產生「空穀足音」的影響，「不由得不動心」，「俄國文學就成了中國文學家的目標」。〔註3〕「文學革命」中的主題「個性解放」被淡化，「階級解放」逐漸成爲時髦思潮。1928 年，由創造社、太陽社發軔，提出以「無產階級階級意識」爲指導思想的「革命文學」。

　　「革命知識階級」高舉「反資本主義」的大旗，必然否定新文化運動。在他們看來，這場運動是資產階級的啓蒙運動，是「資本與封建之爭」，「賽德二先生，是資本主義意識的代表」。〔註4〕「對於舊思想的否定不完全，而對新思想的介紹更不負責任」，這樣「淺薄的啓蒙」，應該「壽終正寢」了，應從「文學革命」發展到「革命文學」。〔註5〕「革命文學家」否定五四時期「文學是自我的表現」，「文學的任務是描寫生活」的定義。提出「文學是宣傳」，並引用美國學者辛克萊（Upton Sinclair）的名言：「一切文學藝術，都是宣傳，普遍的，而且不可避免的是宣傳」；「文學，與其說它是社會生活的表現，毋寧說它是反映階級的實踐」；「文學，有它的組織機能───一個階級的武器」。〔註6〕將文藝的階級性與宣傳效果統一起來，提出無產階級文學的性質：「表明無產階級底階級意識，鼓舞無產階級的人底戰鬥意識，而爲意識爭鬥的武器才是無產階級的藝術」。故此，「無產階級的藝術，是有爲無產階級解放的宣傳煽動的效果。宣傳煽動的效果愈大，那麼，這無產階級藝術價值亦愈高」。〔註7〕這就把文學當作階級宣傳的工具，把文學與階級、政治的關係理解的過於簡單，是直線的、狹隘的，把藝術變成階級意識的圖解。把文學「當一個留聲機器」，並將其視爲「青年們的最好的信條」。〔註8〕有論者評價道：這種革命文學「強調了集體意識，抹殺了個性意識。這就把文學與政治結合起來的中介取消了，文學變成了『光杆』的階級鬥爭意識，又還有什麼眞實的社會內容可言呢？可見，將歷史唯物主義的階級鬥爭原理庸俗化是必定導致以政治取代藝術、消解藝術的」。〔註9〕

〔註3〕　瞿秋白：《俄羅斯名家短篇小說集・序》，《瞿秋白文集・文學編》第 2 卷，北京：人民出版社，1986 年，第 248 頁。

〔註4〕　李初梨：《怎樣的建設革命文學》，《文化批判》第 2 號，1928 年 2 月。

〔註5〕　成仿吾：《從文學革命到革命文學》，《創造月刊》第 1 卷第 9 期，1928 年 2 月。

〔註6〕　李初梨：《怎樣的建設革命文學》，《文化批判》第 2 號，1928 年 2 月。

〔註7〕　忻啓介：《無產階級藝術論》，《流沙》第 4 期，1928 年 5 月。

〔註8〕　麥克昂（郭沫若）：《英雄樹》，《創造月刊》第 1 卷第 8 期，1928 年 1 月。

〔註9〕　艾曉明：《中國左翼文學思潮探源》，北京：北京大學出版社，2007 年，第 30 頁。

　　受當時國際文藝界，尤其是蘇俄文壇左翼思潮，以及中共黨內普遍存在的「左」傾錯誤思想的影響，「革命知識分子」在革命文藝理論上陷入偏激，對「資產階級啓蒙運動」的代表人物魯迅等人進行「階級分析」。追問：「魯迅究竟是第幾階級的人，他寫的又是第幾階級的文學？」〔註10〕認爲魯迅反映了「社會變革期中的落伍者的悲哀，無聊賴地跟著他弟弟說幾句人道主義的美麗的說話」。〔註11〕是「一個封建餘孽」，「二重的反革命人物」，「不得志的 Fascist（法西斯蒂）！」〔註12〕在創造社、太陽社「革命文學家」看來，在當時「資本主義餘毒法西斯蒂」和「全世界農工大眾的聯合戰線」的對立中，「誰也不許站在中間，你到這邊來，或者到那邊去」。〔註13〕在這種不革命就是反革命的二元對立模式中，「要求每個人必須做出一個非此即彼（擁護或反對）的選擇，並以此站隊，畫線，劃分敵我；而此後的中國社會則一直面對這個邏輯」。〔註14〕

　　魯迅不僅未「聽命」於「革命文學家」，而且與之展開論戰。他諷刺「革命文學家」是「才子加流氓」，以革命者自居，「擺著一種極左傾的兇惡的面貌，好似革命一到，一切革命就都得死，令人對革命只抱著恐懼。其實革命並非教人死，而是教人活的」。〔註15〕這實際上繼承「文學革命」中的主題「人性論」的觀點，「革命並非教人死，而是教人活的」的命題，蘊含著革命應建立在人道主義基礎上的意義。革命和人道主義的關係，即革命者是否應是人道主義者，這成爲此後相當長時期歷史爭論的一個理論和實踐問題。魯迅爲文學的內在價值辯護，駁斥「革命文學家」將藝術視爲宣傳的庸俗化觀點，認爲「一切文藝固是宣傳，而一切宣傳卻並非全是文藝」。〔註16〕魯迅並不否認文學的階級性，但對於「革命文學家」以無產階級自居深表懷疑。革命文

〔註10〕李初梨：《怎樣的建設革命文學》，《文化批判》第 2 號，1928 年 2 月。

〔註11〕馮乃超：《藝術和社會生活》，《文化批判》第 1 號，1928 年 1 月。

〔註12〕杜荃（郭沫若）：《文藝戰上的封建餘孽——批評魯迅的〈我的態度氣量和年紀〉》，《創造月刊》第 2 卷第 1 期，1928 年 8 月。

〔註13〕成仿吾：《從文學革命到革命文學》，《創造月刊》第 1 卷第 9 期，1928 年 2 月。

〔註14〕錢理群：《與魯迅相遇》，北京：生活・讀書・新知三聯書店，2003 年，第 300 頁。

〔註15〕魯迅：《上海文藝之一瞥》，《魯迅全集》第 4 卷，北京：人民文學出版社，2005 年，第 304 頁。

〔註16〕魯迅：《文藝與革命》，《語絲》第 4 卷第 16 期，1928 年 4 月。

學家「知道人道主義不徹底了，但當『殺人如草不聞聲』的時候，連人道主義的抗爭也沒有」。〔註17〕此後隨著中共中央指示停止攻擊魯迅，加之魯迅在廣州目睹殘暴的景象，打消了其對南京國民政府的幻想，轉向蘇俄革命的歷史方向，與「革命文學家」合作，成為「左聯」的盟主，這場論爭隨之結束。

　　「革命文學家」以「無產階級的階級意識」對作家進行階級分析，將大部分作家劃入小資產階級之列。認為他們「小資產階級的根性太濃重了，所以一般的文學家大多數是反革命派」。〔註18〕將作家等同於反革命，將庸俗化了的階級性視為唯一的價值標準，固守階級的純潔性，對作家進行階級劃分，必然擴大論爭所要打擊的目標。對於作家的定性，正如毛澤東後來所說：「小資產階級知識分子所鼓吹的人性」，「實質上不過是資產階級的個人主義」，「是完全錯誤的」。對於「資產階級的、小資產階級的、自由主義的、個人主義的」非無產階級的創作要進行破壞。〔註19〕縱觀這次論爭中的批判檄文，可以發現，此後文藝論爭中階級意識的分析方式、非此即彼的思維邏輯、唯我獨尊的態度，都可以在此找到思想根源。

二、「文藝自由論」的先聲：「革命文學運動」中人道主義的訴求

　　1927 年 4 月，國民黨「清黨」；8 月，武漢國民黨發佈取締共產黨決議案，「革命文學家們所參加的及支持的『武漢革命政府』崩潰了，他們離開了實際的政治戰線，便都跑到上海，企圖藉文學的武器打下一些未來政治生命的基礎，因而極度加強了文學的政治性和宗派主義，並取消了以前『革命文學』的名稱，而從蘇聯搬來了『普羅列塔利亞文學』（即無產階級文學）的名稱以相號召」。〔註20〕此時的上海，彙集了國民黨左派、共產黨及其同情者、有意無意受馬克思主義影響的人、以及從北京南下的文人，使上海取代北京成為中國思想文化的中心。文學和出版界派別林立，一時呈現出百家爭鳴之勢。大革命失敗後，中共雖然在政治上陷入困境，但馬克思主義卻日益成為文化

〔註17〕魯迅：《「醉眼」中的朦朧》，《語絲》第 4 卷第 11 期，1928 年 3 月。

〔註18〕麥克昂（郭沫若）：《桌子上的跳舞》，《創造月刊》第 1 卷第 11 期，1928 年 5 月。

〔註19〕毛澤東：《在延安文藝座談會上的講話》（1942 年 5 月），《毛澤東選集》第 3 卷，北京：人民出版社，1991 年，第 870、874 頁。

〔註20〕傅東華：《十年來的中國文藝》，中華文化建設協會編：《十年來的中國》，上海：商務印書館，1937 年，第 664 頁。

界的時髦思潮。在文學和社會科學領域，不僅國民黨左派和共產黨的主張與辯論喜用馬克思主義術語，而且國民黨主導的新生命書局也出版馬克思主義書籍。從武漢逃亡上海的胡秋原，不僅感受到這種思想氛圍，而且捲入魯迅與「革命文學家」的論爭。

　　1927 年 12 月，桂系西征軍進入武漢，在「清黨」運動中，在武昌求學的胡秋原差點被視為共產黨而斃命閱馬場。1928 年 1 月 22 日，舊曆除夕，他從家鄉逃往上海，進入復旦大學中國文學系就讀，課餘之際廣為涉獵文學、藝術、哲學等方面的書籍。兩個月後，他記下了對當時中國的感受：

> 　　歷史上也很少一個比現代的中國還要陰慘，黑暗，混亂，恐怖的時代了。正義已不知死了多少年，勞苦民眾的號哭呻吟遍滿全國，青年在絕望痛苦的深淵，紅的血塗布了整個的中華……；死的呻吟，殺的怒吼，……混成一片！我想我們現在，恐怕比俄國「沙」的時代還要一百倍黑暗了。〔註21〕

這是那個時代大多數經歷大革命失敗的知識分子的共同感受，大革命中的經歷使他對政治產生冷漠感。原本打算進入「象牙塔」，探索唯物史觀如何解釋文藝起源的胡秋原，卻又捲入魯迅與「革命文學家」的論爭中。當他進入復旦大學就讀時，恰逢「革命文學」興起，創造社和太陽社正與魯迅展開論爭。事實上，在武大求學時，胡秋原就聽人談起過「革命文學」。據他自述：「革命軍會師武漢了……我看了許多滑稽的事，於是對於革命懷疑起來。時已有人談革命文學，我們……則相戒不談革命」。〔註22〕因而對魯迅與「革命文學家」的論戰自然會關注。魯迅在反擊創造社和太陽社的文章中，直指「革命文學家」的革命思維邏輯中所隱含的可怕的未來審判圖景。由此不僅陷入「革命文學家」的圍攻，而且也未獲得在苦悶和失望中、求變求新的青年讀者的普遍理解。「不少回憶錄證實，魯迅當時陷入空前的孤立，連借住在他家的舊日學生也承受不了周圍朋友的壓力而從魯家搬走」。〔註23〕

　　胡秋原也和很多陷於苦悶中的知識青年一樣，關注著思想文化界的動態。原武大同學楊邨人此時參與主辦《太陽雜誌》，成為「革命文學」健將之

〔註21〕冰禪（胡秋原）：《革命文學問題──對於革命文學的一點商榷》，《北新》第 2 卷第 12 期，1928 年 5 月。

〔註22〕《胡秋原自記》，《讀書雜誌》第 3 卷第 1 期，1933 年 1 月。

〔註23〕張寧：《同途‧殊途‧同歸──魯迅與胡秋原》，《文史哲》2012 年第 6 期。

一。據胡秋原自述:「他拉我入夥,但我實在不能贊成他們」,不僅「由於他們淺薄」、「革命文學」在理論上站不住腳,而且自「五卅」運動以來,目睹中國人流血於中外的槍彈之下,北伐後中國又以左右之爭陷入內鬥。到上海後,「雖已不見武裝同志之威嚴,但由革命文學之筆,已嗅到若輩一旦得志,亦將民無噍類」。〔註24〕在這種思想背景下,他閱讀雙方論戰文章後,對魯迅傾向人道主義思想表示同情,決定予以聲援。在雙方論戰方酣之際,他撰文《革命文學問題》,用獲得的馬克思主義和普列漢諾夫的文藝理論,批評「革命文學」,加入論戰。這使當時處於孤立無援狀態下的魯迅獲得有力支持,胡秋原也因此成為魯迅的重要盟友。與魯迅的冷峻、辛辣的筆調不同,胡秋原以溫和、娓娓道來的姿態與「革命文學家」商榷,尤其是他所依據正是「革命文學家」使用的馬克思主義理論。從其論辯中可以看出,無論是對馬克思主義理論把握的深度,還是理解的廣度,他的理論基礎都是「革命文學家」難以企及的,可以說「革命文學家」遇到強勁的對手,在理論上真正重創了「革命文學家」。以至於面對胡秋原提出的問題,他們都未能給予回應。

胡秋原不僅體會到「革命文學」甚囂塵上的喊聲,而且對其「精神和用意」也抱有「無限的同情與歡喜」,但同時又提出他的質疑和商榷:

一、「抹煞一切的文學,排斥一切在他們認為『非革命文學』;覺得真正偉大的文藝,『只此一家』;所有一切『不革命文學』,都只應該『扔到毛廁裏去』」;「革命文學」的標準和價值都是值得討論的問題,否則就是在「一種權威的旗幟之下,製造出許多庸淺的,俗濫的,掛牌的劣貨了」,「難免又成了一種革命的八股濫調了」。他引用布哈林的話表達自己的觀點:「自由競爭才是使無產階級文學長成的最好的方法」,並為此讚歎道:「這實在是深解文藝的話。真是的,在藝術的世界裏最必要的是自由:要有精神的不羈的自由,才能產生偉大的藝術」;「偉大的藝術」不在於是寫「血和淚」,還是「風和月」,而在於作者是否有「真正的生命」與「真正神往的心」,是否「真摯而深刻地表現人生的苦悶」。革命如果是「推翻舊的腐朽的社會,而代以一個新的較合理的較自由的新社會」,那麼「凡對於既存的舊社會不滿、攻擊的」的「許多思想學說」,「也就是革命的思潮」。

二、「一切的藝術都是宣傳」嗎?胡秋原認為,「一切的藝術是宣傳」的

觀點是把一切文學都視爲「『有意的』或『無意的』『宣傳』」，文學就成了「武器的藝術」，「階級的武器」；這種「一貫的邏輯」就「應當而且必然主張無產階級的文學」。把「政治上的主張放在文藝裏面，不獨是必然而且在某幾個時期卻是必要的」，「但不要因此破壞了藝術的創造」。胡秋原對「革命文學家」提出的「宣傳」主張抱理解的態度，即「宣傳某種『主義』以及『打倒』『擁護』之類」，但他得出與「革命文學家」不同的結論，「藝術與文學不見得都爲了某階級『宣傳』某種主張」，「藝術有時是宣傳，而且不可因此而破壞了藝術在美學上的價值」。〔註25〕這與魯迅提出「一切文藝固然是宣傳，而一切宣傳卻並非全是文藝」的主張，〔註26〕有異曲同工之妙，在精神內涵上是相通的。

三、「文學是階級的武器」嗎？蘇俄文壇既有主張者，也有反對者，因爲它「不見得合於事實」，「如果文學都是階級鬥爭的工具」，那麼世界上很多文學大師的作品都毫無價值。胡秋原引用日本學者藤森成吉《文藝和唯物史觀》中的觀點，來說明文學不是「階級的武器」。「藝術與經濟的關係是更間接的」，「藝術決不是直接地由經濟生活發生的，這就是藝術的獨立性」，「文學是階級的武器」的觀點是「誤用唯物史觀來說明文藝的結果，遂發生許多錯誤的論斷」。他從馬克思主義理論出發，對文藝與經濟複雜關係的闡釋，擊中「革命文學家」將文藝與經濟關係簡單化的理論要害。

四、在「文學」與「革命」的關係上，胡秋原否決了二者毫無關係的主張，但認爲二者的關係是以另一種特殊形態表現出來的，即「文學家是時代精神的靈魂，是社會民眾的喉舌」，「也是時代的先驅」，「他看清楚了『現在』，也就很早的看見了『將來』」；「文藝是社會生活眞切，深刻的表現」；「文藝的目的，並不在於教人『革命』，然而在一個不平黑暗的時代中，偉大的作品，也就無不有革命的精神」；而那種「先樹立一個文學的格式，以爲沒有革命的字樣就一無足取」，「嚷著『革命』『革命』，反而沒有看出社會痛苦之眞象，也是一樣的失去了文藝底眞實意義之所在罷」。〔註27〕這與魯迅所言「『打，

〔註25〕冰禪（胡秋原）：《革命文學問題──對於革命文學的一點商榷》，《北新》第 2 卷第 12 期，1928 年 5 月。

〔註26〕魯迅：《文藝與革命》，《魯迅全集》第 4 卷，北京：人民文學出版社，2005 年，第 85 頁。

〔註27〕冰禪（胡秋原）：《革命文學問題──對於革命文學的一點商榷》，《北新》第 2 卷第 12 期，1928 年 5 月。

打』,『殺,殺』,『血,血』」,「『賦得革命,五言八韻』,是只能騙騙盲試官的精神實質是一致的。〔註28〕

最後,胡秋原指出「在一個大的黑暗充滿血腥淚痕的現在」,「我國的工農大眾」處於「悲慘的境地」,且「尤甚於從前」的同時,也表明在同情工人階級的痛苦時「萬不可忘記」,「幾千年我們不肖的祖宗所遺留累計於我們的民族底惡劣的根性和思想」。中國陷入混亂可怕的境遇,「固然是社會制度的罪惡所致」,但也與「祖傳的兇殘卑劣,懶惰貪婪的根性,以及布滿於一般民眾的陞官發財的思想」密不可分。對於周作人將中國人分為「有產」和「無產」兩類、「而其思想感情實無差別……思想上只一階級,即為……陞官發財的混賬思想」的見解,胡秋原表示這實在是「沉痛的話」;「不打破這個障害,而生吞活剝的號叫『第四階級』,即使是真心地運動,民眾政治還就是資產階級專政,革命文學亦無異於無聊文士的應制」。他提出文藝應「深切的表現現社會的罪惡,痛苦與悲哀,毫無隱諱的針砭民族的惡劣根性與墮落思想」。這平淡的話雖沒有「革命文學」的口號響亮時髦,但在「文藝上多做一點忠實的功夫」,比「僅在好聽的名義上推求」,更有助於文藝的發展。〔註29〕

在該文中,胡秋原一針見血的揭示了「革命文學家」的錯誤思想以及理論的不足,以至於「革命文學家」對他提出的問題一直沒有回應。對此,時人評價道:「冰禪在革命文學問題裏,提出了好幾個問題都有與別人不同的理由」;「以創造社在當時所發表的唯物史觀的文藝論文和文藝的階級性理論,都不足以給冰禪所提的這些問題以具體的答覆,據創作社諸人那些文章內容看來,他們所瞭解的也並不比冰禪所瞭解的多」。他對文藝與經濟政治的關係的詮釋,「在創造社諸人的文章裏還沒有這樣的說明」;「冰禪發表此文時恰是這次『文藝論戰』正熱鬧的時候,而以後始終未見創造社方面的答覆」;「他提出的『文藝家如不徹底知道他所描寫的人生,他的目的不是從最深摯的理想中出來,作品一定不會好』,倒是對當時好描寫『自己所不熟習的』內容的『革命文學』作家們一個很好的進言」。〔註30〕

〔註28〕 魯迅:《革命文學》,《魯迅全集》第3卷,北京:人民文學出版社,2005年,第567、568頁。

〔註29〕 冰禪(胡秋原):《革命文學問題——對於革命文學的一點商榷》,《北新》第2卷第12期,1928年5月。周作人的引語參見豈明(周作人):《隨感九七·爆竹》,《語絲》第4卷第9期,1928年2月。

〔註30〕 李何林:《近二十年中國文藝思潮論》,上海:生活書店,1948年,第214、218、220頁。

由此不難看出，胡秋原與「革命文學家」的分歧在於他不是站在階級的立場上詮釋文藝與政治的關係。正如有論者指出：他是「把革命文學誤解作僅只『教人革命』，而與其他內容的文學對立起來」；「『美學』根本也是一種『宣傳』的意識形態，這是冰禪在當時所不能瞭解的」；「他只看見文藝家與籠統的『時代』的關係，沒有看見文藝家的階級性，因而也不知道決定作品內容與思想傾向的文藝家的『世界觀』的重要」，並對胡秋原的觀點提出質疑：「在藝術的世界裏最必要的是自由」，「作者愛寫什麼就寫什麼，愛怎麼寫就怎麼寫的。——作者真的這樣『自由』了嗎？」〔註31〕日本學者佐治俊彥也認為「在對革命的理解上，他缺乏階級觀念，不能瞭解繼承戰鬥的唯物論傳統的馬克思主義，只是把馬克思主義看成一種解釋學。他這一弱點也在他後來對普列漢諾夫的傾倒中表現出來」。〔註32〕事實上，胡秋原接受了馬克思主義唯物史觀的分析方法，對其階級鬥爭理論和無產階級革命學說始終予以排斥，這就注定他不可能和革命文學家一樣站在階級立場上闡釋文藝思想。但不可否認，在對馬克思主義的理解深度上，他的確高於「革命文學家」，這或許是「革命文學家」未能回應他的根本原因。

胡秋原聲援魯迅的《革命文學問題》一文，在整個「革命文學論爭」中，是魯迅之外，最早的一篇從馬克思主義理論上反駁並揭示「革命文學家」理論不足的文章，也是「整個論爭中最有水平的文章之一」。隨後與「革命文學家」進行論辯的馮雪峰等人，「雖然在對中國現實感知、對對方論據剖析，以及辯護魯迅等『五四』作家上均各有特點，但在理論高度和問題把握的準確度上卻無出其右」。〔註33〕1930年代初的「文藝自由論辯」可以說是這次論爭的延續，胡秋原的「文藝自由思想」中的文藝自由、文藝與階級、政治關係等問題上的觀點，在這次論爭中已初見端倪，也為他後來系統提出「文藝自由論」奠定思想和理論基礎。夏衍晚年在回憶「左聯」與「自由人」的論戰時說：「這場論爭的實質可以說是1928～1929年那場論爭的延續」。〔註34〕這

〔註31〕 李何林：《近二十年中國文藝思潮論》，上海：生活書店，1948年，第214、215、220頁。

〔註32〕 〔日〕佐治俊彥著，郝昌海譯：《記胡秋原——胡秋原與三十年代文藝》，〔日〕伊藤虎丸等編：《日本學者研究中國現代文學論文選粹》，長春：吉林大學出版社，1987年，第308頁。

〔註33〕 張寧：《同途·殊途·同歸——魯迅與胡秋原》，《文史哲》2012年第6期。

〔註34〕 夏衍：《懶尋舊夢錄》，北京：生活·讀書·新知三聯書店，2000年，第141頁。

既揭示在論戰中魯迅對胡秋原幾乎保持沉默的原因，也說明胡秋原文藝自由思想的延續和發展的內在線索。

據胡秋原自述：「此文是我第一篇投稿談文藝之文……我記得曾有兩本文藝論戰之類書籍轉載」。可以說這是他對文藝評論的起點，拉開了研究文藝問題的序幕。該文比馮雪峰的《革命與知識階級》還要早，從這一點來看，當時年僅 18 歲的胡秋原對文藝批評的見解是令人讚歎的。胡秋原所提到的「兩本文藝論戰」的書籍是指李何林編的《中國文藝論戰》和《近二十年中國文藝思想論》。〔註 35〕這兩本書中，李何林都將胡秋原列入「『語絲派』及其他（作家）」章節中。胡秋原後來在編寫文集重新收錄該文時，在按語中解釋說：

> 我當時與魯迅或「語絲派」根本無關。我當時「逃難」至滬，入復旦大學中文系就讀，對國人好殺，心懷反感。而革命文學又是一股殺氣，且盛氣凌人，故對於魯迅人道主義傾向這一點，有所同情，而此文在客觀上與魯迅派有別而已。當我寫此文寄投《北新》後，亦被放在一個極不重要地位；不過發表以後頗受注意而已。
> 〔註 36〕

從其經歷來看，他的確和魯迅及「語絲派」沒有關係。他在文中引用布哈林、托洛茨基、廚川白村、藤森成吉、周作人等人的觀點作為立論的依據，表明他對「革命文學家」所使用的理論源自蘇俄或日本學界的馬克思主義相當熟知，並非自我吹噓。

胡秋原在另一篇文章中自述：「我當時是一個無人知道的大學生，這文章被放在一個不重要的地位。但此文發表以後，反對革命文學的人多用我的論點對抗革命文學，而革命文學家不能反駁，並且馬上就有人轉載」。兩次提到該文被「放在一個極不重要位置」，是指在《北新》半月刊上最後的《讀者的園地》。他提到的「頗受注意」和「馬上有人轉載」，可能是指魯迅的注意和李何林的轉載。至於說反對革命文學的人多引用其觀點，由於筆者學識和資料所限，目前還未看到這方面的證據。受此鼓舞，胡秋原對文藝理論產生更大的探索興趣，並決定以普列漢諾夫作為深入研究的中心。他準備依據唯物

〔註 35〕 李何林：《中國文藝論戰》，上海：北新書局，1930 年；《近二十年中國文藝思潮論》，上海：生活書店，1939 年。

〔註 36〕 胡秋原：《革命文學問題──對於革命文學的一點商榷：秋原案》，胡秋原：《文學藝術論集》，臺北：學術出版社，1979 年，第 6 頁。

史觀對文藝理論進行系統研究之始，於 1928 年 5 月撰寫《文藝起源論》。其目的在於「澄清革命文學家由日本帶來的那些標語、口號和武斷的說法」，「對文藝取一種自由主義的態度人道主義的目標，以及唯物史觀和心理學的分析方法，也由此開始」，〔註37〕後來的《唯物史觀藝術論》是該計劃的擴寫和完成。他認為「為藝術而藝術」與「為人生而藝術」的爭論，必然「要追溯到文藝的起源」。在該文中，他除了對心理學上的「藝術衝動說」、人類學上的「生活必要說」、精神分析理論進行簡要論述外，還從社會學上補充了「唯物史觀說」，即普列漢諾夫的「藝術起源於社會勞動與經濟方式」之說。他認為前幾種都是唯心論，並予以否決。他在分析眾家學說之後強調指出：「自從唯物史觀出世以來，使歷史的變遷，得著一個根本的解釋」，「用馬克斯的唯物史觀來研究藝術，實在是一件有意義的事，恐怕只有正確的應用唯物史觀在藝術上，才能得到確實的結論」。雖然「中國高談馬克斯主義辯證法唯物論的學者似乎是很熱心的」，但「只是空嚷一些什麼『普羅列塔利亞』（無產階級）、『意得沃羅基』（意識形態）而不作一點切實的研究」。〔註 38〕這表明胡秋原對國內學界僅「空嚷」而缺乏深入「切實」的理論研究的強烈不滿。從這個意義上來看，他對深入研究馬克思主義理論的呼籲，可以看作是使革命文學理論深化的一種嘗試，對於推進當時學界的馬克思主義研究起到積極作用。也正是建立在這種認識上，他才赴日對馬克思主義進行追根溯源的研究，以駁斥那些誤解馬克思主義的革命理論家。

據胡秋原自述：「這兩文用不同名字發表，皆『不見經傳』，兩派的人都打聽作者是誰」。這使原本還是青年學生的胡秋原，在上海文壇成為一個孤軍突起的人物。而「當我為領第二篇文章稿費到《北新》的時候，主人李君對我說魯迅特別來問作者為何如人，並極為佩服云云」。〔註39〕從感情上來說，魯迅打聽胡秋原是可信的。他回憶說：「這是我談文學之始，多少可為魯迅張目」。〔註40〕雖然他與魯迅從未謀面，卻在「革命文學論爭」和「文藝自由論辯」中兩次產生交集。正是由於「革命文學論爭」中，魯迅感受到他的有力

〔註37〕 胡秋原：《始逃上海賣文記》（上），《民主潮》第 10 卷第 9 期，1960 年 5 月。
〔註38〕 胡秋原：《文藝起源論》，《北新》第 2 卷第 22 期，1928 年 10 月。
〔註39〕 胡秋原：《始逃上海賣文記》（上），《民主潮》第 10 卷第 9 期，1960 年 5 月。
〔註40〕 胡秋原：《在唐三藏與浮士德之間》，胡秋原：《〈在唐三藏與浮士德之間〉及其他》，臺北：胡秋原自刊本，1962 年，第 2 頁。

援助，在「文藝自由論辯」中對其僅一句斷語，之後又批判周揚等人對其辱罵，撰文《辱罵和恐嚇決不是戰鬥》聲援胡秋原，引發了學界長期以來的爭議和不同解讀。

胡秋原回憶說：「我在兩篇文章中都鄭重說到要講文學理論必須請教樸列漢諾夫，魯迅早知道樸列漢諾夫。但在中國應用其理論，並用以批評革命普羅文學，恐以我為最先。而這一點，我相信對於魯迅等回頭翻譯樸列漢諾夫的書，不無影響」。魯迅在成為革命文學的「盟主」後，「亦頗轉變立場」，「而我則由我的研究，依然保持我原來的態度」，「九‧一八」留在上海後與「左聯」展開論戰。〔註41〕事實上，魯迅不僅比胡秋原更早注意到普列漢諾夫，而且也比他更早翻譯普氏理論著作。早在 1925 年，魯迅在為其學生任國楨所編《蘇俄的文藝論戰》撰寫的《前記》中，提醒注意該書中「別有《蒲力汗諾夫與藝術問題》一篇，是用 Marxism 於文藝的研究的，因為可供讀者連類的參考」。〔註42〕此後魯迅大量閱讀普氏等人的馬克思主義文藝理論。查閱魯迅日記及所附書帳，可以發現，1928 年 11 月 7 日購買《藝術論》後，又多次購買普氏著作，共計 10 餘種 29 本。〔註43〕他翻譯普氏的《藝術論》，〔註44〕並寫下長篇《序言》，高度評價普氏的思想學術價值：「給馬克斯主義藝術理論放下了基礎，他的藝術論雖然還未能儼然成一個體系，但所遺留的含有方法和成果的著作，卻不只作為後人研究的對象，也不愧稱為建立馬克斯主義藝術理論，社會學底美學的古典底文獻的了」。〔註45〕他的著作是「科學底社會主義的寶庫」，「在治文藝的人尤當注意的，是他又是用馬克斯主義的鋤鍬，掘通了文藝領域的第一個」。〔註46〕魯迅痛感「革命文學家」對唯物史觀理解的淺薄，因而「希望有切實的人肯譯幾部世界上已有定評的關於唯物史觀的

〔註41〕 胡秋原：《始逃上海賣文記》（上），《民主潮》第 10 卷第 9 期，1960 年 5 月。

〔註42〕 魯迅：《蘇俄的文藝論戰‧前記》，《魯迅全集》第 7 卷，北京：人民文學出版社，2005 年，第 278 頁。

〔註43〕 魯迅：《魯迅全集》第 16 卷，北京：人民文學出版社，2005 年，第 108～118；167～176；225～237 頁。

〔註44〕 1929 年 4 月，上海南強書局出版了林柏修英譯本《藝術論》，這是國內該書的最早譯本。鑒於該書的重要性，魯迅重譯了該書，1930 年 7 月由上海光華書局出版。

〔註45〕 魯迅：《《藝術論》譯序》，《新地月刊》第 1 卷第 6 期，1930 年 6 月。

〔註46〕 魯迅：《論文集〈二十年間〉第三版序‧譯者附記》，《魯迅全集》第 10 卷，北京：人民文學出版社，2005 年，第 347 頁。

書——至少，是一部簡單淺顯的，兩部精密的——還要一兩本反對的著作。那麼，爭論起來，可以省說許多話」。〔註47〕

1929 年，胡秋原赴日留學期間，收集普列漢諾夫的資料，撰寫 70 餘萬字的《唯物史觀藝術論》，評價普氏在藝術上是「科學底美學之創始者，以馬克斯哲學社會學的方法深耕藝術領域的第一人，在世界最初的馬克斯主義藝術理論建設上，負有絕大的功績」。但他「還沒有完全地系統地為其藝術理論建立一個整然的體系」，「然而他遺留下的寶貴的遺產，正確的方法，不獨是毫無可疑的餘地」。〔註48〕對於是否有無產階級文化，胡秋原表示這也是「最大的疑問」，同時指出「將無產文學看作一種新興的，是以社會革命為基礎意識的反資本主義、反個人主義傾向的文學，這比較廣泛的意味上，或者還比較正確罷」。他也對「革命文學家」抄襲國外理論，而缺乏深入的研究表示強烈不滿，並認為他們只是抄襲外國理論的皮毛，而可以「師法之處」甚至「完全不學」。他一針見血地指出「革命文學家」存在的不足：

一、「中國革命文豪只在筆下英雄，一面享樂，一面空喊，幹既革命又安全的勾當。昨天還在象牙之塔，今天就到了十字街頭了；在洋樓中描寫自己的幻想」。在胡秋原看來，「這真是一種『普羅浪漫主義』」，實際上是批評「革命文學家」社會實際運動和生活體驗的不足。

二、由於「無產階級文藝理論太貧乏」，因此「要做切實翻譯修養的工作」，「應極力翻譯各國第一流的著作，專門是空叫幾句口號」是無用的；「搬來搬去是那麼一套，死背幾句『辯證法』的公式，而甚至於連一句外國文都不懂做幾句打油濫調所謂『批評』，即美其名曰 Marxism 批評，真不外肉麻當有趣而已。這樣淺薄下去，只有使自己墮落罷了」。

三、文藝批判態度應嚴正，不可「黨同伐異，阿其所好」，不要「壟斷文壇，包辦文學，各派的言論，也還在理論上辯護，並不是一聽到異議就氣極而亂叫。中國的新批評家革命文豪是何等尊嚴啊，只許作揖，不准搖頭，我這是馬克斯主義批判，這就是必然的無產階級文學，你不服麼，那就是反革命，土豪劣紳，時代落伍者，非沒落不可的。我呢，不待言，革命文學元勳，

〔註47〕 魯迅：《文學的階級性》，《魯迅全集》第 4 卷，北京：人民文學出版社，2005年，第 128 頁。

〔註48〕 胡秋原：《唯物史觀藝術論：樸列漢諾夫及其藝術理論之研究》，上海：神州國光社，1932 年，第 20、21 頁。

時代的先驅！同夥只知道互相吹噓，了不起的傑作呀！」「所可惜者，就是廣告和貨色差得太遠一點而已」，應該「更精進更謙虛一點罷」。〔註49〕

　　將胡秋原和魯迅對普列漢諾夫的研究進行對比，不難看出，魯迅的確比胡秋原更早注意並翻譯普氏藝術理論，因此胡秋原所說對魯迅翻譯普氏著作「不無影響」並不準確。從他們研究普氏的時間上來看，也很難說究竟誰受誰的影響。可以說對普氏文藝思想和理論價值以及對「革命文學家」理論匱乏的認知，對於革命文學陣營「黨同伐異」、「唯我獨革」、「不革命即是反革命」論爭態度感受等方面，他們不謀而合，有共同體認。在參考很多資料後，對普氏文藝理論的研究和汲取，並深刻闡述其理論價值，表明他們並非簡單轉述其觀點，而是深入研究和思考後的產物。尤其是對普氏評價上，他們不謀而合引用列寧評價普氏的話：「若不研究——真正地研究樸列漢諾夫的哲學著作，是不能成為意識的真實共產主義者的。因為，他的著作，是全世界馬克斯主義文獻中的菁華」。〔註50〕在當時蘇俄和左翼陣營一致從政治立場上批判普列漢諾夫的氛圍中，他們並未落入左翼盛行的以政治立場抹殺理論建樹和思想價值的套路之中。他們也未盲目崇信從蘇俄傳播進來的新理論，而是帶著嚴肅的學理態度去弄清蘇俄的理論，究竟是否如「革命文學家」所宣稱的那樣。與當時「革命文學家」流行的認識相比，他們對馬克思主義文藝理論的研究，揭示了「革命文學家」馬克思主義批評理論的幼稚和先天不足的缺陷。對普氏文藝理論的譯作，為中國學界從理論根源上提供了本源意義上的理論母體。這不僅表明了他們對唯物史觀的擁護，而且為批判馬克思主義庸俗化傾向提供了理論武器。

　　對執政當局的不滿，文藝思想上受普列漢諾夫等人的影響，成為他們共同的思想基礎。但他們之間也存在明顯的分歧，正如有學者評價道：「魯迅對馬克思主義的階級鬥爭觀點是採取信奉、學習的態度，而胡秋原則對之採取

〔註49〕 胡秋原：《日本無產文學之過去與現在》，《語絲》第 5 卷第 34 期，1929 年 11 月。

〔註50〕 胡秋原：《唯物史觀藝術論：樸列漢諾夫及其藝術理論之研究》，上海：神州國光社，1932 年，第 20、22 頁。魯迅引用時只是個別詞句不一樣，但精神內涵是一致的。「倘不研究這個（蒲力汗諾夫的關於哲學的敘述），就誰也絕不會是意識底的，真實的共產主義者。因為這是在國際底的一切馬克斯主義文獻中，是最為傑出之作的緣故」。參見魯迅：《〈藝術論〉譯序》，《新地月刊》第 1 卷第 6 期，1930 年 6 月。

自由主義的態度」。〔註51〕在當時階級鬥爭極其尖銳的背景下，魯迅傾向蘇俄的歷史方向，支持無產階級的文學運動；而胡秋原同情革命文學，反對將文藝與階級關係簡單化，不願向無產階級靠攏，卻大談文藝的「自由」。儘管胡秋原肯定文藝的階級性，但其真正目的是要「找到一個可以超越階級論的空間」，試圖以「文學創作的自由」消解文藝階級論。而魯迅對「階級論的比較開放的解釋，其根本目的不是要消解它，而是要以自己可以把捉的方式把捉它，以他認為正確的方式運用它」。〔註52〕正是建立在這些共識的思想基礎上，幾年後的「文藝自由論辯」，胡秋原保持「原來的態度」，系統提出「文藝自由思想」，而魯迅雖成為「左聯」盟主，並未隨「左聯」起舞，登堂而未入室，仍保持一定的獨立性。而也正是由於思想上的分歧，魯迅僅以一句斷語評價胡秋原。

第二節　錯位的文學對抗：「自由人」與「文藝自由論辯」

大革命失敗後，國民政府的文化政策，不僅未起到籠絡知識分子的作用，反而將其推向對立面。對此蔣夢麟曾明確指出：「政府因不懂得本國社會日趨沒落的背景和國際巧妙精密的陰謀」，試圖通過「禁封書局、抓人」和「創作文藝」「兩個簡單的辦法去應付當時文藝發展的亂局」。而政府同「廣大的民眾脫了節，對於社會不滿的情緒，知之不深，覺之不切」；「共產黨把文藝移花接木地從西歐思想變成了俄國思想，從此民主思想變成了階級思想，個人主義變成了集體主義。這一來共產黨的勢力在文藝界便強大起來……等到我們察覺時，共產主義思想已經彌漫全國了」。〔註53〕胡秋原認為「國民黨既無認真打算整頓自身，又不打算與知識分子合作」，因此使知識分子疏遠政府。政府頒佈出版法，表示「放棄筆戰」，「以行政手段代替筆戰」，「不僅殃及池魚，鬧了很多笑話，為人不滿」；而柔石等人被殺，「只有為左翼增加同情，而對政府發生反感」；國民黨不重視思想文化，「在文化教育上的措施，乃是極天下之大不幸」，「幾乎可說是多種方法，協助左翼之成長使然」；「左翼之

〔註51〕蔡清富：《胡秋原與革命文學論爭》，《魯迅研究動態》1989 年第 9 期。
〔註52〕黃悅：《階級革命與知識分子人格》，《文史哲》2009 年第 2 期。
〔註53〕蔣夢麟：《談中國新文藝運動》，《現代世界中的中國——蔣夢麟社會文談》，上海：學林出版社，1997 年，第 209 頁。

成功」，主要是「靠國民黨在文教政策全力協助之所致」。〔註54〕國民黨的種種逆行措施，引發知識分子的不滿，也爲左翼陣營主宰文壇提供了舞臺。

　　1930 年 3 月，「左翼作家聯盟」在上海成立，主張文藝是政治的「留聲機」和宣傳工具。6 月，國民黨提倡「民族主義文藝運動」，試圖以「民族精神和意識」取代「左聯」的階級觀點。這兩個文學陣營都是基於各自的意識形態，而採取的爭奪文化界話語權的鬥爭策略，打上了黨派政治的烙印。在「左翼文學」與「民族文學」的對立中，標榜「自由人」的胡秋原，以「自由主義的馬克思主義」思想，採取左右開弓的姿態，既抨擊國民黨支持的「民族主義文學」，又批判「左聯」主張的「文藝必須爲無產階級政治服務」觀點，而他自詡爲「普列漢諾夫的信徒」。據他自述：「民國二十年友人王禮錫先生創辦《讀書雜誌》，我開始在上面講文藝史方法論，繼以我的自由主義的馬克斯主義，由埃及開始，講世界文藝思潮的發展」。〔註55〕在當時高揚黨派意識的思想語境下，胡秋原認爲知識分子要超越意識形態的束縛，強調無黨無派的「自由人」立場，主張「文藝自由論」，「左翼文學運動自此才遇到眞正的勁敵」，〔註56〕引發了「左聯」對其圍攻。在中國現代思想文化史和文學史上，影響深遠的「文藝自由論辯」由此拉開序幕。這是一場頗具理論性的文藝論爭，有論者稱之爲「錯位的文學對抗」，〔註57〕從一定意義上，這種觀點是有道理的。爲何聲稱信奉馬克思主義唯物史觀的胡秋原，卻被「左聯」視爲階級敵人？「文藝自由論」思想價值何在？影響如何？本節將圍繞這些問題進行討論。

一、藝術正確與歷史困境：「自由人」的文藝觀

　　20 世紀 30 年代初的「文藝自由論辯」，是由胡秋原提倡「文藝自由」的主張而引發的。他和左翼理論家的理論都源自馬克思主義，無論是政治立場還是思維模式，抑或是理論邏輯都呈現出敵對的狀態。從思想脈絡上來審視，

〔註54〕 胡秋原：《九一八前之上海文化界》，《民主潮》第 10 卷第 18 期，1960 年 9月。

〔註55〕 胡秋原：《哲學與思想‧自序》，臺北：東大圖書股份有限公司，1994 年，第12 頁。

〔註56〕 胡秋原：《文學藝術論集‧前記》，臺北：學術出版社，1979 年，第 3 頁。

〔註57〕 徐文廣：《錯位的文學對抗──重評三十年代「文藝自由論辯」》，《山東社會科學》2001 年第 1 期。

這場論辯是胡秋原「自由主義的馬克思主義」思想的首次應用。因此在論辯中，價值觀上是自由主義，而把馬克思主義唯物史觀作為文化批判，特別是用來解釋和分析文藝的理論和方法，其理論依據主要是普列漢諾夫等人的文藝思想。而左翼理論家則將馬列主義作為一種政治信仰和思想指導上的意識形態，尤其是將列寧開創的「黨性」原則應用到文藝論辯中，由此衍生出文藝是宣傳、革命工具、政治的留聲機、文藝的階級性等。胡秋原更多的是從學術立場上辯明文藝自身內在的美學價值，而左翼理論家則強調文藝的社會功能。在當時階級鬥爭十分尖銳和黨派意識形態高揚的時代背景下，建立在馬克思主義反映論基礎之上的「文藝自由論」，儘管在藝術價值上是合理的，但卻陷入歷史困境之中，顯得「不合時宜」。

　　20世紀30年代，在文學偏向階級性、黨性、政治化和意識形態化傾向的背景下，胡秋原以「自由人」的獨立姿態，提出了「自由人」、「自由知識階級」、「文藝自由」等概念，在文藝與階級、政治以及生活等關係問題上，形成了與左翼文藝理論針鋒相對的文藝觀。其思想內涵呈現出尊重藝術自身發展規律、注重文藝的審美性、獨立性和自由性的特徵。從思想和理論來源上看，他深受蘇俄理論家普列漢諾夫、托洛茨基、瓦浪斯基（沃隆斯基）等人的影響，也接受了1910～1912年德國社會民主黨文藝論爭中的觀點，也借鑒了日本無產階級文學運動的主要理論。

1.「人道愛」思想

　　「人道愛」或人道主義是「自由主義的馬克思主義」核心理念，也是胡秋原「文藝自由論」中的重要思想。他認為文藝之可貴，在於它「能預見而深入」，「能看到較遠境界，因此不革命而自然革命」，它「以人道愛而生靈感，故不言階級而自然為不幸者鳴不平」。〔註58〕他進而指出文藝之為文藝，「在其普遍性、人道性，階級性亦在人類性之下變形」。〔註59〕在《阿狗文藝論》中，他指出「藝術之價值，則視其所含蓄的思想感情之高下而定」，引用安得列夫「文學之最高目的，即在消滅人類間一切階級隔閡」的觀點，提倡「人道主義的文學」。〔註60〕隨後又說：「沒有高尚情思的文藝，根本傷於思想之

〔註58〕 胡秋原：《在唐三藏與浮士德之間》，胡秋原：《〈在唐三藏與浮士德之間〉及其他》，臺北：胡秋原自刊本，1962年，第12頁。

〔註59〕 胡秋原：《關於一九三二年文藝自由論辯》，《中華雜誌》1969年1月號。

〔註60〕 胡秋原：《阿狗文藝論——民族文藝理論之謬誤》，《文化評論》創刊號，1931年12月。

虛偽的文藝，是很少存在之價值的；我永遠這樣相信」。〔註61〕他對所謂「高尚的情思」作進一步的解釋，「其實，時代解放運動的思想、自己犧牲以利他人的感情，都是高尚的情思。當然我們不否認革命情思是高尚的情思」。他還引用普列漢諾夫的話表達其觀點，「藝術價值之高下，決定於其所表現的情操之高下；而那情操之高下則決定其足以作人與人間精神結合手段的範圍的廣狹程度之深淺」。〔註62〕這裏他提出的「高尚情思」即是人道主義思想和情懷。如他所言：「能動人者，必須是萬人共感的感情，充實人道性的感情。所謂高尚的感情與思想也必定是廣而深的人道性的」。〔註63〕

　　事實上，在 1928 年的「革命文學論爭」中，他援助魯迅很大程度上是因對魯迅的人道主義傾向產生共鳴。在「文藝自由論辯」中批判錢杏邨理論時，認為魯迅「有深刻的人道主義的精神」。〔註64〕他還引用霍善斯坦因（Hausenstern）的話表達「人道愛」思想：

　　　　藝術是愛，藝術是社會愛之最高形式，……羅丹在個人主義靈
　　　　感之下創造其藝術，然而創作那素描之手，是以對於社會愛的神往，
　　　　對於惹起藝術性發酵的人類感之遠大無盡的同情的射影的神往之念
　　　　燒燃起來的。那就是人道。〔註65〕

胡秋原指出：「這裏所說的，含有一切偉大藝術的靈魂」。在注釋中他發揮霍氏說法，認為「無產者革命之重大意義不僅在無產者之單純執政……在永絕人類愛之一切障礙——主要的是階級經濟地位造成的。這才是永久偉大的理想，最高的詩意」。他引用安得列夫的話表示對人道主義的推崇：「我們的不幸，便基於大家對他人的心靈，生命，苦痛，習慣，意志，欲望，缺乏理解，而且幾乎沒有。……文學最高尚的事業，是拭去一切的界限與距離」。〔註66〕

〔註61〕 胡秋原：《勿侵略文藝》，《文化評論》第 4 期，1932 年 4 月。
〔註62〕 胡秋原：《浪費的論爭——對於批判者的若干答辯》，《現代》第 2 卷第 2 期，1932 年 12 月。
〔註63〕 胡秋原：《我的文藝觀》，胡秋原：《文學與歷史》，臺北：東大圖書股份有限公司，1994 年，第 40 頁。
〔註64〕 胡秋原：《浪費的論爭——對於批判者的若干答辯》，《現代》第 2 卷第 2 期，1932 年 12 月。
〔註65〕 〔德〕霍善斯坦因：《藝術與社會》，轉引自胡秋原：《文學藝術論集》（上），臺北：學術出版社，1979 年，第 153 頁。
〔註66〕 胡秋原：《文學藝術論集》（上），臺北：學術出版社，1979 年，第 153～154 頁。

　　由此可見，他的文藝觀中帶有極為濃厚的人道主義色彩，繼承了五四新文化運動時期「文學革命」中「人性論」思想。基於這種思想認識，他對富於人道主義精神的作家給予極高的評價。對日本無產文學運動中白樺派作家有島武郎「豐富強烈的人道主義」，戰旗派藤森成吉「有詩人情趣而富有磅礡人道主義精神」大加讚賞，其「創作方面最可敬服」。胡秋原認為盧梭、托爾斯泰、羅曼·羅蘭等知名作家「高唱人道主義與愛，詛咒戰爭」，「實在破壞了過去文化上的傳統而開拓了未來無產文學的一個道路」。他還認為即便是在蘇俄，「為革命思想之先驅者，也是人道主義者的知識階級」。他之所以將這些作家歸於具有人道主義者的範疇，是因為他認為偉大的作家對人類都富於人道主義情懷，反對左翼革命理論家以階級立場劃分作家，反對將文藝與階級關係的簡單化、庸俗化傾向。此外，人道主義在他繁雜的思想觀念中具有統合性的作用，「實在有如一個把精神革命的個人主義與經濟革命的社會主義連絡的橋梁」。〔註67〕1943年，被胡秋原營救出獄的馮雪峰到重慶後，與其交談對國民文學問題的看法時，贊成胡秋原提出的「人類應以人道愛相待」的思想主張。〔註68〕然而，由於包含馬克思人道主義思想的《1844年經濟學哲學手稿》等著作還未公佈於世，胡秋原儘管通讀過日文版的《馬恩全集》，對馬克思的人道主義思想的探索不無裨益，但對人道主義的複雜性認識不足。在當時階級鬥爭十分尖銳的歷史背景下，他對人道主義抱有不切實際的幻想，主張消滅階級隔閡，雖承認文藝的階級性，但客觀上反對階級鬥爭，使其文藝觀中自由思想與階級性主張形成內在的衝突，這也成為「左聯」理論家批評他的要害所在。

　　這種理論局限還表現在他對馬克思主義的認識上，自認為是書齋中的馬克思主義研究者，但忽略了作為革命理論的馬克思主義更注重革命實踐的特點，呈現出有意無意將理論研究與革命實踐對立起來的傾向，割裂了理論與實踐的辯證關係。過分注重書齋中的理論研究，而忽略革命實踐中的應用，從而導致將馬克思主義抽象化，甚至於跌進了經院派學者的泥坑。這也就不難理解左翼理論家、蘇汶甚至後來也有學者認為他是「書呆子的馬克思主義

〔註67〕　胡秋原：《日本無產文學之過去與現在》，《語絲》第5卷第34期，1929年11月。

〔註68〕　胡秋原：《在唐三藏與浮士德之間》，胡秋原：《〈在唐三藏與浮士德之間〉及其他》，臺北：胡秋原自刊本，1962年，第30頁。

者」。〔註69〕胡秋原僅僅將馬克思主義作爲一種分析和批判中國社會文化的解釋學，將唯物史觀作爲一種方法論，並未接受階級鬥爭等其他社會政治理論。然而馬克思主義既是批判的又是行動的哲學，不僅注重眞理，更注重革命的實踐。胡秋原排斥文藝的政治功能和對眞理的追求呈現出形而上的傾向，對文藝理論積極介入現實政治鬥爭缺乏左翼那種「革命戰鬥」的激情。在當時革命激情的時代背景下，胡秋原不合時宜地過分強調人道主義，堅決反對暴力革命，其理論不爲國共兩黨所喜。在過分強調階級鬥爭的年代，人道主義思想注定得不到回應，且長期成爲批判的對象，也由此決定了在中國思想文化史和文學史上，胡秋原是一個被遮蔽的人物。

2. 文藝是政治的留聲機嗎？

在「文藝自由論辯」中，胡秋原提出了「自由的智識階級」的概念，並進一步解釋說：「1.只是一個智識分子；2.是站在自由人的立場。事實是如此，因爲我們：1.不願自稱革命先鋒，2.我們無黨無派，我們的方法是唯物史觀，我們的態度是自由人立場」。〔註70〕「我之所謂自由主義態度與唯物史觀方法的意見，實際上只是一種『第三種人』的意見而已」。〔註71〕胡秋原後來認爲「所謂『第三種人』，原指『作家之群』，然而這名稱馬上變爲用以指那既非南京的『民族文學家』又非普羅作家的『中間群』之稱了。我們應該承認，這一種『第三種人』是存在的」。〔註72〕無論是胡秋原將他定位爲「自由人」，還是「第三種人」，都是屬於當時在國共兩黨之外的中間知識分子的一員。他站在無黨無派的立場以文化批評爲己任，介入當時左右對立的文藝論爭，必然抨擊黨派政治勢力「侵略文藝」。

胡秋原爲文藝自由辯護，主要是針對「民族文藝」，但同時也指向了左翼陣營主張的文藝是政治的「留聲機」之說。早在「革命文學論爭」中，他就明確表示反對將文藝視爲革命的武器，主張文藝自由。在那場論爭中，「革命

〔註69〕 蘇汶：《關於〈文新〉與胡秋原的文藝論辯》，《現代》第 1 卷第 3 號，1932年 7 月；首甲（祝秀俠）：《關於胡秋原蘇汶與左聯的文藝論戰》，《現代文化》第 1 卷第 1 期，1933 年 1 月；李紅岩：《胡秋原：一個「書呆子馬克思主義者」》，《北京日報》2010 年 7 月 5 日第 20 版。
〔註70〕 胡秋原：《是誰爲虎作倀？》，《文化評論》第 4 期，1932 年 4 月 20 日。
〔註71〕 胡秋原：《浪費的論爭——對於批判者的若干答辯》，《現代》第 2 卷第 2 期，1932 年 12 月。
〔註72〕 時夫（胡秋原）：《論「第三種人」》，《救國時報》（巴黎）1936 年 3 月 20 日「救國談」欄。

文學家」主張「一切文藝都是宣傳」，文藝是政治的「留聲機」。這種主張不僅未因魯迅、胡秋原等人的批評而得到修正，反而在「文藝自由論辯」中被進一步強化，甚至提出文藝「都是煽動和宣傳，有意的無意的都是宣傳。文藝也永遠是，到處是政治的『留聲機』」。〔註73〕「民族主義文藝」的提倡者認爲當前的文藝危機是「缺乏中心的意識」，而突破「危機的唯一方法」，「勢必在形成一個對於文藝底中心意識」。〔註74〕「中心意識」即「民族主義」。左翼理論家信奉的馬克思主義日益成爲思想界的時髦思潮，且獲得了強勢的政治話語權。國民黨爲重建意識形態領域的霸語權，試圖以「民族主義」對抗「階級意識」，以此與中共爭奪意識形態的霸語權。由此看來，無論是左翼文壇還是民族文學派，都將文藝作爲政治的「留聲機」或政治工具，這種主張引發了當時文化界尤其是中間知識分子的批評。以「自由人」自居的胡秋原自「革命文學論爭」以來，就一直批評這種論調。在「文藝自由論辯」中，他不僅繼承了此前的主張，而且系統提出「文藝自由論」。左右開弓，既猛烈抨擊「民族文學派」主張的「中心意識」，又批評左翼文壇力主的「留聲機」說。反對黨派政治侵略文藝，捍衛文藝的獨立性和自主性，提倡文藝多元化發展。

胡秋原認爲民族文學是「法西斯蒂的文學，是特權者文化上的『前鋒』，是最醜陋的警犬，他巡邏思想上的異端，摧殘思想的自由，阻礙文藝之自由的創造」。〔註75〕民族文學的本質是將「普羅」視爲「眞正敵人」，而「自薦爲劊子手」，是「黑衛隊」。胡秋原通過列舉並批判民族文藝派引以自豪的代表作品，揭示「民族文藝的中心意識」，「就是這屠夫文學，殺人喝血的文學，大亞細亞主義文學，歌頌姦淫擄掠的文學，迷戀大廈財貨的文學的自白」；「民族文藝是極低下的功利派，極下流的政治底宣傳，是中國法西斯主義文藝；是土司政治的文化『前鋒』；他們的理論與創作，是『狗』之『屁』，是說謊之墮落與堆積；他們侮辱藝術之高尚，玷辱文藝之尊嚴；他們仇視解放運動和解放思想，用可憐的文字，表現下賤的幻想，宣傳剿滅蘇聯；他們的目的，是希望土司政治穩定與統一，滿足帝國主義的欲望，中國完全殖民地化——

〔註73〕 易嘉（瞿秋白）：《文藝的自由和文學家的不自由》，《現代》第1卷第6期，1932年10月。

〔註74〕 《民族主義文藝運動宣言》，《前鋒月刊》創刊號，1931年10月。

〔註75〕 胡秋原：《阿狗文藝論——民族文藝理論之謬誤》，《文化評論》創刊號，1931年12月。

這實在是反民族的文藝」。〔註76〕他認爲這種黨派文藝「應該使一切眞正愛護文藝的人賤視的」,「隨著中國『內亂』之尖銳,獨裁政治之強化,盲動主義之急進與敗北,所謂普羅文學之盛極而衰,在感覺最敏銳的文藝領域中,開始見法西斯主義之萌芽。爲這萌芽之具體表現者,即所謂『民族文藝運動』」。〔註77〕這裏胡秋原旗幟鮮明地反對黨派勢力侵略文藝。

　　胡秋原對以政治干涉文藝自由,將文藝淪爲政治「留聲機」的主張表示強烈不滿。他指出「文藝雖然不是『至上』,然而決不是『至下』的東西。將藝術墮落到一種政治的留聲機,那是藝術的叛徒」。他又說:「藝術家雖然不是神聖,然而決不是叭兒狗。以不三不四的理論,來強姦文學,是對藝術尊嚴不可恕的冒瀆」。由此可見,他力主文藝是獨立的,自由的,決不是政治的「留聲機」,唯如此才能維護藝術家創作的自由。繼「革命文學論爭」之後,再次對左翼文壇存在的「無產階級文學總是無產階級的留聲機」的主張進行批判。〔註78〕他認爲:一個藝術家「沒有銳利眼光,觀察生動的現實,只有做政治的留聲機的本領」,「只是一個比較低能的藝術家」。馬克思勸拉薩爾「不要將許多個性,變爲時代精神之喇叭」。胡秋原認爲「不要當喇叭,就是說不要當一個純留聲機」;「高爾基等之所以偉大,在他是革命的春燕,不是革命的鸚鵡」;「伊里支(列寧)曾說他不懂馬雅可夫斯基,但更懂普希金」,前者至少比後者「更其是煽動,是革命的留聲機,不幸伊里支的耳朵不靈,還是聽不懂。奈之何哉」!〔註79〕他從左翼信奉的馬克思主義經典作家那裏闡釋其對文藝自由的態度,使論證更具有說服力。

　　對於以政黨勢力要求文藝爲「中心意識服務」,壓制思想和文藝自由。胡秋原認爲:「文化與藝術之發展,全靠各種意識相互競爭,才有萬華撩亂之趣」;「用一種中心意識獨裁文壇,結果,只有奴才奉命執筆而已」。〔註80〕事

〔註76〕　胡秋原:《錢杏邨理論之清算與民族文藝理論之批評──馬克斯主義文藝理論之擁護》,《讀書雜誌》第2卷第1期,1932年1月。

〔註77〕　胡秋原:《阿狗文藝論──民族文藝理論之謬誤》,《文化評論》創刊號,1931年12月。

〔註78〕　余慕陶:《一九三二年文藝論戰之總評》,《讀書雜誌》第3卷第2期,1933年2月。

〔註79〕　胡秋原:《浪費的論爭──對於批判者的若干答辯》,《現代》第2卷第2期,1932年12月。

〔註80〕　胡秋原:《阿狗文藝論──民族文藝理論之謬誤》,《文化評論》創刊號,1931年12月。

實上，在當時左右兩翼對立的政治和文學生態背景下，國共兩黨都要求文藝成為「中心意識」的工具，試圖以各自的意識形態獨霸文壇，不允許思想與文藝的自由，從而排斥所謂「異端思想」。區別在於國民黨的「中心意識」是「民族主義」，共產黨是馬克思主義的「階級意識」。對於有人指責他既否定了民族文藝，又否定了普羅文藝。他宣稱並不「主張只准某種藝術存在而排斥其他藝術，因為我是一個自由人」。對於各種形式的文藝「都不妨讓他存在，但不主張只准某一種文學把持文壇」。〔註81〕他反對的是那種排斥異己、唯我獨尊的專制主義的文藝作風，而這也恰恰是民族文藝和普羅文藝都存在的作風。他主張文藝的多元化，是一種合理性的追求，也是促進文藝相互競爭，百花齊放百家爭鳴的必要條件之一。如他所言：「文藝至死是自由的民主的」，是指「文藝要自由競爭，非強制或獨佔所能產生繁榮之意」。〔註82〕而左翼陣營卻強調政治立場，將作家納入階級、政黨的範疇之內，並對之規定只能在「指導大綱」中「自由創作」。這也是胡秋原的文藝自由觀，自 1930 年代以來很長的時期內遭到了種種非議和批判的思想根源。

3. 對庸俗社會學的認識和批判

胡秋原對「民族文學」和「普羅文學」採取左右開弓式的批評，也蘊含了潛在的意涵：不僅「左翼」，而且「右翼」，在各自文藝運動中都存在庸俗化的文藝思想。由於中國普羅文學受蘇俄左翼文學思潮的影響，蘇俄存在的庸俗化傾向也對左翼文壇產生較大影響。對普羅文學的庸俗社會學批判始於「革命文學論爭」時的魯迅和茅盾，但對其進行深入批判者卻是胡秋原，被學者稱之為「從學理層面深刻剖析庸俗社會學的中國文壇第一人」。〔註83〕

所謂庸俗社會學，是指「出於片面地解釋馬克思主義關於意識形態的階級制約性原理，從而導致文學史過程簡單化和公式化的觀點體系」；文學「不經中介地依賴於經濟關係和作家的階級屬性」，〔註84〕無視時代的政治、思想、心理等因素的影響；「企圖通過文學形象直接揭示一般的政治經濟範疇

〔註81〕 胡秋原：《勿侵略文藝》，《文化評論》第 4 期，1932 年 4 月。
〔註82〕 胡秋原：《浪費的論爭——對於批判者的若干答辯》，《現代》第 2 卷第 2 期，1932 年 12 月。
〔註83〕 周平遠：《20 世紀 30 年代初胡秋原的庸俗社會學批判》，《南昌大學學報》（人社版）2002 年第 1 期。
〔註84〕 〔蘇〕柯靜采夫著，齊久譯：《文藝學中的庸俗社會學》，《文藝理論研究》1982 年第 3 期。

和抽象的『階級心理』」；否認「文藝具有本身的特殊規律，從而使文學成爲社會學的『形象圖解』」；在應用馬克思主義研究文藝現象時，對唯物史觀進行「簡單、機械、教條的理解」，從而「把馬克思主義的唯物史觀庸俗化了」。〔註85〕

胡秋原敏銳的認識到左翼文壇存在的庸俗社會學傾向，指出這是「一個大的危險與流弊——這就是馬克斯主義的誇張，曲解與誤用。這一個現象幾乎在各國都不免發生」。〔註86〕他引用德國馬克思主義學者庫諾（Heinrich Cunow）所說各種意識形態相互作用，特別是「藝術傾向與藝術格式是不能直接以經濟事實直接說明」的觀點，論證左翼理論家以唯物史觀「隨便下淺薄的解釋，臆斷馬克斯主義是主張社會精神文化直接地機械地依屬於經濟原因者，也可以箝口了」；「將社會之經濟構造與藝術之間的這微妙而複雜的關係」，可以「像解決一次方程序似的簡單，將馬克斯主義粗笨的使用，是一個何等的危險」；「唯物史觀固然是一個最正確的結論，但倘若盲目地誤用，也必定達到種種離奇可笑的結論」；「將觀念形態底現象，太簡單地一括於某主要階級者，是對於純正科學社會主義的罪惡，是駁雜的馬克斯主義」。〔註87〕

庸俗社會學將經濟因素視爲決定藝術的直接且是唯一的因素，胡秋原對此進行批駁，並強調指出「將藝術（以及一般意識形態）領域的一切現象，直接以經濟的原因來解釋，是一條走不通的路」；「經濟在許多時候在社會意識之發展上，不是直接而是間接作爲究極原因而作用的」。胡秋原指出普列漢諾夫「屢屢而且堅強地與皮相理論家之將馬克斯主義通俗化抗爭，這些皮相的理論家欲將藝術現象直接以經濟的因子說明，歪曲事實爲這樣單純化見解之犧牲，這無異是隱身於馬克斯主義名義之下，而破壞馬克斯教義之信用」。〔註88〕在批判左翼理論家將馬克思主義唯物史觀簡單化傾向時，他雖沒有直接使用「庸俗社會學」概念，但從其批駁中所用的「庸俗」、「盲目」、「機械」、「淺薄」、「狹隘」、「通俗化」、「曲解誤用」、「駁雜的馬克斯主義」等術語來

〔註85〕 呂智敏主編：《文藝學新概念辭典》，北京：文化藝術出版社，1990 年，第 149、150 頁。

〔註86〕 胡秋原：《唯物史觀藝術論：樸列汗諾夫及其藝術理論之研究‧前記》，上海：神州國光社，1932 年，第 6 頁。

〔註87〕 胡秋原：《唯物史觀藝術論：樸列汗諾夫及其藝術理論之研究》，上海：神州國光社，1932 年，第 60、61、65 頁。

〔註88〕 胡秋原：《唯物史觀藝術論：樸列汗諾夫及其藝術理論之研究》，上海：神州國光社，1932 年，第 65、66、67 頁。

看，其學術理念和精神內涵與「庸俗社會學」是一致的。事實上，在「革命文學論爭」中，胡秋原就對庸俗社會學進行批判。他引用日本馬克思主義文藝理論家藤森成吉的觀點，認爲「藝術與經濟的關係是更間接的」，「藝術與經濟的關係，無論如何嚴密，藝術決不是直接地由經濟生活發生的，這就是藝術的獨立性」。〔註89〕

由於對唯物史觀的深刻認識，他不僅抵制蘇俄和左翼理論家對普列漢諾夫的批判，而且高度讚賞普氏的學術貢獻。他認爲蘇俄的批判「大部分實近於吹毛求疵，與矯枉過正的」，是「羅織或自相矛盾」的「罪狀」；其思維邏輯是普氏「在政治上是孟塞維克，所以他的哲學與藝術論完全錯誤，至少 90％的錯誤」。他不贊同以政治立場否決其學術價值，並認爲以「政治的成敗評眞理，更足矜憐。對文藝持功利的見解是可以的，但勢利之見，竊未敢苟同，蓋徒自忙碌，以自己的頭聽人跑馬，而爲高明所鄙夷耳。這對於我們小氣，庸俗，偏狹，實利的國民是應當特別警戒的」。由此呈現出他獨立的人格、自由的思想、客觀理性的學術理論勇氣。儘管他認爲「政治上——列寧的正統；文藝科學上——樸列汗諾夫」，不無偏頗，但這卻是對將普氏視爲「正統」即是「反革命」的強烈不滿與正面回應。他還提醒中國學界不能「跟風式」學習蘇俄理論，「要有選擇地有批判精神地學習蘇聯，不能一步一步地踏襲」。否則，今日崇拜、肯定，明日批判、否定，「這樣走馬燈似的追逐，結果成了理論的遊戲，要在理論上創作上有什麼偉大的建設，是使人焦慮的」。〔註90〕

值得注意的是，胡秋原引用西方馬克思主義的觀點進行論證。如德國學者美爾丹（Lu Marten）女士試圖「歸納若干簡單的規則和定義」，來「創立馬克思主義藝術研究」，「往往陷入荒唐的錯誤」。意大利馬克思主義理論家拉布略拉（Antonio Labriola）批評美爾丹「主張唯物觀者，是不能將它用某種簡單方式說明敘述事物的」。由此，胡秋原進而批評「革命文學論爭」中風行一時的「古典主義代表貴族階級，浪漫主義代表資產階級的文藝」，要「打倒浪漫主義」之「謬誤」。在胡秋原看來，革命文學家所樂道的美國學者辛克萊「一切藝術是宣傳」的主張，是「犯了將所討論的問題概念化單純化的毛病」。並

〔註89〕 〔日〕藤森成吉：《文藝新論》，轉引自胡秋原：《革命文學問題——對於革命文學的一點商榷》，《北新》第 2 卷第 2 期，1928 年 5 月。

〔註90〕 胡秋原：《唯物史觀藝術論：樸列汗諾夫及其藝術理論之研究・編校後記》，上海：神州國光社，1932 年，第 12、13、16 頁。

引用法國學者伊科維奇（Marc Ickowicz）的觀點，批評辛克萊的理論「是不正確，不能贊同的」。這表明他學術的敏銳性和理論視野的開放性、前瞻性，這種思想和理論來源的多元性遠比一元獨尊的意識形態深刻得多，也更能準確理解馬克思主義的本質。正是基於對文藝的「獨立性」及其美學價值規律的認識和尊重，他堅決反對將文藝淪為政治的「留聲機」、革命的工具和「武器論」的觀點，認為那是藝術的「墮落」與「叛徒」。

由於左翼理論家「跟風式」的學習蘇俄批判普列漢諾夫，否定其理論價值，對其闡釋文藝與經濟政治關係的「中介論」思想未能理解，而胡秋原深刻領悟到普氏這一頗具原創性的馬克思主義文藝理論的精髓。普氏的「中介論」，即「五項公式」中，〔註91〕「經濟因素對意識形態的影響是間接的而且是媒介的事實」。胡秋原不但以圖表的方式對其進行分析，而且也與日本學者平林初之輔的同類圖表，作比較分析。〔註92〕根據他的詮釋，可以發現在五項公式中，對藝術產生直接作用的是「社會人心理」。他強調並傳播「中介論」思想的價值，指出「樸列汗諾夫的大功，就是指出觀念形態與經濟之間僅有間接的關係，嚴戒以經濟直接說明藝術現象的淺薄，他的意見不啻是一切馬克斯主義俗化的預防。他靈活地使用辯證法唯物論於上層構造中最複雜細緻的藝術問題，毫沒有除雜笨滯之跡」。〔註93〕不僅如此，他還追溯到馬克思、恩格斯的見解：「馬克思與恩格斯常常說經濟因素不過是占支配地位的東西，其他諸因素亦不斷地發生作用且作用於經濟底基礎」；「經濟底因素，僅在最後是決定的因素，而且其作用常是間接的，藉其他因子之媒介而表現的。我們若以經濟為歷史唯一因素，無非是將唯物史觀的歪曲，將其轉變為明白的荒唐無稽。這真是非常可笑而又可悲的事情。人們濫用唯物史觀，欲將一切藉經濟說明，也決不是馬克斯真正的功臣」。

尤其值得注意的是，胡秋原不僅關注到公開發表不久的恩格斯晚年有關

〔註91〕 「中介論」即「五項公式」是指：1.生產力的狀況，2.被生產力所制約的經濟關係，3.在一定經濟「基礎」上生長起來的社會政治制度，4.社會中的人的心理，5.反映這種心理特性的各種思想體系。參見〔俄〕普列漢諾夫著，張仲實譯：《馬克思主義的基本問題》，北京：人民出版社，1957年，第57頁。

〔註92〕 胡秋原將普列漢諾夫與平林初之輔的圖表進行比較，參見胡秋原：《唯物史觀藝術論：樸列汗諾夫及其藝術理論之研究》，上海：神州國光社，1932年，第606～607頁。

〔註93〕 胡秋原：《唯物史觀藝術論：樸列汗諾夫及其藝術理論之研究‧前記》，上海：神州國光社，1932年，第6頁。

唯物史觀的通信，而且也將其思想予以傳播。「史的唯物論第二祭司」恩格斯說：「倘有人謂經濟底要素是唯一決定的要素，將那命題歪曲到這樣的時候，他即是將這命題變爲無意義的，抽象的，輕率無根的文句了」。胡秋原受其啓發，在詮釋藝術與經濟的關係時，始終堅持不能僅僅以經濟因素直接說明，而是「以存在於中間的一群因素爲前提」。他因而提醒「研究文學藝術的時候，尤其要牢記」馬恩的告誡：「不僅要注意技術及經濟底因素，還須注意其他因素，這就是馬克斯最貴重而正確有益的教訓」。胡秋原對馬克思、恩格斯、普列漢諾夫理論的探索和深刻詮釋，在 1930 年代的中國思想文化界，不啻爲空穀足音。正是這種追根溯源的理論研究，成爲他批判庸俗社會學的思想武器。由此，他批判在中國影響頗大的布哈林的藝術觀。指出其著作「雖不乏豐富精彩之論，然而也到處是破碎謬誤之言，其論社會上層構造與藝術之處，到處表現機械論的雜湊」。〔註 94〕胡秋原的馬克思主義理論水准由此可見一斑，他正是憑藉著自認爲佔據理論制高點，並以捍衛眞正馬克思主義的旗號，駁斥左翼理論家對馬克思主義的誤讀和歪曲，呼籲重估馬克思主義的價值。然而，因批判胡秋原進而否定普列漢諾夫的理論價值，甚至誤將本是馬克思主義的觀點一起批判，就顯得淺薄幼稚了。

胡秋原不僅糾正了左翼理論家對普列漢諾夫理論價值的錯誤批判，而且對左翼文壇對佛理采的《藝術社會學》的錯誤認識予以批判。佛理采及其著作在蘇俄曾獲得極高評價，「他是唯一的先驅」，「在馬克斯主義藝術理論中，佛理采要占最高貴的地位，不僅在蘇俄如此，即在全世界亦然」。佛理采的《藝術社會學》「是含蘊異常興味與深刻哲學的稀有之名著」，該書「將以豐富的學識，深刻的解剖和光輝的敘述，放歐洲學界之一異彩」。〔註 95〕這種讚譽影響到左翼文壇，馮雪峰率先譯介該書，認爲佛理采是「馬克思主義『科學的美學』之創始者蒲列汗諾夫」的繼承者和「深掘發展」者，是「世界上第一個馬克思主義的藝術學者」。〔註 96〕

〔註 94〕 胡秋原：《唯物史觀藝術論：樸列汗諾夫及其藝術理論之研究》，上海：神州國光社，1932 年，第 59、60、74 頁。

〔註 95〕 〔俄〕佛理采著，胡秋原譯：《藝術社會學·藝術學者對於本書禮贊之詞數則》，上海：神州國光社，1931 年，第 89 頁。

〔註 96〕 〔俄〕弗理契（佛理采）著；雪峰譯：《藝術社會學底任務及問題·譯者序志》，上海：大江書鋪，1930 年。

　　《藝術社會學》已有中譯本，〔註97〕爲駁斥左翼陣營對該書的誤解，胡秋原再次翻譯了該書。雖然他認爲佛理采是普列漢諾夫的「傳人」，其著作「放異彩於今日，垂良範於後世」，但也指出其理論的諸多弊端。他認爲佛理采的《藝術社會學》不足有三：

　　第一、研究「對象和範圍有限」，「只是造型藝術，尤其是造型藝術中的繪畫雕刻和建築，工藝美術亦觸到很少；而其歷史範圍除埃及外僅限於歐洲，東方的印度中國日本都沒有談到，這誠然不能不說是一個重大的缺陷」。胡秋原指出範圍「有嫌狹隘」，儘管「設立若干重要的社會學原則」，但「尚不無許多疑問，許多地方尚待發揮訂正」；「其缺陷及待商榷之處，實在很多」；「著者獨特的發明和創見，何其少也」。〔註98〕第二、方法論上的缺陷，是沒有對歷史和地理環境的影響給予相當的注意。「辯證法固然是我們研究科學，尤其是社會科學最重要最正確的方法，然而這並不是說只要知道辯證法就能知道說明一切，一有辯證法則科學上一切法則可廢，只有辯證法就是可以研究任何學問的唯一而百通的法門……歷史底比較法──對於辯證法底方法是必要而不可缺的補助方法」。〔註99〕他進而指出「佛理采方法論中常傾於圖式主義之處，也正是他疏忽而滑開其先驅者方法論之處的」。〔註100〕第三、「佛理采的說明及所設立的法則，往往不免有多少『圖式化』（Systematize）的毛病」，並強調指出這一點是「非常重要的」，「藝術現象過於複雜，難以一個太簡單原則律之」。胡秋原認爲「圖式主義」源於「誤用辯證法唯物論」。佛氏將「純藝術」「爲藝術而藝術」視爲「資產階級的口號，也不免是圖式化的斷定」；「將問題看成棍棒的功利派和革命文學派，果眞以爲人生派是戰勝了藝術派，以爲凡謂爲藝術而藝術者，是唯心論，是胡說，是『反革命』。殊不知眞爲了藝術也就是爲了人生，這兩種主張，不獨不相衝突，原是一個東西」。〔註101〕

〔註97〕除馮雪峰譯本外，還有劉吶鷗翻譯的《藝術社會學》，1930年10月由上海水沫書店出版。

〔註98〕〔俄〕佛理采著，胡秋原譯：《藝術社會學‧譯者序言》，上海：神州國光社，1931年，第41、12、7、8、14頁。

〔註99〕〔俄〕佛理采著，胡秋原譯：《藝術社會學‧譯者序言》，上海：神州國光社，1931年，第42、43、39頁。

〔註100〕胡秋原：《黑格爾的藝術哲學》，《讀書雜誌》第1卷第9期，1931年12月。

〔註101〕〔俄〕佛理采著，胡秋原譯：《藝術社會學‧譯者序言》，上海：神州國光社，1931年，第44、46、48、49頁。

在當時左翼文壇推崇佛理采的藝術理論時，胡秋原能夠認識到其「圖式主義」、「圖式化」的缺陷，確實難得可貴。

20 世紀二三十年代，由於過分強調馬克思主義的階級鬥爭學說和無產階級專政理論，包含馬克思主義重要美學思想的《1844 年經濟學哲學手稿》和《德意志意識形態》等著作，1932 年才公佈於世。因此，將馬克思主義教條化、庸俗化的傾向是左翼文學思潮的通病。胡秋原對佛理采的詰難和批判中，也難免有簡單化之處，但他畢竟指出了佛氏理論的缺陷和偏頗，「作者所定之法則遂不免有許多可疑問之餘地，尚須加以發展和改正」，「尤其是要將那些法則應用到東方藝術和中國藝術上，將更看出許多可疑和不全之處」。其原因在於「著者對於直接影響藝術的社會心理狀態及心理之辯證法底發展和其他文化形態——政治哲學宗教等等（而社會階級和經濟組織還不過是間接而又間接的）對於藝術決定其主導方向給以濃厚色彩的要素作用於藝術之上的法則，都沒有普遍地深入，甚至沒有留意，並且對於各種藝術相互間的影響也沒有加以解剖」。〔註 102〕

在藝術與階級的關係上，胡秋原認為「在階級社會，藝術是通過心理的因子來反映社會的」；「在許多比較的『純藝術』上，階級的影子不能不說非常稀薄，而此際藝術與社會關係因介有其他中間物，關係是至為錯綜複雜。不僅社會不是直接影響藝術，而有時藝術反轉來影響社會」。他又指出「藝術只是思想感情思想的表現，社會之間接反映」；「一社會一階級發展的因，並不一定得藝術發展的果」；「藝術社會學之中心任務，並不一定是說明藝術上的階級鬥爭，雖然對於研究意識形態的歷史不可忽略階級鬥爭的影響；解剖藝術上之階級鬥爭與階級同化者，大部分是文學史的任務，而且一部藝術史並非完全是一部階級鬥爭史的反映」；「藝術社會學在說明藝術與社會間的一切關係的法則，就中階級鬥爭現象的法則是其重要之一，然而這不能說是唯一的問題」。針對蘇俄學界批評《藝術社會學》「僅注意社會經濟方面，而忽略了藝術本身運動和發展」規律，胡秋原表示這是兩個不同領域的問題，「好像地球一面自傳一面繞日公轉一樣」；藝術有其「自身的規律」、「法則」，也有與社會「聯繫之法則」。換言之，即是「自律」與「他律」的關係，二者不能混淆在一起。他指出該書是「以究明社會與藝術之聯繫之法則為任務」，「他

〔註 102〕〔俄〕佛理采著，胡秋原譯：《藝術社會學·譯者序言》，上海：神州國光社，1931 年，第 50 頁。

律」的研究，是其「特性」而非「缺陷」，不能以此非難此書。〔註103〕胡秋原
對佛理采及其著作的評價是客觀的，理性的，這種見解也是深刻的。「自轉」
與「公轉」的比喻，也給後人以啓示。有學者對此進行發揮：和地球一樣，
文藝也有其自身的「公轉律和自轉律」，文藝發展「不能不受社會的支配，這
中間是有一種文藝跟社會間的公轉律存在；同時，文藝本身也有文藝自己的
一種發展規則，這就是文藝自轉律」。〔註104〕從某種程度上，這種論說或許是
受胡秋原的影響。

　　以文化批判爲己任的胡秋原，研究馬克思主義理論，批判佛理采庸俗社
會學的目的，是駁斥革命文學家對馬克思主義的誤讀，以追根溯源的探索精
神重估馬克思主義的價值。他指出「在藝術理論領域上，中國不僅貧弱，而
且畸形」；「新興藝術理論，雖然一時風起雲湧，塞滿街頭」，但其理論「不通」，
「於是無論托洛茨基樸列漢諾夫，無論梅林和盧那卡爾斯基，一穿華服，便
成諧畫」；「尤其叫人難耐的，那本書在本國或在他國早已被人罵得狗血淋頭，
或者那書在本國的價值已成過去的東西，而我國學者仍尊之爲神聖，視之爲
奇貨而高談闊論起來」。佛理采根據普列漢諾夫的意見，認爲「在將來社會主
義的社會，沒有功利藝術之必要，人類將創造健全的強有力的『純理論』『爲
藝術之藝術』」；然而，「他仍以純藝術之宣傳是資本主義社會之特色」。中國
「普羅文學家也贊成這個原則，要『爲民族』而藝術的先生們也必須首先擁
護這個原理」。由此看來，「各階級，各種意識形態的代表者正各以其立場各
以自己本身的動機贊成或反對純藝術之理論。〔註105〕這裏，胡秋原實際上指
出左右兩翼各自以其政治立場和階級意識，反對「純藝術之理論」，並將文藝
墮落爲政治的「留聲機」。

　　總之，由於胡秋原憑藉其理論來源的多元化，對馬克思主義理論追根溯
源的探索，對普列漢諾夫文藝理論，尤其是「中介論」思想的闡釋，成爲他
批判佛理采庸俗社會學傾向，即對「圖式化」弊端針砭的思想和理論基礎，
這也正是他批判左翼理論家的理論基礎。然而，理論來源的多元性，也使他

〔註103〕　〔俄〕佛理采著，胡秋原譯：《藝術社會學·譯者序言》，上海：神州國光社，
　　　　　　1931年，第20、25、39、10~12頁。
〔註104〕　楊晦：《論文藝運動與社會運動》，楊晦著，董文學編選：《楊晦文選》，北京：
　　　　　　北京大學出版社，2010年，第123頁。
〔註105〕　〔俄〕佛理采著，胡秋原譯：《藝術社會學·譯者序言》，上海：神州國光社，
　　　　　　1931年，第68、69、8、9、49、50頁。

建構的自身理論體系繁雜，在論辯中的觀點呈現出諸多矛盾之處。他表示「無限同情」無產階級文學運動，〔註 106〕卻又對無產階級文化是否存在抱有「最大的疑問」。將托洛茨基無產階級文化「取消論」視爲「精粹之論」。受其影響，他認爲「無產者文化現在沒有將來也沒有，這並不是可哀的，因爲現在是過渡期，我們要永遠消滅階級，開拓『人類文化』之進路」；〔註 107〕甚至認爲列寧也認同此觀點，可見其理論的混亂。

論辯中，胡秋原的理論依據是馬克思主義，認同文藝階級性，且認爲其與文藝自由論可以並存。然而，在馬克思主義文藝階級論話語的思維邏輯上，爲文藝自由辯護顯得蒼白無力。他反對政治勢力把持文壇，但反對的是反動勢力，並不反對進步勢力把持文壇。對此有學者評價說：「他的這種『道義選擇』否定的正是他所主張的文藝自由，最後導致的還是一家獨尊的文藝專制局面」。他爲革命的最高利益犧牲文藝自由論，「便沿著階級論和工具論的邏輯走到了自己立論之反面」。〔註 108〕也有學者認爲胡秋原的文藝觀「造成自身主張的文藝自由與其先進階級主張的內在衝突，這種內在矛盾即是其政治觀和文藝觀的衝突」。其「理論窘境不是馬克思主義文藝觀和自由主義文藝觀的區別，而是革命的優先性和文學本身的獨立性之間的矛盾」。〔註 109〕筆者以爲這種矛盾也表明他並非徹底的自由主義者，也非左翼那種馬列主義者，而恰恰是他「自由主義的馬克思主義」思想在文藝觀的表現。到 1935 年後，當他發現無法調合這兩種「主義」時，最終轉向「新自由主義」和他所構建的「文化史觀」。但瑕不掩瑜，他提倡文藝自由，尊重文藝自身的審美價值，是對文藝現代性的追求。力圖超越黨派的立場，在學術討論的範圍中，在馬克思主義中獲得文藝自由論的真理，糾正左翼文壇對馬克思主義的誤解，這是他在論辯中表現出來的一種姿態和根本原則。

在國共兩黨政治和文化鬥爭中，「自由人」的立場意味著必然保持思想獨立自由，因爲「自由是思想之父」。胡秋原獨立自主的知識分子立場，以理性

〔註 106〕 胡秋原：《浪費的論爭——對於批判者的若干答辯》，《現代》第 2 卷第 2 期，1932 年 12 月。

〔註 107〕 胡秋原：《日本無產文學之過去與現在》，《語絲》第 5 卷第 34 期，1929 年 11 月。

〔註 108〕 余虹：《革命與文學——30 年代文藝自由論辯的限度》，《文學評論叢刊》第 3 卷第 2 期，南京：江蘇文藝出版社，2000 年，第 8 頁。

〔註 109〕 胡梅仙：《文學的方向與傾向——左聯時期魯迅與「自由人」「第三種人」的論爭》，《文史哲》2010 年第 1 期。

客觀，不受任何權威支配作為其精神特質，主張超然於政治黨派之上。單純
的「留聲機」之說，在邏輯上則是消解了知識分子自身的獨立自主性，這是
他反對政治侵略文藝的根本原因。胡秋原對文藝審美價值的尊重，其闡釋文
藝與政治和階級的關係更具學理性，社會心理「中介論」準確地反映了文藝
作為特殊意識形態的本質。在普遍政治化和過分強調階級意識的文藝運動
中，其文藝本體論不可能得到理性的回應。胡秋原批判式的接受和應用馬克
思主義理論，保持了獨立思想和懷疑精神，將其學術思想放在大歷史中進行
考察，可以看出其理論的前瞻性、合理性和超越性。

　　左翼理論家把「黨性」原則與文藝自身的審美價值混為一談，把文藝的
政治功能視為唯一價值，過分強調文藝的政治煽動性，堅持文藝階級論，否
定文藝自身審美價值的特殊性，否定藝術的獨立價值，在學理上缺乏對文藝
自身發展規律的尊重，把文藝與政治簡單對接，忽視文藝與政治的複雜性，
呈現出在強大政治目的意識支配下的思維局限。可以說這是後來文藝政策的
淵源，「無產階級的文學藝術是無產階級整個革命事業的一部分」，「是整個革
命機器中的『齒輪和螺絲釘』」；「以政治標準放在第一位，以藝術標準放在第
二位」。〔註110〕「第二」不是獨立自主的，而是依附於政治的，這便是長期影
響文藝自由發展的思想根源。

　　持中間立場的《現代》主編施蟄存晚年的一段話為我們揭示了「文藝自
由論」的歷史困境。他說：「我們自己覺得我們是左派，但是左翼作家不承認
我們」；「我們標舉的是，政治上左翼，文藝上自由主義」。〔註111〕朱光潛也說：
「我在文藝的領域維護自由主義」。〔註112〕由此可見，「政治上左翼，文化上
自由主義」，是當時中間知識分子的共識，也是文化自由主義的特色。誠如有
學者評價說「自由傾向的作家在救亡圖存的時代，既選擇了政治上的左翼傾
向，也不想放棄文藝上的那一點自由，這也是自由主義在中國本土化，形成
以文化自由主義的傳播為主的特點」。〔註113〕胡秋原的文藝觀「是在沒有政治

〔註110〕毛澤東：《在延安文藝座談會上的講話》（1942年5月），《毛澤東選集》第3
　　　　卷，北京：人民出版社，1991年，第865、866、869頁。
〔註111〕施蟄存：《為中國文壇擦亮「現代」的火花——答新加坡作家劉慧娟問》，施
　　　　蟄存：《沙上的腳跡》，瀋陽：遼寧教育出版社，1995年，第181頁。
〔註112〕朱光潛：《自由主義與文藝》，《朱光潛全集》第9卷，合肥：安徽教育出版社，
　　　　1993年，第480頁。
〔註113〕胡梅仙：《文學的方向與傾向——左聯時期魯迅與「自由人」「第三種人」的
　　　　論爭》，《文史哲》2010年第1期。

自由的社會環境中以文學自由作爲精神棲息地的一批知識分子的文化心態的反映，這種文化心態一方面迴避、恐懼和厭倦殘酷的現實政治鬥爭，但也不甘心在社會現實面前閉上眼睛」。懷有「五四」以來的文化批判夢想的胡秋原，「期望在文化領域擔當知識分子的社會責任，但在需要革命而又產生革命的時代，文學自由與時代政治之間是存在矛盾的」。〔註114〕他主張文藝的「萬花繚亂之趣」，對文藝與政治、經濟、階級、黨性等多方面複雜關係的深刻認識和論述，對左翼理論家非此即彼的思維邏輯、唯我獨尊的宗派習氣的批判是客觀的、中肯的，促使了左翼理論家的反省，爲文壇的多元化發展起到了積極作用，雖未到達他所期待的「萬華繚亂」，但也不至於走向「萬馬齊喑」。這也給我們帶來啓示，多一些包容，允許多種聲音共存。

　　在中國知識分子對馬克思主義文藝批評理論還普遍缺乏瞭解，在馬克思的文藝論還未被公佈於眾之際，胡秋原對馬克思主義文藝理論的探索，在思想方向上無疑是正確的。他以堅毅的探索精神，對普列漢諾夫文藝思想的研究，對馬克思主義追根溯源的探索，都是以唯物史觀爲哲學基礎，發掘馬克思主義的美學思想。在思想方法上，將馬克思主義的庸俗化、教條化和機械唯物論傾向作爲批駁的重要任務，以期建立眞正的馬克思主義文藝批評理論，重估馬克思主義的價值。受其影響和啓發，胡秋原的思想得到昇華，對左翼文學有了更深入的認識，並從馬克思主義理論源頭上對其進行批判。突破了左翼理論家的公式、概念化的困境，胡秋原文藝觀的思想價值，在理論上揭示了左翼文壇唯我獨尊、排斥異己的錯誤態度，以及對馬克思主義的誤讀和歪曲。胡秋原對如何繼承文化遺產、如何讓各種文藝思潮相互競爭，反對政黨以其自身的「意識形態」獨霸文壇，對左右兩翼在文藝理論上的偏頗都進行尖銳的批駁，體現了他獨特的「自由人」立場。從這些艱辛的努力中呈現出來的，難道不是一位在探索中追求馬克思主義文藝批評眞理的先驅者形象嗎？

二、話語夾縫中的思與辯：「自由人」與「左聯」的「戰爭與和平」

　　1931 年 6 月，胡秋原從日本歸國探親。7 月始，長江流域發生了空前的大水災。國民黨內爭不斷，中共也在此時出現了盲動主義。在軍事和文化兩

〔註114〕張景蘭：《「藝術正確」與歷史困境——論「文藝自由論辯」中胡秋原與左聯理論家的分歧》，《江海學刊》2010 年第 5 期。

條戰線上，國共兩黨開展「圍剿」與「反圍剿」的鬥爭。混亂的政治局面，使得本已哀鴻遍野、民不聊生的社會狀況雪上加霜。胡秋原目睹無辜蒼生在水災和內戰中的悲慘生活遭遇之後，惻隱之心和人道主義理念油然而生。「九·一八」事變爆發當天，胡秋原到達上海買好赴日的船票，本打算完成學業後再報效國家。然而，就在當晚，日本關東軍悍然製造「九·一八」事變，旨在發動全面侵華戰爭。第二天消息傳來，胡秋原和國人一樣極為震驚。兒時其父宣傳日本侵華的「二十一條」要求的畫面歷歷在目，在五四潮流中成長起來的胡秋原，參與過抗日宣傳，曾寫過一本《日本侵略下之滿蒙》。由此可見，從兒時起，胡秋原的心中就懷有強烈的民族主義情緒。在日本發動侵華戰爭之際，又怎能為了一紙文憑而去敵國讀書呢？據他自述：「我能為了一點官費，一張文憑，又到仇敵之國去嗎？」〔註115〕經思索後，他決定將船票退掉，放棄學業，留在上海筆耕為生，以文報國。在他看來，官費和文憑與民眾的苦難和國家前途相比，都顯得微不足道、相形見絀。從此時起，他結束了學生生活，進入社會，一生的筆墨生涯由此開始，並將他個人命運與國家前途緊緊相連，這一點或許是他未曾料到的。正如胡秋原所言：「如無九一八，我此後生活一定有所不同」。〔註116〕也有論者評價說：「影響胡先生一生生活與思想最大的」，首先就是「日本九一八侵略」。〔註117〕此言不虛，可以說正是這次事變改變他的人生軌跡。

經歷大革命的胡秋原對政治相當冷淡，但在「九·一八」事變的刺激下，不得不為中國政治前途而思索。開始研究中國歷史和國際政治問題，進而從中國和世界形勢中探索中國出路。據他自述：因「九·一八」事變「再度捲入政治中。如是我丟棄官費，留任上海鼓吹抗日，並開始研究國際問題。」〔註118〕由於在日本兩年多的見聞，對日本的侵略野心自然有相當深入的瞭解，由此力主抗日。不久在《讀書雜誌》上先後發表《資本主義之「第三期」與日本暴行之必然性》、《中國外交政策考》、《東北事變為中心的國際情勢之變

〔註115〕胡秋原：《在唐三藏與浮士德之間》，胡秋原：《〈在唐三藏與浮士德之間〉及其他》，臺北：胡秋原自刊本，1962年，第6頁。

〔註116〕胡秋原：《關於一九三二年文藝自由論辯》，《中華雜誌》1969年1月號。

〔註117〕《中華雜誌》編輯部：《胡秋原先生之學問思想及其意義》，《中華雜誌》編輯部編著：《胡秋原先生之生平與著作》，臺北：學術出版社，1980年，第327頁。

〔註118〕胡秋原：《我的生活》，胡秋原：《世紀中文錄》，臺北：今日大陸社，1955年，第782頁。

化》。從國際背景深入分析日本侵華的原因，對中國古代面對外敵入侵時所進行的外交政策進行考察，並批評學界單純「反俄論」與「日美妥協論」兩種論調，目的是認清日本侵華的國內外背景，呼籲當局放棄對日不抵抗主義政策，堅決主張抗日。胡秋原此時通過深入研究中國歷史，試圖尋求一條具有學術依據、合乎歷史邏輯的中國出路。但就現實而言，當務之急無疑是保持民族獨立，知識分子務必要有獨立的人格，超越左右，不受黨派限制的立場，立身於道統。

當時的上海文壇，「左聯」與民族主義文學日益成爲「非楊即墨」的趨勢，壁壘森嚴。在國共兩黨夾縫下求生存的自由知識分子幾無立足之地。胡秋原不贊成「非左即右」的風氣，認爲知識分子要超越意識形態，打破兩大政治陣營的壁壘，不囿於黨派之見，將價值理念建立在民族國家之上，以此作爲取捨的標準。爲實現這種思想理念，胡秋原另闢蹊徑，決定獨立主辦《文化評論》，其宗旨是政治上主抗日，思想上主自由。這是他一生中自辦刊物之始。1930 年代初，在高揚黨派思潮和政治話語霸權夾縫下，他未曾料到正是這份雜誌，使他陷入左右兩翼的夾攻之下。引發了他與「左聯」的「戰爭與和平」，成爲「文藝自由論辯」的主角，以「自由人」著稱，在中國近現代思想文化史和文學史上留下濃重的一筆。

1.「文化」究竟由誰來「運動」？——胡秋原「五四」理念溯源

1931 年 12 月 25 日，「社會‧文化‧思想‧教育批評旬刊」——《文化評論》創刊號，由上海神州國光社出版。意大利自由主義哲學家克羅齊（Bendetto Croce）曾主編過《文學、歷史、哲學評論》雜誌，胡秋原使用《文化評論》這個名稱多少受克氏影響。在他看來，歷史即文化史，哲學是文化批評。他這裏所說的文化，是指包括了政治、文藝、科學、哲學、經濟、法律，以及一切人類精神的創造物，即廣義的文化。他還認爲人心的革命，思想的改革，是一切實際的政治經濟改革的大前提，他畢生都堅持這種認識。儘管該雜誌存在時間很短，但卻成爲中國思想文化史上影響深遠的「文藝自由論辯」的發源地，《眞理之檄》和《阿狗文藝論》成爲論爭的導火索。前者雖冠以「文化評論社」的名義，實則是胡秋原所撰寫。

在《文化評論》發刊詞《眞理之檄》中，胡秋原指出：「在一般的醜惡與墮落的時代，文化思想之領域，同樣表現異樣的黑暗與腥羶。現在是夜與晝交替的時代，然而黑夜還吞噬大地……寄託於舊的廢墟上的一切新舊偶像，

在落後的文化思想界，得以發揮其勢力，殘害麻醉青年與群眾之神經」。雖然五四運動在中國近代思想文化史上具有劃時代的意義，但他認為「五四運動之使命，反封建文化的使命，並沒有完成。隨著中國革命的失敗，封建思想之僵屍正在各方面復活，於是中國的思想界，幾停滯於中世時代」。因此，「現在正是需要我們來徹底重新估定一切價值的時代」。胡秋原認為今後的文化運動，「就是要繼續完成五四之遺業，以新的科學的方法，徹底清算，再批判封建意識形態之殘骸與變種」；「分析批評各種帝國主義時代的意識形態」；「更必須徹底批判思想界之武裝與法西斯蒂的傾向」，因為這些「思想上的十字軍」是「文化自由發展的死敵」。為消除文化界的混沌和烏煙瘴氣，他強調指出：「思想批評是我們智識分子當前的天職」，文化批評是「社會變革之前提」。「我們是真理之守護者，我們要以古印度學者的嚴峻精神，以真實的科學方法，為真理之光復，鐵也似地抨擊一切非真理的思想」。進而又說：「我們是自由的智識階級，完全站在客觀的立場，說明一切批評一切；我們沒有一定的黨見，如果有，那便是愛護真理的信心」；「現在是一個偉大的轉折期」，因此他呼籲「一切進步的智識分子正不應該放棄了這嚴重關頭的責任啊！」〔註119〕

胡秋原站在知識分子的「中立」立場上，認為「五四」並沒有完成啟蒙的歷史使命，將「繼續完成五四之遺業」作為今後文化運動的任務，因而對知識界發出「徹底重新估定一切價值」的呼籲。不僅呈現出他對五四啟蒙思想和文化批判精神的強烈認同，而且也隱含著對極端反傳統文化做法的強烈不滿，這種呼籲很容易在那些受五四時代思潮影響的許多知識分子中引起共鳴。他的這種思想理念，與當時「左聯」理論家對五四的認識發生衝突，引發了雙方對「五四」思想和價值理念的論爭。

自1928年普羅文學論戰以來，中國左翼文學運動深受蘇俄和日本無產階級左翼激進思潮的影響，把階級性視為衡量文學價值的唯一標準，反映在思想文化領域也必然會出現過激的鬥爭色彩。在無產階級專政學說和階級鬥爭理論指導下，「左聯」以「奴隸總管」的革命話語對各種非無產階級進行階級分析，作苛刻的政治道德判決。「左聯」高舉批判資本主義的大旗，必然否定五四的啟蒙價值。在他們看來，五四新文化運動是代表資產階級的啟蒙運動，是「資本與封建之爭」，「賽德二先生，是資本主義意識的代表」；〔註120〕「五

〔註119〕文化評論社（胡秋原）：《真理之擁》，《文化評論》創刊號，1931年12月。
〔註120〕李初梨：《怎樣地建設革命文學》，《文化批判》第2號，1928年2月。

四」僅是一個「對舊思想的否定不完全，而對新思想的介紹更不負責任的淺薄的啓蒙」，這種啓蒙在今日應該「壽終正寢」了；〔註121〕「我們要用馬克思主義來批判一切非馬克思主義的思想，要把廣大的勞苦群眾從一切反動的思想解放出來」。〔註122〕用無產階級啓蒙運動取代五四時期資產階級啓蒙運動，即要發動「無產階級的五四運動」。這表明，在「左聯」理論家看來，五四新文化運動的啓蒙思想價值與無產階級文化是對立的，理應受到批判。這種傾向使「左聯」理論家認爲胡秋原「繼續完成五四之遺業」的主張，是繼承失敗了的資產階級文化運動。他們認爲進入 20 世紀 30 年代，知識分子應該讓位於革命民眾，即大眾化理應成爲正在興起的新無產階級的革命文化運動的啓蒙主體。無產階級要承擔起新的文化革命的歷史任務，而不是「幻想完全依賴歐化的知識青年去做一種自由主義的『教訓』民眾的文化運動」。〔註123〕

對胡秋原「繼續完成五四未竟之業」的主張，最先回應的是譚四海。他認爲「中國階級鬥爭緊張到了爭取政權的階段，『一切』已在無情的鬥爭中，付與『價值』。胡秋原等人「不在尖銳的戰線上，擇定一條，實行奮鬥，卻去『徹底重新固定一切價值』，這是放棄現實任務，關門埋首窗下的書生方法」。〔註124〕隨後「左聯」外圍刊物《文藝新聞》發表了以「文藝新聞社」署名的《請脫棄「五四」的衣衫》一文，實際上是「左聯」對胡秋原主張的質疑，並要求他「脫棄『五四』的衣衫」。該文首先提出疑問：「果眞五四運動的精神是有他被『恢復』的根據嗎？果眞他還有未竟的『遺業』在等待 1932 年代的努力者來『繼續』嗎？」儘管他們承認五四時代「民主」、「科學」思想和反封建歷史任務的進步意義，但同時認爲五四新文化運動代表著「中國新興資產階級之文化的擡頭，這是毫無可諱的史實」。並強調指出，「我們的步武，卻斷斷乎不是『五四』的！」在經過了「五卅」、「一九二五──二七大革命的失敗」、以及「1931 年的九一八」，「我們絕不能依此肯定五四還有未竟之『遺業』，而要恢復當時的『精神』甚至於『繼續』。」中國的文化運動應隨著歷史的發展，革命的需要，逼迫知識階級、學生和民眾早早「脫棄那曾光輝絢爛於一時的『五

〔註121〕成仿吾：《從革命文學到文學革命》，《創造月刊》第 1 卷第 9 期，1928 年 2月。

〔註122〕彭康：《新文化運動與人權運動》，《新思潮》第 4 期，1932 年 2 月。

〔註123〕宋陽（瞿秋白）：《大眾文藝的問題》，《文學月報》創刊號，1932 年 6 月。

〔註124〕譚四海：《「文藝知識階級」的「文化」理論》，《中國與世界》第 7 期，1932年 1 月。

四』的衣衫！」現在要求民眾「需要——應當——集合在反帝國主義的戰旗之下從事於反帝的文化鬥爭」，進而指出當前的文化運動，「不是學者們的，不是智識者群或僅是學生大眾的」，而「是大眾的——是爲大眾之解放而鬥爭的」，最後發出他們的吶喊：「把火力集中起來！」〔註125〕

顯而易見，「左聯」理論家把具有啓蒙思想價值的五四新文化運動，視爲已經落伍的資產階級的文化運動，並將其與無產階級的文化運動對立起來，加以批判。在究竟是由知識分子，還是由革命民眾擔負起領導新的文化運動的重任上，胡秋原和「左聯」理論家是存在根本分歧的，這便是雙方爭論的根源。

針對左翼要求胡秋原脫棄「五四」衣衫的批評，他在答覆中首先感謝「文藝新聞記者平心靜氣作這樣很友意的批評」的態度，並指出他們「對於 Maxism Leninism（馬克思主義、列寧主義）文化觀念認識之不足」。接著聲明，「我們並沒有穿上，也沒有要穿上五四衣衫，穿上五四衣衫的，自有胡適及其之流」。這就表明胡秋原並不認同以胡適爲代表所主張的西化運動，而是與之保持距離，這也成爲他此後多年一直批判並試圖超越西化主義思想的淵源。胡秋原指出：「我們已有用新的武器的可能與必要，我們已無須什麼『賽』先生與『德』先生之類了」。「新的武器」是指他當時所認同的「現代唯一的眞實科學方法」——「歷史底辯證法底唯物論」。他通過列舉很多事實證實封建文化在當時社會上仍有相當大的勢力，進一步論證「五四還有未竟之遺業去繼續——即反封建文化之殘餘與變種」。胡秋原並不是想要單純「恢復」五四之精神，只是「五四運動沒有發展到一個普遍而深刻的民主革命，其不能完成其使命而終」；「只給封建文化以皮相的打擊」，破壞多於建設，「並沒有因此形成一個國民文化」運動。從根本上說，「沒有五四，就沒有五卅，也就沒有今後文化運動（如『普羅文化』）；歷史根本就是一個過程，一個繼續」；「繼續五四運動，也絕不是污辱革命文化的尊嚴」。他承認自己所謂「遺業」、「繼續」，不過是強調文化運動歷史過程連續性的 Figure of Speech（修辭性說法）。〔註126〕

〔註125〕文藝新聞社：《請脫棄「五四」衣衫》，《文藝新聞》第45號，1932年1月28日。

〔註126〕胡秋原：《文化運動問題——關於「五四」答文藝新聞記者》，《文化評論》第4期，1932年4月。陳高傭看過胡秋原在該文中的批駁後，依然堅持其文化定義，胡秋原再次撰文系統批駁陳高傭對文化的定義。參見胡秋原：《爲反帝國主義文化而鬥爭》，《文化雜誌》創刊號，1932年8月。

這種批判割裂歷史的虛無主義，尊重歷史過程連續性的態度，似乎又帶有胡適的影子和色彩。

在該文中，他批駁「文新」記者引用陳高傭對文化的定義，文化「是人類在一定的經濟基礎上從事生產勞動各方面的變現」。〔註127〕這是陳氏錯誤抄襲蘇俄學者坡可羅夫斯基（M.N.Pokrovsky）的定義，「文化者（與自然無須人類勞動而給我們的東西不同），人類勞動所產生的事物之總體也」。陳高傭過於狹隘的理解了坡氏的這個定義，並對列寧關於「文化之連續性」缺乏理解。陳氏這種以真理「只此一家並無分店」的宗派主義態度，與「文新」記者集中火力的吶喊是衝突的。在對列寧和蘇俄1925年前後文藝政策進行分析後，胡秋原指出文新社論作者的觀點有「非馬克思主義的，經驗一元論的殘影」，「要根本否定五四，就毋寧否定歷史」。既「沒有將『五四』神聖化」，也「沒有輕視革命文化」。「現階段的文化運動」，仍是一個「過渡性的革命文化，與現階段的社會革命運動並行的革命文化」。其任務仍是破舊立新，即「一面徹底批判舊的，同時學習新的，培養『更新的』文化之基礎」。而「這更新的文化之確立，自在社會變革完成以後」。他還指出「繼續五四」只是「Aufheben（揚棄）五四」，「超越五四」，而不是「復活五四」，「抄襲五四」。最後，他呼應文新記者「把火力集中起來」的呼籲，但同時認為「必須更深刻地把握馬克斯主義理論，在馬克斯主義之旗幟下團結起來」，方能達到真正「集中」，不致將「火力分散」。〔註128〕

胡秋原與「左聯」理論家的論戰因對「五四」理念的不同認識而起，實際上折射了在建設新的文化運動問題上，究竟是由知識分子還是由無產階級來領導？是否需要正確對待歷史文化遺產？這是胡秋原與「左聯」理論家的首次「交戰」。客觀而言，從論爭態度和言辭來審視，雙方彼此尊重，還是在學術範圍內「和而不同」的論爭，「左聯」並未對胡秋原進行階級分析，還未上陞到政治立場的「上綱上線」的「論戰」。這或許是胡秋原與《文藝新聞》的主編袁殊、樓適夷都是著作者協會的發起人不無關係，〔註129〕從該刊 45

〔註127〕文藝新聞社：《請脫棄「五四」衣衫》，《文藝新聞》第45號，1932年1月28日。

〔註128〕胡秋原：《文化運動問題──關於「五四」答文藝新聞記者》，《文化評論》第4期，1932年4月。

〔註129〕1932年1月17日，陳望道、胡秋原、王禮錫、袁殊、樓適夷、馮雪峰等35人召開著作者協會的籌辦會。參見《中國著作者協會發起紀》，《文藝新聞》第46號，1932年1月25日。

號第 4 版《從夜半到清晨》一文中，介紹胡秋原的《阿狗文藝論》可以得到證實。〔註130〕

　　隨著論爭的深入進行，這種求同存異的氛圍被打破，代之而起的則是階級分析和政治立場的粗暴態度。首先介入論爭、改變這種氛圍的是瞿秋白。他以文藝新聞社的名義，在《文藝新聞》56號上刊發《「自由人」的文化運動──答覆胡秋原和「文化評論」》，文中言辭激烈地直接點名指責胡秋原，「事實上穿上了五四的衣衫，不但穿上，而且更加雙手揪住了他，唯恐怕別人去剝」。他的文章「十分淵博，扯上了一大套高尚的理論，的確把問題的中心弄模糊了」。問題的中心在於：「究竟是誰擔負著反封建的文化革命──是『智識階級的自由人』，還是工農大眾？究竟是誰領導著這新的文化革命，是資產階級，還是無產階級？」對於新的「大眾的文化運動」，胡秋原「恰好『忘記了』，他半個字也沒有答覆」。瞿秋白由此斷定，胡秋原聲稱「勿侵略文藝」，「真是自由主義的自由人了」。在當時革命的文化運動高漲之際，這種「脫離大眾而自由的『自由人』，已經沒有什麼『五四未竟之遺業』」，他們是把「『五四』變成自己的連肉帶骨的皮」，所走的道路是「去為大眾的仇敵服務」。「自由人的立場，智識階級的特殊使命論的立場，正是『五四』的衣衫，『五四』的皮，『五四』資產階級自由主義的遺毒」。瞿秋白儘管也承認「『五四』的民權革命的任務是應當徹底完成的」，但同時指出「『五四』的自由主義的遺毒卻應當肅清！」瞿秋白對五四運動的這種認識和階級立場，使他認為胡秋原「自由人」立場的根本要求，是「先研究理論然後再去行動，這真要回到『五四』時期去了」。「智識階級的自由人」在經過「深刻的研究」後，來「教訓民眾」等待採取「有理論的行動」。〔註131〕

　　將瞿秋白對胡秋原的直接點名批判，與前引文對其「平心靜氣」的回應進行比較，可以發現，儘管在強調新的文化運動理應是大眾化上一脈相承，但前後兩文的差別尤為明顯。在新的文化運動問題的討論上，瞿秋白將與胡秋原之間的論爭以階級鬥爭的方式提升到「敵我之爭」的高度，將胡秋原提出的「自由人」的價值理念，等同於「資產階級的自由主義」的觀念，並以革命話語權下的階級分析對他的「五四」理念進行定位。以後見者的眼光來

〔註130〕《從夜半到清晨》，《文藝新聞》第 45 號，1932 年 1 月 18 日。
〔註131〕文藝新聞社（瞿秋白）：《「自由人」的文化運動──答覆胡秋原和〈文化評論〉》，《文藝新聞》第 56 號，1932 年 5 月 23 日。

審視，這種簡單套用階級的分析和定位是粗暴而又草率的，明顯帶有當時盛行的非此即彼、非友即敵的二分法的色彩。被稱爲中共黨內無產階級革命理論家的瞿秋白，爲何要激烈批判同爲信奉馬克思主義的胡秋原，以至於將雙方五四理念的差異上陞到階級論和「敵我」的高度呢？這就不得不簡要勾勒出瞿秋白「五四」理念的變遷和對胡秋原的基本評價。

1927 年 2 月，瞿秋白撰文高呼「持續新文化運動時期（五四）之可寶貴的遺產！」「這種可寶貴的遺產，便是無情的徹底的反抗宗法社會及一切舶來的反動妥協的文藝思想」。由此可見，此時瞿秋白肯定「五四」的價值。1930年代初，他由政治轉向文學戰場後，對「五四」採取激烈批判的態度，近乎是全盤否定五四新文化運動。〔註132〕1932 年 3 月，在《五四和新的文化革命》中，他指出「五四是中國的資產階級的文化革命運動」，由於資產階級背叛了革命，「實行著最殘酷的反動政策」，因而「光榮的五四的革命精神，已經是中國資產階級的仇敵」。而新的文化運動是由無產階級來領導的，「這是幾萬萬勞動民眾自己的文化革命」，〔註133〕是「新興（無產）階級領導下的文藝復興運動，新興（無產）階級領導下的文化革命和文學革命」。〔註134〕實際上是發動一個無產階級領導的「五四」新文化運動。

瞿秋白認爲「資產階級的智識分子」（指胡秋原）以「文化運動消沉」的名義，提出「智識階級的使命論」，要「繼續五四的精神」。在瞿秋白看來，這是一些自稱「『繼續五四精神』的新式諸葛亮」，是資產階級「實行愚民政策的別動隊」和「藝術至上主義的神仙」，「披起粉紅色的外套」，「玩一套另外的把戲」，「企圖用一些時髦的摩登化的空談，欺騙廣大的民眾」，「要叫人家相信他們是負著特殊的文化使命的諸葛亮」。1930 年代，瞿秋白認爲「只有無產階級，才是真正能夠繼續偉大的五四精神的社會力量！」他將無產階級視爲「唯一的徹底反抗封建殘餘和帝國資本主義的階級」，唯有它才「能夠反對著資產階級，批判一切個人主義，人道主義和自由主義等類的腐化的意識，而繼承那種極端的深刻的對於封建殘餘的痛恨」。他將這些視爲無產階級應當

〔註132〕參見宋陽（瞿秋白）：《大眾文藝的問題》，《文學月報》創刊號，1932 年 6 月；瞿秋白：《學閥萬歲》，《瞿秋白文集·文學編》第 3 卷，北京：人民文學出版社，1989 年，第 198 頁。

〔註133〕易嘉（瞿秋白）：《五四和新的文化運動》，《北斗》第 2 卷第 2 期，1932 年 5 月。

〔註134〕宋陽（瞿秋白）：《大眾文藝的問題》，《文學月報》創刊號，1932 年 6 月。

繼承的五四遺產。他還指出「勞動民眾的文化革命」，是和「一般的政治經濟的鬥爭聯繫著的，是總的革命鬥爭中的一個隊伍」。〔註135〕

瞿秋白對五四遺產的認識，尤其是將人道主義和自由主義視為資產階級腐化的意識進行批判，而這正是胡秋原「自由主義的馬克思主義」中的核心理念，也是他所提倡的「自由人」、「自由知識階級」的應有之義，更是他所認同的五四文化遺產。對於五四價值理念的不同認識，注定他們此後論爭的聲調將逐漸升級。該文和前引《文藝新聞》社論，都是瞿秋白對胡秋原五四觀的具體回應，可以將兩文看作是上下篇。通過分析可以發現，與前引那篇社論相比，該文中瞿秋白對胡秋原的態度和判斷更「左」、更激進。

此後，瞿秋白在《紅蘿蔔》中延續了對胡秋原的五四觀的評價。他肯定了五四運動反帝反封建的價值和意義，通過對五四時代和 1930 年代進行比較後，指出「一切封建餘孽和資產階級的意識，應當要暴露，攻擊」。這也是「文化革命的許多重要任務之中的一個」。在這種意義上，「五四運動的確有『沒有完成的事業』，要在『新的基礎上』去繼續去徹底的完成」。由誰來完成呢？提出「自由智識階級」的胡秋原，宣稱要「完成『五四』之遺業」。瞿秋白表示「好極了，歡迎之至」；但又提出胡秋原「究竟是群眾的朋友，或是群眾的老師，還是群眾的敵人」質疑，進而指出胡秋原是外紅內白的紅蘿蔔式的知識分子，即「表面上是你的朋友，實際上是你的敵人，這種敵人更加危險」；並再次重申由「『被壓迫者苦難者』群眾自己」來完成新的文化革命，唯有「真正肯替群眾服務」的知識分子才能參與其中。〔註136〕胡秋原這種「自由的智識階級」，不能擔任「完成『五四』之遺業」的重任。這就更明確無誤地將胡秋原定性為革命的敵人，由此為後來「左聯」理論家批判胡秋原定下了基調，甚至長期以來胡秋原被視為敵人，反馬克思主義者的根源即在於此。

由上文分析可以看出，對「繼續完成五四未竟之遺業」這一命題的提出和認識上，瞿秋白遠早於胡秋原，在 1930 年代初，他一度曾有過徹底否定五四的過激之處，但之後也糾正了這種激進的思想。在「繼續完成五四未竟之業」的文化使命的意義上，可以說二人是一致的。所不同者，究竟是知識分

〔註135〕易嘉（瞿秋白）：《五四和新的文化運動》，《北斗》第 2 卷第 2 期，1932 年 5 月。

〔註136〕司馬今（瞿秋白）：《財神還是反財神（亂彈）》，《北斗》第 2 卷第 3、4 期合刊，1932 年 7 月。

子還是與工農大眾成為新的文化運動的主體，乃至領導者？這是雙方思想理念的根本分歧所在，也並非經過爭論可以達成共識的問題。那麼為何瞿秋白不僅對胡秋原惡言相加，而且從理論上上陞到階級鬥爭的方式和態度，對胡秋原的五四理念進行定性呢？

據尹捷考證，瞿秋白由於對上海文壇不熟悉，曾經把宣揚民族文學的葉秋原誤以為是胡秋原，「這就埋下了後來瞿秋白對於胡秋原反民族主義文藝論的『虛偽性』認知的導火索」。〔註137〕此外，瞿秋白對當時政局的錯誤估計，加劇了他對胡秋原的批判。他認為「中國國民黨政府和上海軍閥（蔣光鼐、蔡廷鍇等），用著假抵抗的手段」，實行「不抵抗主義——欺騙著民眾和兵士」。與日本的「停戰議和」，使日本「更積極地實際布置進攻蘇聯的戰爭」。國民政府「放出了恢復中俄邦交的消息」，是用來欺騙全國要求抗日的革命民眾的手段，目的是「催促帝國主義進攻蘇聯的暗示」。由此斷言，在當時的輿論界和出版界「出現了一些假革命黨」，來「幫著國民黨欺騙民眾，實行巧妙的反對蘇聯和中國蘇維埃運動的宣傳」。他以王禮錫、胡秋原創辦的《國際評論》為例，證明他們的欺騙性。「這種刊物的主持人物，大家都知道是『AB 團社會民主黨』的首領。他們表面上假裝著『革命的』神氣，甚至於冒充『馬克思主義派』。他們表面上稱讚蘇聯，主張中俄復交」，實際上「暴露出了」他們「社會民主黨法西斯蒂的真面目」。胡秋原說：「中國的統一，中國的資本主義化，南京政權之強化，是蘇俄最怕的；再明白些說，它是需要中國的俄國化，而不是美國化。因為中國資本主義的統一，是俄國革命運動最大的障壁。在這一點上，俄國的態度與日本是共同的。」瞿秋白認為胡秋原提出「蘇聯要阻止中國的統一」的說法，「簡直是造謠中傷」，「尤其露骨的是：他說蘇聯要使中國『俄國化』。這豈不是最反動的宣傳，最惡毒的反對蘇聯的陰謀？！這是故意挑撥民族主義的惡感，掀動法西斯蒂的反俄情緒！」〔註138〕

胡秋原認為大革命時期「蘇俄多少懈怠了」中國革命，但「我們不能以這一點來責難蘇俄，正如需要我們自身反省一樣」；「我們不應當要求蘇聯為中國而犧牲，正如不應當為蘇聯而犧牲中國一樣」。在瞿秋白看來，這種論調，

<hr />

〔註137〕尹捷：《「文化」誰來「運動」？》，武漢大學哲學學院編：《哲學評論》第 9
　　　　輯，武漢：武漢大學出版社，2011 年，第 92 頁。
〔註138〕范亢（瞿秋白）：《中國的假革命黨和中俄復交問題》，《紅旗週報》第 34 期，
　　　　1932 年 4 月。

「很巧妙的隱藏著責備蘇聯的意思」,「而他說的『需要我們自身反省』,更明顯的暴露出他的眞面目──原來他和國民黨是一家人」。由此斷定胡秋原「完全是一個資產階級的民族主義者,完全站在所謂『民族』的立場上」,「巧妙的來掩飾自己的反動,而同時也很巧妙的鼓動反對蘇聯的民族感情」。瞿秋白認爲胡秋原等人組織「AB 團社會民主黨」是反對革命的假革命黨,而「假革命黨比公開的反革命黨還要惡毒」,「假革命黨原來本是反革命的別動隊,現在他們在進攻蘇聯的戰線上,巧妙而忠實的替帝國主義國民黨服務了!」在中共中央機關報上,瞿秋白給胡秋原貼上三重反革命的政治標籤──「資產階級的民族主義者」、「冒充馬克思主義派」和「社會民主黨法西斯蒂」。這種對胡秋原的三重政治定性,爲此後「左聯」批判胡秋原定下了基調。刊載於「左聯」機關刊物《北斗》上的《新英雄》一文中,瞿秋白再次引用胡秋原的話:「中國的統一,中國的資本主義化,南京政權之強化,是她(蘇俄)所最怕的;再明白地說,她是需要中國 Russiazed(俄國化),而不是 Americanized(美國化)」。他指責胡秋原是「歐化小諸葛」,說的這些都是「紳商大人的小老婆」的話。〔註139〕從中共中央的機關報到「左聯」的機關刊物,瞿秋白對胡秋原的論斷,只是出於鬥爭策略的言辭調整,實質上並未有多大變化。

瞿秋白對胡秋原的判斷,與當時胡秋原所服務的神州國光社緊密相連,而該社是十九路軍將領陳銘樞於 1930 年接辦的。當時中共中央將陳銘樞等人定性爲「國民黨軍閥及政客」,將十九路軍將領的「抗日活動」視爲「利用士兵與民眾的反日鬥爭,欺騙革命的士兵與革命的民眾,造成馬占山那樣的民族英雄的美名,來侵吞民眾的捐款,來向帝國主義投降出賣,使革命戰爭失去領導而失敗」;〔註140〕「假抗日,眞出賣」。〔註141〕胡秋原依附在陳銘樞主辦的神州國光社旗下,爲陳銘樞的抗日活動搖旗吶喊,自然也是反革命者了。這就很明確的揭示了瞿秋白對胡秋原政治身份的判斷,不僅是依據中共中央對胡秋原依附的陳銘樞的定性,而且以此政治立場來審視胡秋原的五四理

〔註139〕 司馬今(瞿秋白):《新英雄》,《北斗》第 2 卷第 2 期,1932 年 5 月。

〔註140〕 《中國共產黨中央爲上海事變第二次宣言》(1932 年 1 月 31 日):《請看!!!反日戰爭如何能夠得到勝利?》(1932 年 2 月 26 日),中央檔案館編:《中共中央文件選集》第 8 冊,北京:中共中央黨校出版社,1991 年,第 97、142頁。

〔註141〕 《怎樣取得民族革命戰爭的徹底勝利》,《紅旗周報》第 30 期,1932 年 2 月15 日。

念，並對其進行激烈的批判。由於瞿秋白在當時左翼文化界的領導者身份和中共黨內理論權威的地位，他對胡秋原激烈批判的態度，注定將「左聯」與胡秋原之間的「文藝自由論辯」，引向一個極具政治化色彩的方向。而對有關五四歷史文化遺產的論爭，也必然走向「非學術化」以至於以政治化的階級和黨性立場進行判斷。此後，雙方論辯的焦點主要集中在文藝與政治的關係上，他與瞿秋白對於五四理念的爭論到此告終。據胡秋原自述：「後來我離開上海了，在鄉中接到友人寄來的兩份文藝新聞……其中之一，還是什麼五四問題之爭，拉拉扯扯，我實在無閒答覆」。〔註142〕可見，胡秋原是主動迴避了瞿秋白對其五四理念質詢的表態。

　　儘管這種爭論並未深入開展下去，但隨著時局和個人思想的變化，胡秋原的五四理念在隨後的言論中也多少有些變化。1932 年 8 月，刊載在《文化雜誌》上的《爲反帝國主義文化而鬥爭》，胡秋原重新對五四理念進行了詮釋。他認爲「五四運動無疑是中國第一次文化革命運動，這運動的背景，自然是表現著中國民族資產階級意識的擡頭，它的對象，是中國封建官僚文化，而它的政治意義，無疑是對於當時以日本帝國主義爲後援的北洋專制主義反抗。五四運動在其反封建官僚文化這一點上，是革命的；然而因爲這運動的基礎之薄弱，中國文化水平之低下，以及在忽略反帝這一點上，不得不歸於失敗。五四運動的使命並沒有完成」。在這裏，他對瞿秋白指責其主張「繼續完成五四未竟之業」，是「帝國主義地主資產階級之諸葛亮」進行了回應，再次重申五四並未完成其歷史使命的觀點。「今日的文化運動只能說是五四之發展，Aufbehen（揚棄）的」。胡秋原指出瞿秋白指責他的「罪狀只是不應說由自由智識階級來完成」，他反駁說：「我並非主張要由智識階級包辦來文化運動——『這是新僧侶主義』——而是提醒智識階級應該投身於大眾文化運動」。他還強調：「中國今日的鬥爭，非常鮮明：歸根結底，不是依賴帝國主義的，便是徹底反帝國主義的。在文化戰線上亦復如此。而只有眞正馬克思主義者，才是徹底反帝的」。「中國目前的文化運動，也應集中於反帝國主義鬥爭。而如中國的反帝革命應與世界反帝革命聯合一樣，中國反帝文化也應與世界社會主義文化建設合流」。與此前比較空泛的《眞理之檄》相比，胡秋原提出了文化運動的主要具體任務：

―――――――――――――――
〔註142〕《浪費的論爭——對於批批判者的若干答辯》，《現代》第 2 卷第 2 期，1932
　　　　年 12 月。

　　一、爭取言論集會結社及出版之絕對自由，以至爭取眞實理論
之勝利；二、在一般抗日反帝原則上邁進，擴大文化上抗日反帝的
宣傳與運動；三、反對中國落後的資本主義前期文化勢力（封建文
化之殘餘等），資產階級文化，與文化界之惡勢力——法西主義抗
爭，暴露它們相互關係與實體；四、文藝之大眾化；努力於勤勞大
眾政治經濟文化鬥爭之啓蒙，文化之普及及文化水平之提高；五、
一切眞正馬克思主義者聯合起來，強化馬克思主義文化戰線；六、
暴露一切反前進的理論謬誤；克服馬克思主義陣營中一切左右的偏
曲傾向；七、在馬克思——樸列漢諾夫——列寧主義原則下，鍛鍊
馬克思主義發展，辯證唯物論之深化，及文藝，科學方面廣泛運用，
與社會主義文化之建沒；八、謀國際馬克思主義文化的流通，尤其
注意蘇聯及其文化的研究。〔註143〕

在這裏，雖然在「馬克思主義陣營」、「社會主義文化之建設」等術語方面，
胡秋原並未在概念上有清晰的界定或詳細的說明。但依然可以看出，在對五
四歷史文化遺產的態度上，他與「左聯」已有趨同的一面，可以說在相當程
度上汲取了「左聯」對他的批評。儘管如此，他仍然保持了其標榜的「自由
人」、「自由知識階級」獨立的立場和價值判斷。他將與「左聯」之間論爭重
心更多地傾嚮於學院派色彩的理論爭辯，以及文化批判層面上；在「左聯」
提出的文藝大眾化問題上，他強調知識分子對於「大眾」的思想啓蒙和理論
指導地位。他的這種學院派的思想，要求思想言論自由的立場，與「左聯」
乃至中共強調的工農大眾應成為新的文化運動的主體，以及要求革命的紀律
和言論統一的立場是背道而馳的，因此注定此後雙方在政治和文藝的關係問
題上必然爆發激烈的衝突。在當時黨派意識形態高揚的時代和階級鬥爭極為
尖銳的背景下，他提出的「一般抗日反帝原則」，「一切眞正馬克思主義者聯
合起來」、「強化馬克思主義文化戰線」主張，儘管具有濃厚的「書生氣」色
彩，但確實極為可貴。

〔註143〕胡秋原：《爲反帝國主義文化而鬥爭》，《文化雜誌》創刊號，1932 年 8 月。
　　　　多年後，在編著文集時，胡秋原對該文作了進一步解釋。他說：「此文之中只
　　　　有反帝國主義文化與主張言論自由這兩點是我今天要保持的。但其中觀念夾
　　　　雜馬列，甚多錯誤；而行文態度不好，則由於對當時無抵抗主義之憤慨，學
　　　　術文化界西化派與俄化派之目中無人，尤其是左派自命馬列眞傳，意態驕橫，
　　　　而我爲孤人，亦有自甘孤立之氣。然此究不可爲訓」。參見胡秋原：《文化復
　　　　興與超越前進論》，臺北，學術出版社，1980 年，第 24 頁。

　　值得注意的是，此時胡秋原敏銳地觀察到思想界的分化。他指出，在「新文化運動的名義之下，帝國主義基督教文化，各國各種的唯心論，庸俗市儈折衷論（實驗主義）等」西方各種思潮，在中國都可以找到各自的受眾，但這都是「各種帝國文化半生不熟地販賣進來」。此時，「馬克思主義哲學雖已輸入，但還沒有完全克服那一切落後的文化」。在這種思想背景下，五四運動後思想界，「分為左中右三翼了。左翼接受了馬克斯主義，右翼則以各種形式（如整理國故的口號）與舊的先資本主義封建官僚文化苟合。中間的則或動搖於二者之間，或執著於個人主義……倘在分化的狀態中」。〔註144〕胡秋原對思想界分化的這種觀察和劃分，實際上成為他後來「超越傳統主義、超越西化主義、超越俄化主義而前進」思想的淵源和先導，構成了「超越前進論」的思想因子。〔註145〕

　　1932年11月1日，《東方雜誌》社就「夢想的中國」和「夢想的個人生活」兩個問題，向全國各界知名人物發出了四百多封徵稿信。胡秋原以「神州國光社編輯」的身份提交了答卷。他這樣描繪「夢想的中國」：

　　　　（1）我是一個社會主義者，我的「夢想」，當然是無須多說的。不過，我想，中國命運之解決，總在第二次大戰以後吧。我並不絕望於「未來」，然而，「夢想」之實現，總還遼遠吧。這就是說，我有點絕望於現在。我深深感覺這民族性是有點惡劣。我夢想我們的「國魂」能夠改造一下。

　　　　（2）然而，倘若有若干腦與心都很明亮的人們之存在，我還不覺寂寞。中國雖非星星之火所能照耀的，然而看見他們的微明，應感覺相當的安慰。〔註146〕

在當時中國輿論界和思想界影響巨大的《東方雜誌》上，胡秋原竟然公開聲稱自己是「一個社會主義者」，不可謂不大膽。儘管「有點絕望於現在」，但對左翼現實革命仍然表示「同情之理解」，這需要頗大的勇氣。此時的胡秋原思想上正處於「自由主義的馬克思主義」時期，唯物史觀是他分析和批判社

〔註144〕胡秋原：《為反帝國主義文化而鬥爭》，《文化雜誌》創刊號，1932年8月。

〔註145〕胡秋原：《超越傳統派西化派俄化派而前進》，胡秋原：《文化復興與超越前進論》，臺北：學術出版社，1980年，第527頁。「超越前進論」，即「超越傳統、超越西化、超越俄化而前進」，有時也表述為「超越傳統主義、西化主義、俄化主義而前進」；「超越傳統、西化、俄化而前進」。

〔註146〕胡秋原：《夢想的中國》，《東方雜誌》第30卷第1號，1933年1月1日。

會的理論工具。這就證實了他在理論上是站在左翼「同路人」的立場上，而不是「左聯」所指責的反馬克思主義者的立場。同時他深感「民族性」之惡劣，夢想改造「國魂」，實際上是堅持五四新文化運動中，知識分子提出的改造「國民性」的思想啓蒙立場。

此時對胡秋原「文藝自由」思想持微妙的理解態度、主持《文學》雜誌的茅盾，刊載了「社會主義者」胡秋原的《五四新文學運動之歷史的意義》一文。在該文中，胡秋原對左翼有關五四新文化運動的資產階級屬性表示認同。他指出，要將這一文化運動放到一戰後世界格局大變動的背景中進行考察。「資本主義制度之空前動搖，殖民地半殖民地工業之一時發展，社會主義蘇聯之出現」；在「東方」出現了「兩個新事實」，即「日本帝國主義制度之確立」和「日美的對立」，「成爲遠東問題的中心」。正是在這種資本主義體系，尤其是遠東國際局勢發生巨變的背景下，「對於前資本主義文明之否定，對於新思想之憧憬」，成爲「五四運動之共同目標和傾向」。如果沒有這些背景，也就不會產生思想界「舉國一致」的運動，「舊的文化文學不會崩潰得那樣快，資本主義的一切文化思想也不會輸入得這麼快」；但這運動最終「是流產了，被歪曲了」。胡秋原提出新時期的任務：「要將五四運動時代的批判精神，反抗精神，更加復活，發揮擴大」；「五四運動雖然是一個資本主義的文化運動，但這運動並沒有完成」；「要完成五四未完之事，作一番清洗運動，肅清五四以前的，資本主義以前的一切文化之僵屍」。與「左翼」將五四運動定性爲「資產階級的啓蒙運動不同」，胡秋原認爲「五四運動本身也是一個轉型期的運動」，既是「資本主義文化啓蒙的運動」，又是「社會主義文化啓蒙的運動。在今日也只有社會主義者，才是五四之眞實繼承人，繼續五四就是要擴大社會主義文化運動」。同時還要「爭取最低限度之言論出版自由」，這是「反對文化上之專制主義」的必然要求。〔註147〕

綜上所述，在對五四運動的階級屬性、歷史局限、反抗精神的認識上，胡秋原和瞿秋白日趨接近。在國際背景對五四運動的影響上，他們的認識是不同的。不同於瞿秋白過分重視十月革命對中國的影響，胡秋原則將五四運動放到當時世界格局的巨大變化中進行思考。他並不否認十月革命對中國思想界產生的衝擊，但又指出強烈的反日情緒和美國對中國民族自決立場上的支持態度，

〔註147〕胡秋原：《五四文學運動之歷史的意義》，《文學》第 1 卷第 1 期，1933 年 7 月。

共同構成了五四運動爆發的國際背景。此外，胡秋原再次重申了對「五四」後思想界分化爲左中右三翼的觀察。在文化運動的參與問題上，胡秋原和「左聯」理論家之間依然存在根本分歧。正如有論者所評價說：「胡秋原仍舊堅持了一種泛化的『社會主義者』和知識分子的『理論立場』，這和瞿秋白所強調的知識分子要爲『大衆服務』的基本界定，顯然又是相衝突的」。〔註148〕

1934 年 1 月，胡秋原參與陳銘樞等人發動的反蔣抗日的「閩變」，失敗後經香港流亡歐洲，開始長達四年的歐美西方世界之行。1935 年曾受邀赴俄，幫助中共駐共產國際代表團編輯雜誌，鼓吹全民抗日。在這次遊歷中，他因目睹莫斯科大審、斯大林的肅反，以及蘇俄社會主義的眞相，放棄馬克思主義，其思想歸結到民族主義立場上來。1941 年 1 月 7 日，胡秋原在寫給陳獨秀的學生何之瑜的信中，建議陳獨秀「完全跳出馬克思主義之圈子，仍繼承『五四』之傳統，無論在文化上政治上作用必更爲偉大」。〔註149〕胡秋原此舉有向陳獨秀「喊話」，請他「脫棄」馬克思主義「衣衫」的味道。但呼籲新文化運動領袖陳獨秀「繼承五四之傳統」的說法，在措辭上並不恰當，實際上是重申其在《眞理之檄》提出的「繼續完成五四之遺業」的命題。

1942 年 12 月，在《中國文化復興論》一文中，胡秋原詳述了他的五四理念，以及對馬克思主義在思想界的作用之認識。他指出，五四新文化運動，「充分表現了民族主義與現代精神」。然而，由於「整理國故運動」和「馬克思主義運動」，使這種精神「日益晦蔽而歪曲」。前者「不知貽誤了多少青年」，後者使「一個還沒有工業文明的中國，早熟的接受了這種工業文明之批評的思想」，最終導致「中國文化界離開戰鬥的民族主義與嚴肅的科學精神日遠」。五四以來中國的文化「雖不無相當進步」，「但就時間的進步來說，是一個逆流」。直到「九‧一八才逐漸轉向」，到抗戰時「我們才痛切地瞭解民主主義和科學的重要性」。在胡秋原看來，中國「現代產業的幼稚」，知識分子「在馬克思主義中尋求安慰」和「領導人物之無眞知定見」，是五四運動未能完成民族運動歷史使命的主要原因。〔註150〕

〔註148〕尹捷：《「文化」誰來「運動」？》，武漢大學哲學學院編：《哲學評論》第 9 輯，武漢：武漢大學出版社，2011 年，第 99～100 頁。

〔註149〕沈寂：《胡秋原建議陳獨秀「繼承五四之傳統」》，沈寂主編：《陳獨秀研究（第二輯）》，合肥：安徽大學出版社，2003 年，第 332～333 頁。

〔註150〕胡秋原：《中西文化論》，胡秋原：《中西文化與文化復興》，重慶：時代日報出版社，1943 年，第 56 頁。

　　顯而易見，胡秋原認同陳獨秀提出的「五四時代不會過時」的說法。〔註
151〕從他對陳獨秀的呼籲中，可以看出，他認為馬克思主義並不適合中國，甚
至帶有全盤否定的意味。知識分子脫離了正統的五四精神，而「在馬克思主
義中尋求安慰」。在他看來，陳獨秀仍拘囿在「不那麼有用」的「馬克思主義
之圈子」裏，必然會遠離「民族主義與現代精神」。對胡秋原「繼承五四之傳
統」的呼籲，陳獨秀在回信中並未作正面響應。在致何之瑜轉信的附言裏，
陳獨秀指出：「胡等希望我跳出馬克思主義圈子，乃彼等一嚮之偏見，不足為
異。我輩與之討論實際問題（歷史的及現狀的），使之無可逃避，不必牽涉抽
象之理論及主義的圈子，免得夾纏不清也」。〔註152〕從一定程度上來說，對於
當時思想上已放棄馬克思主義，正在建構新自由主義和文化史觀的胡秋原來
說，確實是陳獨秀反對的「牽涉抽象之理論及主義的圈子」，這就不難理解陳
獨秀對胡秋原信中觀點的判斷。儘管胡秋原聲稱1935年放棄了馬克思主義，
他並非極端排斥馬克思主義，但他力圖在文化批判層面，從思想文化意義上
的方法論或價值判斷標準上，按照五四文化遺產中的民族主義和科學精神，
對傳播到中國的馬克思主義作真偽之辨，以求重估馬克思主義在中國革命中
的思想價值和理論指導作用。此時，更看重解決「實際問題」的陳獨秀，對
胡秋原致力於理論探討的主張是不能接受的。

　　由此反觀，胡秋原與瞿秋白之間是否「繼續完成五四之遺業」的論戰，
就能很清晰地看到他們認識上的分歧。如何正確理解馬克思主義理論和蘇聯
經驗，他們思考和關注的問題存在著根本性的分歧。對瞿秋白而言，「革命的
理論永不能和革命的實踐相離」。〔註153〕在對馬克思主義的態度上，胡秋原僅
僅是將其視為分析和批判中國社會問題的一種方法論。因而在文化運動問題
上，他一直都試圖將其放在文化批判層面和學術立場上進行解讀和探討。並
宣稱從來沒有考慮「為誰而戰」的問題，「其實沒有一定政治立場，也決不願
站在一定政治立場來『立論』。」〔註154〕旨在進行理論探討、頗具「學院派」
色彩的胡秋原，所追求的是從理論上聯合「一切真正馬克思主義者」，建立「馬

〔註151〕陳獨秀：《五四時代是否過去了》，《政論》第1卷第1期，1938年5月。

〔註152〕沈寂：《胡秋原建議陳獨秀「繼承五四之傳統」》，沈寂主編：《陳獨秀研究（第
　　　　二輯）》，合肥：安徽大學出版社，2003年，第333頁。

〔註153〕瞿秋白：《瞿秋白論文集·自序》，《瞿秋白文集·政治理論編》第4卷，北京：
　　　　人民出版社，1993年，第414頁。

〔註154〕胡秋原：《一年來文藝論爭書後》，《讀書雜誌》第3卷第2期，1933年2月。

克思主義的文化戰線」。瞿秋白則完全不同,他不僅對蘇俄革命的馬克思主義具有朝聖情懷、懷有「共產主義人間化」的理想,而且「永遠堅定地從文藝同當前政治任務的嚴密結合上來提出問題」。〔註155〕在他看來,新的文化運動是一個政治性壓倒理論性的問題。「具有意義的問題是如何發現在中國環境裏行得通的理論,一個理論如果僅僅是理論,那它就不會有什麼意義。換句話說,理論只有在人們把它運用到實踐中去,成功改變中國面貌,解決中國問題時,它才有意義。瞿秋白和更多中國馬克思主義者毫無疑問地會拋棄那種西方語境下的關切和辯爭」。〔註156〕恰恰相反,胡秋原則更多的傾向於理論辯爭。由此,瞿秋白認為胡秋原顛倒了現實政治與理論研究的關係,在文藝運動問題上必然走向左翼理論家的對立面,事實上有助於當局實行的文化專制的立場上。在這個層面,「左聯」理論家將胡秋原視為敵人予以猛烈的批判也就勢所必至,理所當然了。

胡秋原對「繼續完成五四之遺業」的追求並未因此而終結,可以說他畢生都在為繼承五四思想啟蒙而努力。多年後還仍聲稱「我堅信五四基本精神是不朽的」。在評論周策縱《五四運動史》時,他說:「中國遭遇的是史無前例之『中國之悲劇』。這悲劇之由來不是由於打倒了孔家店或沒有徹底西化,這是中國歷史之破型(Deformation)的累積。這破型,先因中國落後,遂進入西方的世界權力構造之下,日益破壞,變質;繼而受到蘇俄與日本之內外夾攻,更趨惡化。及西方權力構造崩潰,我們被迫進入蘇聯的軌道。而主觀弱點,則在中國思想不能超越傳統、西化、俄化模式保持中國人之精神統一,使中國歷史完成正當之轉形(Transformation)。因而五四的基本精神和原始方向,便還值得我們研究」。〔註157〕

以現實政治革命為圭臬的陳獨秀或瞿秋白等中共早期理論家,將胡秋原視為書齋裏的馬克思主義者,甚至以革命的政治化的立場將胡秋原看作階級敵人予以批判,這都在情理之中。從探索中國出路的思想理路上來審視,左

〔註155〕茅盾:《紀念秋白同志,學習秋白同志》,《人民日報》1955 年 6 月 18 日第 3版。

〔註156〕〔美〕田辰山著,蕭延中譯:《中國辯證法:從〈易經〉到馬克思主義》,北京:中國人民大學出版社,2008 年,第 85 頁。

〔註157〕胡秋原:《周策縱著〈五四運動史〉之介紹於批評》,《中華雜誌》1965 年 5月號;又見胡秋原:《評介〈五四運動史〉》,蕭延中、朱藝編:《啟蒙的價值與局限——臺港學者論五四》,太原:山西人民出版社,1989 年,第 15、16頁。

翼重革命實踐，強調革命的組織紀律和思想的絕對統一，而胡秋原則更注重理論探討，主張思想言論自由，思路明顯不合拍，這就注定雙方必然會爆發激烈的爭論，但我們不能以此來作爲審視胡秋原在 20 世紀三四十年代的理論探索的標準。參考胡秋原一生的學問事功，將其放入到整個中國現代思想史中進行考察，可以發現，他並非是一個「坐而論道」的知識分子。作爲一個畢生幾乎見證了 20 世紀中國重大歷史事件的文化人，他對理論的態度絕非超然的、非功利的那麼簡單，也並非僅僅糾纏於學術問題和思想論爭之上。事實上，他不僅遊走於學術與政治之間，而且對政治的介入之深，政治立場和學術思想的不斷轉向，又使得他的言論呈現出複雜多變的色彩。因此很難在現代思想譜系中給他一個清晰的定位。縱觀他畢生的學問事功，仍然可以發現，除了「明道救世」成爲他一生的追求之外，還有一條極爲清晰的線索一以貫之。即胡秋原對「繼續完成五四之遺業」的追求，繼承五四思想啓蒙，中西文化雙重危機和民族危機下，如何探索出一條現代化中國的出路，以及爲此做出的頑強努力和批判精神。究其一生，他都爲此努力固守五四時代知識分子「再造文明」的思想啓蒙。從這個意義上來審視，不能簡單將其視爲僅僅是一個具有濃厚「學院派」色彩、帶有浪漫氣質迷思的知識分子。

1930 年代成爲胡秋原一生學問事功的起點，和瞿秋白有關新的文化運動是否繼承五四啓蒙思想的論爭，可以說是理解他 20 世紀三四十年代乃至畢生思想脈絡的一把鑰匙。置身於當時文藝與現實政治場域中，對是否繼承五四思想遺產之爭，不僅僅是對歷史的評價，更重要的是投射到現實文化運動問題之中。與瞿秋白等左翼理論家將五四運動看作是資產階級的啓蒙運動，並主動與其切割進行批判，帶有歷史虛無主義的傾向不同，胡秋原強調歷史的連續性，呼籲「繼續完成五四未竟之遺業」，實際上不僅反映了他對歷史的尊重，而且更爲重要的是重新評估馬克思主義的價值，徹底實現五四啓蒙思想的終極目標指向——建設現代化的民族國家。他的這種主張，在當時思想界嚴重分裂和對立的輿論場域中顯得極爲「可疑」。除了在抗日救國的政治立場上，胡秋原與左右兩翼的知識分子能夠達成一致外。在許多具體問題上，文化身份複雜多變的胡秋原站在客觀的知識分子立場上，扮演著與主流思潮相對抗的「反潮流」色彩的辯手角色。從此，奠定了他畢生堅持的思辨性的學術思想特點。在中國近現代思想史上相當多的重大問題上，他都明確的發出了獨立批判的聲音。

　　縱觀胡秋原一生的思想轉變及其提出的重要理念，諸如「超越前進論」、「二重文化危機」論、對五四啓蒙價值的堅守、對馬克思主義唯物史觀的修正、「三大尊嚴」說（人格尊嚴、民族尊嚴、學問尊嚴）、對知識分子在社會與歷史中主體地位的強調、道統與政統的現代分野、內外構造式分析方法、建設現代化的民族國家等一系列問題上，在 1930 年代胡秋原的思想脈絡中均已有所萌發。無論是將他這一時期的思想歸於自由主義一脈，還是馬克思主義一脈，都是不準確的。因此，很難對他的思想作單純的價值定位。筆者以爲，回到歷史現場，參考原始文獻，結合胡秋原當時所處的歷史文化場景和思想演變的脈絡，可以發現，他只不過是一個思想方法和價值判斷還在探索的青年知識分子而已。在方法論上是馬克思主義的唯物史觀，在價值觀上堅持自由主義，以文藝思潮作爲研究對象，思想來源斑斕駁雜。〔註 158〕同時又關注現實政治、民族危機，是思考中國出路的 Radical（急進派）。〔註 159〕此時他的思想還未成熟，赴臺後其思想才堪稱體系，即他思想的最後歸宿——「超越前進論」，可視爲他對早年中國出路探索的回答，也是處於轉折期的中國從文化上尋求的一種新路徑。但 1930 年代他思想的探索卻具有獨特性，這是毋庸置疑的。正是這種理論勇氣，使他在當時高揚黨派意識形態的背景下，以超越左右，對國共兩黨都不贊成的獨立立場，通過參與論戰，在「繼續完成五四未竟之遺業」，文藝的黨性與自由、知識分子在文化運動中的主體地位等諸多時代課題上，都發出了他獨立的聲音。無論是對當局試圖以文化專制主義壟斷話語霸權，還是對左翼激進觀念和主張，以及試圖壟斷馬克思主義話語權，胡秋原這種獨立的立場都顯得尤爲可貴，起到了一種平衡作用。

　　時至今日，思想界不是依然在呼籲重啓五四的啓蒙價值嗎？當年批判五四啓蒙思想的革命黨卻又以五四精神的繼承人自居，這正是歷史的弔詭之處。在社會生活的很多層面，封建思想、專制主義、特權現象仍根深蒂固的當下，胡秋原一直批判的專制主義，「繼續完成五四未竟之業」的呼籲，依然具有強烈的現實意義。

〔註 158〕胡秋原：《關於〈讀書雜誌〉》，《讀書雜誌》第 3 卷第 5 期，1933 年 5 月；《胡秋原自記》，《讀書雜誌》第 3 卷第 1 期，1933 年 1 月。在兩文中，胡秋原都提到思想上受馬克思主義、自由主義、無政府主義的影響。
〔註 159〕胡秋原：《第三種人及其他》，《讀書雜誌》第 3 卷第 7 期，1933 年 9 月。

2. 向誰要自由？

1930 年代初，在中國思想文化史和文學史上影響深遠的「文藝自由論辯」是胡秋原無意間引發的。在當時國共兩黨高揚黨派意識形態的背景下，胡秋原提出「文藝自由論」究竟指向何方？向誰要自由？這實際上涉及到他的真實意圖。大陸學界長期以來認為他並非向「反動」的國民黨執政當局要自由，反而向受到政治迫害和文化圍剿的「左聯」要自由，是「為虎作倀」，隱藏著攻擊左翼陣營的「險惡用心」。這種認識和論斷是否符合歷史事實呢？筆者通過梳理資料後發現，實際情況並非如此簡單。為重新認識胡秋原的真實意圖，我們只能回到歷史現場，才能從中發現歷史真相。

1930 年 3 月，「左聯」的成立使無產階級革命文學蓬勃發展，引起了當局的不安。為與之爭奪文藝戰線上的話語權，6 月，國民黨執政當局組織一批文人發動「民族主義文藝運動」。民族文藝打著「民族主義」的旗號，以「國家」、「民族」的名義，鼓吹建立所謂「中心意識」的文學，實際上是以官方意識形態和文化專制主義政策，壓制、扼殺甚至取締其他形式的文學運動。這種文藝運動一出臺就遭到左翼和具有民主思想的知識分子的批判，以「自由人」自稱且以文化批判為思想理念的胡秋原就是其中之一。

從當時胡秋原的言論中，不難發現，他幾乎全盤否定了國民黨政權的合法性，而並非「小罵大幫忙」。當時國民政府的執政措施，使他深感不自由，激發了他強烈的不滿情緒，對其進行尖銳抨擊。他指出國民黨的統治是「獨裁統治」，[註160] 是「買辦金融階級、軍閥豪紳、流氓」，[註161] 或稱為「在洋大人支配下的西崽、巡捕、流氓三位一體的政治」。他對其反動本質予以深刻的揭露，「以最卑殘方式，絕滅社會的英良，以維持最黑暗的統治，完成其出賣於那兇惡的帝國主義的使命，使國民只有馴羊蠢豕與走狗為目的的。這是千古黑暗的殺」。通過列舉「左聯」五烈士被害，丁玲等人被綁架，惲代英、鄧演達等人被殺，陳獨秀等人被囚禁等實例，他痛斥國民黨實行白色恐怖，迫害左翼文化運動的種種罪惡。他進而指出這是「昏天暗日滿地紅，地獄的中國」；「賣國部長院長總司令正在出賣我們最後的血，吃我們最後的肉，葬

〔註160〕 胡秋原：《阿狗文藝論──民族文藝理論之謬誤》，《文化評論》創刊號，1931 年 12 月。

〔註161〕 胡秋原：《錢杏邨理論之清算與民族文藝理論之批評──馬克斯主義文藝理論之擁護》，《讀書雜誌》第 2 卷第 1 期，1932 年 1 月。

送我們最後的靈魂」。〔註162〕同時揭露了國民黨當局宣稱保障言論自由，實際上是欺騙民眾謊言的眞相。他認爲：「國民政府一面說保障言論自由，但你一『言論自由』，他們又說是『反動』」，「『黨國』箝人之口的時候，必定科以『顛覆國體』的罪名」。〔註163〕

對於民族主義文藝運動背後的官方意識形態的意圖，胡秋原有著較爲清醒的認識，因而也對其猛烈批判。他認爲「民族文藝運動就是對於時代解放運動之撲滅運動」，〔註164〕本質是「法西斯蒂的文學，是特權眞文化上的『前鋒』，是最醜陋的警犬」；其目的是「借暴君之餘焰」，「巡邏思想上的異端，摧殘思想的自由，阻礙文藝之自由的創造」；「殘虐文化與文藝之自由發展」。胡秋原進而提出「文學與藝術至死也是自由的，民主的。因此，所謂民族文藝，是應該使一切眞正愛護文藝的人賤視的」。〔註165〕針對民族文藝宣稱「勢必在形成一個對於文藝底中心意識」來統領文藝的主張，〔註166〕他提出質疑：「我就不明白爲什麼要什麼『中心意識』」；「用一種中心意識獨裁文壇，結果，只有奴才奉命執筆而已」。在他看來，民族文藝「所標榜的理論與得意的作品，實際上是最陳腐可笑的造謠與極其低能的囈語。毫無學理之價值，毫無藝術之價值」。〔註167〕可以說，胡秋原對民族文藝的強烈批判與同期左翼陣營的批判在程度上幾乎是一致的。正如有論者評價他是「挺身而出對『民族主義文學』痛加批判的一位，而且他的批判條分縷析，深入剖析了『民族主義文學』主張的反動實質；其說理的深度，在當時批判『民族主義文學』的眾多文章中，算得上是佼佼者」。〔註168〕由此可見，胡秋原「文藝自由論」的主張明確指向國民黨執政當局和官方支持的民族文藝。他向執政當局要的是保障思想

〔註162〕胡秋原：《第三種人及其他》，《讀書雜誌》第 3 卷第 7 期，1933 年 9 月。

〔註163〕胡秋原：《浪費的論爭──對於批判者的若干答辯》，《現代》第 2 卷第 2 期，1932 年 12 月。

〔註164〕胡秋原：《錢杏邨理論之清算與民族文藝理論之批評──馬克斯主義文藝理論之擁護》，《讀書雜誌》第 2 卷第 1 期，1932 年 1 月。

〔註165〕胡秋原：《阿狗文藝論──民族文藝理論之謬誤》，《文化評論》創刊號，1931 年 12 月。

〔註166〕胡秋原《民族主義文藝運動宣言》，《前鋒月刊》創刊號，1931 年 10 月。

〔註167〕胡秋原：《阿狗文藝論──民族文藝理論之謬誤》，《文化評論》創刊號，1931 年 12 月。

〔註168〕丁偉志：《裂變與新生：民國文化思潮述論》，北京：社會科學文獻出版社，2011 年，第 418～419 頁。

言論出版自由，向民族文藝要的是創作自由。國民政府及其實行的文化專制主義的政策是胡秋原「文藝自由論」抨擊的主要目標。

然而，並不能據此認爲胡秋原僅僅向代表特權的民族文藝要自由，「文藝自由論」只是針對政府當局的文藝專制政策，而與左翼文壇無關，這種看法並不符合歷史事實。早在 1928 年的革命文學論戰中，胡秋原就認識到革命文學運動中有「抹殺一切的文學，排斥一切在他們所認爲『非』革命文學」的唯我獨革、「只此一家」的傾向。他引用布哈林的話對革命文學家鼓吹的將文學與政治關係教條化的傾向進行批評：「在藝術的創造上，需要自由和多種多樣的傾向……文藝要有競爭，有批評……限制會使藝術性萎落。自由競爭才是使無產階級文學長成的最好的方法」。這引起胡秋原的共鳴，爲此讚歎道：「這實在是深解文藝的話。眞是的，在藝術的世界裏最必要的是自由」。〔註169〕這實際上是「文藝自由論」的發端，構成了文藝自由思想的雛形。在其後的論著《唯物史觀藝術論》中，胡秋原對同樣將階級性絕對化的左翼理論家進行批判，並指出「文藝是有極大權利要求最大的自由的」。〔註170〕反對以政治立場、階級意識和黨性原則限制文藝的創作自由。對於左翼文學運動中的弊端，他早就有所思考和洞見，可以說從那時起，「文藝自由論」成爲他一生中一以貫之的思想。

1931 年，留在上海的胡秋原感受到左翼陣營「高唱普羅文學，在文化界的潛勢力日大。他們有組織的活動，使文化界人士大都不敢得罪他們」。在普羅文學與民族文學兩大陣營之間，《讀書雜誌》上刊登的「文章也講馬克斯主義，不過不是莫斯科牌，所以左翼甚爲側目，然亦爲南京所不喜」。〔註171〕據胡秋原自述，「鑒於當時文化界的空氣對我有一種左右夾攻之壓力」，獨立主辦《文化評論》，「除主張抗日外，提出『自由人』和『自由智識階級』的理論，認爲知識分子不是階級和政黨的工具，而應站在自由獨立的立場；認爲今後文化運動要繼續五四未竟之業；又認爲文藝必須自由創作不能做政治的留聲機。若然，只算是『阿狗文藝』」；「當時在馬克斯主義的壓力下，自由

〔註169〕胡秋原：《革命文學問題──對於革命文學的一點商榷》，《北新》第 2 卷第 2 期，1928 年 5 月。

〔註170〕胡秋原：《唯物史觀藝術論：樸列漢諾夫及其藝術理論之研究》，上海：神州國光社，1932 年，第 441 頁。

〔註171〕胡秋原：《在唐三藏與浮士德之間》，胡秋原：《〈在唐三藏與浮士德之間〉及其他》，臺北：胡秋原自刊本，1962 年，第 6 頁。

似已成落伍之談。而我說馬克斯主義不可以反對自由而必須與自由主義合作，不僅有一種新鮮之趣，也有一種鼓舞之力。左翼認爲批評他們不利，於是由他們的機關報《文新》──《文藝新聞》首先出面批評。他們說現在是無產階級要建立政權的時代，沒有什麼五四未竟之業；而文藝必須爲無產階級服務，實即必做共（產）黨之留聲機。自由知識階級與文藝自由，是反動理論，是幫助統治階級」。〔註172〕

據胡秋原回憶說，《阿狗文藝論》「表面上批評民族文學，尤在對普羅文學。理論大體援引樸列漢諾夫，但說文藝必自由，文藝家縱非特殊人物，終不好做阿狗。文藝至死是自由的、民主的」。此文發表後，「民族派之傅彥長請我吃飯，共（產）黨則由《文藝新聞》出面，大攻『自由人』之說」。鑒於他當時認爲「共（產）黨強橫霸道的氣焰，脅迫文藝界的人，而國民黨的弱點，又頗使他們覺得理直氣壯」。因此他說：「我想對共（產）黨教訓一下了。我寫了一篇《勿侵略文藝》，建立我的堡壘。在另一篇文章中指出「錢杏邨對魯迅批評，淺薄可笑。那時他們已『團結』，最不喜人『挑撥』。我也不過故意刺刺他們而已。當然，我的攻擊武器是自由主義，防禦武器是樸列漢諾夫」。〔註173〕中國的左翼革命文學是「斯大林主義的產物。首先對革命文學反抗的不是別人，正是魯迅。他並翻譯蘇俄文學論戰中要求自由的言論爲自由辯護」。1930年「左聯」成立，他成爲「左聯」盟主，而「依據馬克斯主義，積極主張文藝自由的，始於1931年末我的《阿狗文藝論》」。〔註174〕

胡秋原在《阿狗文藝論》中，提出「文藝自由論」，主要是針對民族主義文藝而發，但他反對的「留聲機」說，卻恰恰是左翼革命文學的核心觀點。在他們看來，左翼文學正遭受國民黨政治迫害、文化「圍剿」的情況下，這種言論引起了他們敏感的神經，認爲胡秋原不向當局要自由，反而向他們要自由，自然引起他們的反駁。左翼陣營首先回應胡秋原的是譚四海，他強調文藝的階

〔註172〕胡秋原：《關於一九三二年文藝自由論辯》，《中華雜誌》1969年1月號。胡秋原這裏記述不準確，「左聯」的機關報是《北斗》，《文藝新聞》是受「左聯」領導的外圍刊物。在《文藝新聞》上首先出面批評的是瞿秋白，他以「文藝新聞社」的名義發表了批評胡秋原《請脫棄「五四」的衣衫》一文，參見《文藝新聞》第45號，1932年1月28日。

〔註173〕胡秋原：《在唐三藏與浮士德之間》，胡秋原：《〈在唐三藏與浮士德之間〉及其他》，臺北：胡秋原自刊本，1962年，第6、8、9頁。

〔註174〕胡秋原：《關於〈紅旗〉對胡秋原先生的誹謗及文藝自由與統一救國等問題》，《中華雜誌》1972年8月號。

級性，批評胡秋原是「逍遙自在的書生」和「自由知識」階級，打著「反民族主義文學，反法西斯文化的旗幟」，想在激烈的政治鬥爭中尋找「安身地，結果是為虎作倀」！〔註175〕為此，胡秋原發表《是誰為虎作倀？》進行反駁。他指出「我說文藝是自由的，是創作之自由」，「自由與民主是針對警犬的民族文藝派的」。〔註176〕這表明他的批判主要指向民族文藝的，但他並不贊同左翼文藝的主張，因此也將批判的矛頭指向了左翼陣營。據他自述：「左翼以他們的所謂雜文對我譏喳不止，我決定重重的反擊一次」。這便是《錢杏邨理論之清算與民族文藝理論之批評》一文，他根據馬克思主義和普列漢諾夫的理論，批評錢杏邨「根本違反馬克斯主義，民族主義文藝理論在此文中只是一個配腳。我其所以用此左右開弓法，固有感到左右夾攻之壓力，亦鑒於左聯對一切批評總是以『國民黨的走狗』云云作基本武器的」；「左翼之憤怒，可由洛揚（左聯組織之筆名）發表《文藝新聞》上的《阿狗文藝論者的醜臉譜》一文可以看出」。〔註177〕在另一篇回憶文章中，胡秋原聲稱該文採取「左右開弓法，使他們不能將我扯到國民黨，並攻其最弱點，必救而又無法救之弱點，我說他們的八股全無根據，既不合於文藝原理，也不合於馬克斯主義理論」。〔註178〕

　　由此可見，胡秋原當時感覺到國共兩黨為爭奪話語權，在文化界確實存在「獨霸文壇」的傾向。正是由於感受到左右兩翼的這種壓力，他才獨立主辦《文化評論》，試圖以超越左右、以無黨無派的「自由人」的立場發出文化批判的聲音。尤其認為左翼陣營「唯我獨尊」的氣焰，讓他決定「教訓一下」、「重重的反擊一次」，才有了他聲稱的批判中民族主義文藝理論「只是一個配腳」之說，而重心是批判左翼陣營的文藝批評家。他自以為所謂正統馬克思主義的姿態，批判錢杏邨打著馬克思主義的招牌進行的文藝批評，是對「馬克斯主義之歪曲、誤用與惡用」。〔註179〕這讓以馬克思主義自居的左翼陣營情

〔註175〕譚四海：《「自由知識階級」的「文化理論」》，《中國與世界》第 7 期，1932年 1 月。

〔註176〕胡秋原：《是誰為虎作倀？》，《文化評論》第 4 期，1932 年 4 月。

〔註177〕胡秋原：《關於一九三二年文藝自由論辯》，《中華雜誌》1969 年 1 月號。洛揚即馮雪峰用的化名，當時馮雪峰是「左聯」領導人之一，代表「左聯」參與論辯，但胡秋原將其視為「左聯」組織之筆名是不準確的。

〔註178〕胡秋原：《在唐三藏與浮士德之間》，胡秋原：《〈在唐三藏與浮士德之間〉及其他》，臺北：胡秋原自刊本，1962 年，第 8 頁。

〔註179〕胡秋原：《錢杏邨理論之清算與民族文藝理論之批評──馬克斯主義文藝理論之擁護》，《讀書雜誌》第 2 卷第 1 期，1932 年 1 月。

何以堪？認爲胡秋原與他們爭奪馬克思主義話語權，自然引起對胡秋原的圍攻。從這個角度來審視，胡秋原對左翼文藝的批評卻是主動進攻的。

左翼文壇在當時文化界的情況究竟處於什麼狀態？是左翼陣營認爲的胡秋原不該向他們要自由？還是像胡秋原感受到左翼有「獨霸文壇」的傾向、壟斷文化界話語權的意圖呢？當時站在中間立場的知識分子的論述爲我們提供了一個很好的觀察視角，他們認爲儘管左翼陣營受到當局的「壓迫、禁錮與殺戮」是不爭的事實，但「就在這樣被壓迫的狀況中，一有刊物把持，發表意見的時候」，卻對「自由思想者」有明顯的「橫暴」；「自由思想者」受當局壓迫程度，並不比左翼文壇輕，而他們還受到「左翼文壇的跋扈」的打壓。〔註180〕由此可見，「左聯」「的確做盡了胡秋原所謂的『霸佔』」。〔註181〕蘇汶認爲左翼文壇常常「借革命壓服人」，把文學內容限制到「無可伸縮的地步」等。〔註182〕沈從文也認爲，文藝只有從「政府的裁判和另一種『一尊獨佔』的趨勢裏解放出來，它才能夠向各方面滋長，繁榮」。〔註183〕「另一種『一尊獨佔』」明顯是指左翼文壇。上述左翼陣營的論辯對手的言論未必公允，但道出了一個事實，左翼文壇控制了話語權，並給胡秋原等人以強勢話語的壓力。正如有論者評價道：「正是這種『權力話語』的獲得，才使左翼文壇牢牢雄踞於霸主地位」。〔註184〕故此，1930年代的中國，「無產階級的文藝運動，其實就是惟一的文藝運動」。〔註185〕這就揭示了爲何胡秋原感到壓力，而左翼陣營抱怨「自由人」向他們要自由的原因了。

中國文藝年鑒社在《1932年中國文壇鳥瞰》一文中，談及文藝創作自由的問題時說：「以文藝創作應否受政治勢力的指導（或干涉）爲中心，這是近幾年來重要的文藝論爭。無意中發動這論爭的，與其說是蘇汶，卻還不如是

〔註180〕侍桁（韓侍桁）：《論「第三種人」》，吉明學、孫露茜編：《三十年代「文藝自由論辯」資料》，上海：上海文藝出版社，1990年，第367、374頁。

〔註181〕余慕陶：《一九三二年文藝論戰之總評》，《讀書雜誌》第3卷第2期，1933年2月。

〔註182〕蘇汶：《「第三種人」的出路——論作家的不自由並答覆易嘉先生》，《現代》第1卷第6期，1932年10月。

〔註183〕沈從文：《一封信》，《大公報·文藝》1937年2月21日。

〔註184〕朱曉近：《政治化思維與三十年代中國文學論爭》，《中國社會科學》2002年第6期。

〔註185〕魯迅：《黑暗中國的文藝界的現狀》，《魯迅全集》第4卷，北京：人民文學出版社，2005年，第292頁。

胡秋原」。1931 年末胡秋原在《阿狗文藝論》中，「對左翼文壇所未及批判的民族文藝家做了嚴酷的打擊；他同時也表示了反對任何中心意識獨裁文壇的意見」。不久，他又發表《勿侵略文藝》，「主張創作的放任，不使受任何政治勢力的支配。胡秋原在當時的意見，雖的確是對民族文學者流而發，但是左翼文壇方面看來，卻大有『指桑罵槐』之嫌，因而受到了左方的『阿狗文藝論者的醜臉譜』那樣的攻訐」。〔註186〕

胡秋原在《阿狗文藝論》一文中，提出「文藝雖然不是『至上』，然而決不是『至下』的東西。將藝術墮落到一種政治的留聲機，那是藝術的叛徒」。進而又指出：「文化與藝術之發展，全靠各種意識相互競爭，才有萬華撩亂之趣」；「用一種中心意識獨裁文壇，結果，只有奴才奉命執筆而已」。〔註187〕李何林指出，「這些話固是對民族文藝運動而發，但是『左聯』的人們認為同時也在影射著他們。尤其是末兩節，說是針對著民族文藝運動宣言中的『整個文藝運動中缺乏中心意識』，固然可以，說是對『左聯』也可以」。儘管李何林不願意用胡秋原和蘇汶所說的「左聯」在「獨裁文壇」、「霸佔文壇」用語，但他承認當時中國文藝思想界「顯然是受到左翼文藝思想的影響或支配」，成為「主導勢力」。〔註188〕

傅東華在《十年來的中國文藝》中指出：「革命文學或普羅文學發展到民十九（1930 年）初頭左聯成立的時候，勢力已經非常之膨脹。據日本人增田涉的觀察，當時『除了胡適等人的新月一派外，文壇之諸勢力殆以糾合統一在這裏了。』這話雖未必完全正確，但這一派文學在當時氣勢十分猖獗，乃是實情。高喊民族主義文藝的前鋒週報及以後的前鋒月刊相繼出來，企圖和左聯對抗。前鋒週報的宗旨似乎要從理論上去征服左翼文學」。由於「高呼民族主義文藝的攻擊家，大多是見名不見經傳的」人士，所以「左翼完全不把他們放在眼裏。而事實上這番民族主義文藝的吶喊，也確實不曾發生絲毫的效果」。在他看來，「要想憑藉幾句標語口號而播下民族主義的種子，當然是近乎不可能的」。傅東華認為民族主義文學是「一種符咒式的理論」，試圖用

〔註186〕中國文藝年鑑社編輯：《一九三二年中國文壇鳥瞰》，《中國文藝年鑑》（第一回，1932 年），上海：現代書局，1933 年，第 11～12 頁。

〔註187〕胡秋原：《阿狗文藝論——民族文藝理論之謬誤》，《文化評論》創刊號，1931年 12 月。

〔註188〕李何林：《近二十年中國文藝思潮論》，上海：生活書店，1948 年，第 305、272、273 頁。

這種理論去咒倒「左聯那樣一個有背景、有組織、有人材、有策略集團」主張的無產階級文學,無異是「一種太奢的奢望」。胡秋原等人「向左聯或者讀者要求或請願自己存在的權利,他們許可不許可呢?」〔註189〕

　　當時就有「左聯」人士指出胡秋原對錢杏邨的批判是「破壞左聯文學上的領導權,乃是非常明顯的事」;「顯然是左手打左聯,右手打民族主義派,而要從中建立起他的掛起馬克斯主義招牌,買賣個人主義膏藥的所謂自由人的聲勢,去欺騙讀者」。〔註190〕據參加「左聯」的林煥平回憶:「從思想潮流來說,當時的左翼文藝,成了文壇的主潮,這是事實」。〔註191〕有論者指出,當胡秋原拋出「文藝自由論」時,「『民族主義文學』已經失勢,而左翼文學風華正茂」,「左翼文學期刊此伏彼起,左聯成為事實上的文壇主宰、文學核心」。〔註192〕由此可見,無論是當時的論者,還是當年參與「左聯」作家的回憶都證實了胡秋原的說法。「左聯」要求作家按照其製定的宣傳大綱進行創作,確實存在著以階級論束縛作家創作自由、有「獨霸文壇」的傾向,是「事實上的文壇主宰、文學核心」。這就不難理解胡秋原向左翼文壇要創作自由了。「左聯」如果沒有建立無產階級的「中心意識」、只准無產階級的藝術存在,而排斥其他藝術,為何對胡秋原的批判如此敏感呢?「在反動勢力箝制言論的時候,提出言論自由的口號誰又說不應該?」胡秋原的「把持」或「獨霸」文壇的說法,在「左聯」看起來很礙眼。然而,既然「『把持』文壇的不是左翼,為什麼這樣擔心到幾年以後的事情呢?到了真正『把持』的時候,再來擁護把持也還不遲啊」。〔註193〕胡秋原還特意解釋說:「我並非否定民族文藝,同時,我更沒有否定普羅文藝」;「但是我並不主張只准某種藝術存在為排斥其他藝術,因為我是一個自由人」。〔註194〕儘管如此,在「左聯」看來,這不啻是向其宣戰,一場激烈的論戰由此而起。

〔註189〕傅東華:《十年來的中國文藝》,中華文化建設協會編:《十年來的中國》,上海:商務印書館,1937年,第667、668、669、670、681頁。

〔註190〕首甲(祝秀俠):《關於胡秋原蘇汶與左聯的文藝論戰》,《現代文化》第1卷第1期,1933年1月。

〔註191〕林煥平:《「左聯」雜憶》,中國左翼作家聯盟成立大會會址紀念館、上海魯迅紀念館編:《「左聯」紀念集》,上海:百家出版社,1990年,第13頁。

〔註192〕姚辛:《左聯史》,北京:光明日報出版社,2006年,第166頁。

〔註193〕胡秋原:《浪費的論爭──對於批判者的若干答辯》,《現代》第2卷第2期,1932年12月。

〔註194〕胡秋原:《勿侵略文藝》,《文化評論》第4期,1932年4月。

　　事實上，對於首先來自左翼的批判是出乎胡秋原的意料的。據他自述：「有兩個朋友談起要辦一個小小的批評的刊物……於是我就寫了關於某種文學的評論。不料寫出後，卻受這許多攻擊，而這攻擊，卻是由我想不到的左方來的。或者是一時氣盛之故罷，我就寫了一篇關於錢杏邨先生的批評，我當時的意思很簡單，不過是讓左翼理論家知道，責人也不必過於嚴酷，不可躬自薄而厚責於人的。後來我離開上海了，在鄉中接到友人寄來的兩份文藝新聞，知道是得罪一些朋友了」。〔註195〕胡秋原之所以沒想到攻擊是由「左方來的」，筆者以爲原因有三：

　　首先，他批判的主要矛頭是民族文藝，而且對左翼文學予以「同情之理解」。他認爲「民族文藝運動」，是當局爲「肅清思想界之『腐化』與『惡化』勢力」的產物；而以「灌輸階級意識爲目的的普羅文藝運動」首當其衝，成爲要「排除肅清」妨礙民族進展的思想。不僅如此，他還公開說他並不否認普羅文藝，這就清楚的表明他對左翼文藝的態度。其次，他批判的理論依據也和左翼陣營一樣，都是馬克思主義。他決定「教訓一下」左翼，主要是他不滿左翼唯我獨尊的氣勢，以爲唯有他們掌握了馬克思主義眞理。最後，儘管他後來說「民族主義文藝理論在此文中只是一個配腳」，主要是批評錢杏邨「根本違反馬克思主義」。但他對左翼的批判主要是在學術討論的範圍內，並沒有上陞到像批判民族文藝那樣的政治定性的高度。不僅視「左聯」諸君爲友，而且批駁錢杏邨曲解魯迅、茅盾等人作品的眞正含義和價值，無不表明他贊同魯迅、茅盾的文藝思想。即便對於錢杏邨本人，胡秋原對其「努力與精力」表示「是可佩服的」，仍肯定「他在中國新文藝批評之初期建設上」，「盡了相當的功績」。這從《錢杏邨理論之清算與民族文學理論之批評——馬克斯主義文藝理論之擁護》一文中就可以得到證實。從該文的主標題來看，「清算」前者而「批評」後者。從全文內容的篇幅上看，是「清算」前者遠比「批評」後者佔據更多的比重，但從批判的語氣上來看，對於後者的斥責卻又遠重於前者。副標題則表明他以維護馬克思主義文藝理論相標榜，透露出他看待兩種理論的態度是有差別的。他在文中清楚的表述了這種非同等看待的態度，「最近三四年來，中國文藝理論皆有一個最大的滑稽與一個最大的醜惡。前者即是左翼文藝理論家批評家錢杏邨君之『理論』與『批判』，後者即是隨暴

君之盛衰而升沉的民族文藝派之『理論』與『創作』。胡秋原在這裏將前者定性爲「滑稽」，而後者則是「醜惡」。顯而易見，他對兩種理論的定性是有明顯區別的。在該文中，他對「民族文藝理論」批判的語調是毫不手軟、聲色俱厲的。他的這種批判態度與上文提到的對國民黨執政當局的認識密切相關。

相較於對民族文藝運動的嚴厲批判，胡秋原對於錢杏邨文藝理論的「清算」，顯然並未上陞到政治審判的高度，其重心是在學術討論的範圍內闡釋他所認識的馬克思主義文藝論。試圖以此揭露錢杏邨雖標榜以馬克思主義爲旗號，但實際上是對馬克思主義文藝論的歪曲。目的是從理論上糾正當時流行的左翼文藝理論，實質上是不符合馬克思主義文藝理論的，並提醒說：「每個眞正的馬克斯主義者，應當注意馬克斯主義的贋品」，〔註196〕實際上是與「左聯」爭馬克思主義的正統，強調馬克思並不否文藝自由。然而，胡秋原的這種觀點在「左聯」理論家看來，實際上不僅否定了普羅文藝，而且與之爭奪馬克思主義話語權，於是就引發了雙方更激烈的論爭，胡秋原受到「左聯」的圍攻就勢所必然了。

綜上所述，胡秋原「文藝自由論」的指向，既包括國民黨執政當局及其支持的民族主義文藝運動，也包括左翼文壇「留聲機論」和無產階級文藝運動的左翼理論家。對於二者，他要求的自由是不同的。他向執政當局要的是屬於人權範圍內的思想言論出版自由、人身自由，體現了政治權利上的要求；向民族主義文藝運動要自由，是爲了揭示當局文藝專制主義政策的本質，批判其標榜的言論自由是欺騙民眾的眞相，進而論證民族文藝是維護當局統治的宣傳，並未有存在的價值。他向左翼文壇要的則是創作上的自由，即反對把文學與政治立場、階級意識、黨性原則的關係簡單化、庸俗化、機械化，反對以集團或政黨的行政命令的方式，要求作家按照事先製定的創作大綱進行公式化的創作。這體現了胡秋原的文藝思想中，反對文藝淪爲政治的「留聲機」和工具，尊重文藝發展規律的本體性。顯而易見，他的「文藝自由論」的理論意圖和指向是不同的，不能將其一概而論，混爲一談。

3. 「文藝自由論」與文藝的「黨性」和階級論

在研究普列漢諾夫和文藝史時，胡秋原將自由主義與馬克思主義進行調

〔註196〕胡秋原：《錢杏邨理論之清算與民族文藝理論之批評——馬克斯主義文藝理論之擁護》，《讀書雜誌》第 2 卷第 1 期，1932 年 1 月。

和,自稱「自由主義的馬克思主義」,「文藝自由論」就是這種思想的體現。在「文藝自由論辯」中,胡秋原主張「文學與藝術至死是自由的,民主的」,〔註197〕並提出眞正的馬克思主義者應是一個「自由人」。所謂「自由人」者,「是指一種態度而言,即是在文藝或哲學的領域。根據馬克斯主義的理論來研究,但不一定在政黨的領導之下,根據黨的當前實際政綱和迫切的需要來判斷一切」。「『自由』二字,革命家很怕提起」。然而「眞正的自由主義,不僅我們不必害怕,而正是我們所追求的東西。自由主義是革命期的資產階級反抗封建獨裁的武器,然而社會主義者亦不必拒絕它作反對資產階級獨裁的武器」。德國女革命家柴特金(Klara Zetkin)在《藝術與無產階級》的演講中指出:「社會主義是世界主義自由主義之當然的發展和變形,爲其精神內容者,就是社會主義。社會主義的藝術──如果這樣稱呼──也同樣是爲這種自由主義的思想之產物的偉大的有產者之古典藝術所育成的」。〔註198〕從蘇俄著名的文藝史家佛理采的《巴黎公社之藝術政策》看來,「也可看出是不主張國家直接干涉或指導文藝的」。〔註199〕這清楚的表明胡秋原是站在無黨無派的「自由人」立場,鼓吹文藝脫離政黨和階級而「自由」,要求任何政治勢力「勿侵略文藝」。

文藝的「黨性」(又稱「黨派性」),是「文藝自由論辯」的中心議題。文藝上的「黨性」原則源自列寧的《黨的組織與黨的文學》。「無黨性的寫作者滾開!超人的寫作者滾開!寫作事業應當成爲整個無產階級事業的一部分,成爲由整個工人階級的整個覺悟的先鋒隊所開動的一部巨大的社會民主主義機器的『齒輪和螺絲釘』,寫作事業應當成爲社會民主黨有組織的、有計劃的、統一的黨的工作的一個組成部分」。〔註200〕這不僅是左翼理論家在論辯中的根本指導思想,也是共產黨的文藝政策和毛澤東《在延安文藝座談會上的講話》的重要理論依據,但他們卻忽視了列寧是在一定範圍內才能適用的觀點。文化哲學上的「黨性」原則,廣義上是思想理論的實踐性;狹義上則要求作家成爲革命機器上的「齒輪和螺絲釘」。

〔註197〕 胡秋原:《阿狗文藝論──民族文藝理論之謬誤》,《文化評論》創刊號,1931年 12 月。

〔註198〕 胡秋原:《浪費的論爭──對於批判者的若干答辯》,《現代》第 2 卷第 2 期,1932 年 12 月。

〔註199〕 〔俄〕佛理采著,胡秋原譯:《藝術社會學・原著者傳略》,上海:神州國光社,1931 年,第 82 頁。

〔註200〕 列寧:《黨的組織和黨的出版物》,《列寧全集》第 12 卷,北京:人民出版社,1990 年,第 93 頁。

　　對於「文藝主張和政策，都是從蘇聯那裏移植過來的」「左聯」來說，〔註201〕在「文藝自由論辯」中，「黨性」原則必然貫徹其中。對此，茅盾就曾指出，「左聯」「有提高文藝理論到『伊里支階段』的運動，有『強調文藝黨派性』的呼聲」。〔註202〕他後來回憶說：「『左聯』自始就有一個毛病，即把『左聯』作為『政黨』似的辦」。金丁也指出：「『左聯』實際上是和黨的組織差不多。當時『左聯』是有『第二黨』之稱的」。〔註203〕可見，「左聯」不僅在組織人事上強化階級的純潔性，而且確實存在通過論戰加強思想上的黨性原則的意圖。1930 年 4 月，世界革命作家聯盟（「左聯」乃下屬支部）機關雜誌──《世界革命文學》（第 1～5 期）運抵到滬，〔註204〕其內容在《文藝新聞》及其隨後改名為《文學月報》上刊載，根本精神是把文化哲學提高到列寧所謂「黨性」原則上，反對以普列漢諾夫為正統，批判托洛茨基、盧那卡爾斯基的觀點是「腐敗的自由主義」。對蘇俄文壇當時轉向「更『左些』了」的氛圍，要求更加徹底的布爾什維克化。胡秋原提出質疑，「何以在喜沉思好自由的俄國民族藝術上專制主義的氣味這麼濃厚呢──雖然比我國的左翼作家的態度開明多了」。〔註205〕蘇俄這種強化「黨性」原則的「左」的文藝思潮，加之當時中共黨內先後幾次「左」傾路線，反映在文藝運動上，表現為思想及其方法上的偏激和片面，理論上的教條化和庸俗化，組織上的宗派性。而這種「左」的傾向在與胡秋原的論辯中發揮得淋漓盡致，「文藝自由論」與文藝的「黨性」和階級論展開論辯。據周揚回憶：左翼文藝界與胡秋原的論辯，「主要原因和歷史意義，遠遠不在一般理論探討上，關鍵在於捍衛馬列主義文藝理論的黨性原則，進一步闡明文學的階級性」。〔註206〕

　　胡秋原以擁護馬克思主義文藝理論之名，從學術討論的角度批判錢杏邨。認為在混沌幼稚的中國文壇，錢杏邨「打著『Marxism』批評的旗幟，幾

〔註201〕劉心皇：《現代中國文學史話》，臺北：正中書局，1979 年，第 465 頁。

〔註202〕《一張不正確的照片》，《文學》第 1 卷第 4 號，1933 年 10 月。

〔註203〕茅盾：《關於「左聯」》、金丁：《有關左聯的一些回憶》，《左聯回憶錄》編輯組編：《左聯回憶錄》，北京：中國社會科學出版社，1982 年，第 149、190 頁。

〔註204〕《每日筆記》：《文藝新聞》第 49 號，1932 年 4 月 4 日。

〔註205〕萩原（秋原）：《最近世界各國文壇之主潮・蘇俄》（三），《讀書雜誌》第 1 卷第 6 期，1931 年 10 月。

〔註206〕張大明：《堅持輿論一律保留個人風格──編〈周揚文集〉札記》，《文藝評論》1985 年第 3 期。

乎成了中國唯一馬克斯主義批評家」。其實只是「招牌」而已，「而其內容可說是和馬克斯主義毫不相干」。其理論「實在與馬克斯主義不僅相隔太遠，而且簡直是馬克斯主義的反面」。並且聲稱「我不是對普羅文學理論或錢先生個人有什麼不滿之感，而是因爲錢先生墮落了馬克斯主義文藝理論之信用」。「錢杏邨的批評與理論，是充滿理論混亂，觀念論的，主觀主義的，右傾機會主義與左傾小兒病的空談，並非眞實批評的成分」。所有這些都「使中國馬克斯主義批評走到不正確的路線」上去。〔註207〕時人對此評價道：「關於清算錢杏邨理論這一點，我們很客觀地來說，胡秋原的勇氣實可佩服，並且胡秋原的理論素養實非不學無術的錢杏邨所可同日而語」。〔註208〕後來有學者指出錢杏邨「脫離現實的概念化批評模式強化了革命文學創作中扭曲現實的『臉譜主義』。它處處表現出思想方法上庸俗社會學和機械唯物論的特徵」。「他把文學與政治、與階級、與作家世界觀的聯繫變成了脫離現實、脫離藝術特性的機械關係。這種批評模式，它的基本觀念和方法一直或隱或顯地留存在此後半個世紀的文學運動中，以至於每一個眞正的馬克思主義文藝家都不能不與之進行反覆的鬥爭。這或許是錢杏邨自己也始料未及的」。〔註209〕證實了胡秋原所言，使「馬克思主義批評走到不正確道路」上去的合理性。

　　儘管「左聯」理論家也承認錢杏邨文藝批評的錯誤，但這種批評與無黨無派的「自由人」胡秋原的立場是不同的，他們是站在「黨性」原則的立場上，將錢杏邨與胡秋原進行原則性的區別。有「第二黨」之稱的「左聯」，在當時是一個濃厚的宗派主義的團體，一旦其成員受到外部的批判，被視爲向其挑戰，自然會激起整個集團的反擊。因此，胡秋原受到圍攻就成爲一種必然了。上文述及瞿秋白對胡秋原的政治定性，爲「左聯」的批判定下了基調。隨後加入論戰的馮雪峰、周揚等人「集中火力」對胡秋原群起而攻之，無不以政治立場、「黨性」原則和集團化的力量進行批判，這就將本是文藝理論範疇的爭辯上陞到革命、政治、黨性、階級和意識形態的高度上來。

　　瞿秋白認爲胡秋原「所謂『自由人』的立場不容許他成爲眞正的馬克思

〔註207〕胡秋原：《錢杏邨理論之清算與民族文學之批評──馬克斯主義文藝理論之擁護》，《讀書雜誌》第 2 卷第 1 期，1932 年 5 月。
〔註208〕余慕陶：《一九三二年文藝論戰之總評》，《讀書雜誌》第 3 卷第 2 期，1933 年 2 月。
〔註209〕艾曉明：《中國左翼文學思潮探源》，北京：北京大學出版社，2007 年，第 154 頁。

主義者」。錢杏邨比起胡秋原來，始終有一個優點：「至少還有一些尋找階級的眞理的態度」，雖未「找著運用藝術來幫助政治鬥爭的正確方法」，但「還在尋找」，且「有尋找的意志」；「錢杏邨的錯誤並不在於他提出文藝的政治化，而在於他實際上取消了文藝，放棄了文藝的特殊工具」。而胡秋原是「立定主意反對一切『利用』藝術的政治手段」。〔註210〕

馮雪峰認爲胡秋原「不是攻擊錢杏邨個人，而是進攻整個普羅革命文學運動」；「以『自由人』的立場，反對民族主義文學的名義，暗暗地實行了反普羅革命文學的任務」；「以『清算再批判』的取消派的立場，公開地向普羅文學運動進攻，他的眞面目完全暴露了」。〔註211〕他被反動陣營「利用著，並且他也彷彿甘心被利用，在群眾面前他已經是敵人的衝鋒裏面的一個了」。並向胡秋原提出：「到底爲誰而戰？」在馮雪峰看來，「列寧的關於文學和哲學的黨派性的原則，當然應該在普羅革命文學創作上，尤其在批評上來應用，發展」。〔註212〕

周揚認爲只有「站在無產階級的立場，百分之百地發揮階級性，黨派性」，才會「接近眞理」，才是「眞理的唯一具現者」。〔註213〕對此胡風認爲「把握到哲學上以及藝術理論上『黨派性』的意義。這個問題周起應先生在《現代》第6期上提起過。……胡秋原先生對這一點投來了最大的嘲笑」。〔註214〕周揚批判胡秋原以「口頭上擁護馬克思主義甚至藍寧（列寧）主義，來曲解、強姦、閹割馬克思藍寧主義，以口頭上同情中國普洛革命文學，來巧妙地破壞中國普洛革命文學」。從普列漢諾夫出發的胡秋原，其理論「陷在資產階級的自由主義的泥沼裏面」；對文學的根本認識上，「抹殺文學的階級性，黨派性，抹殺文學的積極作用」；「在自由主義的孟塞維克的理論系統之下」，攻擊「普

〔註210〕易嘉（瞿秋白）：《文藝的自由和文學家的不自由》，《現代》第1卷第6期，1932年10月。

〔註211〕洛揚（馮雪峰）：《「阿狗文藝」論者的醜臉譜》，《文藝新聞》第58號，1932年6月6日。該文後來改名爲《致文藝新聞的一封信》，馮雪峰說：「阿狗」和「醜臉譜」是記者所標。參見洛揚：《並非浪費的論爭》，《現代》第2卷第3期，1933年1月。

〔註212〕洛揚（馮雪峰）：《並非浪費的論爭》，《現代》第2卷第3期，1933年1月。

〔註213〕周起應（周揚）：《到底是誰不要眞理，不要文藝？》，《現代》第1卷第6期，1932年10月。

〔註214〕胡風：《粉飾、歪曲、鐵一般的事實》，《文學月報》第5、6號合刊，1932年12月。

洛革命文學，比民族主義者還有惡毒」；「普洛列塔利亞的黨派性是最大的自由，而站在這個黨派性上面的藝術家也就是世界上最自由的藝術家」。胡秋原「如果真愛自由的話，他就至少不應該反對這到自由的唯一之路的黨派性」，其「所主張的文學的自由正是和藍寧的黨派性是對立的」。他進而又指出：「從胡秋原對於黨派性的這種輕蔑和嘲笑的態度中，我們可以看出：一方面他是怎樣以拋棄馬克思主義的最大的而且最有價值的傳統——馬克思主義哲學的黨派性，來貶降馬克思主義的革命的本質」；「另一方面他是怎樣用『我是自由人……無黨無派』這些話，來掩飾他自己的社會法西斯蒂的黨派性」。〔註215〕在周揚看來，「黨派性」實際上是「階級性」的「更發展了的，更深化了的思想和實踐」；「列寧對於文學的黨派性的規定，可以說是對於文學的階級性的更完全的認識，也可以說是關於階級社會中意識形態的階級的性質的馬克思、恩格斯的命題之更進一步的發展和具體化」；「無黨無派」就變成「超階級性，是資產階級的『中立性』『純粹性』的幻想」。因此文學必須「從屬於」、「服務於」政治。〔註216〕

在文藝的「黨性」原則上，對於「左聯」理論家的指責，胡秋原回應道：伊里支（列寧）就說過「文學應該是黨的文學」，也強調「哲學之黨派性」；「不過，一個革命領袖這麼說，文學者沒有反對的必要」；「不屬於黨的文學家滾開罷」，「『滾』就是了」。然而，「既談文學，僅僅這樣說是不能使人心服的」。〔註217〕「這是『黨之文學原理』，是政策，不是文學批評原理，不是批評呀！」「藝術家自不能以藝術名義反對人類進步而採取的急進政策。然而要是蒙著批評之皮對文學來發號施令，要『打發他們去』或『克服』他人，藝術家是有理由辯駁的」。〔註218〕在胡秋原看來，文藝自由是「一切真文藝的基本條件」，「所謂自由就是讓作家表現其真面目、真感情。因此，文藝首先需要作家保持真我，而不自外，失其自我。文藝一旦成為政治的工具，作家的自由就得不到保障。自從列寧提出「文學必須是黨的文學」，以及所謂「無產文化」、

〔註215〕綺影（周揚）：《自由人文學理論檢討》，《文學月報》第 5、6 號合刊，1932年 12 月。
〔註216〕周起應（周揚）：《文學的真實性》，《現代》第 3 卷第 1 期，1933 年 5 月。
〔註217〕胡秋原：《浪費的論爭——對於批判者的若干答辯》，《現代》第 2 卷第 2 期，1932 年 12 月。
〔註218〕胡秋原：《唯物史觀藝術論：樸列汗諾夫及其藝術理論之研究》，上海：神州國光社，1932 年，第 441～442 頁。

「普羅文學」之後，就有所謂「文藝政策」，「要以政治指揮文藝，這只有假文藝」。〔註219〕胡秋原認為左翼陣營「『莫須有』的裁判」，「革命的態度與和革命的武斷著實令人可驚」。易嘉先生與其「覺得現在只有馬克斯主義政黨在『把持文學』」，不如直接明示「當無產者要用文藝來革命的時候，誰不加入『左翼』，就是反動作家，就是資產階級的『走狗』，就是黑暗世界的走狗」。依據易嘉先生的意見，「藝術一定要是政黨的，無尊嚴，無人格的」，「反對民族文學必須擁護普羅文學」。胡秋原引用梅林的觀點，來說明「藝術有其自身的特性，不能被政治完全掩蓋的」。梅林「不僅反對輕蔑文學遺產者，並如馬克斯一樣，主張應許詩人以一定自由，不應以黨之指令，指導詩人創作」。對於周揚的指責，胡秋原指出：「一談到左翼文壇自己就已認為錯誤的若干謬點，即大聲疾呼，這就是『攻擊左翼文壇』，難道諸公就這樣神聖不可侵犯？」如果這樣，不如聲明「不准批評」，也省點力氣了。而洛揚氏為錢杏邨辯護，「唯一方法就是不在理論上反駁！而一口咬定他人是什麼『黨』什麼『派』，就是『攻擊左翼文壇』，就是『反動』，這樣的文過主義；潑婦主義，真是怕人！其實什麼屁黨鳥派，不是這麼使人人都銷魂蕩魄的」；「自由人當誅，左翼理論家聖明，尚何言哉！然而我要說，這樣懶惰的辦法與可憐的暴論，是難於使一個有理性的人心服的」。他還提醒左翼文壇「爭論是常事，不能以為人家偶而說了一句於自己或某一人不利的話，就疑心什麼『陰謀』，因為某幾個人或某一個人的利益，並不見得就是全革命的利益；在這個世界上，有『陰謀』的人，是不見得如諸位想的之多的。至於用什麼『黨』『派』之類的名稱來陷害他人，這陰謀實在近於殘酷，而用這轉移視線，更不見得就是理論勝利之證據。這種方法，雖然可以維繫若干的人心，然而對於有理性的旁觀者，是非畢竟是很明白的」。〔註220〕蘇汶也認為「科學的唯物論並不定是某一黨派所專有的東西」，「真正的藝術品的產生無需乎指導大綱」。〔註221〕很明顯，蘇汶支持胡秋原的文藝自由思想，而反對「左聯」主張的文藝的「黨性」。

胡秋原在答辯中指出馬克思、恩格斯、梅林和普列漢諾夫都主張文藝有其自身特性，應給文藝家以自由，不應以黨的指令指導作家的創作，不應有

〔註219〕胡秋原：《我的文藝觀》，胡秋原：《文學與歷史》，臺北：東大圖書股份有限公司，1994年，第40頁。

〔註220〕胡秋原：《浪費的論爭——對於批判者的若干答辯》，《現代》第2卷第2期，1932年12月。

〔註221〕蘇汶：《論文學上的干涉主義》，《現代》第1卷第6期，1932年10月。

所謂「文藝政策」，文藝的「黨性」和「文藝政策」始於列寧。蘇汶認為胡秋原所說文藝上的「目的意識論不過是列寧之政治理論在文藝上之機械底適用」，他「至少是暗示著列寧主義也不過爾爾，是暗示著列寧主義用不到文藝上來」。〔註222〕余慕陶也認為是「列寧硬把文學放到黨裏來」的，胡秋原「否認的文學上的目的意識論，也走到了拋棄列寧主義的道路」。〔註223〕事實上，他畢生都認為列寧主義不是真正的馬克思主義。據他自述：「由於我的馬克斯主義以樸列漢諾夫為標準，我不承認列寧主義是馬克斯主義，由於我只承認馬克斯主義而不承認馬列主義，所以對於列寧派人物，如托洛斯基、布哈林、史達林等，向不承認其為真馬克斯主義者，尤其是史達林」。俄國許多作家在革命之初多表歡迎，「但列寧則在《黨的組織與黨的文學》中認為文學必須是黨的文學，黨的工具。這逐漸造成共（產）黨與作家之衝突。列寧在世之日，已開始恐怖，迫害作家。托洛斯基在其《文學與革命》一書中亦要求文學服務革命，並未主張文藝自由」。「史達林專政，蘇俄作家漸入文奴之境」，「恐怖變本加厲」；「承認文藝自由與否，是馬列分水線，而不承認，必到史達林主義」。〔註224〕

　　在文藝的階級性上，瞿秋白認為胡秋原「固然自己以為是歷史的辯證法的唯物論者，但是他對於階級，對於黨派，是十分的恐懼，唯恐怕沾污了他的『高尚情思的文藝』」；「勿侵略文藝」的叫喊，「說客氣些，客觀上是幫助統治階級——用大家不准侵略文藝的假面具，是實行攻擊無產階級的階級文藝」。〔註225〕不僅如此，「最重要的是他要文學脫離無產階級而自由，脫離廣大的群眾而自由」。〔註226〕馮雪峰指出：「錢杏邨的一切錯誤的根本，在於他不理解文學和批評的階級的任務，在於他常常表現的階級的妥協與投降。而胡秋原的主義，是文學的自由，是反對文學的階級性的強調，是文學的階級

〔註222〕蘇汶：《關於〈文新〉與胡秋原的文藝論辯》，《現代》第 1 卷第 3 號，1932年 7 月。

〔註223〕余慕陶：《一九三二年文藝論戰之總評》，《讀書雜誌》第 3 卷第 2 期，1933年 2 月。

〔註224〕胡秋原：《關於〈紅旗〉對胡秋原先生的誹謗及文藝自由與統一救國等問題》，《中華雜誌》1972 年 8 月號。

〔註225〕文藝新聞社（瞿秋白）：《「自由人」的文化運動——答覆胡秋原和〈文化評論〉》，《文藝新聞》第 56 號，1932 年 5 月 23 日。

〔註226〕易嘉（瞿秋白）：《文藝的自由和文學家的不自由》，《現代》第 1 卷第 6 期，1932 年 10 月。

的任務之取消」。〔註227〕首甲指責胡秋原「文藝自由」思想是「根本取消了革命的實踐意義，揚棄了馬克斯主義最實質的東西」；「他批評錢杏邨陷入觀念論的傾向，而自己卻正是觀念論者的代言人」；「藝術是生活的表現，認識和批評」，這種說法，「無異是抹殺了文學的階級性和貶低文學的功能」。〔註228〕

事實上，胡秋原不否認文學的階級性，並指出：「一切文學都是有階級性的」，他引用普列漢諾夫的觀點，認爲文學有「時代的作風」（Style of Epoch），有「階級的作風」（Style of Class）；「有階級鬥爭（Class Struggle），又有階級同化（Class Assimilation），有階級的忠臣，有階級的逆子」；「文學上階級性之流露，常是通過極複雜的階級心理，社會心理，並在其中發生『屈折』的」。〔註229〕對於左翼文壇主張文藝階級論，持中間立場的知識分子評價道：「中國文壇自從普羅文學入寇以來，替文學套上了一個枷鎖，那便是階級的宣傳；這階級的宣傳最大作用便是一面在文學領域裏造成個獨裁運動，再次便實行一個所謂『一個階級大翻騰』。這種企圖就靠著一個理論來領導，陣營是老早張開了」。左翼理論家猶如「一個權威的審判長」，「虔誠的法官，只奉行一種爲他們自己生計著想而抹殺一切的法典」。換言之，他們「可以否定一切，可以肯定一切，而無須再顧到那個法典以外的眞理」；「文藝不是某一個階級或某一個人的獨佔品，它是一個很自由的東西」！〔註230〕

在文藝與政治的關係上，周揚認爲胡秋原是「文藝消極論，實際上，是否定文學的積極的，實踐的任務——即文學的政治的意義，換言之，就是取消文學的武器作用」；「想用『文學之最高目的』這冠冕堂皇的字面來暗示以藝術作階級鬥爭（政治爭鬥）的武器不過是『藝術之墮落』罷了」。在周揚看來，「自由主義的馬克思主義」文學理論家胡秋原的任務是：「以一面在藝術的根本認識上，抹殺藝術的階級性，黨派性，抹殺藝術的積極作用和對於藝術的政治的優位性，來破壞普洛文學的能動性，革命性，一面以普洛文化否定論作理論基礎，來根本否認普洛文學的存在，在意識形態領域的文學上解

〔註227〕洛揚：《「阿狗文藝」論者的醜臉譜》，《文藝新聞》第 58 號，1932 年 6 月 6 日。

〔註228〕首甲（祝秀俠）：《關於胡秋原蘇汶與左聯的文藝論戰》，《現代文化》第 1 卷第 1 期，1933 年 1 月。

〔註229〕胡秋原：《浪費的論爭——對於批判者的若干答辯》，《現代》第 2 卷第 2 期，1932 年 12 月。

〔註230〕天狼：《「自由人」論戰的總結》，《新壘月刊》第 1 卷第 2 期，1933 年 2 月。

除普洛列塔利亞特的武裝」。因此得出「不把胡秋原當同路人，而只當作敵人來攻擊，到現在爲止，是並沒有錯誤的」結論。〔註231〕對於加入論戰的蘇汶，周揚認爲蘇汶看似罵胡秋原，恭維左翼文壇，「實際上他是在歡迎胡秋原的自由主義的創作理論，而且非常巧妙地幫助胡秋原來攻擊『左翼文壇』」；用什麼「自由主義」，「藝術至上」來「遮掩他們的本來面目，以欺騙群眾」，「暴露了他們的反動性」。「自由主義的創作理論的本質是不主張『某一種文學把持文壇』」，換言之，「就是要文學脫離無產階級而自由」，「即要在意識形態上解除無產階級的武裝」。進而指責胡秋原是「把自己裹在『自由主義』的外套裏面，戴著藝術至上的王冠」；這種文藝自由是資產階級的自由，是「戴著假面具去受錢袋的支配，去受人家的收買，去受人家的豢養」。〔註232〕瞿秋白認爲「胡秋原肯定的認爲藝術不應當做政治的『留聲機』」，他是「立定主意反對一切『利用』藝術的政治手段。其藝術理論其實是變相的藝術至上論」；「他的根本立場，還在於他認爲藝術只應當有高尚的情思，而不應當做政治的『留聲機』」；因此，「他認爲藝術是獨立的，藝術有尊嚴，有宮殿，有人格」。事實上，則是「否認藝術的積極作用，否認藝術能夠影響生活」。胡秋原「看見了階級文藝而認爲這算不了文藝，而只是『政治的留聲機』，這是『藝術的叛徒』」；「在有階級的社會裏，沒有眞正的實在的自由。當無產階級公開的要求文藝的鬥爭工具的時候，誰要出來大叫『勿侵略文藝』，誰就無意之中做了僞善的資產階級的藝術至上派的『留聲機』」。在瞿秋白看來，文藝「都是煽動和宣傳，有意的無意的都是宣傳。文藝也永遠是，到處是政治的『留聲機』」。〔註233〕

　　胡秋原並未否認文藝與政治的關係，他指出「易嘉先生的美學綱領我是懂得了：藝術批評之目的，就在『找著運用藝術來幫助政治鬥爭的正確方法』」。他表示：「我決不是『立定主意反對一切』利用藝術的政治手段，而對於利用藝術爲革命的政治手段，並不反對。爲什麼呢？因爲革命是最高利益，不能爲藝術障礙革命。爲革命犧牲一切，誰也無反對之理由」；「在我反對下

〔註231〕綺影（周揚）：《自由人文學理論檢討》，《文學月報》第 5、6 號合刊，1932 年 12 月。

〔註232〕周起應（周揚）：《到底是誰不要眞理，不要文藝？》，《現代》第 1 卷第 6 期，1932 年 10 月。

〔註233〕易嘉（瞿秋白）：《文藝的自由和文學家的不自由》，《現代》第 1 卷第 6 期，1932 年 10 月。

流的政派侵略強姦文學的時候，左翼理論家還要仗義執言，唯恐取消了文藝之政治義務」；「難道一切功利論者都非『聯合起來，打倒藝術至上主義者』不可麼？我如果有罪，那只有一個就是沒有主張普羅文學應該獨佔文壇」；「以爲文藝可以改造世界，這是『半部論語治天下』的見解，是以爲口中念念有詞就能致人於死地的原始巫術崇拜者」。他認爲將文藝視爲革命工具，則決不是「很有力量」的；文藝的社會機能，既不能高估，也不能低估；「文藝影響生活」，但文藝決不是「很有力量的革命工具」；因此用「文藝幫助革命」，做「改造群眾宇宙人生觀的武器」，誰會「深信不疑於這『奇蹟』」呢？誇大上層建築的反作用，是「還原到『意見支配世界』的概念論，而迴避了實際的政治鬥爭」。〔註234〕

胡秋原指出：「其實，我壓根兒就沒有想到去號召群眾，更犯不著去『欺騙群眾』」；「我根本沒有想繳無產階級的文學的械，左翼理論家一定要這樣神經過敏，則豈僅如此，我就還『左』些，又安保不說還是有『某種政治作用』」？他「承認普羅文學存在的權利，獨佔也行的」，「決不反對普羅文學的存在及其特權的」，反對的是「左聯」理論家的「趾高氣揚，彷彿上天下地，唯我獨尊」的態度；進而指出「左翼中人只要一掛革命招牌，就怎樣亂說都是天經地義了。我固然無可不沉默，但恐怕要封天下人之口，也沒有那麼容易。自己錯了，旁人指出之後不唯不感謝，而又明知難以掩飾，於是就『誅心』，一口咬定是不懷好意的，我想這才真是漂亮而國粹的『陰謀』。但爲左翼著想，這決不是好的態度。我想無論『自由人』也好，『第三種人』也好，對左翼敬而遠之者，至少大多數決非存心攻擊」；「非依照左聯的宣傳大綱不可」，否則，就是「反動」。由於他持「自由人」的立場，因而沒有這個義務。「如果意見不同，那也不必爭論」，「道不同不相爲謀」。

爲了使爭辯達成共識，胡秋原也「希望大家都能夠反省一下」，呼籲「左聯」改變武斷、橫暴的態度，不要「空包辦文學」，「清算自己的一部分的錯誤」，「在實際成績中求領導，在理論上更作堅實的工作」，「多一些寬容」，「讓步一點」，是可以達成共識的。他指出「天天叫他人『克服』，而自己以爲無須『克服』了，這是最無希望的態度，而也不是一個革命者所應有的」；學習蘇俄文學界的經驗，但「不能死板抄襲決議案，因爲客觀情勢雙方不同」；不

〔註234〕胡秋原：《浪費的論爭——對於批判者的若干答辯》，《現代》第2卷第2期，1932年12月。

要用命令指導或嚇唬異見者，「不能夠以為一戴上革命之冠，就可胡說亂道而無忌諱」；對馬克思主義的理論武器，認真研究，「只要不懶惰，很容易取勝的，何取乎亂說和亂罵」？唯如此，中國文學才能取得切實的進步。胡秋原不僅表示「對於真正的革命家思想家，我從來就尊敬，對於整個普羅文學運動，也只有無限同情」，而且也承認「中國左翼文壇是一天一天向比較正確的路線上走」。〔註235〕

對胡秋原提出文藝上的人道主義思想，「左聯」理論家紛紛予以指責。瞿秋白指責胡秋原提出的「只是安得列夫的人道主義的口號：『消滅人類間一切的階級隔閡』」，「其實是反對階級文藝的理論」。〔註236〕蘇月認為「個人主義、人道主義等作品」，「在普羅文藝裏，非但不容許他存在；在他中間，事實上也找不出有存在普羅文學中的價值」。〔註237〕周揚認為胡秋原「想用這種人道主義式的幻想，來遮掩文學的鬥爭階級的實踐」。〔註238〕在胡風看來，胡秋原所謂「偉大的藝術家常是被壓迫者苦難者的朋友」的說法，則「完全陷到人道主義的泥坑裏面去了」。〔註239〕對此，胡秋原回應說：「『消滅人類間一切隔閡』的人道主義」，「階級隔閡也由於階級榨取制度，而消滅階級榨取制度，是馬克斯主義之最高目的」。「消滅階級隔閡」與「新興階級站在消滅人剝削人的制度的立場上」，又有何不同呢？〔註240〕

「左聯」理論家由批評胡秋原，進而批判其思想和理論來源的普列漢諾夫。主要體現在以下兩個方面：首先，胡秋原的理論基礎來自普列漢諾夫，但普氏的文藝理論包含許多錯誤的觀點。馮雪峰認為普氏「對階級鬥爭的認識是機會主義的」，因此，他對「藝術文學的階級性的理解是機械論的」，「並非堅固地站在無產階級的立場上而來的」。而胡秋原是普氏「最壞的歪曲者，

〔註235〕 胡秋原：《浪費的論爭──對於批判者的若干答辯》，《現代》第 2 卷第 2 期，1932 年 12 月。

〔註236〕 易嘉（瞿秋白）：《文藝的自由和文學家的不自由》，《現代》第 1 卷第 6 期，1932 年 10 月。

〔註237〕 舒月：《從第三種人說到左聯》，《現代》第 1 卷第 6 期，1932 年 10 月。

〔註238〕 綺影（周揚）：《自由人文學理論檢討》，《文學月報》第 5、6 號合刊，1932 年 12 月。

〔註239〕 谷非（胡風）：《現階段上的文藝批評之幾個緊要問題》，《現代文化》第 1 卷第 1 期，1933 年 1 月。

〔註240〕 胡秋原：《浪費的論爭──對於批判者的若干答辯》，《現代》第 2 卷第 2 期，1932 年 12 月。

最惡劣的引用者」；「反對普羅革命文學已經比民族主義文學者更站在『前鋒』了，對於他及其一派，現在非加緊暴露和鬥爭不可」。〔註241〕在瞿秋白看來，普氏「藝術理論之中，已經包含著客觀主義和輕視階級性的成分，也包含著藝術消極論的萌芽」。〔註242〕其次，胡秋原誤讀普氏的文藝理論和不贊成列寧的文藝原則。馮雪峰指出胡秋原「不能心服列寧的原則之在文學上的應用」，也「捨不得樸列汗諾夫等」。因此，他反對蘇俄對普氏的批判，不承認其「藝術理論之中有孟塞維克的要素，自然他就不能批判地接受了樸列汗諾夫的一切」。〔註243〕瞿秋白認為胡秋原的理論是「一種虛偽的客觀主義，他恰好把樸列汗諾夫理論之中的優點清洗了出去，而把樸列漢諾夫的孟塞維克主義發展到最大限度──變成了資產階級的虛偽的旁觀主義」；普氏理論到胡秋原這裏「竟變成了百分之一百的資產階級的自由主義」。〔註244〕周揚指責胡秋原「否認蘇俄文學理論家對於樸列汗諾夫的一切批判，從而否認藍寧（列寧）階段的蘇俄文學理論」；「他不理解關於『階級鬥爭的客觀主義』的藍寧的說教，而把關於『科學的批評』的樸列汗諾夫的孟塞維克的客觀主義的見解奉為正統的馬克思主義」。〔註245〕祝秀俠也認為胡秋原「自以為是最瞭解馬克斯主義的中國第一人而又是非常自負的一位蒲列哈諾夫通」。〔註246〕

站在中間立場的知識分子對雙方論爭的評價，為我們提供了審視「左聯」和胡秋原爭論孰是孰非的視角。余慕陶認為：「左聯自然是自視為十足的馬克思主義者，自由人的胡秋原自命為中國的樸列漢諾夫專家」。〔註247〕蘇汶也指出胡秋原「繼承了樸列漢諾夫的道統」，「抱定從一而終主義」。〔註248〕由此不

〔註241〕洛揚：《「阿狗文藝」論者的醜臉譜》，《文藝新聞》第 58 號，1932 年 6 月 6 日。

〔註242〕易嘉（瞿秋白）：《文藝的自由和文學家的不自由》，《現代》第 1 卷第 6 期，1932 年 10 月。

〔註243〕洛揚（馮雪峰）：《並非浪費的論爭》，《現代》第 2 卷第 3 期，1933 年 1 月。

〔註244〕易嘉（瞿秋白）：《文藝的自由和文學家的不自由》，《現代》第 1 卷第 6 期，1932 年 10 月。

〔註245〕綺影（周揚）：《自由人文學理論檢討》，《文學月報》第 5、6 號合刊，1932 年 12 月。

〔註246〕首甲（祝秀俠）：《關於胡秋原蘇汶與左聯的文藝論戰》，《現代文化》第 1 卷第 1 期，1933 年 1 月。

〔註247〕余慕陶：《一九三二年文藝論戰之總評》，《讀書雜誌》第 3 卷第 2 期，1933 年 2 月。

〔註248〕蘇汶：《關於〈文新〉與胡秋原的文藝論辯》，《現代》第 1 卷第 3 號，1932 年 7 月。

難看出，胡秋原論辯中所依據的理論來自普列漢諾夫。「左聯」理論家以政治立場上批判普氏，否認其理論價值不無偏頗。對此，胡秋原回應說：「我絕未曾自命什麼『中國樸列汗諾夫專家』，我實在懂得太少了」，那是「書店的廣告，我也是不負責」。〔註249〕普列漢諾夫在蘇俄大受非難，其理論家「一直判決樸氏是孟塞維克」，「左聯」也要「批發」其理論，「然而所可惜者，這些理論家只是反覆所謂『孟塞維克』的罪狀，而自己，又很吝嗇，不肯拿出比這『孟塞維克』更好的東西」；「成則為王，敗則為寇，我們談什麼理論呢？」易嘉先生還要與洛揚之流一鼻孔出氣，認為我把樸氏的「孟塞維克主義發展到極限」，「這旗幟，更使我對易嘉先生寒心，因為『這兒有一點 Provocation 的意味』，在暗示讀者我是一個孟塞維克了」。胡秋原認為「左聯」非難普氏，是對伊里支（列寧）遺言的不敬：「不真正理解樸列汗諾夫，算不得一個真正馬克斯主義者」；「革命以後很多人反對印樸氏全集時，正是伊里支不因樸氏孟塞維克的政治立場力主印行，並列為共產主義必修教科書。與蘇俄相比，我們是多麼徹底！」「這樣小氣而淺薄的根性不能除去，真正的革命，文藝理論，與我們都是無緣的」。〔註250〕在蘇俄和左翼陣營一致批判普氏孟塞維克的政治立場，而否決其理論價值之際，胡秋原不畏權勢，大贊普氏，不僅顯示出他的理論勇氣，而且也表明他對馬克思主義文藝思想和理論的理解更為客觀、準確。

在答辯中，胡秋原也指出「左聯」理論家暴露出來的理論上的不足。針對周揚指責自由主義創作理論和胡秋原都攻擊左翼文壇的說法，胡秋原提醒他最好看看蘇俄文學決議案及蘇俄文學理論，就知道其理論是否可以成立。而對舒月所謂「馬克思給海涅一種冷酷的批判」，胡秋原批評其「歪曲史實一至於此」！若肯虛心讀「梅林的《馬克斯傳》，就可知馬克斯並不是『冷酷批判海涅』，那只是舒月先生之荒乎其唐的想像耳」；「不僅馬克斯對於海涅極其寬大，列寧對於高爾基，也是極其寬大的」；「左翼理論家皆以馬克斯列寧自負，似乎中國的馬克斯很多，然而，實在是少啊」！胡秋原曾見「一本左翼雜誌上大談辯證法的思維，無一句不錯不待說了，而居然說『俄國馬克斯主義之父的樸列漢諾夫是中了德波林之毒……』云，似乎德波林是俄國馬克斯

〔註249〕余慕陶：《一九三二年文藝論戰之總評》，《讀書雜誌》第 3 卷第 2 期，1933 年 2 月。

〔註250〕胡秋原：《浪費的論爭──對於批判者的若干答辯》，《現代》第 2 卷第 2 期，1932 年 12 月。

主義之祖父了！鬧了這樣的笑話還要批判他人」；「然而因爲是革命家說的，指鹿爲馬也無人敢說半個非字了」。〔註251〕對「左聯」理論家說「馬克斯傳之於列寧，列寧傳之於蒲列哈諾夫」〔註252〕這種明顯的常識錯誤，在論辯中並非少數，難怪胡秋原感歎道：「左翼的若干理論家與作家，畢竟缺少一面鏡子啊！」「留聲機」有了，但更需要「照相機」。〔註253〕

從胡秋原對「左聯」理論家的答辯中，可以明顯看出其不同態度。他指出對於「洛揚之流的村婦主義者，我也不願失言」；「像洛揚之流的伸拳動手的態度，我想還是去當總司令，用刀去征服他人好，不必來打什麼筆墨官司了」；「左翼理論家洛揚氏一面承認錢杏邨有錯誤，請批判；但他人一批判，就是『醜臉譜』，這叫什麼漂亮臉譜！」對於周起應，胡秋原認爲「這位『理論家』的革命架子更爲是十足」；「馬克斯也沒有周起應這樣自負，就是蘇聯的理論界的指導者，也沒有周起應之流這樣專橫可笑！」「周起應的狂態可掬還不止此」，「眞理只此一家，不贊成就是『欺騙民眾』，這樣的口吻，恐怕世界上眞很罕見」。與之相比，他對易嘉的語氣和態度就明顯不同了。他對易嘉平心靜氣討論的態度表示認可，並指出「易嘉先生畢竟曾經寫過好文章的人，尤其是文藝與革命問題，既革命，又藝術，有雙重資格」；「我知道易嘉先生對於馬克斯主義深有素養的人，何嘗不知道無產階級專政的目的就在這一點而並不是要永遠獨裁下去呢？不過他太重於政治的實踐」；「樸氏是不是純粹的孟塞維克，對於俄國革命史很熟悉的易嘉先生，也應該說一句平心的話」。列寧等人怎樣談他，「洛揚及其『之流』可以不懂，而易嘉先生也如此云云，眞太使我失望啊！」由此看出，胡秋原似乎知道易嘉（瞿秋白）的身份，因而對其論戰姿態和理論素養表示敬意。直到 1935 年在莫斯科期間，瞿秋白的遺孀楊之華拜會胡秋原時，表示瞿秋白雖批評胡秋原，「實在是很敬佩胡先生的」。〔註254〕多年後，胡秋原撰文《瞿秋白論》，對其一生

〔註251〕胡秋原：《浪費的論爭──對於批判者的若干答辯》，《現代》第 2 卷第 2 期，1932 年 12 月。

〔註252〕首甲（祝秀俠）：《關於胡秋原蘇汶與左聯的文藝論戰》，《現代文化》第 1 卷第 1 期，1933 年 1 月。

〔註253〕胡秋原：《浪費的論爭──對於批判者的若干答辯》，《現代》第 2 卷第 2 期，1932 年 12 月。

〔註254〕胡秋原：《在唐三藏與浮士德之間》，胡秋原：《〈在唐三藏與浮士德之間〉及其他》，臺北：胡秋原自刊本，1962 年，第 23 頁。

進行評價，在述及文藝自由論辯時指出：瞿秋白雖然站在「黨的立場上，但能保持論辯風度，也就是戰場上的武士風度，無周揚之類的低級潑婦作風或放暗器的邪道」。〔註255〕

在「文藝自由論」與「文藝階級論」的爭辯中，無論是胡秋原，還是「左聯」所依據的都是馬克思主義理論。縱觀整個論辯，客觀而言，儘管「左聯」以集團化的力量圍攻胡秋原，聲勢浩大，色荏內厲，但在對馬克思主義理論和蘇俄文藝政策的理解上，胡秋原都技高一籌。他們對文藝的「黨性」、階級性等問題上的爭辯，實際上也是雙方對馬克思主義的不同理解。胡秋原更多的是站在學術討論的立場，將馬克思主義視爲一種解釋學，用唯物史觀來分析和批判中國社會。而「左聯」承襲的蘇俄革命的馬克思主義，是站在革命和政治立場上，將馬克思主義中的階級鬥爭理論視爲革命的工具，反映在文藝上，則是將文藝淪爲政治的「留聲機」。這兩種對馬克思主義的不同詮釋，思想明顯不合拍，必然產生衝突。不僅如此，胡秋原始終認爲左翼知識分子接受的革命的馬克思主義，即列寧主義是馬克思主義的俄化取向，是變質、扭曲了的馬克思主義，不是眞正的馬克思主義，因而他呼籲從理論根源上重新評估馬克思主義的思想和理論價值。

對於雙方的分歧，自稱「第三種人」的蘇汶明確指出：「左翼文壇與胡秋原這兩種馬克斯主義者之間的距離是不可以道里計的」，這是「兩種絕對不同的立場」，前者「只要書本」，「背著眞理的招牌」；後者「重實踐」，「負著政治的使命」。這兩種不同思路的「馬克斯主義是愈趨愈遠，幾乎背道而馳了」；「左翼文壇是馬克斯主義者似乎是不適當」，應當說他們是「馬克斯列寧主義者」，其分別是「他們現在沒工夫來討論什麼眞理不眞理」，只看「目前的需要」，是「目前主義」。蘇汶將馬克思主義與馬列主義相區分，與胡秋原的觀點頗爲接近。蘇汶指出主張「政治家式的策略」和「行動」的左翼文壇，屢次向「學者式的理論」的胡秋原「暗示，甚至說明了」，「一切主張都是行動」，「不要空談眞理」，而他「還是不明白」。同時蘇汶指出左翼陣營的行爲邏輯：「縱然左翼文壇也承認胡秋原先生的每一句話都是一百二十分地合乎馬克斯主義的，但他們必然地還要攻擊他，就像列寧攻擊普列漢諾夫一樣，因爲他妨礙行動，而這妨礙行動這一點就是反馬克斯主義的」。蘇汶也對胡秋原進行

〔註255〕胡秋原：《瞿秋白論》（上），《中華雜誌》1979年6月號。

了評價，認為胡秋原「縱然以馬克斯主義相標榜；其實，他充其量不過是一個書呆子馬克斯主義者」。〔註256〕

　　對「左聯」理論家的態度，蘇汶和胡秋原有相同體認，「討厭那種表面上裝出『極左派』的神氣，擺出『革命老大哥』的架子，而在實際上同樣『弔兒郎當』」。〔註257〕當然，對於這種自身缺乏對理論切實研究的態度，左翼理論家亦承認：「中國無產階級文學，無論在理論上或創作上，都還很幼稚」。〔註258〕「左聯的不甚努力，不甚盡職」的事實，也是「沒有優秀的生產品」的原因之一。〔註259〕對「左聯」「霸佔文學」，以政治干涉文藝的做法，蘇汶和胡秋原都有深刻的認識。蘇汶認為「那種說著些和『奉天承運，皇帝詔曰』一鼻孔出氣的話的東西卻占著絕對的多數。在一種政治的高壓之下，誰敢『罔識忌諱』地表暴出一些社會制度的弱點，那便是大逆不道。政治上只允許你說幾句『臣罪當誅殺，天王聖明』」。「如果這指導而帶干涉的意味，那麼往往會消滅文學的真實性，或甚至會使他陷於『奉天承運，皇帝詔曰』式的文學的覆轍」。〔註260〕對於胡秋原、蘇汶要求創作自由的觀點，站在中間立場的侍桁評價道：「即便旁人有不同意見，也可以自由探討」。左翼「不應該作出這種蠻橫和教訓的態度，來威嚇旁的不同意見的作家」。蘇汶「對於左翼文藝團體在理論上的跋扈的不滿」，儘管「他不滿意胡秋原先生那種擺出馬克斯主義理論家的樣子，但無形中仍是在幫助胡秋原先生打抱不平」。另外，他也認為在對中國社會和文藝理論的看法上，胡秋原、蘇汶與「左聯」是不同的：「即便是在思想上有微小的差異，他們也不肯讓步。因而有了指謫」，「左翼文壇便以一種集團的勢力，連環的戰法，給與壓迫，使其緘口，它無論如何是不肯聽從的」。他們「指謫出左翼文壇之過分地疏忽文藝價值，並不是一種惡意的對敵，而是一種友誼的勸告」。事實上，左翼文壇未將胡秋原、蘇汶的意見視為「友誼的勸告」，反而視為「惡意的對敵」群起而攻之。〔註261〕

〔註256〕蘇汶：《關於〈文新〉與胡秋原的文藝論辯》，《現代》第 1 卷第 3 期，1932年 7 月。

〔註257〕蘇汶：《答蘇月先生》，《現代》第 1 卷第 6 期，1932 年 10 月。

〔註258〕周起應（周揚）：《到底是誰不要真理，不要文藝？》，《現代》第 1 卷第 6 期，1932 年 10 月。

〔註259〕首甲（祝秀俠）：《關於胡秋原蘇汶與左聯的文藝論戰》，《現代文化》第 1 卷第 1 期，1933 年 1 月。

〔註260〕蘇汶：《論文學上的干涉主義》，《現代》第 1 卷第 6 期，1932 年 10 月。

〔註261〕侍桁（韓侍桁）：《論「第三種人」》，吉明學、孫露茜編：《三十年代「文藝自由論辯」資料》，上海：上海文藝出版社，1990 年，第 363、371、372 頁。

　　「左聯」在論戰中的態度，多年後昔日的「左聯」人士坦承：「左聯」理論家在論辯中「顯得盛氣凌人，不是心平氣和，平等討論的態度。這些討論，在當時的歷史背景下，有政治的性質，但畢竟應當視爲理論探討的性質，不必以階級敵人的態度對待對方」，「不能說不革命就是反革命」。〔註262〕著名學者李歐梵認爲：「左聯強調思想正確，組織嚴密，但並不強調文學的創新」；「它試圖確定一個與所有其他思想信仰的『他們』相對立的『我們』」；「左聯十分活躍，但不是在提拔新的無產階級人才上，而是在挑起意識形態的論戰上」。〔註263〕梁實秋也認爲普羅革命文學「原是共（產）黨及其同路人奉命舉辦的鬧劇，奉命開鑼，奉命收場，與文學本身無大關涉，但是由普羅而左翼，那一派想法留下來毒害，多少年來還有人把文學當宣傳，當做武器，當做工具，過分的重視其對於政治或思想上的實際影響，不肯承認文學的本身價值」。〔註264〕這就道出了「他們在這方面的成就毫不足道」的原因，〔註265〕這一點連當時很多左翼理論家也承認。不僅如此，這種過分重視政治或思想影響，否決文藝本體價值的做法，成爲此後所謂「文藝黑戰線」的思想根源之一。與文藝的「黨性」和階級論在學界的評價不高相比，學界對胡秋原及其主張的「文藝自由論」評價較爲中肯、客觀。司馬璐在《瞿秋白傳》中說：「胡秋原是中國文化運動中，第一個提出『自由人』『自由的知識階級』的口號，和中國左翼文學的階級性口號相對立。胡秋原的文章，當時對左翼人士發生相當的影響。他和瞿秋白的一場筆戰，十分出色，瞿秋白出全力對他步步應戰。胡秋原當時只是一個二十歲上下的青年，和國民黨也沒有關係」。〔註266〕李歐梵也認爲胡秋原所謂「『自由人』並不一定意味反馬克思主義」，「僅僅指多少有些書卷氣的學者的一種態度。〔註267〕這種評價也較符合胡秋原的本意。然

〔註262〕林煥平：《「左聯」雜憶》，中國左翼作家聯盟成立大會會址紀念館、上海魯迅紀念館編：《「左聯」紀念集》，上海：百家出版社，1990年，第12、13頁。
〔註263〕〔美〕李歐梵：《文學趨勢：通向革命之路，1927～1949》，〔美〕費正清、費維愷編：《劍橋中華民國史》（下卷），北京：中國社會科學出版社，2006年，第424、425頁。
〔註264〕《梁實秋的意見》，劉心皇：《現代中國文學史話》，臺北：正中書局，1979年，第475頁。
〔註265〕王凡西：《雙山回憶錄》，上海：東方出版社，2004年，第166頁。
〔註266〕轉引自劉心皇：《現代中國文學史話》，臺北：正中書局，1979年，第519頁。
〔註267〕〔美〕李歐梵：《文學趨勢：通向革命之路，1927～1949》，〔美〕費正清、費維愷編：《劍橋中華民國史》（下卷），北京：中國社會科學出版社，2006年，第430頁。

而，「左聯」領導人以「非革命即是反革命」二元對立的思維模式，全盤否認在左右翼之間存在廣大中間知識分子群體，即「自由知識分子」群體的事實，是當時左翼陣營奉行「關門主義」的主要原因。

　　針對左翼陣營認為胡秋原是站在政治立場立論的觀點，他宣稱「其實我並沒有一定政治立場，也決不願站在一定政治立場來『立論』。所謂「政治企圖」者，「我很慚愧沒有那種『雄』圖」，「對於馬克斯主義政治理論，我並不大懂，但我篤信唯物史觀」。胡秋原之所以批判錢杏邨，是因為錢杏邨的理論與胡秋原「所知道的唯物史觀的理論，完全不相干；加之還要張牙舞爪，所以不得已而一言，如是而已」。倘若以此來認定胡秋原有「政治企圖」，「可謂是小題大做矣」。他表示：「為誰而戰，我從來沒有考慮這個問題」。〔註268〕胡秋原認為即便一個人並非「戰士」，「然而他在書齋中用馬克斯主義研究了許多東西，我覺得他仍不失為一個馬克斯主義者」；「如果要說一個理論家同時非是一個實踐家不可，否則便非一個馬克斯主義者，則恐易嘉先生和我同樣不配」。〔註269〕實際上道出了胡秋原自認為他是從事於馬克思主義理論的研究者，自然也是馬克思主義者。

　　針對瞿秋白認為胡秋原不是一個「真正馬克斯主義者」的論斷，胡秋原也認為自己「並不是一個十足的馬克斯主義者」。同時他又指出「不過要說到真正馬克思主義者來，則不僅中國沒有，古往今來，三四人而已。而其實，即在馬恩列書中，也不是沒有脆弱的東西」。〔註270〕胡秋原自認為「不是十足的馬克斯主義者」，是指他並未完全接受馬克思主義理論，特別是階級鬥爭理論和無產階級專政學說。在他看來，「真正的馬克斯主義者」只有「三四人而已」，則是指正統的馬克思主義者。這可以從他的自述中得到證實：「在我相信馬克斯主義時期，我重視的是馬克斯主義方法論──唯物史觀，不是其教條。在其教條中，我從未承認其無產階級專政說」；「當時我認為，馬恩以後，全世界馬克斯主義者只有四個人：俄國樸列漢諾夫，德國梅林與考茨基，波蘭盧森堡女士」。〔註271〕這四人都是第二國際的思想家、理論家。從思想來源

〔註268〕胡秋原：《一年來文藝論爭書後》，《讀書雜誌》第3卷第2期，1933年2月。

〔註269〕胡秋原：《浪費的論爭──對於批判者的若干答辯》，《現代》第2卷第2期，1932年12月。

〔註270〕胡秋原：《一年來文藝論爭書後》，《讀書雜誌》第3卷第2期，1933年2月。

〔註271〕胡秋原：《關於〈紅旗〉對胡秋原先生的誹謗及文藝自由與統一救國等問題》，《中華雜誌》1972年8月號。

上來審視，胡秋原接受的是第二國際的馬克思主義理論，與當時大多數左翼知識分子接受的從蘇俄傳播到中國革命的馬克思主義是不同的。在「文藝自由論辯」中，胡秋原認爲馬克思主義中也有「脆弱的東西」，是指他察覺到馬克思主義理論中存在不足。但此時由於學識所限，他還不能指出如何修正其不足，直至「中國社會史論戰」時期，他才就如何修正馬克思主義中「脆弱的東西」提出自己的看法。

事實上，胡秋原的「文藝自由論」並非徹底的自由主義，他自己也承認並非是「放任主義者」，並非主張「絕對自由」。〔註272〕蘇汶也指出胡秋原「也不是一個徹底的自由主義者」。〔註273〕他承認文藝的階級性，但文藝並非直接與階級和政治發生關係，而是經過中介。他對於這種複雜關係的認識和闡釋比「左聯」理論家深刻得多。由於受馬克思主義辯證唯物論影響，在詮釋「文藝自由論」時，胡秋原承認文藝與階級和政治的辯證關係，這正是他與其他自由主義者的區別。他贊同民主社會主義，不反對革命，反對的是革命中的暴力和非人道傾向。從自由主義的角度來審視，他想超越黨派而自由活動，但其思想也呈現出非徹底的自由主義傾向。他把馬克思主義唯物史觀作爲一種方法論，對其社會政治部分未完全接受，尤其反對階級鬥爭，自由主義的立場又使他也未成爲馬克思主義者。

4.「左聯」的「和平攻勢」與胡秋原的「階級妥協」

「左聯」與胡秋原、蘇汶進行「戰場」上「廝殺」的同時，也對他們採取分化拉攏策略。據胡秋原自述，雖受左翼圍攻，「但他們對我的根本理論──『自由主義的馬克思主義』，『馬克思主義的自由主義』──竟無力作正面的理論的進攻──只有一批批的游擊，同時與《社會新聞》合作，發動謠言攻勢。共（產）黨的『人海戰術』，『謠言戰術』，是我早就身受的」。這裏他「早就身受」這種「戰術」，是指 1928 年「革命文學論爭」期間的感受。在「左聯」圍攻胡秋原之際，馮雪峰則常來看望，類乎「和平攻勢」。胡秋原曾因注意到馮雪峰翻譯普列漢諾夫《藝術與社會生活》一書，以此淵源，彼此談過幾次。「他恭維我而罵王禮錫，說我的理論完全是『社會民主黨的觀點』」；「不論如何，你是反映了社會民主黨的觀點」。胡秋原回應說：「不瞞你說，

〔註272〕胡秋原：《一年來文藝論爭書後》，《讀書雜誌》第 3 卷第 2 期，1933 年 2 月。
〔註273〕蘇汶：《關於〈文新〉與胡秋原的文藝論辯》，《現代》第 1 卷第 3 號，1932 年 7 月。

即有社會民主黨也是結社自由，你們也無奈我何，但沒有就沒有，我不玩什麼黨的」；「一個人能反映沒有的東西嗎」？「左聯「的圍攻不僅未使胡秋原退卻，反而引來了蘇汶的支持，論戰擴大且更激烈。胡秋原回憶說：「我雖孤軍作戰，仍覺得遊刃有餘」。蘇汶的聲援，使「我之喜悅與共（產）黨恐慌，不言可知」。〔註274〕據蘇汶自述：

「我在讀書雜誌上看到胡秋原先生的幾篇短論，大感興奮」。其中有一篇題爲「『Hands Of Arts』，大意是警告政治勿侵略文藝。文章雖短，而非常有力，是站在寫作自由的立場上來反對左翼理論的第一聲。我同時又看到左翼機關雜誌《文藝新聞》上攻擊胡先生的許多文章」。撰文「爲胡先生聲援」。「左聯」竟爲此「專門開了一個會來討論，並且決定全力圍攻」。

在此期間，他們既「寫文章來打擊我」，又「派出許多人來聯絡我」，「他們找我談話的目的，完全是軟化與離間」。他們口頭上說「我的意見有一部分可以採納，對文藝作者過於苛求是不對的（但他們在筆下就永不這樣說）」。「又當面恭維，說寫論文的能力，恐怕誰也敵不過我」，「希望我把若干意見修改」。「特別對我與秋原先生站在一起表示遺憾」，堅決說「胡秋原曾受了某軍閥某政客多少的錢，才寫這類文章。我與胡先生初無交誼，一時竟信以爲眞，所以繼續爲文章時就竭力表示與胡先生有所不同。他們對我的軟化沒有生效，但他們的離間確實是生效了，《現代》雜誌也因此而沒有邀胡先生寫文章，這是很可惜的。好久以後我與胡先生相識，才知上當。並因此對左派分子更加厭惡：他們可以在我面前造胡先生的謠，當然也可以在人家前面造我的謠」。蘇汶拜訪主持《現代》的茅盾時，他當面表示「差不多大部分同意我的看法」，「他也深深感到要照了那個呆板的教條去寫作，是一種痛苦」。〔註275〕

據胡秋原自述：蘇汶的「文章發表後，左翼恐慌之餘，要求在《現代》上來一集體討論，作爲『總結』，要我參加。但極力說『總結』是希望有一個共同結論，因此文章最好互相看過，不要有火氣。我瞭解這是共（產）黨想在宣

〔註274〕胡秋原：《在唐三藏與浮士德之間》，胡秋原：《〈在唐三藏與浮士德之間〉及其他》，臺北：胡秋原自刊本，1962年，第9頁。

〔註275〕戴杜衡（蘇汶）：《一個被迫害的紀錄》，《魯迅研究動態》1989年第2期。

傳上造成一種印象，他們『勝利』了。我拒絕先看文章，但同意儘量客氣。他們不能不要求我寫者，即我有銷路數千小地盤（《文化評論》），逾萬大地盤（《讀書雜誌》），統制不了。這實際是一『會戰』」。〔註276〕

　　基於此，胡秋原在撰文時態度和緩，並表示「階級的妥協」，呼籲大家要反省，左翼不僅要「留聲機」，更要「照相機」。對於「左聯」理論家的指責，胡秋原認爲應與之進行理論探討。恰逢《讀書月刊》刊發文藝論戰專號，向他徵文。他「寫了一點關於文藝階級性的意見，後面略爲答辯了洛揚氏幾句」。但編者認爲他的答辯不方便刊發，儘管胡秋原認爲既是「論戰」，且答辯並未出乎題外，但還是表示「階級的妥協與投降」，同意刪去。同時宣稱「我並非要張一面自由主義的馬克思主義的大旗，和左翼對立」；「我之所謂自由主義態度與唯物史觀方法的意見，實際上只是一種第三種人的意見而已」。當他看到《現代》第6期集中圍攻的文章後，「自知罪孽深重，而且也覺得多一事不如少一事，也沒有什麼雄心，一定要『鬥爭』的，而且不是萬不得已，我已『立誓』不和他人多論」。當《文新》邀請胡秋原談文藝的大眾化問題時，他沒有答覆。原因在於：他「尤其恐怕說得與左翼綱領不和，又有『某種政治作用』的嫌疑」；「因不敢冒犯左翼作家，故此準備『批判反動文藝』和『研究歐洲文藝歷史（或一般文藝理論）』」。儘管許多朋友勸他多寫一點文藝批評，但他認爲「這是吃虧的事」，而「不願去碰釘子了」。〔註277〕在答辯中，他闡述文藝的人道愛和自由思想，引用馬克思、恩格斯、梅林、普列漢諾夫等正統馬克思主義的觀點，駁斥左翼主張的文藝階級論。認爲要按照宣傳大綱和預定公式寫作，那是「吶喊的唯物論」（恩格斯）和「龜手的美學」（梅林）。偉大的作家屬於全人類而非只屬於一階級一黨派的，將古今作家按照階級劃分，貼上標籤，豈「一旦斧頭鐮刀得勢之日，即易於按籤處置，而無玉石俱焚之冤乎？」1930年代的作家此後的悲劇命運印證了這種擔心。儘管胡秋原表示了「階級的妥協和投降」，但馮雪峰去拜訪胡秋原時，依然批評其答辯「太刺激了」；胡秋原也指著「左聯」理論家的文章回應說：「你自己看看，你們的文章，是否比我更『爐火純青』」？馮雪峰無言以對。

〔註276〕胡秋原：《在唐三藏與浮士德之間》，胡秋原：《〈在唐三藏與浮士德之間〉及其他》，臺北：胡秋原自刊本，1962年，第11頁。

〔註277〕胡秋原：《浪費的論爭——對於批判者的若干答辯》，《現代》第2卷第2期，1932年12月。

「左聯」在「軟化和離間」蘇汶的同時，也對胡秋原採取同樣的策略。據胡秋原自述：「他們盡力分化我與戴杜衡兄」，「左聯」又是如何對胡秋原說蘇汶的呢？「杜衡是庸俗小市民，懂什麼理論」。鑒於論辯中胡秋原呈現出來的馬克思主義理論水準，馮雪峰對他說：「我們都承認馬恩文獻，你讀得比我們多，我們無人比得上你，可惜就是你沒有把握階級的觀點」；「像你這樣對馬克思主義有研究的人，如能克服小資產階級成見，我們實在歡迎你加入我們的組織，大家一定尊重你，擁護你，而你一定能為革命盡更大之力」。胡秋原回應說：

> 你是說我是小資產階級觀點，沒有無產階級觀點嗎？恩格斯是小老闆，馬克思是小老闆的朋友，他們比我還無產階級嗎？根本說來，我們是要一無階級社會。所謂無產階級之可貴，應該只是代表人類新生產力，能擔任解放全人類之事業，過渡到無產階級之社會的，而不是以暴易暴的代替資產階級的。然今日中國問題，離無階級或無產階級還遠。我們第一事是民族解放。在這一點，小資產階級還是有其重大任務的。在中國，自古紅顏薄命，也許如今白面可憐。但我生為小資產階級，不羨慕無產階級，決不硬裝無產階級。我希望國家能獨立，一般人民有飯吃，我們有言論思想自由。我願隨時盡我的責任。我這個人只能做自由人，對任何組織無好處的。
>
> 〔註278〕

在回應中，胡秋原呼籲「左聯」能夠克服階級偏見，即他強調的「自由知識階級立場」來建立文藝的統一戰線，推動中國文藝的發展。他認為在當時「民族文藝」、「自由人」、「第三種人」、「新月派」、「小資產階級」均不贊成左翼文藝主張的背景下，左翼也確實感受到強大的壓力。如果當局能夠團結反左翼的各方，齊心合作，可使文藝的空氣一變，中國文化也將走向一個新的方向。

「左聯」領導人馮雪峰經常找胡秋原交談〔註279〕，據胡秋原自述，馮雪

〔註278〕 胡秋原：《在唐三藏與浮士德之間》，胡秋原：《〈在唐三藏與浮士德之間〉及其他》，臺北：胡秋原自刊本，1962年，第12、13頁。

〔註279〕 據周揚回憶，馮雪峰住在胡秋原家，胡秋原的回憶並未證實周揚的說法，但馮雪峰經常和胡秋原一起交談是事實，這可從雙方的回憶中得到證實。參見張大明：《堅持輿論一律保留個人風格──編〈周揚文集〉札記》，《文藝評論》1985年第3期。

峰對他「表示好感」,「從理論到他個人私事與哀樂,無所不談。理論,我們必相反,說到人情,我們倒很多能夠同意」。胡秋原覺得「馮雪峰頗有人情味」。魯迅將蘇聯作家所寄普列漢諾夫的照片特別翻印,委託馮雪峰送給胡秋原。左翼在進行「和平攻勢」的同時,「還是放冷箭的」。據胡秋原回憶說,「社聯」負責人潘梓年撰文「批評我,說我中了樸列漢諾夫之毒」,而普氏中了「德波林之毒」,當時德波林在蘇俄受到批判。「他道聽途說,不知樸列汗諾夫乃『俄國馬克思主義之父』,列寧尚係弟子輩,況德波林?」〔註280〕胡秋原對來訪的馮雪峰表示下不為例,聲稱如再有此類言論,一定反駁。這種常識性的錯誤以及對胡秋原的攻擊,也使馮雪峰不得不道歉。此外,《文藝新聞》批判胡秋原的文化觀點,而馮雪峰則又對胡秋原主張當前文化基本任務是反帝的觀點表示認同。

　　「左聯」的「和平攻勢」確實產生了一定的作用,胡秋原在論辯中也表示了「階級的妥協和投降」。這一點,可以從他論辯中對普羅革命文學的態度,以及對左翼陣營觀點的汲取中可以得到證實。此外,他還說:「我之所以敢於出來說幾句話者,不過是看到許多專家有些常識以下的話而已。但是,既因此四面碰壁,就不如裝聾作癡。自即日起,不論不戰,譯述吃飯。願息事而寧人,亦明哲以保身也」。〔註281〕可見他既不認同左翼理論,又因「四面碰壁」不得不表示妥協。此外,他對「文藝自由」的界定,也經歷了一個由激進到保守的漸變過程。從《阿狗文藝論》中的不加界定,到《為反帝國主義文化而鬥爭》中「爭取言論集會結社及出版之絕對自由」,再到《浪費的論爭》中強調「創作自由」,最後到《五四文學運動之歷史的意義》中「爭取最低限度的言論出版的自由」。〔註282〕這種思想脈絡的變化軌跡,反映了胡秋原對當時的政治形勢有著較為深刻的認識,而不得不一退再退到「最低限度」。胡秋原與「左聯」的論戰,隨著中共中央文藝政策的調整,張聞天代表中央下令停止對胡秋原攻擊的指示,以及魯迅和陳望道的加入,馮雪峰等「左聯」領導人的反思,使論戰迅速進入尾聲階段。

〔註280〕 胡秋原:《在唐三藏與浮士德之間》,胡秋原:《〈在唐三藏與浮士德之間〉及其他》,臺北:胡秋原自刊本,1962 年,第 14 頁。

〔註281〕 胡秋原:《一年來文藝論爭書後》,《讀書雜誌》第 3 卷第 2 期,1933 年 2 月。

〔註282〕 《阿狗文藝論──民族文藝理論之謬誤》,《文化評論》創刊號,1931 年 12 月;《為反帝國主義文化而鬥爭》,《文化雜誌》創刊號,1932 年 8 月;《浪費的論爭──對於批判者的若干答辯》,《現代》第 2 卷第 2 期,1932 年 12 月;《五四文學運動之歷史的意義》,《文學》第 1 卷第 1 期,1933 年 7 月。

　　值得注意的是，與「左聯」理論家將胡秋原視爲階級敵人予以猛烈批判的態度不同，胡秋原卻將「左聯」文化人視爲友人。他不僅敬重瞿秋白，也經常和馮雪峰談天，而且也救過他們二人。論戰結束後不久，在當時白色恐怖的氛圍下，胡秋原利用中間派的「自由人」和「神州國光社」總編輯的身份，在不知某位「急於遷居」的「朋友」眞實面目的情況下，答應了深夜急訪的馮雪峰以「人道名義」的請求，掩護了正在遭受國民黨特務追殺的一位「左聯朋友」。據胡秋原自述，馮雪峰對他說：「既來找你，我不能欺你，說他無政治色彩。我向你保證，他是一文藝作家，與實際政治無關。爲了大家都是讀書人，希望你爲他找一擔保」。胡秋原答覆說：「只要是合理的」，「我願意盡力」，但「必須停止一切政治活動」。你知道我不贊成你們，但我也不贊成以武力取締你們。可是你們要用武力革命，亦無權反對他人以武力對付你們。這是國家不幸。如果我是政府，即使你們要用武力革命，我還是不用武力對付你們，因我相信還可有其他更好辦法對付你們。然你知道今天的時局，既涉及我，而且涉及神州國光社信用，我才提出這個問題。他過去是什麼人我不問，將來還要暴動，我也不問」。但在「我請人爲此人作保期間」，必須承諾「不作共產主義宣傳與活動」。「這不是我無勇」，而是涉及到「道義」和「人格」問題，只有這樣才對得起「良心」，「才符合我自由獨立立場」。「此後我將此事忘了，自然更未去研究此人是誰」。〔註283〕直到1935年在莫斯科，瞿秋白的遺孀楊之華拜訪胡秋原表示道謝時，他才知道那個「左聯」朋友是中共早期領導人之一的瞿秋白。此外，在抗戰期間，他再次利用擔任國民黨喉舌《中央日報》副總主筆和國防最高委員會秘書的身份，接受了來自中共的委託，打電報給國民黨第三戰區司令官顧祝同，提請釋放此時關在上饒集中營的馮雪峰。據馮雪峰自述：「當時就已猜到，可能是重慶有人要胡秋原打電報來保我的。1943年我到重慶後，董必武同志告訴我果然是他要胡秋原打電報設法保我出去的」。〔註284〕1935年在莫斯科幫助中共編輯雜誌，鼓吹全民抗日。「在中共最危急之時，做了他們的朋友」。〔註285〕1988年，他參訪大陸，與中共高層暢談兩岸和平統一，與早年思想一脈相承。

〔註283〕胡秋原：《在唐三藏與浮士德之間》，胡秋原：《〈在唐三藏與浮士德之間〉及其他》，臺北：胡秋原自刊本，1962年，第16頁。
〔註284〕馮雪峰：《我在上饒集中營》，《新文學史料》2001年第2期。
〔註285〕胡秋原：《我的生活》，胡秋原：《世紀中文錄》，臺北：今日大陸社，1955年，第783頁。

5. 對魯迅批判胡秋原的評析

在中國現代思想文化史和文學史上，胡秋原經常和魯迅放在一起進行褒貶式的評價，而這種評價又受時代意識形態的影響。儘管自 1920 年代末以來，胡秋原和魯迅在文藝論上有許多類似的見解，但他們的地位卻有著天壤之別。拋開這種「對立」的思維模式，以思想史視野介入歷史來審視，會發現隱藏在歷史表象背後的思想脈絡。歷史的線索爲我們提供了認識他們如何從「同途」走向「殊歸」，即在 1928 年的革命文學論戰中，胡秋原以近乎相同的問題意識和不同的思想理路加入論戰，成爲魯迅的盟友；在「文藝自由論辯」中，儘管他們又分屬於不同陣營，但魯迅僅一句不點名的斷語甚至對胡秋原幾近沉默的態度，爲後人的解讀留下了很大空間。從思想史的線索中又讓我們發現二人又是如何「殊途同歸」的，即本應有類似思想觀點的左翼文化人，卻在「文藝自由論辯」中分屬於兩個對立的陣營，又在後人對左翼思想的重新編碼中，將他們重新「同歸」於相同的文化系統。其間呈現出來的歷史現象的弔詭，值得深思。

1949 年後，由於大陸實行高度統一的意識形態，對歷史的書寫也被納入宏大的革命史觀的範式之中。隨著歷史的風雲變幻，1930 年代左翼革命文學的健將馮雪峰等人被劃入資產階級陣營。由於這種書寫範式強烈的排他性，最終只保留魯迅作爲神聖不可觸犯的偶像，自然延續了 1930 年以來把「自由人」的胡秋原視爲階級敵人的政治定性。改革開放後，隨著執政黨的撥亂反正，學界竭力恢復被閹割的歷史，試圖發掘以往被遮蔽、被排斥的思想文化資源，恢復歷史的眞相，使之重新具有「當代性」。在這種歷史和思想背景下，胡秋原在 1930 年代初提出的「文藝自由論」被重新發現。正如有學者評價道：此舉是「用於對不自由的現狀和曾經更不自由的歷史做出一種學術性的抵抗」。〔註286〕近年來，胡秋原的「文藝自由論」成爲學界用來糾正左翼文學功能論的一種風尚。當年「文藝自由論辯」中，魯迅對胡秋原的指責也被重新提起。

在「文藝自由論辯」中，魯迅對胡秋原的態度頗爲耐人尋味。在「革命文學論戰」中，胡秋原撰文有力地支持了魯迅並成爲其盟友。在「文藝自由論辯」中，胡秋原在批判錢杏邨時，對錢杏邨嚴厲指責魯迅的做法表示不滿，並指出魯迅「有深刻的人道主義的精神，他雖然狹，然而深，在這一點上，

〔註286〕張寧：《同途·殊途·同歸——魯迅與胡秋原》，《文史哲》2012 年第 6 期。

他接近了俄國文學，也接近了革命」。〔註287〕在文藝思想、理論來源和對左翼文學「唯我獨革」態度的感受等方面，魯迅和胡秋原都有共同的體認。〔註288〕這便是無論從感情還是從理論上，在論戰中魯迅幾乎未隨「左聯」起舞，而對胡秋原保持沉默的原因。那麼，爲何在論戰後期卻又不指名地給胡秋原「重重」一擊呢？

魯迅在《論「第三種人」》開頭的一段話，長期以來成爲大陸學界批判胡秋原的依據。魯迅的原文是：

> 這三年來關於文藝上的論爭是沈寂的，除了在指揮刀的保護之下，掛著左翼的招牌，在馬克思主義裏發見了文藝自由論，列寧主義裏找到了殺盡共匪說的論客的理論之外，幾乎沒有人能夠開口。
> 然而倘是爲文藝而文藝的文藝，卻還是自由的，因爲他決沒有收了盧布的嫌疑。〔註289〕

這裏魯迅沒有明確指出批判的爲何人，也無人回應，但從隱含的暗示中，可知是指倡導「文藝自由論」的胡秋原。大陸學界以此指責胡秋原爲「托派」的說法延續了很長時間。假如他留在大陸，命運可想而知。即便他離開大陸23年後，遠在海峽對岸的胡秋原還是受到了「全黨共討伐」的「待遇」。1972年3月，由「極左」派控制的中共中央理論刊物《紅旗》雜誌，在題爲《爲什麼提倡讀一些魯迅的雜文？》一文中，魯迅在《論「第三種人」》中對胡秋原的指控，成爲文化激進派「殺盡」自由論的依據。該文認爲魯迅雜文中所揭露的，「在『馬克思主義裏發見了文藝自由論』的托匪胡秋原」，「不是孤立的個人，而是『代表著某一群』」，「是一定階級、一定政治集團的代表」。又進一步說：「魯迅同他們（胡秋原等）的鬥爭，不是『個人間事，無關大局』，而是階級對階級的鬥爭」。〔註290〕

香港讀者史明亮讀了《紅旗》雜誌上的文章後，1972年7月11日致信胡

〔註287〕胡秋原：《錢杏邨理論之清算與民族文藝理論之批評──馬克斯主義文藝理論之擁護》，《讀書雜誌》第2卷第1期，1932年1月。

〔註288〕徐元紹：《盟主的氣度，歷史的高度──「文藝自由論辯」中魯迅對胡秋原保持緘默態度原因之探析》，《山東教育學院學報》2007年第4期。該文中，作者認爲魯迅和胡秋原在對「同路人」態度、對「文藝自由」的真理守護，對普列漢諾夫理論的共同見識、對文藝與政治關係、反對誇大文藝的社會作用、反對左翼「唯我獨革」的態度等問題有許多共鳴。

〔註289〕魯迅：《論「第三種人」》，《現代》第2卷第1期，1932年11月。

〔註290〕雷軍：《爲什麼要提倡讀一些魯迅的雜文？》，《紅旗》1972年第3期。

秋原,向他咨詢是否參加過托派問題。當胡秋原在臺灣看到《紅旗》雜誌的文章後,爲釐清歷史眞相,在其主編的《中華雜誌》上撰文回應《紅旗》雜誌和史明亮的問題。據他自述:魯迅所謂「在馬克斯主義裏發見了文藝自由論」是「指我而言」,「列寧主義裏找到了殺盡共匪說」是「指托派而言(給魯迅寫信的托派陳仲山)」。「魯迅沒有說我是托派。而當時托派是亦無『殺盡共匪』說——這只是魯迅之羅織」。「《紅旗》乃利用魯迅的上句話,再將下文所說的托派,一併射到我身上,想照成一個印象,即魯迅曾說我是『托匪』。」〔註291〕

　　大陸 1981 年版《魯迅全集》在《論「第三種人」》的注釋 1 中,延續此前多年來對胡秋原的定性,「左聯的反擊……揭露了胡秋原在『自由人』假面具掩蓋下的反動實質」。2005 年版則把這種明顯政治審判性的定性刪去。1981年版在注釋 2 中,寫道:「這裏所說的論客,指胡秋原和某些托洛茨基分子。當時胡秋原曾冒充『馬克思主義』者,並和托洛茨基分子相勾結;托洛茨基派同國民黨反動派一鼻孔出氣,誣衊中國工農紅軍爲『土匪』。2005 年版中對「論客」的解釋,依然延續此前的說法,只是把後面對胡秋原的指責刪去。〔註292〕1981 年版的注釋中帶有強烈的意識形態色彩,延續此前的政治審判式的定性,2005 年版得到了部分修正,但依然並未恢復胡秋原的本來面目。正如有論者所說:「其內涵無疑是大同小異的,儘管後者做了一些文字上的修飾,加在胡秋原頭上的兩頂帽子也稍稍有些緩解,但依然將『胡秋原和某些托洛茨基分子』緊緊地綁在一起」。〔註293〕如果說此前大陸學界由於受資料所限和意識形態的影響,對胡秋原早已釐清的史實不得而知抑或是有意爲之;那麼近年來隨著資料的公開和學界研究的推動,爲何又對胡秋原的眞相視而不見呢?

　　1994 年,劉逢敏就曾質疑過 1981 年版《魯迅全集》有關胡秋原的注釋,並認爲魯迅在《論「第三種人」》中並沒有批判胡秋原,「很可能是魯迅有意虛造的『幻影』,以表在形式上保持與左聯其他成員的一致」。〔註294〕他可能

〔註291〕胡秋原:《關於〈紅旗〉對胡秋原先生的誹謗及文藝自由與統一救國等問題》,《中華雜誌》1972 年 8 月號。

〔註292〕魯迅:《論「第三種人」》,《魯迅全集》第 4 卷,北京:人民文學出版社,1981年版第 439 頁,2005 年版第 454 頁。

〔註293〕秋石:《胡秋原與魯迅的論戰與糾葛》,《粵海風》2008 年第 5 期。

〔註294〕劉逢敏:《魯迅與「自由人」胡秋原——從〈魯迅全集〉一個注釋談起》,《張家口師專學報》(社會科學版) 1994 年第 3 期。

還未看到胡秋原的文章，故此有這種推測和論斷。2004 年 2 月，大陸學者秋石在臺灣拜訪了胡秋原，此後發表了《讓歷史回歸真實：還文學自由人本來面目》〔註295〕、《胡秋原與魯迅的論戰與糾葛》等文。在《胡秋原與魯迅的論戰與糾葛》一文中，秋石認為「魯迅當年激憤之餘信馬由韁開具的這兩頂帽子，給胡秋原的一生蒙上了不應有的陰影」。兩頂帽子是指「在馬克思主義裏發見了文藝自由論」和「在列寧主義裏找到了殺盡共匪說」。魯迅之所以給胡秋原戴上第一頂帽子，是因為在他看來胡秋原向「『左聯』進攻，分裂作家隊伍等等」。而他則維護「左聯」，因此「一旦有人對『左聯』暴露出來的問題和錯誤，尤其是人所反感的唯我獨革、唯我正確的嚴重關門主義政策提出批評時，魯迅會將其視之『進攻』而加以撰文痛斥」。魯迅對馬恩等人的著作「讀之甚少」。而胡秋原則不同，他「幾乎通讀了馬克思恩格斯全集，以及普列漢諾夫、列寧、托洛茨基等人的著作」。至於另一頂帽子「在列寧主義裏找到了殺盡共匪說」，完全是莫須有的指斥。令魯迅產生這種「與事實大相徑庭的錯訛原因」，在秋石看來，是「魯迅為維護馮雪峰、瞿秋白、周揚等『左聯』頭面人物的『集體行動』保持步調一致」。馮雪峰為「胡秋原安上一頂了被共產黨和左翼勢力視之為仇敵的托派帽子」，受其影響才有了魯迅給胡秋原戴上第二頂帽子的指責。〔註296〕

在 1930 年代初的「文藝自由論辯」中，胡秋原被指責為「托派」並非始於魯迅，而是源於馮雪峰的《「阿狗文藝論者」的醜臉譜》一文。在該文中，馮雪峰認為胡秋原批判錢杏邨是公開向「普羅文學運動進攻，他的真面目完全暴露了。他嘴裏不但喊著『馬克思主義』，甚至還喊著『列寧主義』，然而實際上是這樣的。這真正暴露了一切托洛斯基派和社會民主主義派的真面目！」〔註297〕這是胡秋原被「左聯」理論家污蔑為「托派」的最早文本，但這種指責胡秋原為「托派」罪狀的證據毫無說服力。對於馮雪峰加給胡秋原的這兩種政治身份，從現有的資料中找不到魯迅是否同意的直接證據。儘管他後來也認識到自己「左聯」盟主只是空有其名，真正起決定作用的還是具

〔註295〕秋石：《讓歷史回歸真實：還文學自由人本來面目——對 1981 年版〈魯迅全集〉中的胡秋原相關注釋之質疑》，鄭欣淼等人主編：《1981～2005：多維視野中的魯迅研究》（下冊），鄭州：河南文藝出版社，2007 年，第 1145～1172 頁。

〔註296〕秋石：《胡秋原與魯迅的論戰與糾葛》，《粵海風》2008 年第 5 期。

〔註297〕洛揚（馮雪峰）：《「阿狗文藝論者」的醜臉譜》，《文藝新聞》第 58 號，1932 年 6 月 6 日。

有黨員身份的「左聯」領導人。「左聯」內部隱含著「唯我獨革」的思維邏輯，甚至他不得不發出「奴隸總管」的斥責。但以魯迅當時是「左聯」「盟主」的身份，為維護黨的尊嚴，形式上與「左聯」「頭名人物的集體行動」保持一致就很自然了，受「左聯」影響在所難免。馮雪峰以及受其影響的魯迅對胡秋原的指責，成為 40 年後胡秋原被「極左派」視為代表「一定階級、一定政治集團」的「托匪」的依據。

葉德浴撰文與秋石商榷，認為秋石所言「與魯迅本意不符」，「文藝自由論」，「是左翼文壇瞿秋白、馮雪峰等人用以醜化胡秋原、具有特定貶義的概念」；魯迅主要是從瞿秋白那裏繼承過來的，「瞿秋白的影響起來決定性作用」。其含義是：「在馬克思主義裏發見了向受壓迫的左翼文藝運動要自由的『文藝自由論』」。對於第二頂帽子，魯迅並非指胡秋原。儘管作者承認 1981 年版《魯迅全集》的注釋對「胡秋原充滿敵意」，說「他和托派分子相『勾結』，是毫無根據的」。但又認為：「注釋的文章也只做到『相勾結』為止，分明沒有把他視為托派分子」，「符合魯迅本意」。〔註298〕

針對秋石和葉德浴的考辨文章，張寧撰文提出商榷，尤其不贊同秋石的觀點。秋石認為「魯迅的兩頂帽子『給胡秋原的一身蒙上了不應有的陰影』」，在張寧看來，除了 1972 年《紅旗》雜誌的誹謗外，「沒有跡象表明魯迅的暗示給了胡秋原先生以壓力，更談不上『一生蒙上不應有的陰影』」。理由是在「威權時期的臺灣，魯迅成為被禁作家，被魯迅批判或批判過魯迅，還可以成為自許的事情」。秋石在時空維度上都錯置了語境，是「以觀念來剪裁歷史，用今天的『問題意識』來隔絕昨天的『問題狀況』」。在中國現代思想文化史和文學史上，否認其歷史地位和「文藝自由論」的思想價值，並對其進行激烈的政治評判，難道不是對其造成的惡劣影響嗎？這種精神上受到的壓力不算是為其「一生蒙上不應有的陰影嗎？」即便魯迅的論斷不是影響批判胡秋原的直接誘因或決定性因素，但至少是加劇了此後批判的程度。查閱胡秋原的資料，並未發現他在臺灣曾有以「被魯迅批判或批判過魯迅」而「自許」之事。

張寧認為秋石對於魯迅受馮雪峰影響的判斷也不準確，馮雪峰的說法很含混。事實上，「這真正顯露了一切托洛斯基派和社會民主主義派的真面目」，「似乎要把托洛斯基派和社會民主主義派敘述為一個整體，而使胡秋原

〔註298〕葉德浴：《關於魯迅扣給胡秋原的兩頂帽子》，《粵海風》2011 年第 1 期。

屬於這個整體的一部分，這和直接安上一定『托派帽子』還是不同。秋石先生似未注意到這種『斯大林主義』式敘述法的『狡計』，即我沒說你是托派，但粗心的讀者會以爲你是托派」。筆者以爲從語義學上來看，「托洛斯基派和社會民主主義派」是並列關係，將其敘述爲一個整體，表明馮雪峰認爲胡秋原兩派兼備，而不是所謂「粗心的讀者會以爲你是托派」的說法，他被「左聯」理論家視爲敵人是不爭的事實。在張寧看來，秋石對魯迅指責胡秋原的那段話有一種誤解，癥結不在「兩頂帽子」，而在「指揮刀」。魯迅誤以爲胡秋原在陳銘樞所辦的神州國光社旗下主編《讀書雜誌》，是在「指揮刀的保護之下」，「有著與軍閥之間的扯不清的關係」。因此，「儘管胡秋原在兩次論戰中均表現出了左翼批評家難以企及的馬克思主義理論水準，並在關於文藝的觀點和若干現實感受上與他有著相當的默契，但魯迅卻認定胡秋原只是『掛著左翼的招牌』而已，並非自己的同志，甚至算不上同路人」。「儘管魯迅可能全部認同胡秋原的理論主張，但卻懷疑其眞誠性，因而他才對第三種人施以批評而用一句話判決『自由人』」。〔註 299〕是不是誤讀，癥結是不是如張寧所說的「指揮刀」呢？學界只關注到胡秋原對「兩頂帽子」的回應，而忽略了對「指揮刀」的回應。筆者在梳理資料時發現，早在 1933 年，胡秋原對魯迅「指揮刀」的指責就有過回應。他說：「倘若以文藝創作自由論係攻擊左翼文壇，或係出自指揮刀保護而在馬克斯主義之外的學說能夠建立，那恐怕至少要人類有盲目或健忘之必要」。〔註 300〕這是筆者看到的資料中，胡秋原最早回應魯迅「指揮刀」的指責。這其實很清楚的表明，他提倡的「文藝自由論」並非「出自指揮刀保護」，而是馬克思主義學說的應有之義，只是「左聯」不承認而已。其潛在的含義是：曾翻譯過《蘇俄文藝政策》的魯迅，自然應該瞭解蘇俄給非黨作家以創作自由的政策，何來又指責胡秋原提倡的文藝自由呢？魯迅大概是勉強應景之作，面對胡秋原的質問，向來與人爭辯的魯迅保持了沉默。但魯迅對胡秋原的論斷，卻被周揚作爲文章題詞，且說「政治上的社會民主黨……文學領域內的社會法西斯蒂也穿起『自由人』的衣裳」。〔註 301〕

〔註 299〕張寧：《同途・殊途・同歸——魯迅與胡秋原》，《文史哲》2012 年第 6 期。

〔註 300〕胡秋原：《一年來文藝論爭書後》，《讀書雜誌》第 3 卷第 2 期，1933 年 2 月。

〔註 301〕綺影（周揚）：《自由人文學理論檢討》，《文學月報》第 5、6 號合刊，1932年 12 月。

　　赴臺後，他對魯迅所謂「指揮刀」的回應也遠早於「兩頂帽子」。1955 年，他在臺北《自由談》雜誌上撰文《唐三藏與浮士德之間》，回憶「文藝自由論辯」期間，與來訪的馮雪峰談及魯迅的指控時說：「魯迅說我在指揮刀下談文藝自由」，即是「指神州國光社老闆有指揮刀而言」。但「《北斗》的主人不也是有指揮刀嗎？（按北斗書店為軍人梁某出資）。我可不說他受刀的指揮。我想你們不必問老闆，只問文章。我無錢開書店，又有意見要發表。即使王八開書店，一字不改我的文章，並送稿費，我一定送去登。只要你們肯登我的文章，我也願投稿，決不怕人說我得了盧布」。馮雪峰無言以對。〔註302〕由此，不僅可以看出胡秋原在論戰中對魯迅的態度，而且他提倡「文藝自由論」，並非如魯迅乃至「左聯」認為其受「指揮刀」指使。馮雪峰當時以魯迅的學生自處，以他們的關係，胡秋原的辯解自然會傳到魯迅那裏。

　　馬克思到底有沒有提倡「文藝自由」呢？查閱《馬恩全集》，青年馬克思在《評普魯士最近的書報檢查令》中，對創作自由進行了詳細的論述，認為書報檢查制度本身是惡劣的，因而呼籲廢除。在《第六屆萊茵省議會的辯論》一文中採取民主主義立場，對書報檢查及其控制下的報刊進行猛烈抨擊，捍衛言論出版自由。〔註303〕馬克思在青年時代就不止一次地呼籲倡導創作自由，可見通讀了《馬恩全集》的胡秋原，確實「在馬克思主義裏發見了文藝自由論」，比起「左聯」理論家更深刻地領悟到馬克思主義的精髓。1972 年，他在回應《紅旗》雜誌時再次重申：「馬克斯主義中確有文藝自由，不過列寧主義中絕無文藝自由，這可說是馬與列最大區別之一。托洛斯基亦未嘗主張文藝自由」。「馬克斯主義者中確有文藝自由。此由馬恩通信中討論文藝的通信，以及恩格斯在世之日德國社會民主黨關於文藝傾嚮之討論可知。當然，還有樸列漢諾夫的種種言論可以為證」。

　　對於「托派」問題的指控，他也做出了澄清：「我從未加入托派。所謂托派，其正式名稱是『共產黨反對派』。……在俄國起於 1927 年，傳到中國……必須是共（產）黨才是托派，或者，托派是共（產）黨中之一派。我不曾作

〔註302〕胡秋原：《在唐三藏與浮士德之間》，胡秋原：《〈在唐三藏與浮士德之間〉及其他》，臺北：胡秋原自刊本，1962 年，第 9 頁。
〔註303〕〔德〕馬克思：《評普魯士最近的書報檢查令》（1842 年 2 月）、《第六屆萊茵省議會的辯論──關於新聞出版自由和公佈省等級會議辯論情況的辯論》（第一篇論文，1842 年 5 月），參見中共中央編譯局編譯：《馬克思恩格斯全集》第 1 卷，北京：人民出版社，1995 年，第 107～135、136～202 頁。

共（產）黨，所以無從作托派，也不曾單獨加入托派」。「我不僅與托派無組織的關係，在思想上亦從未受托洛斯基或者一派之影響」。由此可見，胡秋原並非一時喧囂塵上的「殺盡共匪說的論客」。由於學識和資料所限，筆者無法查證「托派」是否有「殺盡共匪」之說，但查閱胡秋原的著述，他不僅沒有這樣的論斷，而且據他回憶「當時的托派亦無殺盡共匪說」。事實上，當時胡秋原崇尚的是非暴力的、包含人道主義的馬克思主義，以及後來被列寧尊奉爲「俄國馬克思主義之父」的普列漢諾夫的學說。據他自述：「我與馬克斯主義有十年的纏綿。但我的馬克斯主義來自樸列漢諾夫，我從未承認『馬列主義』，亦未認爲列寧、托洛斯基、斯大林是眞正馬克斯主義者」。〔註304〕關於這一點，可以從胡秋原畢生的著述中得到證實。

　　自「革命文學論爭」以來，胡秋原一直維護魯迅的地位，並認爲當時藝術理論的翻譯，「除魯迅先生等外，其餘幾乎讀不卒三行」。〔註305〕胡秋原對魯迅藝術理論的高度評價由此可見一斑。胡秋原在《浪費的論爭》中對「左聯」理論家的總答辯，從某種意義上可以看作是對魯迅的答覆。在該文中，胡秋原並未因魯迅的指責而遷怒，依然將魯迅視爲「中國的大作家」。魯迅自然感受到了胡秋原的態度，在論戰即將結束之際，當周揚主編的《文學周報》刊載芸生辱罵胡秋原的長詩《漢奸的供狀》，魯迅立即撰文《辱罵和恐嚇決不是戰鬥》聲援胡秋原，批判周揚與芸生。這或許是後來魯迅爲冰釋前嫌，特意委託馮雪峰送普列漢諾夫照片給以普氏信徒自居的胡秋原的原因。據胡秋原自述：「他似乎示意要我看看魯迅。我只請他代爲致謝」。〔註306〕胡秋原對魯迅滿懷敬仰之情，魯迅贈送的照片他一直珍藏在身邊，在其晚年著述中曾有提及。1936年12月，在巴黎舉行的旅歐華僑追悼魯迅大會上，流亡歐洲的胡秋原致詞時高度評價魯迅文藝上的貢獻，稱其是「中國無產階級文學提倡者之一」，呼籲「爲中華民族的生存幸福和發展而奮鬥」。〔註307〕據秋石記述，

〔註304〕胡秋原：《關於〈紅旗〉對胡秋原先生的誹謗及文藝自由與統一救國等問題》，《中華雜誌》1972年8月號。

〔註305〕〔俄〕佛理采著，胡秋原譯：《藝術社會學‧譯者序言》，上海：神州國光社，1931年，第69頁。

〔註306〕胡秋原：《在唐三藏與浮士德之間》，胡秋原：《〈在唐三藏與浮士德之間〉及其他》，臺北：胡秋原自刊本，1962年，第14頁。

〔註307〕《追悼偉大民族作家──抗聯會召集魯迅先生追悼大會》，《救國時報》1936年12月10日。

晚年的胡秋原還在病榻上再次喊出「我永遠忘不了魯迅」！〔註308〕

魯迅在經歷了國民黨清黨後，對其失望轉向蘇俄展示的歷史方向，直到去世沒有跡象顯示他對蘇俄建立「無產階級社會」的懷疑。而胡秋原在 1937 年盧溝橋事變前，一直批判國民黨，站在執政當局的對立面，並追隨馬克思主義十年之久。但他既不認同蘇聯革命的馬克思主義和無產階級專政，也不認同「左聯」及其文藝思想的黨派性。他以無黨無派的「自由人」相標榜，屬於國共之外的第三種力量。在文藝思想、理論來源上，他和魯迅極為接近，但在 1930 年代初的「文藝自由論辯」和現實政治實踐中，他們卻分屬於不同的陣營。在充滿複雜性和悖謬性的歷史語境中，二人繼續處在「殊途」之中；但從思想史角度來審視，他們又都同處於一個泛化的中國左翼文化史之中。胡秋原 1935 年後聲稱放棄「自由主義的馬克思主義」，思想上轉向新自由主義，但赴臺後的言行和著述，卻又明顯不同於胡適、殷海光的自由主義，呈現出與純粹自由主義具有明顯的異質性特徵。

面對當下複雜的社會轉型和日益深重的社會危機，思想界「自由左翼」思潮似乎呼之欲出。包括「自由主義的馬克思主義」者的胡秋原和「左翼」魯迅在內，具有「左翼」性質的思想都將被視為可資借鑒的「左翼」思想傳統。那麼 1935 年後，胡秋原為何要放棄「自由主義的馬克思主義」，而歸於「自由主義」呢？

6. 沒有結論的結論──浪費的論爭

胡秋原與「左聯」持續一年多的「文藝自由論辯」，隨著魯迅和陳望道的加入，批判「左聯」狹隘的關門主義傾向，雙方開始有反思性質的聲音。魯迅一方面批評蘇汶無視尖銳階級鬥爭的對立，想做脫離現實超階級的「第三種人」，另一方面承認左翼文壇存在錯誤，左翼文壇「不但要那同走幾步的『同路人』，還要招誘那些站在路旁看看的看客也來同走呢」。〔註309〕陳望道指出：不應把胡秋原等人「對於理論或理論家的不滿，擴大為對於中國左翼文壇不滿，甚至擴大作為對於無產階級文學不滿，把理論家向來不切實不盡職的地方暗暗地躲避了不批判」。他批評左翼文壇「只知以抽象的的一般階級理論來硬套在文藝現象上，使人動彈不得，而於別人樹立大纛來攻的，又只懂得縮

〔註308〕秋石：《胡秋原與魯迅的論戰與糾葛》，《粵海風》2008 年第 5 期。
〔註309〕魯迅：《論「第三種人」》，《現代》第 2 卷第 1 期，1932 年 11 月。

回到階級的立場上架搁遮攔，並無乘勢進攻力量」。「理論家的權威已經完全動搖，理論家應該自己反省，自己努力，不要再想仍用警棍主義加帽子主義取勝了」。由於體認到左翼理論家在論辯中「顯出來並未讀過比之作家更多的理論書」，因而希望他們排定「學習的課程表，兼程去學」，在此之前還是讓「作家自己發表各人的所得有益些」。〔註310〕陳望道揭示了左翼文壇的軟肋，不僅將階級理論硬套在文藝上，而且左翼理論家在理論上遠不如胡秋原等人。顯而易見，經過雙方觀點的交鋒，左翼內部也有人意識到自身存在的錯誤，這也證明胡秋原的「文藝自由論」獲得左翼陣營的認可。

真正下令停止論戰的是時任中宣部長的張聞天，由於他在黨內的領導地位，某種程度上其意見可以說代表中共中央的看法。他在《文藝戰線上的關門主義》一文中指出，左翼文藝運動，「很少成績」，「沒有發展的原因，主要是我們的右傾消極與左傾空談」。他認為「使左翼文學運動始終停留在狹窄的秘密範圍內的最大的障礙物，卻是『左』的關門主義」；而將文藝視作只是階級「煽動的工具」、「政治留聲機」的理論，縮小了文學的範圍，「大大的束縛了文學家的自由」。同時，指出排斥「第三種文學」和辱罵這些文學家為「資產階級的走狗」的做法，實際上是「拋棄文藝界上革命的統一戰線」。張聞天還稱：「革命的小資產階級文學家，不是我們的敵人，而是我們的同盟者」，對於他們正確的做法「不是排斥，不是謾罵，而是忍耐的解釋說服與爭取」，甚至「謙恭」與「禮貌」。〔註311〕這實際上是承認胡秋原「文藝自由論」思想的合理性。

作為受中共領導的「左聯」必然受張聞天指示的影響，時任「文委」書記的馮雪峰也隨之進行有限度的檢討，其認識和態度轉變尤其明顯。他一改此前對胡秋原激烈的敵對態度，指出：「左翼一向以來的態度，是並非不承認自己的錯誤……他比任何人都最歡迎一切『愛光明……的人』同路走；在清算自己的錯誤的時候，也決不肯忽視真正朋友的意見」。〔註312〕雖然並未稱胡秋原為朋友，但態度語氣比此前緩和了許多。之後他進一步明確指出論爭中，「我們不能否認我們──左翼批評家往往犯著機械論的（理論上）和左傾宗

〔註310〕陳雪帆（陳望道）：《關於理論家的任務速寫》，《現代》第 2 卷第 1 期，1932 年 11 月。

〔註311〕科德（張聞天）：《文藝戰線上的關門主義》，《世界文化》第 2 期，1933 年 1 月。

〔註312〕洛揚（馮雪峰）：《並非浪費的論爭》，《現代》第 2 卷第 3 期，1933 年 1 月。

派主義的（策略上的錯誤」。並表示「對於一般作家，我們要攜手，決非『拒人於千里之外』，更非視爲『資產階級的走狗』」，應首先糾正「指友爲敵」的錯誤。這就明確改變了敵我對立的態度，不再將胡秋原蘇汶等人視爲「敵人」，而應看作「與之同盟戰鬥的自己的幫手」，「建立起友人的關係」。〔註313〕此外，馮雪峰還坦誠左翼陣營「抱著錯誤的觀念和模糊的認識」的人「正居著多數」，在「文藝理論的研究，傳播和理論鬥爭」方面「做得太少了」。因此無一例外地「都犯過和犯著左傾關門主義錯誤」。〔註314〕由此看來，左翼陣營也認識到存在嚴重的關門主義錯誤，因而態度有明顯轉變。如果雙方能堅持這種理性的態度繼續進行深入探討，和「自由人」等中間知識分建立文化界的統一戰線，推動左翼文學的發展必將產生積極的作用。

張聞天的指示發出後，馮雪峰改變了對胡秋原等人的態度，但據夏衍回憶作爲「文委」書記的馮雪峰並未向「『文委』所屬各聯的黨員傳達」，〔註315〕因此造成周揚、夏衍等人並不知悉中共中央文藝政策的轉向，而是繼續堅持極端立場，於是出現了不同的聲音，引發了左翼內部的爭議和矛盾。如 1932 年 11 月 15 日，周揚在其主編的「左聯」機關刊物《文學周報》上，發表了芸生的語體長詩《漢奸的供狀》，詩中充滿市井流氓的辱罵和恐嚇胡秋原的言辭。文中攻擊胡秋原是「漢奸」，「眞是混賬」，並用粗俗的語言辱罵胡秋原，威脅將其「腦袋一下就會變做剖開的西瓜！」〔註316〕這樣淺薄的詩竟然刊登在「左聯」機關雜誌，暴露了主編者極端思想傾向以及唯我獨尊的氣焰。馮雪峰看到該文後，認爲其完全違背了中共中央建立統一戰線的精神，犯了策略性的錯誤，要求周揚公開糾正錯誤，周揚不服，雙方爆發了激烈的爭吵。周揚之所以固持己見，與他持有的狹隘的宗派主義觀念和夾雜的個人情感有關。

據周揚回憶，當時在神州國光社做校對的周立波是他的遠房侄子，兩人感情深厚，也是周揚帶他出來參加革命的。周立波因盲目參與「左聯」煽動神州國光社印刷所的罷工被捕入獄。爲營救周立波，周揚拜訪胡秋原，請求

〔註313〕何丹仁（馮雪峰）：《關於「第三種文學」的傾向與理論》，《現代》第 2 卷第 3 期，1933 年 1 月。
〔註314〕洛陽：（馮雪峰）：《「第三種人」的問題》，《世界文化》第 2 期，1933 年 1 月。
〔註315〕夏衍：《懶尋舊夢錄》，北京：生活·讀書·新知三聯書店，2000 年，第 143 頁。
〔註316〕芸生（邱九如）：《漢奸的供狀》，《文學月報》第 1 卷第 4 號，1932 年 11 月。

他從中幫忙保釋。周揚認為「胡秋原是神州國光社的總編輯,周立波是你的一個小校對,你保他救他,總是可以的」。但出乎其意料的是,周揚的求助遭到胡秋原的拒絕,而「住在胡秋原家」的馮雪峰也未幫忙,於是周揚對他們產生了怨恨情緒。據周揚自述:「我一氣之下就發表了芸生的詩《漢奸的供狀》」。這是一首罵胡秋原的詩,水平低得很,但我是《文學月報》的大主編,我有權發」。可見,周揚有一種以主編之權發泄私憤之感。他還認為胡秋原在《讀書雜誌》上發表的「回敬詩」,「目錄有,文撤了,這是馮雪峰的功勞」。當後來馮雪峰有意調和周揚和胡秋原的關係時,周揚無動於衷。他回憶說:「後來現代書店請客吃飯,我、雪峰、丁玲、周文都參加了。雪峰有意把我和胡秋原安排在一起,想和解。我就是不理他,一句話都不講。『左』得可愛,氣盛得很」。〔註317〕周揚當時「左」的尺度由此可見一斑。

馮雪峰在得到瞿秋白的支持後,請求魯迅代表「左聯」出面。魯迅認為那首詩是流氓作風,為爭取主動,應公開糾正錯誤。於是以個人名義致信周揚,周揚接到魯迅「尊貴的指示」,並表示應「深刻地來理解」。於是在《文學月報》第5、6期合刊上,刊發了魯迅題為《辱罵和恐嚇決不是戰鬥》的信。在信中,魯迅表示「對於芸生的一首詩,卻非常失望」。並批評該詩「有辱罵,有恐嚇,還有無聊的攻擊,其實是大可以不必作的」;辱罵是「流氓的行為」,「剖西瓜」之類的恐嚇「眞是鹵莽之極了」;同時強調「並非主張對敵人賠笑臉,三鞠躬」;而是要注重論爭的品格,要「嬉笑怒罵,皆成文章」;「使敵人因此受傷或致死,而自己並無卑劣的行為,觀者也並不以為污穢」。〔註318〕日本學者丸山升認為並不能以此斷定「魯迅認可了胡秋原,所以反對對他的辱罵和恐嚇」。魯迅只是表明「即便是對敵人,辱罵和恐嚇也是無意義的,這才是這篇文章的意義所在」。〔註319〕筆者以為,當周揚芸生等辱罵胡秋原的文章,也許令魯迅十分尷尬,他剛說過左翼的橫暴是「第三種人」心造的幻影,

---

〔註317〕張大明:《堅持輿論一律保留個人風格──編〈周揚文集〉札記》,《文藝評論》1985年第3期。此時胡秋原擔任「神州」的編輯,總編輯是王禮錫,周揚的回憶不準確。胡秋原的回憶也證實了周揚不滿胡秋原的說法。參見胡秋原:《〈唐三藏與浮士德之間〉及其他》,臺北:胡秋原自刊本,1962年,第7～8頁。

〔註318〕魯迅:《辱罵和恐嚇決不是戰鬥》,《文學月報》第1卷第5、6號合刊,1932年12月。

〔註319〕〔日〕丸山升著,王俊文譯:《魯迅・革命・歷史──丸山升現代中國文學論集》,北京:北京大學出版社,2005年,第286頁。

就立即出現了充滿流氓習氣的行為，必然回想起自己在「革命文學論爭」中的遭遇。如果魯迅繼續將胡秋原視為敵人，那麼魯迅也就不用委託馮雪峰給胡秋原送照片以冰釋前嫌了，胡秋原也不至於畢生珍藏該照片，且臨終前還說「永遠忘不了魯迅」，這些都應該是胡秋原對魯迅「很有人情味」的深切體會。若將「革命文學論爭」和「文藝自由論辯」中魯迅和胡秋原的文藝觀點進行比較，可以發現，他們在文藝與政治、階級、黨性的關係上，以及文藝的社會功能等方面的見解極為相似，對左翼批評家「唯我獨革」的姿態，「用警棍主義加帽子主義取勝」的作風都有共同的認知。因此在該文中魯迅曾以自己被左翼指責為「封建餘孽」的經歷，批判這種辱罵的方式。他不可能體會不到這種被左翼無端侮辱的心理感受，所以應理解為魯迅對胡秋原處境的感同身受，批判芸生聲援胡秋原也就很自然了。

在同期《文學周報》上，周揚仍然指責胡秋原是「文學領域的法西斯蒂」，「以口頭上擁護馬克思主義甚至藍寧（列寧）主義，來曲解，強姦，閹割了馬克思藍寧（列寧）主義」，並明確表示「不把胡秋原當作同路人，而只當作敵人來攻擊，到現在為止，是並沒有錯誤的」。此外，1933 年 1 月創刊的《現代文化》雜誌也作為「批判自由人專號」，刊登了首甲等人批判胡秋原哲學、歷史、文學與政治問題之主張的文章。魯迅和馮雪峰糾正「左聯」關門主義傾向的努力，引發了來自「左聯」內部的反批評。1933 年 2 月出版的《現代文化》上，刊登了首甲、郭沫若等四人共同署名的《對魯迅先生的〈辱罵和戰鬥決不是戰鬥〉有言》的公開信。稱「芸生的詩……基本立場是正確的」。攻擊魯迅是向「掛羊頭賣狗肉的革命販賣手」作調和，「帶上了極濃厚的右傾機會主義的色彩」，和「左傾關門主義的錯誤無分軒輊」，都是「必須肅清」的。〔註320〕瞿秋白也隨後撰文《慈善家的媽媽》和《鬼臉的辯護》，支持魯迅的觀點，批評願意戴上鬼臉的首甲等人亂戴「帽子」的錯誤言行，是左傾機會主義的觀點。〔註321〕最終靠瞿秋白出面，「左聯」內部的不同意見才得以平息。固然可以說瞿秋白對魯迅的尊重，但也暴露了魯迅在「左聯」中的威望遠不及政統。這種非此即彼、動輒上陞到「主義」高度的批判，在當時左翼

〔註320〕首甲、郭沫若等：《對魯迅先生的〈辱罵和戰鬥決不是戰鬥〉有言》，《現代文化》第 1 卷第 2 期，1933 年 2 月。

〔註321〕瞿秋白：《鬼臉的辯護──對於首甲等的批評》，《慈善家的媽媽》，參見《瞿秋白文集・文學編》第 2 卷，北京：人民文學出版社，1986 年，第 121～125、126～127 頁。

陣營已是蔚然成風，以至於在此後相當長的時期成為評價「文藝自由論辯」的標準。但同時也將「左聯」內部的分歧公開化，不僅暴露了左翼文學陣營的複雜性和矛盾性，而且也對論爭的最終定性產生了決定性的影響。

　　周揚、芸生辱罵的態度，引發了年輕氣盛的胡秋原的強烈不滿，隨即以「朱仲謙」為名，寫了一首回罵的白話詩《丟他媽章和芸生》，反唇相譏，認為芸生用辱罵做武器，「這種伎倆，真叫人齒寒」。〔註322〕胡秋原同樣用辱罵語言的「回敬詩」，既不能以理服人，又無助於論爭的深入進行，相反使本已趨向和緩的論爭氣氛驟然變得惡劣起來。胡秋原認為周揚等人「批評自由人專號」的「文字都很淺薄」，以至於「實在懶得答覆」。據胡秋原自述：「周揚寫了一首很長『白話詩』，對我盡潑婦罵街之能事。我當時氣盛，也寫了同樣長的『白話詩』回敬。後面說明這不成話，並深知此是玷辱斯文，必為識者所笑所惜，但對流氓不能過於紳士，犯而不校，將鼓勵流氓進一步之橫逆。讀者如責備我，我愧而受之，但請想到興戎的不是我云。王禮錫兄將他登在《讀書雜誌》上」。〔註323〕周揚後來回憶說：「胡秋原要在《讀書雜誌》發表長文，目錄有，文撤了」。〔註324〕秋石也認為胡秋原到《讀書雜誌》編輯部，「抽下了已拼版即將付印的那首回罵詩。以至於後來當讀者拿到那一期的《讀書雜誌》時，卻發現開了天窗：其目錄上還印有胡秋原詩的標題，可內頁正文卻沒有了蹤影」。〔註325〕從胡秋原的回憶中可以證實周揚和秋石的說法都不準確。筆者查閱《讀書雜誌》資料後，發現確實如胡秋原所言其「回敬詩」可以在《讀書雜誌》上查到，不過只有兩頁開了天窗。〔註326〕

　　據胡秋原回憶：「而左派，尤其是馮雪峰，更經常來找我談天，表示好感」。受張聞天和魯迅的雙重委託，馮氏拜訪胡秋原與其進行溝通，表達休戰之意。

〔註322〕朱仲謙（胡秋原）：《一個普羅作家之伎倆：丟他媽章和芸生》，《讀書雜誌》第2卷第11、12期合刊，1932年12月。

〔註323〕胡秋原：《在唐三藏與浮士德之間》，胡秋原：《〈在唐三藏與浮士德之間〉及其他》，臺北：胡秋原自刊本，1962年，第15頁。胡秋原以為《漢奸的供狀》是周揚所寫，可能他不瞭解芸生是何人。

〔註324〕張大明：《堅持輿論一律保留個人風格──編〈周揚文集〉札記》，《文藝評論》1985年第3期。

〔註325〕秋石：《讓歷史回歸真實：還文學自由人本來面目──對1981年版〈魯迅全集〉中的胡秋原相關注釋之質疑》，鄭欣淼等人主編：《1981～2005：多維視野中的魯迅研究》（下冊），鄭州：河南文藝出版社，2007年，第1170頁。

〔註326〕參見朱仲謙（胡秋原）：《一個普羅作家之伎倆：丟他媽章和芸生》，《讀書雜誌》第2卷第11、12期合刊，1932年12月。

胡秋原稱之爲「頗有人情味」。然而周揚、芸生的做法讓胡秋原認爲馮雪峰停戰的話不可信，有一種被戲耍之感。因此當「幾天後馮雪峰來說，周揚之雜誌，不是『組織』出版的，魯迅對周揚之作，甚爲憤慨」。胡秋原表示：「我大聲甚至厲聲的說，我讀過馬恩全集，要辯，我歡迎；我懂你們的策略，要罵，我也一定以牙還牙。不日，魯迅果有一文在《北斗》刊出，名曰《辱罵和恐嚇不是戰鬥》。他『噓』周揚了。而我也後悔我的『詩』登出，我自己都不願再看了」。此外，有一個在中共中央工作的朋友告訴胡秋原，「中共中央負責人張聞天已下令各地，不得對你攻訐」。至此，胡秋原相信確有停戰令。而他也「私自度量，對他們取『人不犯我我不犯人』態度好了」。〔註327〕王禮錫出國，胡秋原接任神州國光社總編輯，與左翼的「戰爭」進入「停戰狀態」。

此後胡秋原參與到另一場思想論戰──中國社會史論戰，且研究興趣由文藝史轉向社會史，之後又參與「閩變」，因此 1933 年僅發表了三篇與「文藝自由論辯」有關的文章，〔註328〕闡釋對持續一年多來的論戰的思考。他認爲文學運動只有兩個原則是正確的：

> 一、革命政黨乃至其文學團體，應在原則上承認文藝創作之自由，以及在某種程度上承認作家創作之自由；二、如果是一個進步的作家，也應該不閉目於時代之鬥爭，應該獲得馬克斯主義概念。該從時代解放運動中豐富其靈感。一切的教條，命令，「警棍，加帽子」溺愛，阿好，不僅徒勞，並且首先是腐化並自殺無產者文學自身的。

這兩個原則實際上是「1925 年蘇俄黨之文藝政策決議案之根本精神」，雖然「輸入中國很久了，但似乎並沒有在中國消化」。論爭是由於革命團體和進步作家對上述兩個原則的「認識不足而起」。在他看來，「論爭確起於一面的太過，而或終於太過之收回的罷」。左翼陣營並未認識到蘇俄文藝政策決議案的根本精神，該決議中明確提出「用機械強制方法」解決文化問題，「在藝術作品中

〔註327〕 胡秋原：《在唐三藏與浮士德之間》，胡秋原：《〈在唐三藏與浮士德之間〉及其他》，臺北：胡秋原自刊本，1962 年，15 頁。胡秋原將魯迅《辱罵和恐嚇決不是戰鬥》說是在《北斗》上刊出，可能是誤記。1932 年 7 月《北斗》停刊後，《文學月報》成爲「左聯」的機關刊物，該文刊發在 1932 年 12 月出版的《文學月報》第 1 卷第 5、6 號上。

〔註328〕 這三篇文章分別是：《我對於文藝理論研究的一片段》、《一年來文藝論爭書後》、《第三種人及其他》，刊載在《讀書雜誌》第 3 卷第 1、2、7 期上。

課以狹隘的黨綱之目的，是不行的」。對於「同路人」態度，決議案也指出：
「黨對中間底意識形態的集團，應該盡力寬容的對待」；「馬克思主義批評必
須從起常用中排除文學上之命令調子」；「因此黨不得不宣告這領域內一切不
同的團體及潮流自由競爭。其他一切解決，是衙門底官僚的虛偽之解決罷。
同樣，不能藉法令或黨之決議，容許某集團或文學團體對於文學出版事業之
合法底獨佔」。胡秋原提到的「蘇俄黨之文藝政策決議案」，是指 1925 年 6 月
蘇俄黨中央政治局通過的《關於黨在文學方面的政策的決議》，在文藝與政治
關係問題上，該決議反對「崗位派」的教條主義和庸俗社會學的錯誤傾向。
由此可見，胡秋原對該決議精神有相當程度的體認。他指出「一年來的論爭
的結論，也只是回頭承認其根本原則」。如果說論爭的意義，那就是「重新體
認那決議案之正確性而已」，從這個角度來審視，一年來的論爭正如胡秋原所
說的確是「浪費的論爭」。〔註 329〕

　　文藝運動中不左不右的「第三種人」，在胡秋原看來，「實際上就是以一
種 Radicals（急進派）」。由於他們敏感，成爲「革命的啓蒙者」和「革命的同
路人」。在當時反動勢力猖獗之際，正是「革命者與一切 Radicals 攜手」「互相
反省，勉勵與合作的時候」；「一個賢明的革命者，需要比第三種人——Radicals
更多的寬大與謙虛」。由此看來，胡秋原提出的「第三種人」，實際上代表了
傾向左翼革命的知識分子，他們是「革命的同情者」，而不是「革命的反對者，
革命的障礙者」。他還提醒向左轉有思想人格的作家，「應該有不亞於季（紀）
德的良心與睿智」，「無靈魂無骨骼的轉，不過一種陀螺」。實際上他再次重申
作家應該保持獨立的人格和創作的自由，對學問要有「刻苦的用功與嚴肅的
態度」。〔註 330〕「左聯」本應可以與之建立統一戰線的，然而，由於「左聯」
的關門主義錯誤，因此對胡秋原呼籲「合作」並未有任何積極的回應。胡秋
原與「左聯」的「文藝自由論辯」也由此結束。

　　在《1932 年的文藝論辯之清算》一文中，蘇汶認爲論辯的結論和意義是：
一、「文藝創作自由的原則是一般地被承認了」；二、「左翼方面的狹窄的排斥

〔註 329〕胡秋原：《一年來文藝論爭書後》，《讀書雜誌》第 3 卷第 2 期，1933 年 2 月。
　　　　　他引用的蘇俄黨中央政治局通過的《關於黨在文學方面的政策的決議》，又見
　　　　　李輝凡：《二十世紀初俄蘇文學思潮》，北京：社會科學文獻出版社，1993 年，
　　　　　第 196〜197 頁。筆者將胡秋原與李輝凡著作中引用的決議進行對比，二者除
　　　　　個別文字不同外，幾乎是一致的。
〔註 330〕胡秋原：《第三種人及其他》，《讀書雜誌》第 3 卷第 7 期，1933 年 9 月。

異己的觀念是被糾正了」；三、「武器文學的理論是被修正到更正確的方面了」。〔註331〕在他編輯的《文藝自由論辯集・編者序》再次重申論辯的意義「是創作原則之重新認定。在作者一方面，創作的困難是解除了；在理論家一方面，則理論已因這次論爭的刺激和教訓而得到重要的修改」。〔註332〕臺灣學者劉心皇認為「這是說明了，他們要求的文藝自由的原則戰勝了左翼的橫暴和不自由」。〔註333〕蘇汶在指出論辯意義的同時，也肯定了左翼陣營勇於認錯的精神和態度，並提出了一個忠告，「認錯固然是極好的事情，但處了指導理論家那樣的地位的人們，立論究竟應當謹慎一點，至少，不是像我們這樣無足輕重的人物，即是說錯了話，都不致有什麼極大地壞影響。身當指導理論家的諸先生，很可能一言之差，謬以千里，雖然事後認錯，但其影響是遺留著的」。〔註334〕對於左翼陣營的橫暴和認錯態度，一度參加又退出「左聯」的侍桁提出了含有警示的觀點。他認為：「現今左翼文壇的橫暴，只是口頭的橫暴，是多少伴著理論鬥爭的一種橫暴，若比起現統治階級對於左翼作家們的壓迫、禁錮與殺戮，還是有著天壤之別的，因為他們現在沒有權力來禁錮與殺戮；一旦有了之後，是否怎樣，這就難說了」。對於蘇汶所說「左翼方面的狹窄的排斥異己的觀念是被糾正了」。他也表示懷疑，「這話是否可靠還不能確定」，「左翼的一向的認錯是極有可疑，或者可以說是政策的」；「既發見了一種錯誤，一種對於自己極不利的錯誤，而仍然詭辯地固執著，這是要不得的態度」；「這樣『認錯』態度，我們可以預定，左翼團體在將來——在現今也罷——還必定是隱藏著錯誤，固執著錯誤，進行著錯誤的路，然後再來修正錯誤」。〔註335〕此後歷史的發展證實了這種深刻的洞見。

胡秋原的「文藝自由論」，「作為一種現代文學批評史上曾存在過的具有較完善形態的一種理論認識，它對豐富現代文藝批評論壇也具有相當重要的價值」。〔註336〕「文藝自由」思想不僅未因這次論戰而煙消雲散，反而在中國文藝思想史上產生深遠的影響。據他自述：「中國左翼文學運動在根源上可說

〔註331〕蘇汶：《1932年的文藝論辯之清算》，《現代》第2卷第3期，1933年1月。
〔註332〕蘇汶編：《文藝自由論辯集・編者序》，上海：現代書局，1933年。
〔註333〕劉心皇：《現代中國文學史話》，臺北：正中書局，1979年，第460頁。
〔註334〕蘇汶：《1932年的文藝論辯之清算》，《現代》第2卷第3期，1933年1月。
〔註335〕侍桁（韓侍桁）：《論「第三種人」》，吉明學、孫露茜編：《三十年代「文藝自由論辯」資料》，上海：上海文藝出版社，1990年，第371、376頁。
〔註336〕葛紅兵：《胡秋原、蘇汶的文藝自由論》，《益陽師專學報》1996年第3期。

是崇拜蘇俄之產物」,「我是首先反抗俄化潮流者之一,我並在理論上論證馬克思主義文藝理論中,並無當時蘇俄所說普羅文學與創造社太陽社諸人,以及後來左聯所復述的東西,更沒有蘇俄共(產)黨,尤其是斯大林所幹的所謂『文藝政策』的這個東西」。〔註337〕多年後,中共黨內理論家胡喬木和周揚都承認「文藝為政治服務、文藝從屬於政治的提法」,「在理論上是站不住腳的,馬恩也從來沒有這樣講過,在他們的著作中也找不到文藝必須『從屬』於政治的根據」。〔註338〕經過幾十年艱難曲折的探索後,不僅證實了胡秋原當年馬克思主義理論水準之高,而且也表明左翼理論家,以及後來的理論指導者確實在這方面存在嚴重的誤讀。他還認為,「文藝自由論辯是中國乃至世界上第一次迫使共產主義在文化戰線上退卻之一役」。他的這種表述,雖然不無偏頗,但他提出的「文藝自由論」對左翼理論界構成挑戰,以及這種思想在此後的影響則是不爭的事實。他所言「雖然左翼因退卻而保存實力,但文藝自由之思想一直是此後中共內部不斷發生革命的以中國解放力之源泉」。卻道出了一種思想史上的詭異命運,在 20 世紀中國的重大轉折關頭,蘊含了具有自由主義思想的知識分子「追求與幻滅」的悲劇命運的魔咒。

在胡秋原看來,魯迅、茅盾等人反對「左聯」的「宗派主義」,要求文藝自由是促使「左聯」解體的一個重要原因。「這文藝自由思想促成左聯瓦解後,李何林說魯迅反抗周揚的文藝自由與 1932 年的文藝自由『決不相同』,但他說不出不同之點何在。其實不同者,1932 年是左聯以外的人主張文藝自由;1936 年後,是左派或中共內部的人日益主張文藝自由了」。〔註339〕揭示了 1936 年「國防文學」與「大眾文學」的爭論,實際上「文藝自由論辯」的延續,正如胡秋原所說不同之處在於文藝自由的主張者由「自由人」轉向「左聯」內部。文藝自由一直是此後文藝運動中爭取的核心思想。1940 年代的王實味事件、1950 年代的胡風事件一直持續到「文革」,莫不如此。1942 年 5 月,毛澤東《在延安文藝座談會上的講話》中指出「追求愛、自由、人性等都是

〔註337〕 胡秋原:《文學藝術論集‧前記》,臺北:學術出版社,1979 年,第 7、11 頁。
〔註338〕 劉錫誠:《在文壇邊緣上──編輯手記》,開封:河南大學出版社,2003 年,第 348 頁。周揚也認為馬克思、恩格斯確實「沒有講過文藝要從屬於政治。從屬於無產階級政治,是毛主席講的」。周揚:《思想解放和社會主義現代化建設》,文集編選組:《周揚文集》第 5 卷,北京:人民文學出版社,1994 年,第 345 頁。
〔註339〕 胡秋原:《文學藝術論集‧前記》,臺北:學術出版社,1979 年,第 7、11、8 頁。

抽象的」;「文藝是從屬於政治的」,「革命文藝是整個革命事業的一部分,是
齒輪和螺絲釘」。〔註340〕為此後的文藝政策定下了基調,而胡秋原的文藝自由
思想自然受到批判。正如胡秋原所說:「周揚說王實味的反動是受了我的文藝
自由的影響,以後歷次『整風』,奴隸總管和警犬們總少不得罵罵我和文藝自
由論,直到 1972 年紅旗還說大陸文壇的反共,歸咎於我的文藝自由論」。雖
然胡秋原將「左聯」的解體歸結為文藝自由思想的影響不無偏頗,但 1930 年
代左翼知識分子在此後,尤其是 1949 年後掀起的歷次政治風暴中受盡了磨
難,再次驗證了「文藝自由論」的思想價值。

　　將充滿複雜性與悖謬性的近代中國歷史,納入到宏大的革命史觀敘述之
中。在這種非此即彼、簡單明瞭的敘述結構中,歷史的真相被隱身了,在包
含著「清洗」的邏輯中所呈現出來的是頗富時代色彩的「意識形態」。胡秋原
在 1969 年回憶「文藝自由論辯」時說:

> 在中國,「文藝自由」的原則,以及在某種程度上「自由主義的
> 馬克斯主義」的傾向,並未因那次論戰之結束而結束,反之,此與
> 全民抗戰的觀念以及 1937 年來八年血戰的偉大奮鬥,構成三十年代
> 的主流,一直在三十年代左翼作家中,因而在 1949 年以後中共統治
> 的大陸,不斷由左派內部,發生解放的力量……〔註341〕

這裏胡秋原將「自由主義的馬克斯主義」予以泛化,試圖將左翼內部所有的
「解放力量」都納入其中。以今天的學術標準來審視,未必適當,但卻呈現
出一種敏銳的歷史洞察力。事實上,自 1928 年「革命文學論爭」始,左翼內
部並非鐵板一塊,而是靠強固的黨性原則的邏輯來維繫,一直持續到「文革」。
正如有論者評價道:「仔細閱讀 1928 年革命文學論爭時創造社的文化批判檄
文,就會發現,文革時期的大批判文章,不論是語句、修辭,還是背後的思
維方式,早在 1928 年就已露端倪」。〔註342〕胡秋原的「文藝自由思想」,以及
其身上所體現的「反奴役」邏輯,始終貫穿於自 1920 年代末以來的文藝運動
之中。即便是「左聯」內部的理論家服膺於信仰和黨性原則,以及內心的掙
扎、反省與矛盾,也構成了一個潛在的思想線索。顯而易見,中共領導的左

〔註340〕毛澤東:《在延安文藝座談會上的講話》(1942 年 5 月),《毛澤東選集》第 3
　　　　卷,北京:人民出版社,1991 年,第 852、866 頁。
〔註341〕胡秋原:《關於一九三二年文藝自由論辯》,《中華雜誌》1969 年 1 月號。
〔註342〕張寧:《走出彌達斯邏輯──關於「袪左翼化」與「歷史本質論」》,《鄭州大
　　　　學學報》2006 年第 4 期。

翼文化的每個發展階段，「都是依靠剪除內部的多重可能性而完成的，其最終呈現在悲劇性的歷史結果中，與其說是左翼價值和左翼文化，不如說是一種絕對主義邏輯」。〔註343〕儘管如此，隱含在這種「絕對主義邏輯」之下的文藝自由思想，對「中國文藝界之自由鬥爭，是一個五十年如一日的常新的鼓舞力」，卻是不爭的事實。1949年後胡秋原雖遠赴臺灣，但「文藝自由論」是他畢生秉持的思想理念。晚年總結其在文藝政策上的寫作經驗得到最重要的啓示是：「確立文藝自由與否定文藝政策之理論根據。文藝自由不僅使民主政體有別於獨裁之政；而且引申其義，即解除文藝之一切障礙，即藝術與人類生活合而爲一，可說是人類文化之最終目標」。〔註344〕胡秋原曾有詩言志：「當年睥睨揮群敵，常勝旌旗是自由」。〔註345〕友人甚至借唐詩評價：「笑佛兩雙劍，萬人不可幹」；「雄劍四五動，彼軍爲我奔」。〔註346〕1956年在香港擔任統戰工作的左派曹聚仁，稱讚胡秋原在「文藝自由論辯」中的表現時說：「於今眞見爲人敵，君是常山趙子龍」。〔註347〕可見的確不是胡氏的自誇之辭。

隨著中國社會的轉型和執政黨對「文革」的反思，大陸思想理論界對文藝自由思想也產生了積極回應。鄧小平在第四次文代會的祝詞中指出：「黨對文藝工作的領導，不是發號施令，不是要求文學藝術從屬於臨時的、具體的、直接的政治任務」；「在文藝創作、文藝批評領域的行政命令必須廢止」；「文藝這種複雜的精神勞動，非常需要文藝家發揮個人的創造精神。寫什麼和怎樣寫，只能由文藝家在藝術實踐中去探索和逐步求得解決。在這方面，不要橫加干涉」。〔註348〕「我們堅持『雙百』方針和『三不主義』，不繼續提文藝從屬於政治這樣的口號，因爲這個口號容易成爲對文藝橫加干涉的理論根據，長期的實踐證明它對文藝的發展利少害多」。〔註349〕1979年11月3日，

〔註343〕張寧：《同途‧殊途‧同歸——魯迅與胡秋原》，《文史哲》2012年第6期。

〔註344〕胡秋原：《文學藝術論集‧前記》，臺北：學術出版社，1979年，第8、12頁。

〔註345〕胡秋原：《關於一九三二年文藝自由論辯》，《中華雜誌》1969年1月號。

〔註346〕胡秋原：《在唐三藏與浮士德之間》，胡秋原：《〈在唐三藏與浮士德之間〉及其他》，臺北：胡秋原自刊本，1962年，第13頁。

〔註347〕丁舟（曹聚仁）：《談胡秋原》，《眞報》（香港）1956年3月30日。

〔註348〕鄧小平：《在中國文學藝術工作者第四次代表大會上的祝詞》（1979年10月30日），《鄧小平文選》第2卷，北京：人民出版社，1994年，第213頁。

〔註349〕鄧小平：《目前的形勢和任務》（1980年1月16日），《鄧小平文選》第2卷，北京：人民出版社，1994年，第255頁。「雙百方針」指「百花齊放、百家爭鳴」；「三不主義」指「不打棍子、不扣帽子、不揪辮子」。

茅盾在第四次文代會的報告中明確指出：「我們反對文學作品墮落爲政治口號的圖解」。〔註350〕被著名文學家李準譽爲「太有價值」的「『春秋』筆法」。〔註351〕這與當年胡秋原反對「以文藝爲政治工具，爲黨派工具，並且反對以政治權力要求作家寫什麼，如何寫」，〔註352〕以及反對文藝淪落爲政治「留聲機」的主張如出一轍。夏衍認爲：「在文藝創作和理論研究方面，不應該有任何禁區」。〔註353〕第五次文代會期間夏衍再次指出：「文藝爲政治服務，甚至成爲階級鬥爭的工具，那是中國原有的文化傳統與接受蘇聯早年文化思想的一種產物」。這是「束縛文藝工作者創造的框框」。〔註354〕在文藝與政治的關係問題上，周揚也承認「對這個問題也還常常解決得不恰當，不正確，還有簡單化、庸俗化的毛病」。〔註355〕無論是鄧小平還是當年「左聯」的領導人，50多年後坦率而具有反思性質的談話，尤其是承認馬恩從未講過「文藝爲政治服務」的提法，不僅驗證了「左翼文壇也許會永遠覺得自己是對的，可是也許到將來會修改他們的見解」的預見，〔註356〕而且驗證了胡秋原當年對馬恩思想的理解深度，「在馬克思主義裏發見了文藝自由論」的正確性，可見其思想的前瞻性，可謂歷久彌新。

小　結

　　胡秋原的文藝自由思想，不僅是從《馬恩全集》和普列漢諾夫的著作中汲取而來，而且與他在日本留學時所瞭解的蘇俄和日本無產階級文藝理論密切相關，可以說是綜合觀念的產物。從某種程度來說，他與「左聯」在一系列文藝思想和理論問題上的分歧，也是蘇俄和共產國際左翼文學思潮內部不

〔註350〕茅盾：《解放思想，發揚文藝民主》，中國文學藝術界聯合會編：《中國文學藝術工作者第四次代表大會文集》，成都：四川人民出版社，1980年，第71頁。
〔註351〕《「文藝的社會功能」五人談》，《文藝報》1980年第1期。
〔註352〕胡秋原：《抗戰與抗戰文學》，胡秋原：《文學與歷史》，臺北：東大圖書股份有限公司，1994年，第95頁。
〔註353〕夏衍：《中國文學藝術工作者第四次代表大會閉幕詞》，《人民日報》1979年11月17日第2版。
〔註354〕郭玲春：《夏衍等就文代會召開答中外記者問》，《人民日報》1988年11月8日第1版。
〔註355〕周揚：《繼承和發揚左翼文化運動的革命傳統──在紀念「左聯」成立五十週年大會上的講話》，《人民日報》1980年4月2日第5版。
〔註356〕蘇汶：《論文學上的干涉主義》，《現代》第1卷第6期，1932年10月。

同理論派別在中國思想語境中的反映。「左聯」接受的是蘇俄無產階級文化派的理論，而胡秋原的文藝思潮直接源於馬克思恩格斯和普列漢諾夫，甚至以其「學生」或「信徒」自居，可以說普氏是胡秋原的理論導師。他對普氏文藝思想的研究是為了追求真理，與左翼理論家的分歧屬於「對普氏理論的理解是否完整和準確的差別，不是一方堅持與捍衛另一方是歪曲和背叛的對立，不屬於政治上的敵我之爭」。〔註357〕不能依據後來的政治立場來否決他的理論貢獻，因此胡秋原與「左聯」的論爭，應置於 1930 年代共產國際左翼文學思潮的大背景中進行考察。胡秋原和「左聯」的思想與理論衝突，無論是合理還是偏頗，都未能超出 1924～1925 年蘇俄文藝論戰的範疇。因此，胡秋原在總結論戰時感歎論爭的意義僅僅是「重新體認那些決議案之正確性而已」。〔註358〕決議案恰恰是蘇俄黨中央對文藝論戰的總結，表明胡秋原認為他和「左聯」的論辯與蘇俄文藝論戰並無根本不同，在一定意義上，可以說是他與「左聯」的論辯延續了蘇俄文藝論戰。

既然同為左翼文藝思潮的產物，為何宣稱「一個馬克思主義學徒」，〔註359〕「不大懂」「馬克思主義之政治理論」、但「篤信唯物史觀」、〔註360〕「剛入學問之門」，且對「政治外行」的胡秋原，〔註361〕在「文藝自由論辯」中，「左聯」不僅未將其視為朋友或「同路人」，反而將其看作階級敵人予以嚴厲批判和圍攻呢？筆者以為除了「左聯」承認的「左」傾「關門主義、宗派主義」的原因之外，還要有以下幾方面的原因：

首先，從思想和理論來源上看，胡秋原的文藝思想來源多元化，在日本留學期間，他不僅通讀日譯本《馬恩全集》、研究普列漢諾夫，而且對俄國社會思想史、文藝論爭和德國霍善斯坦斯等人的著作多有研讀。由此可見，從思想和理論譜繫上來看，他不僅深受蘇俄理論界普列漢諾夫、托洛茨基（Trotsky）、沃隆斯基等人的影響，也接受了 1910～1912 年德國社會民主黨文藝論爭中的一些觀點，對日本無產階級文學論戰的理論也有所借鑒。當時蘇俄正從政治立

〔註357〕 何梓焜：《評胡秋原對普列漢諾夫藝術理論的研究》，《江漢論壇》1990 年第 9 期。
〔註358〕 胡秋原：《一年來文藝論爭書後》，《讀書雜誌》第 3 卷第 2 期，1933 年 2 月。
〔註359〕 胡秋原：《略覆孫倬章君並略論中國社會之性質》，《讀書雜誌》第 1 卷第 4、5 期合刊，1931 年 8 月。
〔註360〕 胡秋原：《一年來文藝論爭書後》，《讀書雜誌》第 3 卷第 2 期，1933 年 2 月。
〔註361〕 胡秋原：《勿侵略文藝》，《文化評論》第 4 期，1932 年 4 月。

場上對普列漢諾夫進行嚴厲的批判，甚至否定其理論價值；托洛茨基在與斯大林爭鬥落敗，被驅逐出境流亡海外；沃隆斯基也因參加「托派」被開除出黨。在「左聯」看來，胡秋原的思想和理論無異於集三人於一身，是予以清除之列的反動分子。將胡秋原視為表面打著「馬克思主義」旗號，「理論上是用『左』的詞句來飾煙幕」，實際上比民族文藝論者「反動效用更大」，〔註362〕「還要惡毒」；〔註363〕是更危險的「紅蘿蔔」式的假左派。〔註364〕

　　客觀而言，在當時蘇俄和左翼一致以政治立場批判普列漢諾夫等人之際，胡秋原「冒天下之大不韙」公開讚揚普氏的思想和理論價值，不僅呈現出他超越黨派的識見，相對客觀的「自由人」立場，也突顯出他可貴的理論勇氣。雖然當時包含馬克思的文藝學美學思想的《1844年經濟學哲學手稿》等著作還未公佈於眾，胡秋原對馬克思主義文藝思想的理解不無偏頗，但胡秋原比「左聯」理論家對馬克思主義文藝思想和理論的理解深刻得多。論辯雙方的回憶給我們提供了直接的證據。據馮雪峰自述：我們都是對「馬克思列寧主義的理論，以及關於文學藝術的知識也都非常薄弱和幼稚的人」。〔註365〕任白戈也認為，由於中國的左翼文藝理論源自蘇俄，因此「一切都以蘇聯為師，向蘇聯學習，這就是『左聯』創作的方向」。〔註366〕夏衍亦承認，從外國抄來的「工作方法、工作作風」「很多不適合中國情況」。〔註367〕吳黎平指出「左翼文化運動在理論上還不夠成熟，在學習和運用馬克思主義方面還存在著簡單化和教條主義的毛病」，「在介紹中還帶有一些雜質」，「把錯誤的東西也誤作為馬克思主義來接受」。〔註368〕就連當時被稱為中共黨內理論權威的瞿秋白也承認「『沒有牛時，迫得狗去耕田』，這確是中國馬克思主義者的情

〔註362〕谷非（胡風）：《現階段上的文藝批評之幾個緊要問題》，《現代文化》第1卷第1期，1933年1月。

〔註363〕綺影（周揚）：《自由人文學理論檢討》，《文學月報》第5、6號合刊，1932年12月。

〔註364〕司馬今（瞿秋白）：《財神還是反財神（亂彈）》，《北斗》第2卷第3、4期合刊，1932年7月。

〔註365〕馮雪峰：《回憶魯迅》，北京：人民文學出版社，1957年，第23頁。

〔註366〕任白戈：《我在「左聯」工作的時候》，《左聯回憶錄》編輯組編：《左聯回憶錄》，北京：中國社會科學出版社，1982年，第380頁。

〔註367〕夏衍：《「左聯」成立前後》，《左聯回憶錄》編輯組編：《左聯回憶錄》，北京：中國社會科學出版社，1982年，第57、58頁。

〔註368〕吳黎平：《長念文苑戰旗紅──我對左翼文化運動的點滴回憶》，《左聯回憶錄》編輯組編：《左聯回憶錄》，北京：中國社會科學出版社，1982年，第80頁。

形」;「秋白是馬克思主義的小學生」,「我這幼稚的馬克思主義理論裏,可以有許多沒有成熟的、不甚正確的思想」。〔註369〕由於這些因素的影響,左翼陣營對文藝的理解走向機械化和庸俗社會學的傾向,這也與當時國際左翼文學對馬克思主義的理解存在偏差密切相關。在 20 世紀二三十年代,無論是中國還是蘇俄,對馬克思主義的瞭解還處於初始階段,知識分子對馬克思主義的瞭解不僅膚淺,而且由於時代局限,以及馬克思主義美學思想遺產還沒被發掘出來。因此在將馬克思主義應用在文藝這樣複雜的領域時,不可避免的產生了「有的把它簡單化,有的採取折衷主義態度,把不同的概念拼湊在一起,有的讓敵視馬克思列寧主義的觀點混進來,甚至讓這些觀點取代──並不總是故意如此──馬克思列寧主義」。〔註370〕

　　相較左翼理論家,胡秋原不僅通讀了《馬恩全集》、西方學界對馬克思主義的評價,而且研究普列漢諾夫,並出版 70 餘萬字的專著《唯物史觀藝術論──樸列汗諾夫及其藝術理論之研究》,也熟知蘇俄社會思想史和文藝論爭。陳望道對胡秋原說:「這樣厚的一本書出來,不是左翼幾篇文章所能攻得動的」。〔註371〕甚至連「左聯」領導人馮雪峰也對他說:「我們都承認馬恩文獻,你讀得比我們多,我們無人比得上你,可惜就是你沒有把握階級的觀點」。〔註372〕但不可否認的是,思想和理論來源的多元性也使他在辯論中呈現出矛盾之處,「左聯」理論家正是抓住這一點對其批判。正如時人所言:「把他的理論做一個詳細的梳理,矛盾之處,恐怕是非常有趣的」;「胡秋原的智識太充份了,左宜右有,反而覺得十濁不清」。〔註373〕

　　胡秋原之所以批判左翼陣營,因為他認為左翼陣營的理論與他「所知道的唯物史觀的理論,完全不相干;加之還要張牙舞爪,所以不得已而一言,如是而已」。〔註374〕在當時崇尚蘇俄的時代思潮下,胡秋原念念在茲、追根溯

〔註369〕瞿秋白:《瞿秋白論文集·自序》,《瞿秋白文集·政治理論編》第 4 卷,北京:人民出版社 1993 年,415～416 頁。

〔註370〕〔蘇〕阿·梅特欽科著,石田、白堤譯:《繼往開來──論蘇聯文學發展中的若干問題》,北京:中國社會科學出版社,1983 年,第 144 頁。

〔註371〕胡秋原:《文學藝術論集·前記》,臺北:學術出版社,1979 年,第 3 頁。

〔註372〕胡秋原:《在唐三藏與浮士德之間》,胡秋原:《〈在唐三藏與浮士德之間〉及其他》,臺北:胡秋原自刊本,1962 年,第 12 頁。

〔註373〕首甲(祝秀俠):《關於胡秋原蘇汶與左聯的文藝論戰》,《現代文化》第 1 卷第 1 期,1933 年 1 月。

〔註374〕胡秋原:《一年來文藝論爭書後》,《讀書雜誌》第 3 卷第 2 期,1933 年 2 月。

源的研究馬克思主義，目的是通過與左翼陣營的學術辯論，從理論上駁斥左
翼陣營違背馬克思主義的本質，試圖扭轉將馬克思主義教條化、庸俗化的思
想傾向，以求重估馬克思主義的思想價值。然而在當時左翼陣營過分注重階
級鬥爭和政治實踐的背景下，這種「書生」之見注定得不到回應。

其次，爭奪馬克思主義話語權，政治化思維和黨派意識也是「左聯」把
胡秋原視為敵人的原因之一。「左聯」將文藝為無產階級政治服務視為其目
的，這就表明文藝被納入意識形態的系統。由於意識形態的排他性、封閉性
和專一性，「左聯」借文藝運動表達爭奪政治話語權的鬥爭。胡秋原正是明顯
感到這種強勢話語的壓力，才以無黨無派的「自由人」立場，打著「馬克斯
主義文藝理論之擁護」的旗幟批判錢杏邨，提醒「真正的馬克斯主義者，應
當注意馬克斯主義的贗品」。〔註 375〕呼籲「一切真正的馬克斯主義者聯合起
來，強化馬克斯主義文化戰線」，「克服馬克斯主義陣營一切左右偏曲傾向」。
〔註 376〕之所以未能得到同樣信仰馬克思主義的左翼陣營的認可，是因為雙方
對馬克思主義的不同理解和詮釋，胡秋原認為馬克思主義理論中包含「文藝
自由論」，而左翼陣營強調的是文藝的「黨性」原則和政治化傾向，認為胡秋
原與他們爭奪馬克思主義的詮釋權和話語權。為維護自己對政治文化上的強
勢話語霸權，必然會爭奪馬克思主義理論的詮釋權，排斥胡秋原的「異見」
也就理所當然了。蘇汶當時就指出胡秋原與左翼陣營之間「兩種馬克思主義
是愈趨愈遠，幾乎是背道而馳了」。〔註 377〕侍桁認為胡秋原將左翼批評家錢杏
邨和民族文藝放在一起，「給了一種否定的批判」，他也指出：

> 「左翼理論家看來，無異是一種有意的陷害和蒙蔽。更甚的是，
> 胡先生完全不客氣地指謫出錢先生的文章是不合馬克斯主義的文藝
> 理論的一種冒牌，更從馬克斯主義的文藝理論的立場，下了攻擊。
> 這種事如何能使馬克斯主義的理論家忍耐得了！雖然明知錢杏邨先
> 生的批評文章，是含存著許多不正確的理論，自己時常也要批判，
> 但現在突然出現一個第三者，也是站在馬克斯主義理論的立場上，
> 指謫出這位所謂指導理論家之一的錢杏邨先生的錯誤，等於是有意

〔註 375〕 胡秋原：《錢杏邨理論之清算與民族文學理論之批評——馬克斯主義文藝理論
之擁護》，《讀書雜誌》第 2 卷第 1 期，1932 年 1 月。
〔註 376〕 胡秋原：《為反帝國主義文化而鬥爭》，《文化雜誌》創刊號，1932 年 8 月。
〔註 377〕 蘇汶：《關於〈文新〉與胡秋原的文藝論辯》，《現代》第 1 卷第 3 期，1932
年 7 月。

塌左聯的臺，所以非給以猛烈的反攻不可」。而《文藝新聞》的圍攻
文章，目的是讓讀者知道，胡秋原是「不懷好意的，而且絕不是眞
實的馬克斯主義理論的，他是有著一種另外的政治的立場，無論其
人是否加入了某個政治團體，其文章所表見出來的是如此」。〔註378〕
雙方都視自己的馬克思主義才是眞正的馬克思主義，實際上是在馬克思主義
偶像面前爭奪正統地位，爭奪馬克思主義的詮釋權和話語權。

　　左翼陣營強調文藝的黨派性，而以「自由人」自居的胡秋原在組織上既
不認同更不願意加入左翼陣營，並公開聲稱「根據馬克思主義的理論來研究」
文藝，但不在「政黨的領導之下」，〔註379〕無疑構成了對左翼文壇「黨性」原
則的消解。故此，當他清算錢杏邨的錯誤理論時，敏感的左翼陣營認爲他「公
開向普羅文學運動進攻」。〔註380〕在政治化和意識形態化的思維邏輯中，任何
來自外部的批評或「異見」，都被視爲向群體的挑戰。由黨派性而非眞理性來
判斷言論的正確與否，最終將導致宗派主義。曾任「左聯」領導人的茅盾回
憶說：「『左聯』內部的宗派主義」，「唯我最正確」，「『非我族類，群起而誅之』
的現象，以及把『左聯』辦成個政黨的做法」，成爲排斥「異己」的根源。〔註
381〕在當時普遍存在的革命與反革命的二元對立中，在獨斷性和絕對化的思維
模式中，一開始就將胡秋原視爲革命的敵人予以猛烈的抨擊。儘管他在文化
批判中也採用馬克思主義話語，甚至有些理論觀點與左翼陣營趨向一致，但
依然改變不了左翼陣營對他階級敵人的定性。

　　最後，胡秋原複雜的社會關係和敏感的政治背景，更使「左聯」將他視
爲階級敵人。對此，蘇汶曾指出：「左聯」對胡秋原的誤解「多份是由於他個
人的較複雜的社會關係」。〔註382〕胡秋原的至交和同道者王禮錫，曾是「AB」
骨幹分子，在江西從事過反共活動。〔註383〕儘管在主持神州國光社和《讀書

〔註378〕侍桁（韓侍桁）：《論「第三種人」》，吉明學、孫露茜編：《三十年代「文藝自
　　　　由論辯」資料》，上海：上海文藝出版社，1990年，第362、363頁。

〔註379〕胡秋原：《浪費的論爭──對於批判者的若干答辯》，《現代》第2卷第2期，
　　　　1932年12月。

〔註380〕洛揚（馮雪峰）：《「阿狗文藝」論者的醜臉譜》，《文藝新聞》第58號，1932
　　　　年6月6日。

〔註381〕茅盾：《我走過的路》（中），北京：人民文學出版社，1984年，第309頁。

〔註382〕蘇汶編：《文藝自由論辯集·編者序》，上海：現代書局，1933年。

〔註383〕戴向青、羅惠蘭：《AB團與福田事件始末》，鄭州：河南人民出版社，1994
　　　　年，第51頁；又見朱宗震、汪朝光編：《陳銘樞回憶錄》，北京：中國文史出
　　　　版社，1997年，144頁。

雜誌》期間，思想傾向左翼，出版和刊發了許多介紹馬克思主義的書籍和文章，但左翼仍將其視爲敵人。〔註384〕「九‧一八」事變後，留在上海的胡秋原依附的神州國光社，1930 年由陳銘樞接辦，成爲其籠絡文化人的平臺和喉舌機構。「一‧二八」事變後，胡秋原與王禮錫等人發起支持十九路軍抗戰活動，但在組織工人罷工、著作者抗日會領導權等問題上，與「左聯」意見不一致，「左聯」認爲他們組織「社會民主黨」，是陳銘樞的代理人。〔註385〕胡秋原主編刊物、發表文章被認爲背後有陳銘樞的支持，並攻擊胡秋原等人創辦的《國際評論》，是由「『革命外交家』陳某每月津貼一千五百元」讚助的。〔註386〕魯迅諷刺胡秋原「在指揮刀的保護之下，掛著『左翼』的招牌」談論文藝自由，〔註387〕根源於此。此外，曾爲「左聯」成員的楊邨人是胡秋原在武昌大學的校友，爲營救因盲目罷工被逮捕的時任神州國光社校對的周立波，周揚曾通過他請求胡秋原幫忙保釋。1925 年入黨的中共黨員楊邨人被派往湘鄂西蘇區體驗生活，當時恰逢蘇區肅反擴大化，大批幹部被當作「AB」團、「托派」遭到無辜殺害，目睹這些場景後使他陷入迷茫和失望之中。據胡秋原自述：回上海後的楊邨人「向我描寫洪湖……自相殘殺之恐怖，以及不近人情之慘酷」。並說「這也許是無產階級立場，但他卻不願再做無產階級了」。〔註388〕楊邨人先後撰文揭露了這些事實，被「左聯」以叛徒、取消派、反動派幫兇等罪名開除。而胡秋原不僅對楊邨人眾叛親離的遭遇予以同情，而且將其「脫離中國共產黨」的公開聲明刊發在《讀書雜誌》上。〔註389〕在「左聯」看來，這無異於是「爲虎作倀」。不僅如此，他還表示「同情托洛茨基」，「對於陳獨秀鄧演達也都覺得可惜」，〔註390〕而這些人物正是當時左翼公開批評的人物，這種公開與左翼唱反調的行爲，進一步加深了左翼的敵視，將其視爲階級敵人也就勢所必至了。

　　總之，在當時險惡的政治環境和殘酷的階級鬥爭的背景下，雖然胡秋原

〔註384〕敢言：《請看王禮錫的列寧主義》，《文化月刊》第 1 卷第 1 期，1932 年 11 月。
〔註385〕王禮錫：《戰時日記‧社會民主黨》（2 月 13 日），《讀書雜誌》第 2 卷第 4 期，1932 年 4 月。
〔註386〕《每日筆記》，《文藝新聞》第 49 號，1932 年 4 月 4 日。
〔註387〕魯迅：《論「第三種人」》，《現代》第 2 卷第 1 期，1932 年 11 月。
〔註388〕胡秋原：《在唐三藏與浮士德之間》，胡秋原：《〈在唐三藏與浮士德之間〉及其他》，臺北：胡秋原自刊本，1962 年，第 13 頁。
〔註389〕楊邨人：《離開政黨生活的戰壕》，《讀書雜誌》第 1 卷第 3 期，1933 年 1 月。
〔註390〕胡秋原：《一年來文藝論爭書後》，《讀書雜誌》第 3 卷第 2 期，1933 年 2 月。

和左翼陣營一樣都信奉馬克思主義，但對馬克思主義的不同理解及其分歧被無限放大爲敵我之間的鬥爭。在當時革命與反革命、「非友即敵」的思維邏輯中，把政治身份模糊、社會關係複雜、且將文藝自由視爲馬克思主義應有之義的胡秋原，被左翼陣營視爲敵人也就理所當然了。這就使本屬於左翼陣營內部的文藝理論爭，演變爲一場敵我之間的論爭。當時空轉換，重新審視這場論戰時，可以發現，胡秋原與「左聯」的論爭，既有黨派背景的「左聯」理論家與「自由人」政治立場的衝突，又有共同理論基礎上的學理衝突。這一切都夾雜著一起，以至於採取任何單一價值判斷都無法窺見其全貌。特別是具體的歷史語境消失後，反抗者與妥協者思想言辭的變化，在似乎清晰明瞭的宏大的革命史觀敘述中消失了其多樣性，在後來者的意識形態的既定思維邏輯模式中，延續此前固定化的政治定性，使其本來的眞實面目被遮蔽了。

第三章　超越左右的嘗試及其理論探討
——以「讀書雜誌派」為中心的考察

　　1930 年代初，以「自由人」著稱的胡秋原以神州國光社（以下簡稱「神州」）為依託，獨立創辦《文化評論》等雜誌，政治上主抗日，思想上主自由。又和王禮錫一起主持神州國光社的社務，擔任《讀書雜誌》的編輯，並以此為主陣地，組織和推動著名的有關中國社會性質的討論與「中國社會史論戰」，形成了在當時思想理論界頗具影響力的所謂「讀書雜誌派」。在當時黨派鬥爭極為激烈的現實背景下，以及思想上左右紛爭的語境中，他們秉持自由主義的理念，以中立的立場、兼容並包各種思潮，開闢可供各派公開、自由討論的「戰場」。他們試圖超越左右翼意識形態的束縛，創造自由活動的政治文化空間，通過理論探討達成對中國出路的共識。胡秋原、王禮錫等人不僅組織思想論戰，並闡釋其觀點，而且在支持十九路軍淞滬抗戰和震驚全國的「閩變」中起到了引領輿論、宣傳鼓吹和理論指導的作用，成為「神州」和「讀書雜誌派」的靈魂人物乃至「思想界的驕子」。他們參與政治實踐活動反映其思想傾向，其目的是為了尋求有別於國共的「第三條道路」。

　　在當時黨派思潮激蕩的思想語境中，為何處於左右夾縫中的胡秋原、王禮錫等人要創辦《讀書雜誌》，其思想傾向如何？在支持十九路軍淞滬抗戰中，聯合抗日與工人運動何者為先？成為他們和「左聯」爭執的核心問題，在日本侵略下的民族戰中，為何他們之間產生如此大的分歧？他們為何要組織和推動中國社會史論戰？論戰中他們與左翼理論家分歧的焦點是什麼？這些分歧的根本原因又是什麼？胡秋原等人為何極力反對將「五種社會形態」

單線遞進說固定化、模式化，套用該公式解釋中國歷史的發展？究竟胡秋原等人的立場和觀點是否像左翼理論家所宣稱的所謂「反馬克思主義」或「僞馬克思主義」？將從秦至清的中國社會界定爲封建社會究竟是馬克思本人的意見？還是斯大林和第三國際的指示？馬克思本人是否贊同將他研究西歐歷史發展的規律視爲具有「普世性」的歷史哲學？

目前學界對「讀書雜誌派」的研究儘管取得了一些成果，但主要集中於陳銘樞接辦「神州」的政治意圖，王禮錫主持「神州」與《讀書雜誌》及其在組織「中國社會史論戰」的地位和作用，而對該派的極具代表性的核心人物──胡秋原都是一筆帶過，缺乏詳細的分析。〔註1〕長期以來，由於左右兩翼的攻擊尤其是受「左」傾錯誤的影響，胡秋原等人的思想價值被甄沒了。鑒於此，本章對「讀書雜誌派」進行系統梳理，以「讀書雜誌派」爲中心進行考察，圍繞上述問題展開論述，分析在思想論戰與救亡等問題上，他們與國共兩黨的分歧，從中揭示「讀書雜誌派」對「第三條道路」探索的歷程、思想內涵和理論價值，以及危機深重時期，對國家民族出路的思考和探索，並重新審視其思想價值。

第一節　《讀書雜誌》的創辦、宗旨與社會影響

1931 年 4 月，《讀書雜誌》創刊於上海，由「神州」發行。「神州」和《讀書雜誌》的總編輯先後由王禮錫、胡秋原擔任，加上陸晶清、彭芳草、王亞南、梅龔彬等人〔註2〕，共同構成以「神州」爲中心的知識分子群體。儘管《讀

〔註 1〕陳銘樞：《「神州國光社」後半部史略》，朱宗震、汪朝光編：《陳銘樞回憶錄》，北京：中國文史出版社，1997 年；蔣建農：《陳銘樞與神州國光社》，《百年潮》2002 年第 5 期；鞠新泉《論神州國光社的政治意圖與文化策略（1930～1933）》，《歷史教學》2009 年第 4 期；周英才：《王禮錫與神州國光社》，《文史精華》2004 年第 9 期；蔣建農：《神州國光社與十九路軍》，《史學月刊》1992 年第 3 期；李洪岩：《從〈讀書雜誌〉看中國社會史論戰》，中國社會科學院近代史研究所編：《中國社會科學院近代史研究所青年學術論壇》1999 年卷，北京：社會科學文獻出版社，2000 年等。馮天瑜在《「封建」考論》中對胡秋原在中國社會史論戰中的觀點有客觀的評述，但對於其思想脈絡的演變缺乏詳細的分析。參見馮天瑜：《「封建」考論》，北京：中國社會科學出版社，2010 年，第 242～244 頁。其他通史類的著作中大多延續以往以批判爲主的論調，不再一一詳述。

〔註 2〕對「讀書雜誌派」知識分子群體的分析詳見下文，在此不再贅述。

書雜誌》生存時間僅兩年多，但因其組織和推動影響深遠的社會史論戰，在中國近現代思想史上留下濃重的一筆。從思想史角度來審視，不能以《讀書雜誌》存在時間的長短論英雄，更不能由此來否定「讀書雜誌派」的思想價值。

一、《讀書雜誌》的籌辦和發行

大革命的失敗，打破了社會各界推翻軍閥統治，建立統一、民主的現代政治共識的幻想。思想界充滿迷惘、幻滅，中國究竟走向何處？成爲時人關心的最重要的時代問題。不少知識分子重新回到書齋中，試圖從理論上探討中國革命的前途。據王凡西回憶：「大革命失敗後，不少知識分子被迫從積極活動中退出來，從街道回進書齋」，「痛定思痛」從思想理論上思考中國革命的前途。〔註3〕1928 年起，在上海文化界，中共和國民黨的理論家開始對中國社會性質和革命前途問題進行討論。這種自國共兩黨之間的政見之爭，逐漸擴展到思想文化領域，引起眾多知識分子的興趣，轉向學術探討。在這種探討中國社會性質和革命前途的氛圍中，對國共兩黨皆不滿的王禮錫、胡秋原等人也參與到討論之中。由於他們不認同國共兩黨的主張，試圖以獨立的、自由的、超越左右的中間立場，爲各派提供一個思想交鋒的「戰場」，並積極參與論戰闡發其見解，以便達成對中國出路的共識。在這種背景下，《讀書雜誌》應運而生，在「神州」旗下創刊發行。

神州國光社，1901 年由鄧實、黃節等人創辦於上海，以刊行《神州國光集》、《國學叢書》，印行中國書畫和美術書籍爲主。他們對於明末諸儒的「民族大節，備極推崇」。鄧實等人在提倡國學、保存國粹的活動中，具有濃厚的民族主義色彩。該社受新文化運動批判復古主義和崇尚西洋文明等時代思潮的影響，加之經營不善，難以爲繼。據陳銘樞自述：大革命失敗後，「革命轉入低潮，加以連年的軍閥混戰，農村破產，工商凋敝，知識分子則生活極度不安，思想動蕩，真是『群相救死之不暇』。致使「『神州』出版物大量滯銷，業務一蹶不振，終於不得不走『招盤一途』」。〔註4〕在這種情況下，黃節等人商議

〔註 3〕王凡西：《雙山回憶錄》，上海：東方出版社，2004 年，第 164 頁。
〔註 4〕朱宗震、汪朝光編：《陳銘樞回憶錄》，北京：中國文史出版社，1997 年，第137、139 頁。

後，由時任廣東省主席的陳銘樞於 1930 年以 40 萬元接辦「神州」。〔註5〕據梅方義回憶：「『神州國光』顧名思義，可知他是要發揚中華文化之光輝的」。陳銘樞接辦也含有「挽救中國文化」之意，此後「神州」同仁繼承明末諸儒「學問經世的抱負和民族主義」的傳統，並以此自勉。〔註6〕陳銘樞交遊廣闊，「全國性的視野和人際關係廣泛」，〔註7〕「嗜好和思想都複雜，平日愛談新思想、新政治，想做學者聖賢，又想做英雄和政治家。」〔註8〕胡秋原也曾評價陳銘樞「以學者型將軍著稱」，「擁有從佛教到馬克思主義的廣泛學識」。〔註9〕據陳銘樞自述：「一向愛好文學藝術，且喜歡同文人往來」。〔註10〕這種特性使他不僅通過「神州」結交文化人，逐漸接受各種新思想，而且將「神州」視為其營造輿論的陣地和羅致文人的舞臺。從此，「神州」成為「十九路軍的文化與宣傳基地，它所創辦的雜誌，相當程度地反映了十九路軍諸領導人的政治見解」。〔註11〕「神州」在民國文化史的地位和影響不容小覷，尤其是在其麾下《讀書雜誌》上開展的「中國社會史論戰」，是一次影響深遠的思想論戰，形成了名噪一時的「讀書雜誌派」。此外，在左翼刊物遭受到當局查禁的情況下，該社出版許多左翼書籍，對推動馬克思主義在中國的傳播產生了積極影響。

〔註 5〕 陳銘樞（1889～1965），字真如，廣東合浦（今屬廣西）人。從 1925 年東征至 1931 年寧粵分裂，陳銘樞都是蔣介石的追隨者和擁護者。1931 年調和寧粵，代理行政院院長、行政院副院長兼任交通部長和京滬衛戍區司令，達到其個人政治頂峰。因不滿蔣對日妥協和「剿共」政策，為實現其政治抱負，1933 年發動「閩變」反蔣抗日。抗戰期間從事抗日民主運動。1948 年加入中國國民黨革命委員會任中央常委。1949 年後任中央人民政府委員、人大、政協常委等職。1965 年病逝於北京。

〔註 6〕 梅方義：《回憶〈神州國光社〉與〈時代周報〉》，《中華雜誌季刊》1993 年 12 月號。梅方義，梅龔彬的侄子，時任「神州」校對，抗戰時任胡秋原主辦的《時代周報》編輯，抗戰勝利後入重慶大學，1949 年後先在財政部任職，後在同濟大學等校任教。

〔註 7〕 吳振聲：《國民政府時期的地方派系意識》，臺北：文史哲出版社，1992 年，第 103 頁。

〔註 8〕 蔣君章：《愛國老人丘念臺先生（二）》，《傳記文學》（臺北）第 26 卷第 2 期，1975 年 2 月。

〔註 9〕 Hu Chow yuan: The Nineteenth Route Army, Amerasia: A Review of America and the Far East, vol.1, no 3（May 1937），p.129.

〔註 10〕 民革中央宣傳部：《陳銘樞紀念文集》，北京：團結出版社，1989 年，第 84 頁。

〔註 11〕 趙慶河：《讀書雜誌與中國社會史論戰（1931～1933）》，臺北：稻禾出版社，1995 年，第 105 頁。

　　大革命失敗後民眾的政治與革命熱情趨於消沉，思想文化界充滿幻滅色彩。陳銘樞及十九路軍由於與蔣介石的矛盾不斷加深，逐漸從擁蔣轉爲反蔣。〔註 12〕胡秋原「將其反蔣原因歸結爲十九路軍對蔣介石的長久統一與抗日期望的徹底破滅」。〔註 13〕陳銘樞的自述揭示了其接辦「神州」與蔣介石矛盾加劇有關，「我至於此時接辦神州，當然與此有密切關係。同時因我擔任廣東省政，與各方面的接觸比較廣泛，且有條件接辦像神州這樣規模的企業」。〔註 14〕爲營造輿論，他以「神州」爲陣地延攬文化人至其麾下。1927 年他與王禮錫相識於南京國民黨黨部，赴日本遊歷前在上海與王禮錫晤談，「爲他的言論風采傾倒，由於思想氣味相投，大家從此便成莫逆之交」。陳銘樞接辦「神州」後聘請王禮錫爲總編輯，「因不滿現狀，亟欲另開政治局面，同時也意識到文化事業對政治的作用」，欣然接受了王氏提出爲左翼作家「提供一個寫作園地」的建議。〔註 15〕他接辦「神州」時，也是國際共產主義運動中正在進行大論戰時期，在蘇俄和第三國際內部，斯大林與托洛茨基派、布哈林派等進行著激烈的政治和思想鬥爭；同時中共受此影響，也在進行著反對「左」、右傾機會主義的鬥爭。據陳銘樞回憶：「其實，我當時對於左翼作家的政治路線和文藝方針以及國際共產主義運動中的大論戰和中國共產黨內部的兩條道路的鬥爭，並不清楚，僅對『左翼』的函義有點抽象的理解罷了」。儘管對「左翼」不甚瞭解，但正是意識到「文化對政治的作用」，爲他此後振臂高呼，抗日反蔣，開拓政治局面大造輿論，提供獲取民心的思想保障。正如梅龔彬所言：「陳銘樞涉足文化事業，無非是爲他在政治上獨樹一幟造輿論和招募智囊。」〔註 16〕1930 年，陳銘樞到日本遊歷時，再次與赴日結婚的王禮錫會談，共同商討「神州」的出版計劃，完全接受了王氏的建議。「『神州』須要翻譯共產主義典籍、印行世界進步文學作品、創辦各種定期刊物、大量採用左翼作家作品，從經濟上來支持作家」。〔註 17〕王禮錫接任總編輯時將「爭取言論自由」作爲

〔註 12〕 參見蕭自力：《十九路軍從擁蔣到反蔣的轉變》，《歷史研究》2010 年第 4 期。
〔註 13〕 Hu Chow yuan: The Nineteenth Route Army, Amerasia: A Review of America and the Far East, vol.1, no 3（May 1937），p.129.
〔註 14〕 朱宗震、汪朝光編：《陳銘樞回憶錄》，北京：中國文史出版社，1997 年，第 139 頁。
〔註 15〕 民革中央宣傳部：《陳銘樞紀念文集》，北京：團結出版社，1989 年，第 85 頁。
〔註 16〕 梅昌明整理：《梅龔彬回憶錄》，北京：團結出版社，1994 年，第 79 頁。
〔註 17〕 朱宗震、汪朝光編：《陳銘樞回憶錄》，北京：中國文史出版社，1997 年，第 140 頁。

「最起碼的民主鬥爭」，鑒於「當局對文化正在加緊箝制」，他決心將「神州」辦成「一個為爭取起碼的民主而鬥爭的書店」。〔註18〕懷著這種思想理念，立即組織「班底」，四處「招兵買馬」，在羅致各方面文化人之際，主持「神州」伊始出版胡秋原翻譯的《藝術社會學》，這是胡秋原與「神州」建立關係的開始。自此，胡秋原成為影響「神州」思想傾向的靈魂人物，與王禮錫一起構成「神州」的雙子星座。

1930年12月，王禮錫赴日本籌辦《讀書雜誌》，希望打破文壇的「幫口」主義，刊載各種不同主張的文章。「為各種立場的人開一個公共的戰地，我們是為讀者介紹一切精鍊的學問與一切不同的主張」。〔註19〕王禮錫到東京後與留日青年交遊，首先想到胡秋原，再次見面得以深談，此後多年成為至友和思想上的同道者。王禮錫談到國共兩黨有關中國社會性質論戰的情況和社會史問題的重要性，並決定《讀書雜誌》的目標是「研究中國社會的性質，尋求中國社會的前途」。〔註20〕還邀約王亞南、梅龔彬、朱雲影、王洪法、賀揚靈等人一起商談刊物的計劃、名稱、宗旨、內容、組織、編輯等相關事宜。

王禮錫儘管是國民黨人，但由於對國共兩黨皆有不滿，在思想上又受馬克思主義的影響，「急於對中國前途問題有一自信答案」，「最關心的是中國社會的經濟性質問題」。〔註21〕因為要獲得中國社會前途問題的答案，「必須從中國歷史上的經濟的演變與世界經濟的聯繫，闡明其規律性並搞住其特殊性」。〔註22〕胡秋原回憶說：「根據馬克斯主義，必須確定中國社會現階段性質，才能決定中國前途」。當時中共幹部派接受了斯大林和第三國際有關中國社會性質的判斷，認為中國革命是反帝反封建的資產階級民主革命。「中國社會是封建成分佔優勢，所以主張土地革命」。而反對派（托派）認為「中國已是一資本主義社會，故關稅問題比土地問題更為重要」。王禮錫曾在「神州」為托派發行《動力》雜誌，與幹部派論爭。胡秋原認為王禮錫對中國社會性質問題的認識「多少受托派影響」，而對於「中國社會史應如何分析，他還沒有確定意見」。當王禮錫問及如何分析從秦至鴉片戰爭這一「謎的時代」

〔註18〕 顧一群等：《王禮錫傳》，成都：四川大學出版社，1995年，第60頁。
〔註19〕 王禮錫：《年終的話》，《讀書雜誌》第1卷第9期，1931年12月。
〔註20〕 顧一群等：《王禮錫傳》，成都：四川大學出版社，1995年，第54頁。
〔註21〕 胡秋原：《兩個談政治的朋友》，《民主潮》第11卷第4期，1961年2月。
〔註22〕 王禮錫：《中國社會史論戰序幕》，《讀書雜誌》第1卷第4、5期合刊，1931年8月。

的問題時，胡秋原認爲這歸結爲「何以中國資本主義不發展的問題」。當時成爲「中國社會史論戰」的中心問題，「並非馬克思主義者希望中國發展資本主義，而是如果中國是資本主義社會，中國可以直截了當實行社會革命；如果不是，便要『過渡』。怎樣過渡，馬克思沒有說」。據斯大林的理論應由中共通過「土地革命過渡」。〔註23〕這便是在此後的中「國社會史論戰」中，胡秋原等人與左翼理論家爭執的焦點問題。

　　胡秋原在翻譯《藝術社會學》時，比較中西文藝與社會，根據馬克思「亞洲社會」之說，認爲「鴉片戰爭前中國社會，自非封建社會」，而是相當於西洋史上的「專制主義社會」。馬克思的「亞洲社會」應爲「專制主義社會」，至於中國將來，「自應走社會主義之路，但社會主義不可無自由，所以社會民主主義是可行的」理想前途。「後來的社會民主黨謠言即由此而來」。〔註24〕對馬克思主義和實際政治運動都感興趣的王禮錫，對胡秋原的主張產生共鳴，胡秋原也更加堅信其看法。值得注意的是，在與王禮錫的晤談中，胡秋原敏銳地提出不可機械地理解馬克思主義，要在中西歷史比較研究中瞭解中國社會發展的特殊性。據王禮錫回憶：「這次和秋原在熱海暢談了三天三晚……關於中國社會的歷史上的階段問題，從前和很多人討論過，總得不到相同的意見，不料秋原卻早有和我相同的見解，因此我們決定再長期的下一番精審的研究，去充實我們的見解。不過在事實上發現我們錯誤的時候，我們不恤拋棄我們的意見」。〔註25〕這也是「中國社會史論戰」中，王禮錫服膺胡秋原思想的起點。

　　《讀書雜誌》原爲清朝王念孫王引之父子首先創用，主要是發表王氏父子讀書心得。胡適曾沿用這名稱，僅僅附著《努力周報》作曇花一現。爲何再次沿用這名稱，王禮錫解釋借用這個「舊杯」用來再裝一次「新酒」是很適宜的，因爲王氏父子的學術成就使「這名稱第一度發射他的光芒，一直到現在依然在學術界閃耀，並且還會繼續他的光芒以至於永久」。〔註26〕實際上

〔註23〕胡秋原：《兩個談政治的朋友》，《民主潮》第11卷第4期，1961年2月。

〔註24〕胡秋原：《在唐三藏與浮士德之間》，胡秋原：《〈在唐三藏與浮士德之間〉及其他》，臺北：胡秋原自刊本，1962年，第5頁；又見張漱菡：《胡秋原傳——直心巨筆一書生》，臺北：皇冠出版社，1988年，第334頁。

〔註25〕王禮錫：《中國著述界消息‧荻原（胡秋原）不詳》，《讀書雜誌》第1卷第2期，1931年5月。

〔註26〕王禮錫：《讀書雜誌發刊的一個告白》，《讀書雜誌》創刊號，1931年4月。

是繼承《讀書雜誌》注重學術研究的精神，但將討論範圍擴大到中國與世界的理論和實際問題。鑒於國內《新生命》、《新思潮》、《動力》等雜誌正在爭論中國社會性質，他認爲只有對這個重要問題有正確的認識，才能確定中國社會的前途，革命行動才會得到有力的理論支撐。換言之，王禮錫創辦《讀書雜誌》的目標是爲了探索中國社會性質，尋求中國社會前途。在達成創刊目標一致的基礎上，他們就編輯方針、內容和組稿等問題進行了探討。決定雜誌爲月刊，設立經濟、文藝理論和國際政治專欄，以便對學術思想領域的淵源、理論和現狀進行系統介紹和研究。推定胡秋原、朱雲影主持文藝專欄，介紹西方文藝思想和文藝動態；王亞南、王洪法負責經濟專欄，國際政治和心理學分別由上海的彭芳草和張竟生負責。這實際上是後來「神州」函授學會的雛形。〔註27〕

1931 年 4 月，《讀書雜誌》創刊號由「神州」出版。在《讀書雜誌發刊的一個告白》中，王禮錫聲稱「凡是思想突進的時代，在思想界必然有極激烈的爭辯，批評是爭辯的先驅，也就是爭辯的表現。中國目前是思想極複雜的時代，不過缺少誘發的導線，我們無偏袒的發表各方面的批評，來做誘發思想爭鬥的導線」。標榜兼容並包的辦刊宗旨和態度，「我們公開這園地給一切讀書的人，公開耕種，公共收穫，公共享用」；「我們的研究，不限於一個國度，不限於學術的一個門類，不限於幾個人主觀的興趣，我們希望能夠適用客觀的需要的一切」。內容包括三點：「第一是討論讀書的門徑，第二是發表讀書的心得，第三是溝通海內外各方面讀書者的個人與集體的聯絡」。進而指出「本志的包容是非常的廣闊，不過在各方面做一個引導與開端而已」；「我們不主觀地標榜一個固定的主張，不確定一個呆板的公式去套住一切學問。資本主義的經濟學說和社會主義的經濟學說一般地忠實地介紹……我們這裏儘管有思想的爭鬥，但編者不偏袒爭鬥的那一方面以定其取捨。因爲我們不是宣傳主張的刊物，而是介紹主張的刊物；我們這裏不樹立一個目標，而爲讀者忠實地擺出許多人們已經走過，正在走著，或正想去走的許多途徑」。〔註28〕從《讀書雜誌》的內容和作者來看，實現了其標榜的自由中立的立場，爲

〔註27〕 「神州」函授學會會長王禮錫、教務主任徐翔、國文科主任陸晶清、國際經濟政治科主任彭芳草、日文科主任方天白、文藝科主任胡秋原。參見《神州讀書會總章·神州國光社函授學會》，《讀書雜誌》第 3 卷第 1 期，1933 年 1 月。

〔註28〕 王禮錫：《讀書雜誌發刊的一個告白》，《讀書雜誌》創刊號，1931 年 4 月。

各派人士提供一個思想交鋒的平臺。政治、經濟觀點和思想主張並不相同，甚至皆然對立。在當時當局加緊審查控制文化出版界和對左翼刊物進行圍剿的沉悶氛圍中，「神州」和《讀書雜誌》這種思想獨立、言論自由的風格，自然受到當局的「倍加關切」。

　　《讀書雜誌》的出版，將「中國社會史論戰」推向高潮。1931 年 6 月，王禮錫對回滬的胡秋原說：「你回來得正好，這次論戰，正缺少你這樣的將才呢！」〔註 29〕「九‧一八」事變使原本對政治冷淡的胡秋原改變態度，留在上海賣文為生，批評不抵抗主義，鼓吹抗日，研究國際政治，以「自由主義的馬克思主義」研究文藝和中國歷史。與王禮錫一起主持「神州」和《讀書雜誌》，形成社會史論戰中介於國共之間的「第三種勢力」──被時人譽為「思想界的驕子」〔註 30〕之稱的「讀書雜誌派」。懷有自由主義理念的王禮錫、胡秋原等人敏銳而又適時地把握和認識到社會史論戰的意義，王禮錫以國民黨左翼社會活動家、相信馬克思主義學說的進步學者的身份，為在《讀書雜誌》上發動社會史論戰提供了極為便利的條件。正如有學者評價說：他們「以陣地提供者的中間立場有意識地積極組織和推動論戰」，〔註 31〕並直接參與了論戰。對此，著名學者賈植芳曾有公允評價：「中國社會史論戰，是我國現代革命史和思想文化史上的一件大事，它對於我國現代革命實踐活動、中國社會與歷史的研究都具有深遠的意義。而王禮錫作為這場論戰的發動者和組織者，為推動這場論戰，作出了巨大貢獻」。〔註 32〕

　　對於馬克思主義唯物史觀，王禮錫具有濃厚興趣，這成為他積極介入社會史論戰的關鍵。在主持「神州」伊始，就出版了很多介紹馬克思、恩格斯、普列漢諾夫、列寧等人論述唯物史觀的理論書籍。他在《李長吉評傳》序言中說：「用唯物史觀的方法來整理中國的文學史，這是一個大膽的冒昧的嘗試」；〔註 33〕又在《中國社會史論戰序幕》一文中說：「中國社會史的論戰各

〔註 29〕顧一群等：《王禮錫傳》，成都：四川大學出版社，1995 年，第 59 頁。

〔註 30〕何乾之：《中國社會史問題論戰》，上海：生活書店，1937 年，第 201 頁。

〔註 31〕李洪岩：《從〈讀書雜誌〉看中國社會史論戰》，中國社會科學院近代史研究所編：《中國社會科學院近代史研究所青年學術論壇》1999 年卷，北京：社會科學文獻出版社，2000 年，第 273～274 頁。

〔註 32〕賈植芳：《王禮錫傳‧序》，顧一群等：《王禮錫傳》，成都：四川大學出版社，1995 年，第 3 頁。

〔註 33〕王禮錫：《李長吉評傳‧序》，上海：神州國光社，1930 年。

方都是以唯物的辯證法做武器」。〔註34〕這實際上成爲他組織社會史論戰的指導思想。可見，王禮錫受時代思潮影響，認爲馬克思主義是解剖中國社會的理論工具。王禮錫和胡秋原一樣都不是一位眞正具有黨派意義上的馬克思主義者，他們對「社會主義發生興趣乃是潮流所趨」。〔註35〕換言之，即被時代思潮捲進來的。他們信奉馬克思主義是建立在民主、自由的自由主義立場，並沒有接受階級鬥爭理論和無產階級專政學說。在他們看來，言論思想自由和人道觀念乃是馬克思主義中應有之義，把自由主義和馬克思主義相提並論，試圖將這兩種在當時看似對立的思想進行調和，以便從中建立自己的思想。儘管他們在論戰中與其他派別進行爭論，言辭也不無激烈，但並未出現「罷黜百家，獨尊一家」的黨派意圖。因此，「神州」和《讀書雜誌》呈現出濃厚的左傾自由主義色彩。無論是「神州」出版的書籍，還是《讀書雜誌》刊載的文章，甚至雜誌中的書籍廣告，都彌漫著唯物史觀的氣味。可以說「神州」和《讀書雜誌》是在「自由的馬克思主義」指導思想下，實行百花齊放，百家爭鳴。正如王禮錫所說：「我們這個刊物，不是爲一個思想所獨佔的，也不拒絕那一個思想。我們要打破文化界幫口的獨佔，要反抗文化界的任何Facist（法西斯主義）傾向。任何派別以及一切無幫口的個人，我們這裏把僅有的篇幅貢獻給他們。各種各色的言論與思想，讀者都可以在這裏找到」。〔註36〕胡秋原也指出：「當本志創刊之時，本來就確定一種方針，即可說是一種出版的『民主主義』。對於稿件的取捨，完全以質爲標準，不管文章的傾向如何，也不管作者如何」。〔註37〕

這種兼容並包、不拘一格的辦刊態度，客觀上爲「一些有抱負、有作爲的進步人士提供研究園地和活動場所」。〔註38〕從而使論戰中思想交鋒更爲激烈，雜誌內容及其觀點豐富多彩。據托派領導人之一的王凡西回憶：「他（王禮錫）每嘗以蔡元培自況，故作家中自陶希聖等起，中經斯大林派，一直到我們托派，他都一視同仁」。〔註39〕1930年代初，中共的「左傾盲動主義」與

〔註34〕王禮錫：《中國社會史論戰序幕》，《讀書雜誌》第1卷第4、5期合刊，1931年8月。

〔註35〕姜新立：《胡秋原與馬克思主義》，李敏生主編：《胡秋原學術思想研究》，北京：社會科學文獻出版社，1996年，第181頁。

〔註36〕編者（王禮錫）：《卷頭語》，《讀書雜誌》第2卷第1期再版，1932年1月。

〔註37〕編者（胡秋原）：《關於讀書雜誌》，《讀書雜誌》第3卷第5期，1933年5月。

〔註38〕梅昌明整理：《梅龔彬回憶錄》，北京：團結出版社，1994年，第79頁。

〔註39〕王凡西：《雙山回憶錄》，上海：東方出版社，2004年，第165頁。

更加「布爾什維克化」的傾向，使不少知識分子不滿被強制參加飛行集會和示威遊行的做法，甚至退出「左聯」。國民黨內也有不少不滿蔣介石的知識分子，由此出現了不少相對自由的文化人。「正是看到了知識分子欲回書齋的普遍願望，王禮錫主持下的神州執意於學院式的研究和社會眞理的探索，爲知識分子切實提供出版著作的機會」。客觀而言，與「左聯」濃厚的宗派主義、政黨化色彩相比，「神州」「自由的學術姿態，近於『以文會友』的結交方式，也確實給有意規避政治的知識分子提供了施展才華與發泄思想幽閉的空間，給苦於生存的文人提供了著述謀生的機會，從而爲之儲備了廣泛的撰稿人隊伍」。〔註40〕

　　王禮錫、胡秋原等人這種自由、中立、人道的編輯和辦刊理念，贏得了各方尊重。他們並未利用編輯的特權，壟斷話語霸權。可以說他們兼備雙重身份──具有自由主義思想的編輯和具有馬克思主義傾向的學者。他們這種辦刊理念和組織「中國社會史論戰」，在當時思想文化界產生了廣泛的影響。王禮錫當時就指出：「在這一輯中不少的『讓蟲鼠去批判』的意見公開給讀者去批判。這也許是這一輯在十天內銷行兩版的理由吧？」〔註41〕據陳銘樞回憶說：「神州」「因此由一個暮氣沉沉的占老書店，一變而爲一個聲勢浩大的新書店，在當時出版界中，確算一個創舉」。《讀書雜誌》「銷路按月大增，至1932 年底，訂戶達二萬冊，各地分銷處均感到分配數過少，要求增加。從創刊號起，每期都有再版，這是當時出版界少有的現象」。〔註42〕據當年參與論戰的朱康伯回憶說：《讀書雜誌》「受到社會歡迎，特別是受到學術界、思想界、青年學生的歡迎，同時也引起日本學者的重視，銷路突增」。僅中國社會史論戰專號第一輯就再版三次，「一個月中竟售出十餘萬冊。日本田中忠夫將此輯提要介紹於日本還有其他日本學者擬全譯以餉其邦人」。〔註43〕胡秋原在中國社會論戰第一輯出版後指出：「五光十色的議論，以及許多派別的人物公開地拿著 Maxism（馬克思主義），作這意義深長百倍於前此一切論戰的論爭，

〔註40〕　鞠新泉：《論神州國光社的政治意圖與文化策略（1931～1933）》，《歷史教學》2006 年第 4 期。

〔註41〕　王禮錫：《第三版卷頭語》，王禮錫等編輯：《中國社會史的論戰》第 1 輯，上海：神州國光社，1932 年。

〔註42〕　朱宗震、汪朝光編：《陳銘樞回憶錄》，北京：中國文史出版社，1997 年，第145、149 頁。

〔註43〕　朱伯康：《王禮錫與社會史論戰》，《檔案與史學》1994 第 3 期。

在中國雜誌史上眞是空前的破天荒的壯舉」。〔註44〕他在接任主編後坦誠：《讀書雜誌》「最少的銷到兩萬，多的五萬」。〔註45〕這種銷售量並非《新思潮》、《動力》等雜誌所能望其項背，即便日後那些無意被捲進黨派之爭傾向「左翼」的文化人，爲避免麻煩不大願意向《讀書雜誌》供稿，〔註46〕以及遭受當局查禁的情況下，胡秋原也以「有最低限度的一萬讀者」自傲。〔註47〕在當時「市場上的許多刊物，銷售兩千份的已算很少」的情況下，《讀書雜誌》有如此之大的銷售量，以至於河南的一個錢莊學徒，一個地坑裏的電線工人，神州國光社的小夥計都成爲讀者，並給《讀書雜誌》投稿，〔註48〕其廣泛的影響力可見一斑。此外，王禮錫、胡秋原等人將《讀書雜誌》定位爲「學術探討」，爲讀者提供「看到一個思想的正面與反面」。〔註49〕這就與當時有黨派背景、且聲稱引領革命思潮的刊物區別開來。那些有「幫口」把持的刊物往往被很多人視爲具有黨派立場，從而降低了可信度，甚至對之抱有惡感。《讀書雜誌》不偏不倚的立場，成爲其吸引更多人的原因之一。羅家倫等人評價說：「讀書雜誌過於迎合讀者的心理和時代潮流」。〔註50〕胡秋原也回憶說，在兩大陣營之間，《讀書雜誌》「有異軍突起之勢。幾期『社會史論戰』，銷路常一二萬冊，這在當時是驚人的」。〔註51〕

　　隨著「神州」和《讀書雜誌》的崛起，「讀書雜誌派」也聲名鵲起。左翼理論家也感受到挑戰，認爲他們是在爭奪話語權，危機意識加強。張聞天等人加入到《讀書雜誌》開展的中國社會史論戰之中，闡述中共的立場。但他們對「神州」和「讀書雜誌派」的自由的學術姿態予以否定，尤其認爲「讀書雜誌派」的理論探討是反馬克思主義，並將他們視爲敵人予以批判。以至於此後很長時間內對於胡秋原等人的評價上，延續這種敵我矛盾的定性。事

〔註44〕 胡秋原：《中國社會史論戰第一輯出版以後·通信九》，《讀書雜誌》第 1 卷第 6 期，1931 年 10 月。

〔註45〕 編者（胡秋原）：《關於讀書雜誌》，《讀書雜誌》第 3 卷第 5 期，1933 年 5 月。

〔註46〕 例如陳望道、茅盾、郁達夫各發表一文後就不再供稿。陳望道：《對於上海事變的感想》；郁達夫：《滬戰中的生活》，《讀書雜誌》第 2 卷第 4 期，1932 年 4 月。茅盾：《小巫》，《讀書雜誌》第 2 卷第 6 期，1932 年 6 月。

〔註47〕 胡秋原：《讀書雜誌社聲明》，《讀書雜誌》第 3 卷第 7 期，1933 年 9 月。

〔註48〕 王禮錫：《年終的話》，《讀書雜誌》第 1 卷第 9 期，1931 年 12 月。

〔註49〕 編者（王禮錫）：《卷頭語》，《讀書雜誌》第 2 卷第 1 期再版，1932 年 1 月。

〔註50〕 王禮錫：《年終的話》，《讀書雜誌》第 1 卷第 9 期，1931 年 12 月。

〔註51〕 胡秋原：《在唐三藏與浮士德之間》，《〈在唐三藏與浮士德之間〉及其他》，臺北：胡秋原自刊本，1962 年，第 6 頁。

實上，「神州」曾與中共聯繫。據唐寶林的研究，「神州」在聯繫中共時，因當時中共的「關門主義」錯誤，使這種聯繫無果而終。遂與「托派」取得聯繫，嚴靈峰、李季等「托派」不僅在《讀書雜誌》上發出其聲音，而且在「神州」出版大量論著。與之相比，中共「幹部派」的聲音卻相當微弱。正是借助這種理論的推動，「托派」隊伍得以迅速壯大。〔註52〕

「神州」出版馬克思主義著作和《讀書雜誌》主張抗日、「自由的馬克思主義」立場，引起了國民黨的注意。據陳銘樞回憶說：「出版的書刊和王禮錫本人，都不自覺地帶有社會民主主義傾向，有人說它是『社會民主黨』的機關。在國民黨元老派中有人則說『神州』同共產黨有聯繫」。胡漢民、林森等人對陳銘樞說：「『神州社』是受了共產黨的騙」。換言之，即擔心「神州」和《讀書雜誌》宣傳赤化，被共產黨利用。「蔣介石的特務機關報《大陸晚報》，首先載文說王禮錫在神州國光社搞社會民主黨」。〔註53〕上海市黨部也認爲：神州國光社是「社會民主主義在上海之出版機關」，「乃大出政治經濟書籍，而或爲社會民主主義出版之機關焉。九一八以後，社會民主主義者擴大宣傳，故又由陳銘樞在國華銀行續撥十萬，一二八滬戰時，又撥十萬，其先後數次撥款，共計達四十萬元，該社乃得大印雜誌，到處分送，而一部分無出路之知識分子，亦復群集其門下，一時在出版界頗具特殊勢力」。〔註54〕「神州」和《讀書雜誌》自由辦刊的態度，與當局一個主義，一種思想，禁止言論出版自由的政策發生衝突；國民政府以其違反出版禁令爲由，對其總部與全國各分部的出版物全部查禁。

王禮錫和胡秋原的告白，揭示了「神州」和《讀書雜誌》左右夾擊下的處境。王禮錫離開《讀書雜誌》之前說：《讀書雜誌》「在百業不景氣，公私交困，左右夾攻的狀態」下奮鬥了兩年；「雖然謠諑交至，狂吠四起，妄加以某某黨某某團之目，而在我們的公開的自由的篇幅之展開，讀者都能明瞭其

〔註52〕唐寶林：《中國托派史》，臺北：東大圖書股份有限公司，1994 年，第 133～184 頁。王凡西的回憶也證實了「神州」與「托派」的密切關係。「在 1930 年初期，他（王禮錫）跟反對派特別接近些，劉仁靜、李季、王獨清、彭述之、杜畏之、彭桂秋、吳季賢等都和他來往甚密」。參見王凡西：《雙山回憶錄》，上海：東方出版社，2004 年，第 165 頁。

〔註53〕朱宗震、汪朝光編：《陳銘樞回憶錄》，北京：中國文史出版社，1997 年，第 118 頁。

〔註54〕《上海市黨部文藝宣傳工作報告》，陳瘦竹主編：《左翼文藝運動史料》，南京：南京大學學報編輯部出版，1980 年，第 317 頁。

爲公開的戰場。而這公開的戰場中的混亂，編者並沒有任何的主觀意見想左右戰場使爲己用」；「要說有政治目的，那只是普遍的爭取言論自由，起碼的民主鬥爭」。「我們雖然受一般惡魔的毒辣的攻擊，以至於體無完膚然而我們還有應戰的勇氣」；「這『起碼的民主鬥爭』的編輯方針，在中國這黑暗所籠罩下的社會，還可以適應若干年」；「在黑暗所籠罩下的一隅，本志竟成爲不必檢查即普遍沒收之品」。〔註55〕

「神州」和《讀書雜誌》被查禁，筆者以爲主要有以下幾方面的原因。首先，王禮錫、胡秋原等人所持「自由的馬克思主義」立場，自由的、民主的社會主義理念，既與國民黨當局的三民主義思想不相容，又與中共革命的馬克思主義不同，這就注定他們的思想和主張爲國共兩黨所不喜，受到左右兩翼的夾擊也就不難理解了。其次，他們出版的馬克思主義等左翼書籍，刊登主張抗日、反對不抵抗主義的文章，與國民黨反對馬克思主義的意識形態發生衝突，認爲他們傾向中共，攻擊了國策。再次，他們自由的、不拘一格的辦刊方針，與國民黨加強文化專制和嚴控思想言論自由的政策相矛盾，必然會受到查禁。最後，「一·二八」十九路軍淞滬抗戰時，王禮錫曾主張組織「市民抗日政府」，國民黨自然不會容忍建立新政權的企圖。「神州」和《讀書雜誌》所依附的後臺老闆──十九路軍領袖陳銘樞，此時也因與蔣介石爭權，被逼出洋考察。失去了靠山，自然成爲當局「嚴重關切」的對象，查禁在所難免。王禮錫也被迫出洋考察，從 1933 年 5 月起由胡秋原接任總編輯。

他接任主編後聲明：「自由研究之風氣與深刻嚴謹的學風，我們以爲才是可貴的」；「本誌是全國知識階級的共同研究雜誌，登載各方面的理論同時也是爲全國知識分子服務，絕無成見，絕對公開的」。不論文章任何傾向，「只要持之有故，言之成理，在純理論上立言的，本誌『一視同仁』，同樣登載」；「特別歡迎爲任何門第所摒棄乃至無人介紹而實有內容之作」。可見其延續此前自由中立的辦刊立場，正是堅持學術立場，才使這場論戰呈現出思辨色彩而未流於黨派政治宣傳。鑒於被查禁的教訓，他聲稱：「不過露骨的政治宣傳，則絕對避免。一方面絕對公開，同時過於明白的『擁護』『打倒』（除了打倒帝國主義）之類，則只有割愛」；「我們站在純學術純研究的見地，尊重各派學者的主張，凡以學者態度立言的，我們無不登載；自然，超出黨國出版法

〔註55〕編者（王禮錫）：《編後》，《讀書雜誌》第 3 卷第 3、4 期合刊，1933 年 3 月。

的限度的文字，自然也是不得不避免的」。對「當頭的國難」，他也表明以「以匹夫的責任，自然也有不忍緘默」的態度；「至於我個人，從來在治學上是尊重一元論底歷史觀，而同時受自由主義影響乃至無政府主義也不淺的；個人從來研究學問不專，也實在是站在一種方法論上來發揮我個人所尊重的哲學見解而已」。〔註56〕可見，自由、民主、中立、人道、超越左右是「神州」和《讀書雜誌》一以貫之的思想理念，反映了國共之外的「第三種勢力」，試圖調和自由主義和馬克思主義，從理論上探索中國出路的努力。

　　1933年9月，鑒於陳銘樞等人準備發動「閩變」，為保護「神州」免遭再次被查禁，胡秋原決定《讀書雜誌》脫離「神州」獨立出版發行。正如他在聲明中說：「在兩種壓迫之下辦雜誌，對於鐵的現實，也不能不有所顧忌」；「在這野蠻黑暗的國度，一個有理性有思想的人之自由，是極其有限的，在這限度以外，有醜惡的壓迫橫立」。他又解釋說：「一部分自信是向光明突進的人，卻以其過於敏感之頭」，「用和那極其黑暗的人同樣的調子，對這雜誌加以毒罵與陷害」；「至於那少數喬裝進步的豎子之侮辱，我們雖然可以原諒，然而畢竟也不能不感到憤怒與鄙夷」。〔註57〕據他自述，宣告《讀書雜誌》脫離「神州」，是有意在香港出版，不致連累神州，但計劃並未實現。〔註58〕國民黨上海市黨部也宣稱：「最近閩變發生，該社乃即銷聲斂跡，宣告收歇」。〔註59〕由於「閩變」失敗，「神州」再次被查封，「從此進入了一個非常艱苦的時代」，直至1954年併入上海新知識出版社，得到「善終」，結束了其歷史征程。〔註60〕著名詩人柳亞子曾賦詩讚美「神州」發揚民族精神的功績：「國魂終達奠神州，億地勞民倡自由，民主風潮撼大地，支撐文化豈風流」。〔註61〕「倡自由」

〔註56〕編者（胡秋原）：《關於讀書雜誌》，《讀書雜誌》第3卷第5期，1933年5月。

〔註57〕胡秋原：《讀書雜誌社聲明》，《讀書雜誌》第3卷第7期，1933年9月。

〔註58〕陳銘樞遺著：《〈神州國光社〉後半部史略》附錄6，《中華雜誌季刊》1993年3月號。

〔註59〕《上海市黨部文藝宣傳工作報告》，陳瘦竹主編：《左翼文藝運動史料》，南京：南京大學學報編輯部出版，1980年，第317頁。

〔註60〕朱宗震、汪朝光編：《陳銘樞回憶錄》，北京：中國文史出版社，1997年，第156、158頁。上海新知識出版社後來併入現在的上海市人民教育出版社。「神州」1933年至1954年之間的歷史，詳見《陳銘樞回憶錄》第156～158頁。

〔註61〕邢天生：《神州國光社回憶片斷》，《編輯學刊》1995年第2期。該文中邢天生回憶說1911年「神州」誕生，與大多數人回憶的1901年不符，故其回憶有誤。

和「民主風潮」就是指王禮錫和胡秋原主持「神州」社務的這段時期，也被陳銘樞稱之爲「確是『神州』後半部史有聲有色的時代」。〔註62〕

《讀書雜誌》在左右兩翼的擠壓下被迫停刊，此後再無期刊願意成爲公共「戰場」了。「上海習慣，凡在或一類刊物上投稿，是要被看作一夥的」。〔註63〕「同在一個刊物上做文章當編輯」，被認爲是「意見一致的志同道合者」。〔註64〕因此，在國共兩黨看來，「讀書雜誌派」和「神州」同仁是「一夥」的，其思想和政治主張均與國共不同，被視爲「第三種勢力」。事實上的確如此，陳銘樞正是通過「神州」和《讀書雜誌》網羅了很多處於國共兩黨之外的自由的知識分子，爲他日後發動「閩變」提供了人才資源。隨著「閩變」的爆發，這批知識分子因認同陳銘樞抗日反蔣的主張，投入到「閩變」的革命實踐之中，並在其中扮演著文化智囊的角色，將其救國理念付諸實施，揭起了「第三條革命道路」的序幕。

二、「讀書雜誌派」及其思想傾向分析

「讀書雜誌派」是1930年代初以《讀書雜誌》爲主陣地，組織和推動著名的有關中國社會性質的討論和中國社會史論戰的一批知識分子，其成員主要有王禮錫、胡秋原、陸晶清、梅龔彬、王亞南、彭芳草等人。〔註65〕對於「讀書雜誌派」的研究，學界疏於關注，而且語焉不詳，大都提到胡秋原、王禮錫二人，〔註66〕甚至有學者將孫倬章視爲「讀書雜誌派」。〔註67〕筆者查

〔註62〕朱宗震、汪朝光編：《陳銘樞回憶錄》，北京：中國文史出版社，1997年，第145頁。

〔註63〕魯迅：《致李長之》，《魯迅全集》第13卷，北京：人民文學出版社，2005年，第546～547頁。

〔註64〕譚四海：《「自由智識階級」的「文化理論」》，《中國與世界》第7期，1932年1月；又見蘇汶編：《文藝自由論辯集》，上海：現代書局，1933年，第14頁。

〔註65〕彭芳草（1903～1987），出生於破落的封建官僚家庭，先後就讀於平民大學和北京大學。學生時代熱衷於政治運動，兼有國共黨籍，1930年後脫黨，成爲無黨派人士，從事於新聞出版工作，曾任北平《世界日報》總主筆，上海神州國光社編審科長，負責《讀書雜誌》國際政治專欄，並進行文藝創作等。1940年後在大學任教。1950年起在河南大學任教，1987年病逝。

〔註66〕長期以來「讀書雜誌派」未受到學界的重視，高軍主編的《中國社會性質問題論戰：資料選輯》（北京：人民出版社，1984年）和周子東等人編著的《三十年代中國社會性質論戰》（上海：知識出版社，1987年）只是提到《讀書雜誌》，但並未引起重視，更未對「讀書雜誌派」進行分析。近年來才有學者開

閱王禮錫主辦《讀書雜誌》的大量原始資料，考察孫倬章的經歷後發現，〔註
68〕孫倬章不僅不是神州國光社的成員，未參與《讀書雜誌》的創辦，而且在
《讀書雜誌》上撰文《秋原君也懂馬克思主義嗎？》，攻擊胡秋原「不是一位
信任眞理的學者，只是一個依附勢力的勢利之徒」。〔註69〕當時在中國社會史
論戰中各派內部儘管觀點並不完全相同，但一般不會內部自我相互攻擊，如
果孫倬章屬於「讀書雜誌派」，則就不會出現攻擊胡秋原的一幕，胡秋原也不
會予以還擊。基於此，筆者以爲將孫倬章視爲「讀書雜誌派」是不準確的。
此外，筆者在本文中以胡秋原、王禮錫、王亞南、梅龔彬四人爲中心進行考
察，主要基於以下考慮。在「讀書雜誌派」中，胡秋原、王禮錫、王亞南參
與中國社會史論戰，代表該派的思想傾向和論戰主張。儘管梅龔彬沒有撰文
參與論戰，但他在「讀書雜誌派」和神州國光社，以及隨後在上海著作者抗
日會和「閩變」中扮演重要角色，故此也將他一併考察，而其他成員雖然參
與《讀書雜誌》和「神州」的編輯工作，並在《讀書雜誌》上撰文，但他們
大多並未參與論戰，所以本文並未將他們列入對「讀書雜誌派」的考察之中。

　　王禮錫（1901～1939），江西安福人，出身於書香世家。據他自述：「曾
經沉潛於哲學，曾經爲整理國故而埋頭於故紙堆中」。〔註70〕對於二十四史，
「自己用了不少的功夫，滿紙單鉛的代價，支付過自己幼年的精力」。〔註71〕
1917 年考入江西第七師範學校，1919 年五四運動爆發後，「狂熱地參加過五
四的愛國運動」，接受新思想的洗禮。1922 年，因參加並領導青年學生反封建

　　　　始關注，但大都是從《讀書雜誌》與「中國社會史論戰」的關係進行研究。「讀
　　　　書雜誌派」僅僅提到胡秋原、王禮錫，對其他人則語焉不詳。參見鞠新泉：《論
　　　　神州國光社的政治意圖與文化策略》，《歷史教學》2009 年第 4 期；金敏：《〈讀
　　　　書雜誌〉與中國社會史問題論戰》，《浙江學刊》2007 年第 5 期；羅新慧：《〈讀
　　　　書雜誌〉與社會史大論戰》，《史學史研究》2003 年第 2 期；李洪岩：《從〈讀
　　　　書雜誌〉看中國社會史論戰》，《中國社會科學院近代史研究所青年學術論壇》
　　　　1999 年卷，北京：社會科學文獻出版社，2000 年等。
〔註67〕　鄭大華、譚慶輝：《20 世紀 30 年代初中國知識界的社會主義思潮》，《近代史
　　　　研究》2008 年第 3 期。
〔註68〕　周廣禮：《孫倬章》，《巴鄉村》1992 年第 1 期。
〔註69〕　孫倬章：《秋原君也懂馬克思主義嗎？》，《讀書雜誌》第 2、3 期合刊，1932
　　　　年 3 月。對於孫倬章的攻擊，胡秋原予以回應，參見《略覆孫倬章君並略論
　　　　中國社會之性質》，《讀書雜誌》第 2、3 期合刊，1932 年 3 月。
〔註70〕　《王禮錫小傳》，《讀書雜誌》第 3 卷第 1 期，1933 年 1 月。
〔註71〕　王禮錫：《戰時日記‧停戰中的損失》（2 月 12 日），《讀書雜誌》第 2 卷第 4
　　　　期，1932 年 4 月。

禮教、反軍閥的愛國運動和要求革新教育被開除。轉入省立第三師範學校學習，畢業後考入江西最高學府南昌心遠大學。1923 年以後，受革命思想的影響，開始從事農民運動。1925 年離校後先後擔任過記者、編輯、中小學教師，積極參與政治活動，在此期間加入國民黨，參與段錫朋在江西組織的 AB 團，並成為骨幹成員。〔註72〕因不得人心，被江西省政府羈押，兩次被驅逐出境。〔註73〕1926 年底，國民黨中央農民部籌辦農民運動講習所，他是八名籌備委員之一。1927 年 1 月，當選為國民黨江西省黨部農民部長。據他自述：「與毛澤東陳克文等在武漢籌備中央農民運動講習所，因意見不合離開武漢，那時還迷信國共合作可以完成國民革命的階段。1927 年參加國民黨中央農民運動委員會，在南京領導過多次農民反豪紳的鬥爭」。此時結識了在南京任總政治部副主任的陳銘樞，並成為莫逆之交，國民黨清黨後，王禮錫因對「整個局面失望」，〔註74〕隨十九路軍入閩，擔任秘書。

1928 年初回上海主編《中央日報》文藝副刊，宣告對於不同政見、不同流派的文藝作品兼收並蓄，這實際上是他後來主辦《讀書雜誌》不拘一格的先聲。1929 年赴北平辦平民學校，領導學生和工人運動，結識了北平《民國日報》副刊編輯、後來成為他夫人的陸晶清女士。〔註75〕後因「受到政治打擊南回，南回後，感到過去的凌亂的運動的無謂，決心從事理論的研究」。〔註76〕大革命的失敗，不僅未使他成為國民黨右派，反而和許多國民黨左派一樣相信馬克思主義，同時又具有自由主義知識分子的品質。這是他後來組織和推動中國社會史論戰、尊奉馬克思主義、身處國民黨之中思想卻「左傾」的根本原因。1930 年陳銘樞接辦神州國光社，邀請王禮錫任總編輯。1930 年赴日本籌辦並編印《讀書雜誌》，與胡秋原、梅龔彬、王亞南等人相識，因

〔註72〕戴向青、羅惠蘭著：《AB 團與福田事件始末》，鄭州：河南人民出版社，1996 年，第 10 頁。

〔註73〕殷育文：《發生在江西的國民黨黨派紛爭內幕》，《黨史文苑》2000 年第 2 期。

〔註74〕《王禮錫小傳》，《讀書雜誌》第 3 卷第 1 期，1933 年 1 月。

〔註75〕陸晶清（1907～1993），原名陸秀珍，筆名小鹿，雲南昆明人。1922 年考入北京女子高等師範學校，在 1926 三·一八慘案中受傷。1927 年到漢口國民黨中央婦女部長何香凝處任秘書，參加婦女部工作。1931 年赴日與王禮錫結婚，協助王禮錫主編《讀書雜誌》。1933 年「閩變」失敗後隨王禮錫流亡歐洲，1939 年回國參加作家訪問團赴前線訪問。1948 年後先後在暨南大學、上海財經學院任教，1965 年退休，1993 年病逝。

〔註76〕《王禮錫小傳》，《讀書雜誌》第 3 卷第 1 期，1933 年 1 月。

志趣相投，共同主辦《讀書雜誌》。1931 年 4 月創刊號在上海由「神州」出版。為從理論上探討中國革命的性質和中國出路，他們在《讀書雜誌》上組織和推動「中國社會史論戰」，並將其推向高潮。由於「神州」大量出版左翼作品和馬克思主義著作，觸犯了國民黨當局的出版禁令。1933 年 3 月王禮錫被迫流亡歐洲，同年 10 月參與「閩變」，與胡秋原負責起草新政府的重要文件，失敗後再次流亡歐洲從事文化交流和世界和平運動。1938 年 12 月回國，以寫詩來鼓動人民抗戰。1939 年 6 月，王禮錫在重慶參加中華全國文藝界抗敵協會並任作家戰地方問團團長，到前線訪問抗日戰士，8 月 26 日病故於洛陽。

　　王亞南（1901～1969），字漁邨，湖北黃崗人，出生於破落的地主家庭，畢業於武漢中華大學。1927 年投筆從戎，參加北伐軍，並在學生軍教導團任政治教員。大革命失敗後，輾轉於上海、杭州，結識了嗣後多年引為至交畢業於上海大夏大學的郭大力。因志趣相投，決心一起從事《資本論》的翻譯，與神州國光社簽訂了譯書協約。此時王亞南已開始研究馬克思主義政治經濟學，尋求挽救民族危機的救國之道。1929 年赴日本留學，研讀資產階級的古典經濟學，翻譯了亞當‧斯密的《國富論》等書。在日本東京與王禮錫、胡秋原、梅龔彬結識，成為好友，並負責《讀書雜誌》經濟專欄。1931 年「九‧一八」事變後，為表示對日本侵略東北的抗議，回到上海在「神州」旗下從事進步文化活動，據梅龔彬回憶：「王亞南當時也是神州國光社的重要成員」。〔註 77〕在中國社會史論戰中，他發表《封建制度論》一文，論證左翼接受的大都是蘇俄有關中國社會史分期的觀點。他是「西周封建論」的著名學者，與王禮錫和胡秋原一起成為名噪一時的「讀書雜誌派」。1933 年 11 月，他與「神州」同仁一起參與「閩變」，任福建人民政府的文委會委員、新政府的機關報《人民日報》社長。「閩變」失敗後經香港流亡歐洲，在德英等國考察並進行經濟學研究。1935 年回到上海後與郭大力正式合譯《資本論》，1938 年《資本論》三卷中譯本在上海讀書出版社出版，這也是中國學界最早的《資本論》三卷全譯本，極大地推進了馬克思主義經濟學在中國的傳播和發展。他首倡建立「中國經濟學」，以擺脫對蘇俄經濟學的依賴。抗戰爆發後，積極投身於抗日救亡運動之中。1943 年，英國著名中國科技史學者李約瑟赴廣東拜訪王亞南，就中國官僚政治問題進行商討。抗戰勝利後，在廈門大學任教。

〔註 77〕梅昌明整理：《梅龔彬回憶錄》，北京：團結出版社，1994 年，第 79～80 頁。

1948 年出版的《中國官僚政治研究》是對李約瑟問題的答覆，1950 年任廈門大學校長，1957 年加入中共，1969 年病逝。

梅龔彬（1900～1975），字電龍，湖北黃梅人，出身於地主家庭。1919 年參與五四運動的遊行示威和演講，被捕入獄後釋放。〔註 78〕1923 年加入國民黨，1925 年加入共產黨投身於學生運動，接受革命洪流的洗禮。1926 年任國民黨上海特別市黨部秘書長，兼任市黨部中共黨團書記。大革命失敗後，參與並領導中共在浙東的武裝暴動。1929 年 8 月，受中共中央派遣赴日傳遞第三國際的秘密任務，並調節中共東京特別支部的糾紛，在東京執行任務時被捕入獄。據胡秋原回憶：「他雖信共產主義，人本忠厚。在中共政策日益盲動化以後，在獄中很久以後，思想上情緒上自起了一些變化」。〔註 79〕他經同鄉胡秋原介紹結識王禮錫，進而與「神州」建立關係。據梅龔彬的子女回憶說：「胡秋原建議他回國後爲上海神州國光社撰稿」，「通過胡秋原的關係經常參加神州國光社的活動」，同陳銘樞、蔣光鼐、蔡廷鍇、李濟深接觸。〔註 80〕1931年回國後，時任江蘇省委書記的陳雲爲其恢復組織關係，並轉爲秘密黨員，要求其以「灰色」的政治面目在上海文化界活動。據他自述：「30 年代初在上海時，我所接觸的文化界朋友有神州國光社的胡秋原、王禮錫、王亞南」等，「還有積極從事抗日救國運動的左派民主人士沈鈞儒」等人。以大學教授、作家和「神州」成員身份作掩護，從事中共地下活動。1933 年參與「閩變」，據他回憶：「此後，我不再扮演『灰色』文化人的角色，而是以傾向進步的『民主人士』的面貌出現」。〔註 81〕在福建人民政府中擔任文委會委員，兼任文委會民運處長和幹部政治訓練班主任。「閩變」失敗後逃到香港，1935 年協助陳銘樞組織「中華民族革命同盟」。1947 年梅龔彬當選爲中國國民黨革命委員會中央秘書長，1975 年病世。梅龔彬是中共秘密戰線上的抗日三傑中的領軍人物，國民黨右派視其爲灰色文化人和民主人士；知識分子和民主人士認爲他是傾向於共產黨的民主派；而在中共眼裏他是國民黨內的民主派。梅龔彬逝世後中共雖認爲他是職業革命家，但因統戰需要，至死都稱其爲民主人士。

〔註 78〕 梅昌明整理：《梅龔彬回憶錄》，北京：團結出版社，1994 年，第 44 頁。

〔註 79〕 胡秋原：《兩個談政治的朋友》，《民主潮》第 11 卷第 4 期，1961 年 2 月。

〔註 80〕 梅嬝明、梅昌明、梅建明：《父親梅龔彬的革命生涯》，《湖北文史資料》2000年第 2 期。

〔註 81〕 梅昌明整理：《梅龔彬回憶錄》，北京：團結出版社，1994 年，第 73、74、75、77 頁。

　　因胡秋原的經歷和早年思想傾向已在第一章論述，在此不再贅述。筆者不惜篇幅考察他們的經歷，旨在從中探討他們對當時政治的不滿，以及思想傾向。由上述考察，不難看出他們有共同或類似的經歷和思想傾向。按照許紀霖將 20 世紀中國知識分子進行代際劃分，他們都屬於「後五四」時代的知識分子。「讀書雜誌派」中，生於 1910 年的胡秋原年齡最小，在這一代知識分子中，胡秋原正處於兼跨第一批（1895～1910 年間出生）和第二批（1910～1930 年間出生）之間。〔註 82〕五四運動爆發時，王禮錫、梅龔彬、王亞南在大學或中學讀書，而胡秋原還在小學就讀。他們大都出身於沒落的地主或官僚家庭，幼年接受的是傳統教育，學生時代都有過新式教育的經歷。在五四新文化運動的洗禮下成長起來，從歐美傳播來的西方自由主義思想，成爲他們追求自由民主的精神靈魂。懷著變革社會秩序和探索救國之路的夢想，參與並從事學生運動或工人運動，捲入大革命的洪流之中。大革命失敗後，他們和大多數知識青年一樣陷入對國家前途的迷茫、苦悶和彷徨之中。類似的家庭出身背景和經歷，決定了他們後來的人生軌跡和所走的革命道路中，相對有更多的理性色彩，尤其是對大革命中暴力行爲的反思。如果說王禮錫和梅龔彬更多的從事革命實踐，有豐富的政治經驗，那麼胡秋原和王亞南更多的則是從理論上進行探索和思考中國出路。

　　他們受時代思潮影響，都接受了馬克思主義。王禮錫「對馬克思也是很崇拜，對他的唯物辯證法是很贊同的」。〔註 83〕胡秋原早年因追溯如何用唯物史觀來說明文藝思潮的變遷，而成爲普列漢諾夫的信徒和馬克思主義的追隨者，並認爲「馬克斯主義中的唯物史觀，是一種最好的學問和方法」。〔註 84〕在日本留學時，恰逢「當時日本在馬克斯主義高潮中」，胡秋原「十分入迷」地通讀了《馬恩全集》，〔註 85〕王亞南也閱讀了大量的馬恩著作，後來翻譯了

〔註 82〕許紀霖：《許紀霖自選集・自序》，桂林：廣西師範大學出版社，1999 年。許紀霖將 20 世紀中國知識分子按照代際劃分爲 6 代：晚清一代、五四一代、後五四一代、「十七年」（1949～1966）一代、「文革」一代和「後文革」一代。五四一代是指生於 1880～1895 年間並領導五四運動的那代人，後五四一代指生於 1895～1930 年間，直接參與過五四運動或接受過五四新文化運動洗禮的一代。

〔註 83〕顧一群等：《王禮錫傳》，成都：四川大學出版社，1995 年，第 54 頁。

〔註 84〕胡秋原：《六十年來我的重要著作和主張》（上），《中華雜誌》1990 年 12 月號。

〔註 85〕胡秋原：《我的生活》，胡秋原：《世紀中文錄》，臺北：今日大陸社，1955 年，第 782 頁。

《資本論》，成為著名的馬克思主義經濟學家。梅龔彬也同樣信奉馬克思主義，對社會主義充滿希望。

　　1927 年國民黨「清黨」和中共武裝革命中的過激行為，對他們產生了極大影響。大革命中，胡秋原及其家庭都遭受過國共兩黨的衝擊，桂系西征軍在武漢屠殺進步青年中，他因被視為共產黨幾乎喪命。工農革命中過激行為與其人道主義理念發生衝突，使他對國共都不抱希望，轉而投身於「象牙塔」之中，進行馬克思主義理論研究和探索。王禮錫在國民黨的政治鬥爭中多次碰壁，讓其意識到自己只不過是政治大潮中的一枚棋子，隨時可能成為犧牲品。此外理論的欠缺也促使他從政治鬥爭的前臺轉向「文化幕僚」的後臺角色，於是致力於從理論上探討中國出路。據胡秋原自述：「他（王禮錫）是純粹國民黨人，在國民黨活動甚久。初在江西，所見共（產）黨情形，比我在武漢所見的還要更壞。所以那時他反對共（產）黨，或較我更甚。他後在華北參加許多國民黨活動，對於國民黨現狀，亦有不滿。他也如若干左派國民黨一樣，相信馬克斯主義。他急於對中國前途問題有一自信答案」。〔註86〕梅龔彬早年為國民黨做過很多事情，國民黨的內爭、腐敗，以及國家紛亂的政治局勢讓他對國民黨寒心；認為國家應該進行變革，懷著愛國的熱忱，轉而對共產主義產生很大的期望，以為共產主義才是救國的希望，然而當時中共的盲動和武裝革命下過激的行為又讓他感到失望，無所適從，傷心彷徨，心情自然很消沉。王亞南也因對政局失望，致力於馬克思主義的理論研究。

　　王禮錫到東京籌辦《讀書雜誌》，成為他們聚在一起暢談的契機。類似的經歷、理想的破滅、思想上受馬克思主義吸引、對國家前途的關注使他們能夠聚到一起，熱衷於研究中國社會性質、探討中國革命的出路。在談到和王禮錫同遊熱海商談創辦《讀書雜誌》，以及中國社會性質和中國社會史問題時，胡秋原說：「東京我有一位同鄉喜歡研究中國革命與前途問題。回東京後，我介紹梅兄與他相識，兩人出身的國共背景不同，但因國民黨改組後有共同語言之故，所以他們一見，就談起中國革命的前途、主力、路線、策略這一套話來。我沒有很高興趣，而他們卻談得津津有味」。胡秋原之所以沒有興趣，原因如他所言：「16 年（1927）兩種恐怖以及以後家庭遭遇，使我對政治發生一種冷感症」。更重要的是他認為：「要談政治，幹政治，不但要對中國問題提出一個目標，一個主張，而且要有實行的方案，開步走的計劃。而這不但

〔註86〕胡秋原：《兩個談政治的朋友》，《民主潮》第 11 卷第 4 期，1961 年 2 月。

要瞭解社會情形，還要瞭解各種既成政治勢力、團體、人物的行情。而我既無經驗，又無朋友，自然無從談起」。從年齡上來看，王禮錫、梅龔彬比胡秋原大 10 歲，不僅人情世故比其有經驗，而且他們「在政治上活動過乃至多少得意過，各與國共兩黨曾有廣泛接觸。如果說梅兄有『政治癖』，則禮錫兄，更具有政治雄心或野心，亦即政治抱負」。王禮錫交遊廣泛與國民黨各派人物均有交往，在其引介下，胡秋原與他們相識。「照他看來，如果有一個健全合理的主張，在政治上是有作爲一番希望的」。受「九·一八」事變之刺激，胡秋原參與政治，而爲他「打一點底子的是這兩位朋友」，「九一八後我們一起辦雜誌，討論，也發起和參加一點政治性運動」。〔註 87〕據他後來解釋說：「雜誌指《讀書雜誌》和《文化評論》，政治運動指發起上海著作者反日會議，發表反日宣言」。〔註 88〕

　　儘管他們觀點不盡相同，但對具體問題的看法很容易達成一致。據胡秋原自述：「其間聚散不常，大體上一道奔走逃難，凡十年之久」。這裏的「逃難」是指 1933 年「閩變」失敗後，作爲「閩變」的重要參加者，胡秋原、王禮錫、王亞南流亡歐洲，梅龔彬奔赴香港。不完全相同之點，主要是「關於土地革命問題，關於中國資本主義問題。最重要的是對於國民黨與共產黨的態度。最初，禮錫兄是傾向國民黨較多，而反對共產黨較甚的。梅兄對雙方保持同等態度，而且都不辭往來。我是二者都拒絕，而在思想上，拒絕國民黨尚較共產黨爲甚。抗戰一開始，我傾向於支持國民黨，而禮錫兄則對共產黨態度頗有轉變」。直到抗戰初期一時聚首於重慶，「時常辯論，這辯論有根本出發點之不同，因時我已經堅信中國必行資本主義，而禮錫兄則又已堅持社會主義」。儘管意見不同，卻彼此相互尊重。「雖不同意，但甚欣賞」，在抗戰實際問題上的看法卻是一致的。之後，胡秋原在重慶辦報宣傳抗日，王禮錫率領作家前線訪問團，「筆征」華北，因病在洛陽去世，梅龔彬在抗戰後期前往廣東。在他們三人中，胡秋原表示王禮錫和梅龔彬的「才能和長處，剛剛是我所缺乏的。我可以想，可以談，然不慣於起而行；一不高興，我便自己關在書齋中算了。而他們兩人不但能鍥而不捨地起而行，而一個有潑辣的活力，一個有謹慎的耐心」。〔註 89〕1988 年和 1992 年，胡秋原兩度訪問大陸，

〔註 87〕 胡秋原：《兩個談政治的朋友》，《民主潮》第 11 卷第 4 期，1961 年 2 月。
〔註 88〕 胡秋原：《憶老友梅龔彬先生——〈兩個談政治的朋友〉及其他》，梅昌明整理：《梅龔彬回憶錄》，北京：團結出版社，1994 年，第 13 頁。
〔註 89〕 胡秋原：《兩個談政治的朋友》，《民主潮》第 11 卷第 4 期，1961 年 2 月。

在北京特意拜訪梅龔彬的夫人龔冰若女士，1992 年返回臺北後，從龔冰若送的《團結報》上刊載《梅龔彬回憶錄》中得知梅龔彬始終與中共保持聯絡，並非如他所想，早脫離中共了。又得知《讀書雜誌》的另一老友王亞南亦曾加入中共，並對梅龔彬和王亞南的處境與「文革」中受到的迫害既震驚又深表同情。

在當時國共兩黨對峙的現實政治背景下，「讀書雜誌派」是受新文化運動影響下成長起來的新一代，且熱衷於政治的青年知識分子，懷有對國家前途和民族命運的擔憂。作為「正在彷徨歧途，不知所向的小資產階級的青年們」，〔註 90〕也和大多數人一樣經歷了理想的幻滅和革命熱情的消沉。既對國民黨失望，也不理解當時「左」得出奇的政治和文壇紛爭，因而從「政治人」轉向「文化人」。正如有論者評價道，他們「在政治上是資產階級的自由主義者，在思想理論上屬於灰色的動搖的一時的馬克思主義者」。〔註 91〕換言之，他們思想上既有自由主義理念，又受時代思潮影響一度信奉馬克思主義，但同時卻又排斥馬克思主義的階級鬥爭學說。這就使他們成為國共兩黨之外的「第三種勢力」，試圖在國共之外尋求新的中國出路。基於這種認識，他們通過創辦《讀書雜誌》，為國民黨、中共、托派、自由主義知識分子等各派提供一個論戰平臺，組織和推動有關中國社會性質的討論和中國社會史論戰，從學理上進行思想論辯，達成中國出路問題的共識，在隨後的革命實踐活動中將其思想理念付諸實施，可視為其政治訴求的宣示。

三、道不同不相為謀——「讀書雜誌派」與「左聯」的分歧

1931 年 2 月，因約法之爭，國民政府主席蔣介石將立法院長胡漢民軟禁在南京郊外湯山別墅，史稱「湯山事件」，引發了黨內以粵派為主的反蔣勢力的大聯合，最終釀成寧粵分裂與對峙的政局。7 月下旬起，長江流域發生了大水災，哀鴻遍野。「九‧一八」事變的爆發，震驚了整個中國。在內外交困、國難當頭、全國民眾一致要求團結抗日的呼籲下，寧粵雙方由對峙走向合作。

〔註 90〕迪可：《論第三黨》，藍玉光編：《第三黨討論集》，上海：黃葉書局，1928 年，第 4 頁。

〔註 91〕李洪岩：《論中國馬克思主義史學的建立與形成》，冷溶主編：《中國社會科學院馬克思主義研究論叢（史學編）》，北京：社會科學文獻出版社，2007 年，第 639 頁。

十九路軍領袖陳銘樞憑藉與雙方的關係，自告奮勇擔任起調停的任務。〔註92〕據梅龔彬回憶說：「陳銘樞出面調停，其動機無非是想在政治舞臺上表現自己」。〔註93〕經調停，寧粵雙方達成協議，蔣介石下野，孫科任行政院長，未到任時由副院長兼任交通部長的陳銘樞代理。陳銘樞爲加強其在政府中的地位，將原駐紮在江西的十九路軍調駐京滬，並親自以衛戍司令身份掌管十九路軍，達到其個人政治生涯的頂峰。被時人比作清朝時的「黃馬褂、左丞相、九門提督（衛戍司令）、郵傳部尚書」。〔註94〕陳銘樞既是調停的提倡者，又是最大的獲益者，自然引起蔣介石的疑忌。

　　日本佔領東北後，一面進攻熱河，一面在上海挑起事端，南京政府奉行不抵抗主義的政策。1932 年 1 月 28 日，日軍向駐守閘北的十九路軍發動突然襲擊，雙方展開激戰，激起國人對十九路軍的熱情支持。「神州」同仁當然不會置身事外，更何況陳銘樞在接辦時就視「神州」爲十九路軍文化事業的一部分。《讀書雜誌》刊登陳銘樞及十九路軍將領的電文，〔註95〕扮演著「喉舌」與「機關報」的角色。在當時「許多抗日的機關，和國民黨的報紙，都遵命封閉」的情況下，〔註96〕爲支持十九路軍抗日，鼓舞士氣和民心，戰爭爆發次日，胡秋原與王禮錫等人發起創辦《抗日戰爭號外》，目的是對外揭露日本侵略罪行，對內鼓舞抗日鬥志，積極宣傳全民族抗戰到底的主張，並決定「由《讀書雜誌》、《文化評論》兩社合作，錢由兩個社的份子自己掏」。〔註97〕1 月 30 日，「『緊急號外』散佈在街上了」，因與十九路軍的關係能夠獲得內部消息，銷路極好。「五天以後，號外遭了風波，原因簡單，有人要劫奪而去，理由是『應該歸他們辦』。」〔註98〕這裏的「他們」是指「左聯」主導的罷工委員會，爲爭奪《號外》主辦權，他們與「讀書雜誌派」之間爆發了衝突。

　　當時「左聯」受上級指示，在上海鼓動罷工，「神州」印刷所也未能幸免。

〔註92〕朱宗震、汪朝光編：《陳銘樞回憶錄》，北京：中國文史出版社，1997 年，第75 頁。

〔註93〕梅昌明整理：《梅龔彬回憶錄》，北京：團結出版社，1994 年，第 78 頁。

〔註94〕翰青：《陳銘樞搞閩變的癥結所在》，《春秋》（香港）1968 年 9 月。

〔註95〕參見陳銘樞：《滬戰文獻‧密電八通》，《讀書雜誌》第 2 卷第 4 期，1932 年 4月。

〔註96〕郁達夫：《滬戰中的生活》，《讀書雜誌》第 2 卷第 4 期，1932 年 4 月。

〔註97〕王禮錫：《戰時日記‧滬戰爆炸第一聲》（1 月 29 日），《讀書雜誌》第 2 卷第4 期，1932 年 4 月。

〔註98〕芳草：《滬戰期中的感受》，《讀書雜誌》第 2 卷第 4 期，1932 年 4 月。

罷工委員會派人到工廠宣傳罷工，工運者以年關將近，對工人宣傳向資本家要求「年關雙薪」進行罷工，「神州」工人不予理會，並認爲在日本侵略下，當前的主要任務是支持十九路軍抗日而不是罷工。在王禮錫看來，「罷工應當是政治的意義超過經濟的意義，『反日』的口號下可以集中一切力量，罷工也應當在這口號之下行動」；「我們是爲抗日而罷工，不是罷抗日的工」。〔註99〕從主辦《抗日戰爭號外》的宗旨來看，胡秋原、王禮錫等人是爲了宣傳十九路的抗日壯舉，而且他們也不是資本家，何來向資本家要雙薪？工運者煽動「神州」工人罷工不成，於是就行兇打人，用刀將工人的手刺傷。並揚言「我給你們謀利益，你們還不肯去嗎？賤東西！」這種「左手一個畫餅，右手一口寶劍，不接受畫餅的，就是一劍」的做法，就是「做工人運動的法斗」。據王禮錫的《戰時日記》記載：「校對部中兩個工運者又裹著頭來向我哭訴，說工人打了我們」。〔註100〕多年後，胡秋原也回憶說：「共（產）黨煽動工人罷工……工人拒絕，竟毆打工人。工部局干涉，逮捕兇手數名，其中兩三人，是神州工人」。〔註101〕另據時任「神州」校對的梅方義回憶：「當時左派沒有想通，不僅有『打倒十九路軍』的口號，並由罷工委員會要印刷工人罷工，不印《抗日戰爭號外》。工人不肯，罷工委員會用刀殺傷工人的手。工人還手，校對中又有人幫助罷工委員會的人，工人又將校對打傷。他們鬧到巡捕房。」〔註102〕校對中幫助罷工委員會的人是周立波，他是「神州」工人中「最活躍的分子之一」，時任「印刷所罷工委員會的委員長，在工人中積極進行宣傳鼓動和組織罷工的活動」。〔註103〕他因盲目參與暴力罷工被巡捕房逮捕入獄，當時「左聯」領導人之一的周揚是其叔叔。據周揚晚年自述：「他是我帶出來的，比我小一歲……在上海我供他……後來到神州國光社當校對，又搞運動，又被捕，坐牢兩年半」。由於這種深厚的個人感情，周揚帶領胡秋原武大同學楊邨人一起拜訪胡秋原，請求他幫助協調釋放周立波等人。周揚認爲「胡秋原是神州國光社的總編輯，

〔註99〕王禮錫：《戰時日記·罷工抗日與罷抗日的工》（2月2日），《讀書雜誌》第2卷第4期，1932年4月。

〔註100〕王禮錫：《戰時日記·工人的血》（2月3日），《讀書雜誌》第2卷第4期，1932年4月。

〔註101〕胡秋原：《唐三藏與浮士德之間》，胡秋原：《〈唐三藏與浮士德之間〉及其他》，臺北：胡秋原自刊本，1962年，第7頁。

〔註102〕梅方義：《回憶〈神州國光社〉與〈時代日報〉》，《中華雜誌季刊》1993年12月號。

〔註103〕胡光凡：《周立波評傳》，長沙：湖南文藝出版社，1986年，第33頁。

周立波是你的一個小校對，你保他救他，總是可以的」。〔註104〕不料，周揚的求助遭到胡秋原的拒絕，根本原因在於「來煽動罷工的正是周揚」。〔註105〕這種干涉言論出版自由的行為，與胡秋原的自由主義的思想理念發生衝突，自然拒絕其請求，這也是周揚對胡秋原不滿的原因之一。

當罷工委員會準備接收《抗日戰爭號外》時，胡秋原氣憤地說：「你們以什麼資格來接收這號外？」王禮錫也質疑罷工的總機關「所包辦的工作僅是罷工呢？還是一切抗日工作？」若是前者，「號外的接收既沒有必要，也無權接收」。若是後者，「前敵打仗的工作是不是也由你們接收？」〔註106〕鑒於此，為避免不必要的麻煩，胡秋原與王禮錫商定後決定停刊。「緊急號外就壽終正寢了。事實是：並不是號外非短命不可，而是我們願意將他搯死，這正如秋原君所說，在任何世界中，一個自由人辦個自由刊物，不能被別人干涉的。」〔註107〕在大敵當前，民族危機日益嚴峻之際，胡秋原、王禮錫等人對「左聯」指責他們轉移階級鬥爭為民族鬥爭的做法極為不滿，道不同不相為謀，他們寧願停辦刊物也不願屈服在「左聯」的干涉之下，可見他們維護言論出版自由的立場何等堅決。

十九路軍在上海的抗戰也引發了當時在租界的作家的共鳴，他們認為在民族戰爭中應盡微薄之力。胡秋原、王禮錫、陳望道等人積極聯絡，「為爭取文化界廣大愛國知識分子支持十九路軍抗日」，1932 年 2 月 7 日，他們邀約上海文化界思想進步和富於愛國心的著作家，在徐家匯附近某中學內成立上海著作者抗日會，討論文化界如何抗日問題。而「神州」中「以王禮錫、胡秋原、梅龔彬為核心，他們發動了與他們觀點比較接近的著作家二三十人參加了抗日會」。〔註108〕抗日會既要「爭取出版言論自由集會之絕對自由」，又要

〔註104〕張大明：《堅持輿論一律保留個人風格——編〈周揚文集〉札記》，《文藝評論》1985 年第 3 期。此時胡秋原擔任「神州」的編輯，總編輯是王禮錫，周揚的回憶不準確。胡秋原的回憶也證實了周揚不滿胡秋原的說法。參見胡秋原：《〈唐三藏與浮士德之間〉及其他》，臺北：胡秋原自刊本，1962 年，第 7～8 頁。

〔註105〕胡秋原：《論魯迅並說到周揚》，《中華雜誌》1982 年 11 月號。

〔註106〕王禮錫：《戰時日記・罷工抗日與罷抗日的工》（2 月 2 日），《讀書雜誌》第 2 卷第 4 期，1932 年 4 月。

〔註107〕芳草：《滬戰期中的感受》，《讀書雜誌》第 2 卷第 4 期，1932 年 4 月。

〔註108〕樂嗣炳：《著作者抗日會在「一二八」事變中的抗日活動》，上海社科院歷史研究所編：《「九・一八」——「一・二八」上海軍民抗日運動史料》，上海：上海社會科學院出版社，1986 年，第 494 頁。

「反對帝國主義文化、封建文化,以及文化上的『法西斯蒂』政策,以集團的力量促進文化事業的發展」。〔註109〕他們認爲「在『反日戰線』之下,應當可以把許多意見不同的知識分子,作一時的戰鬥的集合。於是這『聯合戰線』的會就在這樣自由相約的情況之下形成了。」〔註110〕「左聯」則因在「神州」工人罷工問題上與胡秋原、王禮錫等人心存芥蒂,因此並不十分支持,而且「左派因爲誤會神州國光社是社會民主黨的組織,不願意由神州同仁『領導』」。〔註111〕然而,大多數著作者主張應對國難有所表示,於是在抗日的前提下,形成了知識分子的聯合戰線。據胡秋原自述,大家一起討論「當前的民族危機,左翼也參加,我們主張一致對外,他們則仍勇於對內,口頭辯論多次,他們都失敗」;討論了幾個原則之後,「2月10日,這集會以絕大多數通過我起草的《中國著作者爲日軍進攻上海屠殺民眾宣言》,否決了左派的異議和修正,他們也終於只好簽名。這是中國文化界第一次的團結,也是左翼第一次失去他們所謂的『領導權』。」不久,「丁玲在其主編的《北斗》上說當時她『恨不得向那幾個反動分子撲過去』。」〔註112〕一方強調自由,另一方要求獲得領導權,雙方明顯思路不合拍,爲日後爆發衝突埋下伏筆。在「左聯」看來,與他們意見不同的胡秋原等人是「反動分子」,這就注定雙方在隨後著作者抗日會的活動中必然會進行激烈鬥爭。

　　參加會議的共有45人,選出胡秋原、王禮錫、陳望道、丁玲、嚴靈峰等15名執行委員。據王禮錫《戰時日記》記載「左聯方面當選的,有丁玲等,托派方面當選的有嚴靈峰等,無組織的最多,亞南、秋原、龔彬、望道等和我都當選」。很多人「以爲知識勞動者的組織,必受某黨某派操縱,因爲那天的情形實在使一班中立分子望而生畏」。陶希聖等人以奇怪的理由被否決了,奇怪的理由是指他們與國民黨走的很近,但隨後他們也在宣言上簽名。由此看出,「實際上知識分子是不容易操縱的,因爲他們有知識又愛自由又有其清流式的潔癖。就這次選舉的情形就可以看出來了」。〔註113〕

〔註109〕《中國著作者協會發起紀》,《文藝新聞》第46號,1932年1月25日。
〔註110〕王禮錫:《戰時日記・著作者的抗日集會》(2月7日),《讀書雜誌》第2卷第4期,1932年4月。
〔註111〕梅方義:《回憶〈神州國光社〉與〈時代日報〉》,《中華雜誌季刊》1993年12月號。
〔註112〕胡秋原:《關於一九三二年文藝自由論辯》,《中華雜誌》1969年1月號。
〔註113〕王禮錫:《戰時日記・著作者的抗日集會》(2月7日),《讀書雜誌》第2卷第4期,1932年4月。

據當時「左聯」的外圍刊物《文藝新聞》報導,「從推舉之十人中以得票較多之七人爲當選：施存統（施復亮）、馮雪峰、鄧初民、孫師毅、胡秋原、王禮錫、陳望道」。〔註114〕另據丁玲回憶：「當時,有些人拋開了『左聯』成立了『著作界抗日協會』,參加這個組織的有『神州國光社』的人、有『第三種人』、有『托派』,還有國民黨員」;「他們把陳望道先生擡出來主持『協會』,作爲緩衝」;「『左聯』決定由我、沈起予、姚蓬子去參加『協會』」。〔註115〕無論是王禮錫當時的記載,還是《文藝新聞》的報導,亦或是丁玲後來的回憶,都證實「左聯」在著作者協會中是少數派,在公開選舉出來的執委會領導者中也並非居於核心地位。任協會秘書長的陳望道,負責總務部的戈公振,組織部的樂嗣炳,宣傳部的王禮錫等人均屬於中間派知識分子,即便是設立的經濟、民眾運動、編輯、國際宣傳等委員會的組成人員也同樣如此。〔註116〕

　　《宣言》揭露了日本帝國主義侵略中國的滔天罪行,抨擊當局對日妥協和不抵抗政策,頌揚十九路軍抗日壯舉,最後呼籲「反對一切帝國主義宰割中國！全國民眾武裝起來一致抗日！反對一切對日妥協及無抵抗政策！」〔註117〕這是一篇戰鬥的檄文,也是一個抗日的行動綱領,發出了文化界乃至全國人民抗日救亡的呼喊。《宣言》簽名者達129人,幾乎涵蓋了上海文壇的各派著名人物,「左聯」中魯迅、瞿秋白、茅盾等人因色彩過於明顯而沒有簽名外,馮雪峰、周揚等也都簽名。整個抗日會包括了國民黨各派、「左聯」、托派與中間人士,可以說是具有廣泛的代表性的著作者抗日集會。這表明「讀書雜誌派」的主張贏得了各派的共鳴,也是他們在與「左聯」在爭奪文化運動的領導權中獲得支持的根本原因。

　　儘管各派參加了著作者抗日會,但圍繞其間領導權問題,以及究竟是爲民族鬥爭而聯合抗日,還是階級鬥爭何者爲先的問題上,引發了「左聯」與胡秋原、王禮錫等人的鬥爭。滬戰爆發後,王禮錫就提出：「一、武裝全國民眾作持久的抗日戰；二、全市罷市罷課罷工,反日暴行,威脅各帝國主義在上海的

〔註114〕《中國著作者協會發起紀》,《文藝新聞》第46號,1932年1月25日。

〔註115〕丁玲：《「九・一八」和「一・二八」期間我在上海參加的幾次抗日救亡活動》,《黨史資料叢刊》1983年第3輯。

〔註116〕參見《著作家一致抗日》,《申報》1932年2月11日第7版。

〔註117〕王禮錫：《戰時日記・著作者的抗日集會》（2月7日）,附錄《中國著作者爲日軍進攻上海屠殺民眾宣言》,《讀書雜誌》第2卷第4期,1932年4月。

統治；市民自動組織市民抗日政府」。〔註118〕前兩點與中共的主張似無不同，
「所謂市民抗日政府正是企圖一個新的政權起來」，這與中共主張建立起來的
工農革命政權不同。事實上，對於市民抗日政府能否建立起來，連王禮錫也存
在疑問。在當時民族資產階級和無產階級力量都很薄弱的情況下，「哪一個階
級來支持市民抗日政府？市民將以哪一個階級為內容？」這「不過是夢囈而
已」，表現出「孤立的知識分子的悲哀」！〔註119〕儘管如此，其言論引起了「某
黨的一個小報」刊發題為《請看王禮錫的政治主張》的批判：「主戰非誠意，
為的要轉移階級鬥爭為民族鬥爭。罷工也非誠意，為的是欺騙工人。市民政府
的主張也非誠意，為的是要打到某某的政府，建立某某的政府」。這種將真理
只限於自己方面，而將別人的主張視為謬誤的做法，在王禮錫看來，「主張無
罪，罪在是我而非他」，「天賦真理應該屬於他們，我無罪，天沒有賦我以真理
的特權其罪」。〔註120〕實際上揭示了某黨壟斷政治話語權的目的。這種自視為
掌握了真理、非友即敵的做法，在此後很長一段時期中一直上演著。

　　據代表「左聯」參與著作者協會的丁玲回憶：「我雖然缺乏社會經驗，但
在原則問題上好爭、好鬥」；「我是『著作界抗日協會』民眾運動委員會的負責
人，既然要搞群眾運動，就要提出具體方案，即使『協會』的其他成員不同意，
我還是堅持己見，他們認為我太厲害了」；「由於我是『左聯』的代表，在會議
上總要提出和堅持『左聯』的一些主張，所以同其他方面的人就很少有共同語
言」。〔註121〕丁玲在哪些問題上「好爭、好鬥」呢？王禮錫的《戰時日記》給
我們提供了明確的答案。「會中為些小問題爭吵得很厲害。好像名稱問題，有
的主張『著作者抗日會』，有的主張『著作者抗日聯合會』。為著這樣的小問題，
可以發表一大篇議論。爭吵到半點鐘。又像討論程序問題，『先組織後工作』，
和『先工作後組織』，都可以有十幾個不同的意見」。〔註122〕有關「神州」罷

〔註118〕王禮錫：《戰時日記‧天賦真理》（1月31日），《讀書雜誌》第2卷第4期，
　　　　1932年4月。
〔註119〕王禮錫：《戰時日記‧孤立的悲哀》（1月30日），《讀書雜誌》第2卷第4期，
　　　　1932年4月。
〔註120〕王禮錫：《戰時日記‧天賦真理》（1月31日），《讀書雜誌》第2卷第4期，
　　　　1932年4月。
〔註121〕丁玲：《「九‧一八」和「一‧二八」期間我在上海參加的幾次抗日救亡活動》，
　　　　《黨史資料叢刊》1983年第3輯。
〔註122〕王禮錫：《戰時日記‧著作者的抗日集會》（2月7日），《讀書雜誌》第2卷
　　　　第4期，1932年4月。

工事件在抗日會上「竟討論五個鐘頭之久」。〔註 123〕這種無關痛癢的瑣事自然令王禮錫等人極爲反感，發出「知識分子是老愛在字面上做工夫，到了實際行動上是很少有這樣認眞的」的感歎！〔註 124〕有關名稱的爭論，也可從陳望道《關於著作者協會》一文中得到證實。〔註 125〕丁玲「同其他方面很少有共同語言」也就不難理解了，因她代表「左聯」，故再次證實「左聯」當時在著作者協會的地位，以及其他各派對「左聯」的態度。不僅如此，「同其他方面很少有共同語言」還表現在工人運動上和爭奪文化運動的領導權上。

在工人運動問題上，在滬戰爆發初期，王禮錫等人認爲：「所謂武裝民眾很明顯的是土匪流氓，這些沒有生產背景的武力是很危險的」；最好「組織一個前敵戰地政治委員會，將戰區附近的農民工人商人武裝組織起來，這倒是一個新政權的基礎」。由於目睹工人罷工委員會在「神州」煽動罷工不成又行兇的眞相，王禮錫發出「平時不燒香，急時抱佛腳」的感歎。認爲「這些工運先生們只配在他們掌握政權時，用皇皇的詔令去指揮罷工」。難道這就是「無產革命的前途」嗎？〔註 126〕當著作者抗日會成立後，王禮錫指出：一、「本會的意義是政治的」，而「神州」工潮完全因工運者宣傳要求加薪引起經濟的意義；二、「神州罷工事件，是工人與工運者的對立，這是由於工運者工作的不成熟，而不是資方壓迫工人」；三、「就工人這方面看來，神州根本沒有罷工這回事」；他並提出質疑，「本來民運會，第一個重要工作是怎樣聯絡上海各團體建立一個民眾反日的總機關，和怎樣援助士兵，而他們故意提出一個反日鬥爭以外的問題來迴避工作，眞不知是何居心」。王禮錫曾與國共兩黨在江西、湖北和華北組織過工人運動，在遭遇失敗後才決定潛心於文化運動，然而「在文化運動中所得的痛苦的教訓又不少了，反日鬥爭是一次新的教訓」。〔註 127〕

〔註 123〕王禮錫：《戰時日記·民族鬥爭中高潮中的小鬥爭》（2 月 14 日），《讀書雜誌》第 2 卷第 4 期，1932 年 4 月。

〔註 124〕王禮錫：《戰時日記·著作者的抗日集會》（2 月 7 日），《讀書雜誌》第 2 卷第 4 期，1932 年 4 月。

〔註 125〕陳望道：《關於著作者協會——一個具體而簡要的意見》，《文藝新聞》第 44 號，1932 年 1 月 11 日。

〔註 126〕王禮錫：《戰時日記·十九路軍的歷史就以這民族戰結束了吧？》（2 月 1 日），《讀書雜誌》第 2 卷第 4 期，1932 年 4 月。

〔註 127〕王禮錫：《戰時日記·社會民主黨》（2 月 13 日），《讀書雜誌》第 2 卷第 4 期，1932 年 4 月。

在著作者抗日會內設的經濟委員會募來的捐款分配問題上,「左聯」主張「以二分之一援助罷工工人,以十分之一援助反日士兵。由民眾運動委員會募來的捐以三分之二援助工人,二十分之一援助士兵」。「左聯」的經濟分配主張中,暴露了其在支持十九路軍抗日問題上的真實態度。著作者抗日執委會未接受「左聯」經濟分配主張,卻受到民眾運動委員會警告其怠工的指責。王禮錫認為:「現在是士兵以血肉在和日本帝國主義的武力拼命的時候,而我們的會的名義也標明『抗日』,顧名思義,我們的經濟應當全用在抗日上才對,為什麼要把大多數的經濟分配到援助罷工上,而以極少數中的極少數來援助前敵士兵呢?這樣高調實在行不通的」。〔註128〕在民族危機加劇之際,這種主張是本末倒置,完全忘記了工作的重心。也表明他們對於爭取民眾工作幼稚的認識和態度,「第一,他們不懂目前要注重什麼鬥爭才可以調動群眾;第二,他們的辦法只是機械的把持一切,用命令行使其一切可以插足的組織,不瞭解『社會影響』的重要」。〔註129〕時人曾揭示上海戰爭期間,工人運動致使許多工人沒有工作和收入,以至於「他們的孩童面有饑色,啼饑號寒」。在這種情況下仍要他們罷工,「工人的自信心這樣的低落」,「如何能夠叫他們去為奪取政權起而暴動?」「假使中國共產黨不奉第三國際的命令,作許多冒險的暴動;假使他們有正確的政策,其結果將是怎樣呢?」「在城市中的勢力不會如今日這樣的消弱,以致在很多城市是等於零」的後果。〔註130〕這就從一個層面為我們提供瞭解當時工人運動的真實畫面。

在爭奪著作者抗日會領導權的問題上,「左聯」表現得更為積極。「左聯準備以全副精力應付著作者抗日會,並積極去領導他」,〔註131〕並認為在著作者抗日會中,王禮錫和「望道存統秋原龔彬太活動了,而且有社會民主主義的傾向。且先借國光社的罷工事件給王禮錫和龔彬秋原一個打擊,給中間份子一個榜樣」。參加著作者抗日會的「左聯」黨團,討論了關於「著作者抗日會民眾運動委員會的準備」,主張打擊「讀書雜誌派」;並指出「我們當前的

〔註128〕王禮錫:《戰時日記‧過高調與過低調》(2月27日),《讀書雜誌》第2卷第4期,1932年4月。

〔註129〕王禮錫:《戰時日記‧民族鬥爭中高潮中的小鬥爭》(2月14日),《讀書雜誌》第2卷第4期,1932年4月。

〔註130〕鏡園:《滬戰中生活之回憶》,《讀書雜誌》第2卷第4期,1932年4月。

〔註131〕王禮錫:《戰時日記‧又一個箭靶》(2月16日),《讀書雜誌》第2卷第4期,1932年4月。

敵人是社會民主主義的傾向，王某是否有這個組織，我們且不管他，我們把他當做這個傾向的標準打」；「著作者抗日會是社會民主黨領導的，我們應該破壞他。秋原在會場太活動了，只是『破』，想不到一點『立』的工作，誠如此，則真是道地的『取消派』了！」〔註132〕「某刊物說龔彬是工賊，某人說秋原在會場太活動了，應當給他一個打擊」。〔註133〕據胡秋原自述：「左派有一誤會……神州國光社即是社會民主黨。莫斯科要對第二國際鬥爭，所以他們要對王禮錫和我鬥爭了。但他們辯論不過我們，他們愈鬥愈孤立，愈失敗」。他還記得丁玲說過這樣的話，「他們的同志們眼睛瞪著幾個社會民主黨，恨不能撲過去」。〔註134〕在沒有足夠證據證明胡秋原、王禮錫組織社會民主黨，先入為主地把他們視為組織社會民主黨，成為攻擊的重要箭靶。這種欲加之罪的鬥爭策略是不足以服眾的，從中可見其「殘酷鬥爭無情打擊」的作風。這種做法讓胡秋原、王禮錫等人真切體會到「沒有幫口就沒有力量，在社會上是要左右碰釘子的」。〔註135〕連主持著作者抗日會的陳望道也認為：「他們這樣狹小的行為將來會使一切無幫口的人，感覺到非幫口無以自存，而社會民主黨這樣的黨派終有以浩大的聲勢而出現的一日」。〔註136〕丁玲的回憶也證實陳望道對「左聯」的不滿：「有一次，陳望道走在馬路上向馮雪峰提出意見，說我們太過火了，弄得他難以掌握會議。馮雪峰沒有接受這個意見，同他爭了起來」。〔註137〕

　　對於「左聯」指責胡秋原、王禮錫組織社會民主黨，他們始終未承認該黨的存在。社會民主黨在當時客觀上是幫助國民黨執政當局的，因此他們多次辯誣。據王禮錫自述，在《讀書雜誌》上組織和推動社會史論戰探討革命的理論，然而「有對於理論的公開討論感到不便者，誣我組織社會民主黨，

〔註132〕王禮錫：《戰時日記‧社會民主黨》（2月13日），《讀書雜誌》第2卷第4期，1932年4月。
〔註133〕王禮錫：《戰時日記‧民族鬥爭中高潮中的小鬥爭》（2月14日），《讀書雜誌》第2卷第4期，1932年4月。
〔註134〕胡秋原：《唐三藏與浮士德之間》，胡秋原：《〈唐三藏與浮士德之間〉及其他》，臺北：胡秋原自刊本，1962年，第7頁。
〔註135〕王禮錫：《戰時日記‧社會民主黨》（2月13日），《讀書雜誌》第2卷第4期，1932年4月。
〔註136〕王禮錫：《戰時日記‧民族鬥爭中高潮中的小鬥爭》（2月14日），《讀書雜誌》第2卷第4期，1932年4月。
〔註137〕丁玲：《「九‧一八」和「一‧二八」期間我在上海參加的幾次抗日救亡活動》，《黨史資料叢刊》1983年第3輯。

實則，我還在學習中也」。〔註138〕胡秋原甚至說：「這般小紅帽天天說這個是
AB團，那個是社會民主黨，在今日，只有畜生反對布爾什維克，只有畜生組
織社會民主黨」。〔註139〕國民黨上海市黨部也指責「神州」組織社會民主黨，
「在整個策略上要聯合取消派，是社會民主主義者的總出版機關」；〔註140〕
並在其主辦的《社會新聞》上誣陷胡秋原等人為AB團成員。〔註141〕如果「神
州」組黨並聯絡托派，自然為當局所不容。胡秋原憤而聲稱：「用什麼『黨』
『派』之類的名稱來陷害他人，這陰謀實在近於殘酷」。〔註142〕如此看來，國
共兩黨皆不喜歡他們，胡秋原、王禮錫等人陷入左右的夾擊之中，從思想傾
向上看，他們代表的是中間知識分子的「第三種勢力」。多年後胡秋原回憶說：
「在上海，『社會民主黨』的謠言一時甚囂塵上，實際上只是東京談話傳到上
海之餘波，根本從無此事」；〔註143〕「我及我的朋友當時根本沒有社會民主黨
的組織，當時在中國，也根本沒有這種組織」。〔註144〕後來「閩變」中的「生
產人民黨」也是應政治需要由陳銘樞組建，胡秋原起草的黨綱，與此無關。

　　在此期間，「左聯」的朋友曾來和王禮錫商議組織義勇軍的事，宣稱他們
「不號召則已，一號召萬人可以立集」。王禮錫回應說：「我想事情有點玄虛，
主張他們有勇氣有辦法就動日本區域」，即便做不到，也可以在後方援助十九
路軍，但「他們不聽」。〔註145〕這種抗日主張被「左聯」誤會，「他們認為支

〔註138〕《王禮錫小傳》，《讀書雜誌》第3卷第1期，1933年1月。
〔註139〕胡秋原：《「第三種人」及其他》，《讀書雜誌》第3卷第7期，1933年9月。
〔註140〕《上海市黨部文藝宣傳工作報告》，陳瘦竹主編：《左翼文藝運動史料》，南京：
　　　　南京大學學報編輯部出版，1980年，第316頁。
〔註141〕《左翼作家的失節》，《社會新聞》第2卷第8期，1933年1月22日。胡秋
　　　　原回憶《社會新聞》曾對「神州國光社作人身攻擊」，應是指這個報導。胡秋
　　　　原：《唐三藏與浮士德之間》，《〈唐三藏與浮士德之間〉及其他》，臺北：胡秋
　　　　原自刊本，1962年，第6頁。
〔註142〕胡秋原：《浪費的論爭──對於批判者的若干答辯》，《現代》第2卷第2期，
　　　　1932年12月。
〔註143〕胡秋原：《兩個談政治的朋友》，《民主潮》第11卷第4期，1961年2月。在
　　　　該文中，據胡秋原回憶，1931年在日本東京，胡秋原與王禮錫和梅龔彬談起
　　　　他的「自由主義的馬克思主義」思想，應用到政治上是社會民主主義。王禮
　　　　錫建議發起社會民主黨運動，胡秋原指出中國缺乏工業資本，資本主義發展
　　　　不足，則沒有成立社會民主黨的基礎。
〔註144〕胡秋原：《關於一九三二年文藝自由論辯》，《中華雜誌》1969年1月號。
〔註145〕王禮錫：《戰時日記‧天賦真理》（1月31日），《讀書雜誌》第2卷第4期，
　　　　1932年4月。

委會要發出的告前敵士兵書是捧十九路軍」。丁玲等人以此爲由「一致沒有出席」著作者抗日會，以示抵制，〔註146〕導致著作者抗日會最終走向解體。丁玲等「左聯」對「讀書雜誌派」、「神州」同仁和十九路軍的態度，與中共中央當時對陳銘樞等十九路軍將領抗日要求的判斷和定性直接相關。

　　十九路軍在上海的抗日行爲，得到了全國各界的擁護，但當時中共中央只承認十九路軍士兵抗日，否定其愛國將領的抗日要求。中共中央的一系列決議認爲，陳銘樞等人的「抗日活動」是「愚弄勞苦群眾，消滅他們的革命運動，以便更進一步的出賣中國」，其反蔣是因「分贓不均」。〔註147〕他們「利用十九路軍士兵英勇的反日戰爭與全中國民眾反日鬥爭的高漲，大放『抗日救國』的空炮」，實際上是「欺騙十九路軍的士兵與反日民眾，造成革命士兵與革命民眾對於他們的幻想，把他們奉爲民族革命的英雄，以此來維持整個國民黨的統治，同時以此來擴張他們的地盤與他們的勢力，進行反革命內部的鬥爭」。對於他們「絕對不應有絲毫的幻想」，並要「奪取這一戰爭的領導」權。〔註148〕「一・二八」事變爆發後，中共中央機關刊物《紅旗周報》刊發文章，抨擊蔡廷鍇等十九路軍將領是「假抗日，眞出賣」；「欺騙全國反帝的民眾和革命的士兵，以便維持他們的統治，擡高他們出賣民族利益的賣價」；對十九路軍的將領「絕對不應有絲毫的幻想」；〔註149〕「要把這一觀念很明顯的告訴革命的士兵，要他們不相信他們的長官，反對他們的長官，以至把槍頭對著他們的長官」。〔註150〕在爭取十九路軍兵士工作時組織兵士委員會，將兵士同軍官區別開來，「在政治軍事上，一切長官的命令，必須經過兵士委員會的許可，方能執行」；「號召士兵群眾，反對投降，妥協於退卻的軍官」，甚至「逮捕、審判與槍決這類『賣國賊』」，「反對對於任何『抗日軍官』的幻想」。

〔註146〕王禮錫：《戰時日記・過高調與過低調》（2月27日），《讀書雜誌》第2卷第4期，1932年4月。

〔註147〕《中國共產黨中央爲上海事變第二次宣言》（1932年1月31日），中央檔案館編：《中共中央文件選集》第8冊，北京：中共中央黨校出版社，1991年，第97頁。

〔註148〕《中央爲上海事變給各地黨部的信》（1932年2月15日），中央檔案館編：《中共中央文件選集》第8冊，北京：中共中央黨校出版社，1991年，第111、113、114頁。

〔註149〕《怎樣取得民族革命戰爭的徹底勝利》，《紅旗周報》第30期，1932年2月15日。

〔註150〕《革命的士兵與民眾聯合起來》，《紅旗周報》第30期，1932年2月15日。

事實上，這種過「左」的政策，連中共中央也意識到了，承認其內部存在「完全的關門主義，不參加任何反日運動」。〔註151〕正如有論者所言，當時中共中央「兵運工作推行『要兵不要官』，『支兵不支官』的錯誤策略，它不僅對支前工作帶來很大的損失，而且在社會上造成很壞的影響」。〔註152〕這便是「左聯」主持的罷工委員會與「讀書雜誌派」，在著作者抗日會中在許多問題上爭執的根源。

在當時宣傳工作中，中共中央指示上海反帝大同盟在實際行動上，必須「揭穿國民黨及其他各反革命派別的『反日』『反帝』的假面具」；「目前反日反帝運動的一切宣傳及行動，必須與武裝擁護蘇聯」等緊密聯繫起來；「必須使中國廣大工農兵士勞苦民眾徹底認識只有無產階級專政的蘇聯是世界革命運動的唯一領袖」。〔註153〕中共中央認為：「中國革命是世界革命的一部分」，帝國主義利用中國作戰場，「作進攻蘇聯的根據地以撲滅無產階級的祖國蘇聯」；因而呼籲利用「現成的書店刊物」和群眾組織進行宣傳，「在群眾面前提出擁護蘇聯的口號」，以便擴大黨的影響；「絕對不能容許」，「為了公開宣傳，降低或修改黨的政治口號，或放棄黨的一部分口號不敢在群眾中宣傳」，並批評「許多同志還感覺擁護蘇聯的口號有些說不出口」。〔註154〕陳銘樞的抗日愛國的舉動固然有壯大自己聲勢之目的，但完全否定其抗日功績，在「公開宣傳」中依然「有些說不出口」。政治口號在公共空間中沒有完全按照中共中央的要求，在實際宣傳中還是變了形，《文藝新聞》仍有正面報導十九路軍將領的新聞。〔註155〕

隨後《文藝新聞》在中共中央指示的壓力下，改變中立態度。1932 年 4

〔註151〕《中央為上海事變給各地黨部的信》（1932 年 2 月 15 日），中央檔案館編：《中共中央文件選集》第 8 冊，北京：中共中央黨校出版社，1991 年，第 120、114 頁。

〔註152〕金立人等著：《王明「左」傾冒險主義在上海》，上海：遠東出版社，1994 年，第 102～103 頁。

〔註153〕《中央致上海反帝大同盟黨團的一封信》（1932 年 2 月 11 日），中央檔案館編：《中共中央文件選集》第 8 冊，北京：中共中央黨校出版社，1991 年，第 107、108 頁。

〔註154〕《宣傳工作決議案》（1929 年 6 月 25 日），中央檔案館編：《中共中央文件選集》第 5 冊，北京：中共中央黨校出版社，1991 年，第 254、260 頁。

〔註155〕《寧為槍下鬼不作亡國奴──十九路前敵激勵士兵》（1932 年 2 月 3 日），《決不停止民族解放的鬥爭》（1932 年 2 月 5 日）等文，有對十九路軍將領和十九路軍抗日的正面報導，參見《文藝新聞・戰時特刊》1932 年 2 月。

月間，對「神州」進行攻擊，聲稱胡秋原等人創辦的《國際評論》，是由「『革命外交家』陳某每月津貼一千五百元」讚助的。他們「一面談馬克思主義，一面反對蘇俄及中國革命」；「讀書雜誌文藝理論家胡某，近忽多言，今日說某文學家被捕，明日宣傳某思想家被槍斃，其用意何在，殊難令人捉摸」。「神州」又將要把抗戰文藝獎金頒發給主張「民族主義文藝」的黃震遐，猜想評委爲「王禮錫、陸晶清、胡秋原、彭芳草」等。〔註156〕儘管後來也刊登了胡秋原澄清事實的來函，但此時《文藝新聞》傾向「左聯」批判胡秋原等人的態度已十分明顯。此外，《中國與世界》也在滬戰爆發後攻擊胡秋原、梅龔彬和《讀書雜誌》，帝國主義者瓜分中國屠殺中國反帝群眾，「爲的就是要進攻蘇聯消滅蘇聯。瓜分中國和進攻蘇聯，難道能像梅龔彬胡秋原兩位分離開來說嗎？」〔註157〕「讀書雜誌，在表面上他也談革命，談談馬克司（馬克思），甚至列寧，史大林都談」；「讀書雜誌的態度是卑污！欺騙！！讀書雜誌的本質是反蘇聯！反對中國勞動群眾革命！」〔註158〕這裏顯示了他們把帝國主義進攻中國視爲「進攻蘇聯消滅蘇聯」的看法，進而批判梅龔彬胡秋原與他們不一致的「異見」。顯而易見，他們將「讀書雜誌派」視爲敵人的看法，與中共中央提出的「擁護蘇聯」、抨擊十九路軍抗日領袖、並將「讀書雜誌派」定性爲「假冒的馬克思主義和公開仇視革命馬克思主義的派別」是一致的。〔註159〕

「左聯」攻擊「讀書雜誌派」的做法，引起了集中國著作者抗日會秘書長、《文藝新聞》讚助人、「神州」函授學校教授三種身份的陳望道的批評。他在《對於上海事變的感想》一文中，高度評價十九路軍的抗日壯舉，批評有些人要「門面一致」，「總想束縛別人的手不能動，封閉別人的口不能說，一部分糊塗的新聞記者也有這傾向」。實際上是不點名批評「左聯」和《文藝

〔註156〕《每日筆記》，《文藝新聞》第49號，1932年4月4日；《「神州獎」預測》，《文藝新聞》第50號，1932年4月11日。

〔註157〕章天賜：《激變中我們應當做些什麼？》，《中國與世界》第9期，1932年2月5日。

〔註158〕曼吾：《讀書雜誌的反日》，《中國與世界》第9期，1932年2月5日。

〔註159〕「中央認爲，在目前加緊在思想和理論鬥爭的戰線上，向一切假冒的馬克思主義和公開仇視革命馬克思主義的派別進攻（如『讀書雜誌派』等），這一切任務比任何時候都要迫切」。參見中共中央文獻研究室、中央檔案館編：《建黨以來重要文獻選編（1921～1949）》第10冊，北京：中央文獻出版社，2011年，第124頁。

新聞》。他認為若要想達成一致意見，「只有一個方案，就是讓各種不一致的意見都有發表的機會，就在種種不一致中去求一個一致可行的策略」。〔註160〕

「讀書雜誌派」與「左聯」在政治、文化運動問題上的分歧因聯合抗日而擱置，但「政見」不同最終導致聯合戰線分裂乃至抗日會解體。據《文藝新聞》報導，著作者抗日會「因援助反日罷工工人事，會員間意見分歧」，「以致會務停頓」，「呈無形解散狀態」。〔註161〕《文藝新聞》因是「左聯」外圍刊物，自然傾向「左聯」，這種報導難免有失客觀。從上文分析中不難看出，事實上，「左聯」過分強調工人運動和階級鬥爭，爭奪著作者抗日會領導權，與「讀書雜誌派」放棄成見，聯合抗日主張發生衝突。他們認為在民族危亡之際，「民族戰是一切反革命者的試金石，民族戰可以打斷帝國主義對中國的一切束縛，民族戰是中國目前的唯一出路」。〔註162〕這種呼籲建立聯合戰線，共同抗日民族戰的主張，使胡秋原等「神州」同仁贏得眾多愛國和民族主義思想的中間知識分子的好感，卻受到具有濃厚宗派主義色彩的「左聯」攻擊為「取消革命」。「左聯」攻擊「讀書雜誌派」是為給中間知識分子一個「榜樣」，丁玲回憶說「同其他方面的人就很少有共同語言」。〔註163〕「其他方面的人」實際上包括「讀書雜誌派」在內的具有愛國主義、主張思想言論自由、追求民主、反對暴力革命的中間知識分子，他們是當時國共之間試圖走「第三條道路」的「第三種勢力」。由於胡秋原、王禮錫等人都曾與中共有過接觸的經歷，尤其對其武裝革命帶來的流血和混亂極為反感。這次與「左聯」之間的爭執和衝突使他們有更深切的體會，也增加了他們對「左聯」乃至革命黨的不滿。

「讀書雜誌派」認為「著作者抗日會的發起，本來沒有黨派的畛域，想把各黨派及無黨派的份子」，在抗日的旗幟下，團結起來，貢獻文化界人士的一些力量，旨在宣傳並呼籲全國一致抗日，「而他們（指「左聯」）卻犧牲力量於內部的無聊的衝突，迴避我們當前的民族革命鬥爭」！〔註164〕胡秋原、王禮錫等人認為這種革命黨所謂的革命行徑最重要的錯誤，是在「革命的民

〔註160〕陳望道：《對於上海事變的感想》，《讀書雜誌》第2卷第4期，1932年4月。
〔註161〕《著作者抗日會既進且停》，《文藝新聞》第51號，1932年4月18日。
〔註162〕王禮錫：《戰時日記・大戰前恐怖的靜默》（2月15日），《讀書雜誌》第2卷第4期，1932年4月。
〔註163〕丁玲：《「九・一八」和「一・二八」期間我在上海參加的幾次抗日救亡活動》，《黨史資料叢刊》1983年第3輯。
〔註164〕王禮錫：《戰時日記・社會民主黨》（2月13日），《讀書雜誌》第2卷第4期，1932年4月。

族鬥爭是當前革命的最高潮」的情況下，尤其是反帝成爲社會共識之時，「他們偏偏要披上反日的民族革命鬥爭的外衣，做非當務之急的工人反對資本家的鬥爭運動，鬥爭失墜了重心。於是到處尋些小鬥爭以自娛或自騙」。在這種情況下「神州」成爲「左聯」要打擊的箭靶，胡秋原、王禮錫自然就成爲被打擊的重中之重。但在「讀書雜誌派」看來，「左聯」機械的把持一切，用命令的辦法插手一切組織，「要儘量地指揮一切文化團體與文化界的個人，而剝奪其自由至於無餘了。」〔註165〕在民族生存危亡之際，這種帶有流氓痞氣的「殘酷鬥爭，無情打擊」，一味強調階級鬥爭的做法必然會遭到抵制，這是胡秋原、王禮錫等人贏得多數文化界人士支持的根本原因，也是導致「著作者抗日會」最終解體的根源。

在「讀書雜誌派」看來，「中共已經背離共產主義的信念，走向了盲動的流氓無產主義」。〔註166〕據胡秋原自述：「一・二八事變」後，「中共竟以『階級觀點』反對十九路軍抗戰，並說『民族主義的口號是欺騙』。」〔註167〕這種錯誤主張是由當時中共中央的盲動主義路線決定的，有人批評王禮錫的《苦學與深思》是「麻醉青年」，《中國社會史論戰序幕》的態度是「學院派，是取消了革命」。在王禮錫看來，「他們以爲研究是行動的障礙」。並引用列寧的名言「沒有革命的理論，就沒有革命的行動」，一再批判盲動主義。呼籲他們「不要在時代中『盲』人騎瞎『馬』闖到『此路不通』！」〔註168〕胡秋原也指出：「中國『內亂』之尖銳，獨裁政治之強化，盲動主義之急進與敗北」。〔註169〕此時中共中央已認識到並批判李立三的盲動主義，但繼之而起的王明路線，依然是「讀書雜誌派」予以批判的。由以上分析可以看出，聯合抗日成爲「讀書雜誌派」與「左聯」的最終交集，但「左聯」要求領導權，認爲在黨派激烈衝突的時代，革命的知識分子沒有思想言論自由的可能，必須在非此即彼的站隊中做出選擇，沒有成爲「第三種勢力」的可能。

〔註165〕王禮錫：《戰時日記・民族鬥爭中高潮中的小鬥爭》（2 月 14 日），《讀書雜誌》第 2 卷第 4 期，1932 年 4 月。

〔註166〕鞠新泉：《論神州國光社的政治意圖與文化策略（1930～1933）》，《歷史教學》2009 年第 4 期。

〔註167〕胡秋原：《我研究歷史之由來、經過和結果》，胡秋原：《文學與歷史》，臺北：東大圖書股份有限公司，1994 年，第 193 頁。

〔註168〕王禮錫：《年終的話》，《讀書雜誌》第 1 卷第 9 期，1931 年 12 月。

〔註169〕胡秋原：《阿狗文藝論——民族文藝理論之謬誤》，《文化評論》創刊號，1931 年 12 月。

這便構成了「讀書雜誌派」開闢可供公開、自由討論的文化空間的障礙。

「一‧二八」十九路軍淞滬抗戰期間，面對日本侵略，胡秋原、王禮錫等「神州」同仁和其他中間知識分子一起奔走呼號，通過創辦《抗日戰爭號外》、起草《中國著作者爲日軍進攻上海屠殺民眾宣言》，力主抗日。親身經歷過淞滬抗日戰爭的洗禮，以及與「左聯」在一系列問題上的爭執和鬥爭，使他們的民族意識和革命意識得到進一步昇華。儘管與「左聯」在革命理念上存在差異，但「讀書雜誌派」帶有明顯的「左翼」色彩的「自由」理念、兼收並蓄包容各派政見的主張和態度始終沒有改變。以後見者的眼光來看，「讀書雜誌派」主持「神州」和《讀書雜誌》，的確起到了爲陳銘樞網羅文化人的作用，在十九路軍淞滬抗戰中，也扮演著引領輿論和文化宣傳的角色。客觀上，陳銘樞也成爲「讀書雜誌派」政治網絡中的保護傘。對此「左聯」作家也指出：「人家怕官，他們有官做後臺老闆，所以人家不能談的話，他們能夠公開暢談」。〔註170〕當陳銘樞被迫出洋考察後，「神州」和《讀書雜誌》同時遭受到國民黨的封鎖。這些都證實「讀書雜誌派」背靠大樹好乘涼，一旦靠山倒塌，也就自然受到衝擊。陳銘樞等將領發動「閩變」，豎起抗日反蔣的大旗，「讀書雜誌派」不僅加入這種革命實踐，而且扮演著引領輿論、宣傳鼓吹和理論指導的角色，福建「中華共和國人民革命政府」具有社會主義色彩的宣言和政綱，都是由胡秋原爲首的「讀書雜誌派」起草的。中共對胡秋原、王禮錫、陳銘樞態度的改變，是隨著共產國際建立反法西斯統一戰線，中共與國民黨建立抗日民族統一戰線策略的改變而改變的。在此情況下，1935年，胡秋原應中共駐共產國際代表團的邀請，赴莫斯科幫助中共鼓吹全民抗日，王禮錫和陳銘樞也到莫斯科與中共代表團協商建立抗日民族統一戰線。然而，在蘇俄一年半的經歷，尤其是目睹蘇俄肅反、莫斯科大審和社會主義的眞相後，使胡秋原與馬克思主義十年的「纏綿」之情爲之終結，放棄此前主張的「自由主義的馬克思主義」，思想上進入了「新自由主義文化史觀」的階段。

第二節　超越左右的理論探討——「讀書雜誌派」與「中國社會史論戰」

「中國社會史論戰」是中國近現代思想史上影響深遠的一次論戰，《讀書

〔註170〕曼吾：《讀書雜誌的反日》，《中國與世界》第 9 期，1932 年 2 月 5 日。

雜誌》成爲論戰的主陣地並非偶然。該刊的主辦者「讀書雜誌派」以自由獨立的辦刊宗旨，以超越左右的立場爲參戰各方提供了一個論戰的平臺，試圖通過論戰達成中國社會發展前途的共識。論戰中他們的觀點是否合理？有何價值？爲何長期以來受到批判？本節將對這些問題展開探討。

一、「中國社會史論戰」緣起

「中國社會史論戰」的產生，與大革命失敗後的時代背景和思想潮流密切相關。郭湛波認爲「中國社會史論戰」產生的背景有兩個方面：一是「因中國社會問題急待解決，解決當前，不得不對於以往有深切的認識」；二是「因新思想及新方法之輸入，對於中國社會，及思想有重新估價之需要」。〔註171〕所謂「新思想及新方法」是指馬克思主義和唯物辯證法。蘇俄十月革命的勝利和五四新文化運動的興起，對馬克思主義在中國的廣泛傳播產生了推波助瀾的作用。蘇俄革命的馬克思主義逐漸成爲思想界的時髦思潮，經過「問題與主義」和「社會主義論戰」，成爲最時髦的思潮。在這種思想背景下，五四啓蒙思潮開啓的民智和飽受西方列強壓抑的民族意識，交融匯合成一股親蘇俄、嚮往社會主義的潮流，蘇俄先後兩次對華友好宣言，使很多中國知識分子傾向蘇俄革命道路。1923 年，北京大學在 25 週年紀念日進行一次民意測驗，其中第五題是「俄國與美國誰是中國之友？爲什麼？」結果顯示親俄心理十分普遍。認爲「蘇俄爲中國之友者占……59%」，美國「只占 13%」，原因在於蘇俄「爲社會主義國家，以不侵略爲原則」，「其爲被壓迫民族，與中國情形相同」。蘇俄宣稱「爲反帝國主義國家，中國正好與之聯合，抵抗英美」。〔註172〕在這種語境下，學校、報刊雜誌和出版社紛紛相繼跟風，馬克思主義和社會主義成爲時代的「寵兒」。時人稱之爲「社會主義在今日的中國，彷彿有『雄雞一鳴天下曉』的情景」。〔註173〕被臺灣學者李雲漢形容爲「一陣社會主義的狂飆」。〔註174〕

〔註171〕郭湛波：《近三十年中國思想史》，北平：大北書局，1933 年，第 298 頁。

〔註172〕李雲漢：《從容共到清黨》，臺北：中國學術著作獎勵獎助委員會出版，1987 年，第 89、90 頁。

〔註173〕潘公展：《近代社會主義及其批評》，《東方雜誌》第 18 卷第 4 號，1921 年 2 月。

〔註174〕李雲漢：《從容共到清黨》，臺北：中國學術著作獎勵獎助委員會出版，1987 年，第 81 頁。

　　由於國共合作是在「以俄爲師」的旗幟下進行的，合作伊始就在組織和動員工農，進行民族革命的同時，很大程度上涉及階級鬥爭等問題上存在著原則性的分歧。統一戰線的建立並未消除這些分歧，相反，隨著北伐的開展這種分歧愈加明顯，國民黨的「清黨」是這種矛盾的集中體現。共產國際爲國共合作製定的統一戰線政策，是基於將中國革命視爲國民黨領導下的資產階級民主革命。大革命的失敗也迫使蘇俄和共產國際不得不重新定性中國革命的性質，引發了托洛茨基與斯大林對中國問題的爭論。大革命時期，國共合作和分裂與共產國際對中國革命的指示有關，而中國社會性質和革命前途的論爭，自然也與共產國際內斯大林和托洛茨基之間的爭論有關。他們「關於中國的每一次爭論──政治的或學術的──都附加了政治爆炸力」。〔註175〕共產國際有關中國問題的政治爭論以斯大林的勝利而告終，由此斷定當時的中國革命是「既反對封建殘餘又反對帝國主義的土地革命。土地革命是中國資產階級民主革命的基礎和內容」。〔註176〕這裏，斯大林把「反帝」、「反封」和「土地革命」確定爲中國革命的任務和內容，共產國際的這種爭論自然也影響到中共黨內對中國社會性質的爭論。

　　中國知識分子亟需解析中國社會和革命性質問題的答案，是「中國社會史論戰」的內在動因。但論戰理論、思想和研究方法等，均受蘇俄和共產國際有關中國問題論斷的影響，蘇俄內部政治和學術派別的爭論也給「中國社會史論戰」打上明顯的意識形態的烙印。當時他們從世界革命和國際階級鬥爭的宏觀視角評析中國社會革命的現狀，並投射到中國歷史中。蘇俄和共產國際把得之於局面的理論和方法提升到具有「普世性」規律的高度，本身就具有教條主義的錯誤。初學馬列的中國知識分子，尤其是傾向蘇俄革命道路的左翼理論家，把來自「國際」的理論、方法奉爲「放之四海而皆準」的眞理，以此來裁量中國歷史。受斯大林和共產國際有關中國問題論斷影響，1928年中共六大決議案確定中國是半殖民地半封建社會，因而中國革命性質是「資產階級性的民權革命」，「推翻帝國主義及土地革

〔註175〕〔德〕羅梅君著，孫立新譯：《政治與科學之間的歷史編纂──30和40年代中國馬克思主義歷史學的形成》，濟南：山東教育出版社，1997年，第67頁。

〔註176〕〔俄〕斯大林：《中國革命和共產國際的任務》，北京：人民出版社，1954年，第29頁。

命」是當前革命的根本任務。〔註177〕肇始於中共黨內的爭論，逐漸在思想界引起激烈反響，並不斷深入。誠如有學者所言：「雖然中國社會史大論戰，初次把馬克思的思想和理論，應用到中國歷史解釋體繫上來。但中國社會史大論戰同時也反映了當時共產國際與中共內部權力和革命路線的激烈鬥爭。唯如此，才能對中國社會史論戰的紛亂的戰局，得到一個較清晰的認識和瞭解」。〔註178〕

　　大革命失敗後，中國向何處去成為時人最為關心的首要問題。當時嚴峻的政治形勢，不僅中共，而且其他各政治派別不得不重新思考中國出路究竟走向何方？中國是否還要繼續革命？是什麼性質的革命？迫切需要對中國社會性質和革命前途做出科學判斷，有些知識分子由戰爭前線退回到書齋中從理論上對中國問題進行檢討，試圖從中得出一個合乎中國革命實際的結論。王亞南指出中國社會性質問題的論戰，「是近年來革命碰壁，致使一般人懷疑革命，因而回頭探究革命對象之必然結果」。〔註179〕「自1927年而後，政治活動的路碰了壁，於是有許多人就轉到學術思想的路上來」。〔註180〕揭示了當時不少知識分子從「政治人」轉向「文化人」的心路歷程。大革命失敗後，共產主義儘管在政治上陷入低潮，但並未因此降低馬克思主義的聲望，反而更促使人們在思考失敗原因之時，更多地把馬克思主義唯物史觀和階級鬥爭學說運用於中國政治現狀的分析。正如時人所指出的那樣，「五四的中心思想是自由主義……北伐後的中心思想是社會主義，是以唯物史觀的觀點對於中國過去的文化加以清算」。〔註181〕從1927年到「九‧一八」期間，「雖是共產主義事實在中國失敗之時，卻是共產主義理論在中國勝利之時。這是共產主義思潮在中國登峰造極之時」。〔註182〕可見當時唯物史觀在時代背景下，成為

〔註177〕《中國共產黨第六次全國代表大會‧政治決議案》（1928年7月9日），中央檔案館編：《中共中央文件選集》第4冊，北京：中共中央黨校出版社，1991年，第298～299頁。
〔註178〕逯耀東：《中共史學的發展和演變》，臺北：時報文化出版事業有限公司，1979年，第45頁。
〔註179〕王亞南：《封建制度論》，《讀書雜誌》第1卷第4、5期合刊，1931年8月。
〔註180〕譚輔之：《最近的中國哲學界》，《文化建設》第3卷第6期，1937年3月。
〔註181〕齊思和：《近百年來中國史學的發展》，《燕京社會科學》第2卷，1949年10月。
〔註182〕劉炳黎：《最近二十年國內思潮之動向》，《前途》第5卷第7期，1937年7月。

獨佔鰲頭、最時髦的思潮，像旋風一樣席卷了整個思想文化界。《讀書雜誌》的主編王禮錫當時就指出：「誰把握了正確的唯物辯證法，誰就能解答中國社會形式的史的發展如何？中國現在是怎樣的一個社會，並且還可以解答『中國革命的路向如何？我們應當怎樣走？』」〔註183〕據何茲全回憶：「20世紀20年代末30年代初，在學術界、思想界、史學界，我的感覺都是馬克思主義、唯物史觀獨步天下的時代」〔註184〕當時還在讀大學後來成為胡秋原好友的鄭學稼回憶：「三十年代初的上海知識分子，把馬克思主義作為思想上的大情人，因此大家對它有研究熱」。〔註185〕美國學者德里克認為：「1927年的諸多事件使得國民黨和共產黨都失去了權威性，卻絲毫沒有減弱……廣大青年知識分子對社會革命目標的熱忱信奉」。〔註186〕這就道出了社會主義和唯物史觀在當時盛行的根本原因。

　　為探索中國出路，回應共產國際有關中國社會和革命性質的論斷，各派知識分子闡發了各自觀點，引爆了1930年代初思想界的「中國社會史論戰」。王禮錫指出：「關於中國經濟性質問題，現在已經逼著任何階級的學者要求答覆。任何階級的學者為著要確定或辯護他自己的階級的前途，也非解答這問題不可」；「要研究現在中國經濟的性質，其結果自然得涉及中國革命的性質，這個問題所以嚴重與普遍在此，所以能誘發思想界鬥爭的興趣與活氣亦在此，因為這不僅是書呆子書齋中的事業」。而要研究中國經濟性質，必然「從流動中去理解中國經濟的結構，必須從中國歷史上的經濟的演變與世界經濟的聯繫，闡明其規律性並攫住其特殊性」。中國社會性質問題的討論由此發端，試圖解決兩個極具現實革命實踐問題：「一、中國現在社會究竟是封建社會，還是資本主義社會？二、經過1927年失敗以後的中國革命究竟是資產階級革命，還是無產階級革命？」〔註187〕為解答這些問題，「探索革命的正確前

〔註183〕 王禮錫：《論戰第二輯序幕》，《讀書雜誌》第2卷第2、3期合刊，1932年3月。

〔註184〕 何茲全：《我所認識到的唯物史觀和中國社會史研究的聯繫》，《高校理論戰線》2002年第1期。

〔註185〕 鄭學稼：《我的學徒生活》，臺北：帕米爾書店，1984年，第17頁。

〔註186〕 〔美〕阿里夫‧德里克著，翁賀凱譯：《革命與歷史：中國馬克思主義歷史學的起源，1927～1937》，南京：江蘇人民出版社，2004年，第30頁。

〔註187〕 王禮錫：《中國社會史論戰序幕》，《讀書雜誌》第1卷第4、5期合刊，1931年8月。

途，有一個先決問題應當解答：『中國社會已經走上了一個什麼階段？』這個問題得了解決，正確的革命前途的探索，就不費多大氣力了」。〔註188〕這就不得不將此問題投射和追溯到中國歷史之中。

1937 年，何乾之指出「社會史、社會性質，農村性質的論戰，可以說是關於一個問題的多方面的探討。爲著徹底認清目下的中國社會，決定我們對未來社會的追求，迫著我們不得不生出清算過去社會的要求。中國社會性質、社會史的論戰，正是這種認識過去、現在與追求未來的準備功夫」。〔註189〕50多年後，侯外廬有關中國社會性質論戰引發中國社會史論戰的論述，揭示了中國社會史論戰是中國社會性質論戰向歷史的縱深方向延伸的內在原因。「大革命失敗後……理論界對中國現階段究竟是資本主義社會、封建社會，還是半殖民地半封建社會的問題展開了爭論。既然要爭論這樣一個涉及國情的問題，就不能不回過頭來去瞭解幾千年來的中國歷史，於是，問題又從現實轉向歷史，引起了大規模的中國社會史論戰」。〔註190〕

1928 年，上海文化界就開始了對中國社會性質的論爭，主要在國共黨之間展開，被臺灣學者鄭學稼稱之爲「中國社會史論戰」的「前哨戰」。〔註191〕1930 年代初，《讀書雜誌》以自由中立的立場相標榜，成爲各派論戰的戰場，將論戰推向高潮。論戰主要是「新生命派」和「新思潮派」以及「動力派」之間展開。〔註192〕當然以胡秋原、王禮錫、王亞南等人爲代表的「讀書雜誌派」也是參加論戰的重要派別。他們是「代表自由馬克思主義者觀點的一派，可稱爲是論戰中的『第三種勢力』，政治上處於國共兩黨之間，時而以中共同路人的面目出現，時而以國民黨內自由主義者的面目出現」。〔註193〕由於階

〔註188〕王禮錫：《第三版卷頭語》，王禮錫等編輯：《中國社會史的論戰》第 1 輯，上海：神州國光社，1932 年。

〔註189〕何乾之：《中國社會性質問題論戰》，上海：生活書店，1937 年，第 4 頁。

〔註190〕侯外廬：《韌的追求》，北京：生活・讀書・新知三聯書店，1985 年，第 222頁。

〔註191〕鄭學稼：《社會史論戰簡史》，臺北：黎明文化事業股份有限公司，1978 年，第 14 頁。

〔註192〕這三個派別是以《新生命》、《新思潮》、《動力》雜誌爲名劃分的，「新生命派」包括周佛海、戴季陶、陳邦國、陶希聖等人，「新思潮派」有潘東周、王學文、張聞天等、「動力派」有嚴靈峰、任曙、劉仁靜等人。

〔註193〕李洪岩：《論中國馬克思主義史學的建立與形成》，冷溶主編：《中國社會科學院馬克思主義研究論叢（史學編）》，北京：社會科學文獻出版社，2007 年，第 638 頁。

級、政治立場和意識形態不同，觀點各異，論戰內容廣泛，主要涉及到歷史、現實和社會理論等，論戰的主戰場是《讀書雜誌》。

《讀書雜誌》之所以成爲社會史論戰的中心戰場，其標榜不拘一格的辦刊宗旨是關鍵原因。據王禮錫自述：「雖然過去在種種行動中沒有停止過研究，但自知在理論上的瞭解是虛淺的。『沒有革命的理論，便沒有革命的行動』，爲了確立革命的理論起見，在所主編的讀書雜誌上提倡「中國社會史論戰」，使一切有黨派無黨派之意見，皆得與社會相見，任讀者自由抉擇」。〔註194〕此外，還與當時中共在上海所辦《新思潮》等刊物遭到國民黨當局的查禁和封殺有關。在國共兩黨夾縫下求生存的中間知識分子，由於沒有「幫口」，《讀書雜誌》這種自由中立的立場也爲他們提供了發表論說的平臺。誠如王禮錫所言：「在過去，這個論爭爲幾個『幫口』所壟斷，自然，某一集團的刊物沒有發表他人意見的義務，於是許多無幫口的『試解』，只好『讓蟲鼠去批判』」。〔註195〕《讀書雜誌》打破「幫口」的界限，兼容並包的辦刊風格贏得了各派知識分子的青睞，自然《讀書雜誌》成爲各派參加「中國社會史論戰」的主陣地。

王禮錫組織和推動「中國社會史論戰」，也與他對當時中國思想界「懷疑」和苦悶的氛圍、以及對社會現狀和革命前途的認識有關。他認爲「革命的狂潮將許多青年捲入狂熱的戰鬥，高潮過去了，退伍的戰士都感到一種悵惘的空虛。這樣就造成了這時期青年的苦悶」。在革命的高潮中用幾個口號對舊的思想作猛烈破壞之後，卻又「要能沉潛能精細的向各方面去檢視，重新考慮前時期留下來的問題，並將前時期所建下的輪廓去充實內容。現在各方面在思想上作細微的分辨，就是這趨向的表現。這些細微的分辨，在前時期誰都忽略過去不看成問題的」。他指出「如果認識了這趨向，那就不會苦悶了」；因此呼籲青年知識分子要「苦學與深思」，〔註196〕進而從理論上探索中國出路；「現在是盲目的革命已經碰壁，而革命的潛力又不可以消泯於暴力的鎮壓之下，正需要正確的革命理論指導正確革命的新途徑的時候」；「『沒有革命的理論，就沒有革命的行動』，這句名言指出了『革命理論』在這革命茫無前途

〔註194〕《王禮錫小傳》，《讀書雜誌》第 3 卷第 1 期，1933 年 1 月。
〔註195〕王禮錫：《第三版卷頭語》，王禮錫等編輯：《中國社會史的論戰》第 1 輯，上海：神州國光社，1932 年。
〔註196〕王禮錫：《從青年的煩悶談到苦學與深思》，《讀書雜誌》創刊號，1931 年 4 月。

的時候是如何地重要！」〔註197〕在這種情況下，「中國社會史的問題，遂逼著各階級各黨派的學者爲著他以鬥爭的姿態在思想的戰場上出現」；「這一個戰鬥的後臺指揮者，是存在於現在中國社會的階級。而爲著各階級的畸左畸右，形成許多不同的意見」。〔註198〕針對這種代表各階級「畸左畸右」的不同意見，《讀書雜誌》的編者「希望這論戰不是無結論的爭辯」，因此「希望論戰的各方，要以客觀決定主觀，不要以主觀決定客觀，去思考，去求證，去試解，去寫作」；「希望讀者要以客觀決定主觀，不要以主觀決定客觀去讀，去瞭解，去批判」；更要「跳出其階級意識的牢籠之外，加以純客觀的體認……然後才可得到有價值的批判」。〔註199〕

參與論戰的各派學者，儘管政治立場不同甚至是對立的，學術觀點或對立，抑或相互交叉，但其思想方法和理論根據大致是相同的，即馬克思主義的唯物史觀。「『辯證唯物論』這個名詞，近年來已成爲中國思想界一個最流行的時髦名詞了。治社會科學的人，無論懂與不懂，總喜歡生吞活剝的把這個時髦商標貼在自己的貨色上，以求兜攬顧客」。〔註200〕大革命失敗後，「人們都利用歷史唯物主義研究所得的結論作爲根本的指導原理，而將中國史實嵌進去。但同時是不瞭解清楚歷史的唯物論，或者有意滑頭而曲解而修改而捏造了他們的所謂歷史唯物論」。〔註201〕事實上，當時的論戰者由於對馬克思主義理論的研究還處於低水平的階段，尤其對馬克思主義經典著作斷章取義，將自己的文章戴上炫目的理論光環。

各種政治和學術流派在同一論題下自由論辯，不存在「輿論一律」強制力量的施壓，基本上是在學術研究的範圍內進行論戰，這是十分可貴的。《讀書雜誌》超越左右的立場，爲這場論戰提供了交流的平臺，使得各派學者都有自由爭論的一席之地，絕無出現一家獨尊或「獨尊馬列」的現象。儘管各派論戰不免激烈，亂帶政治「帽子」和謾罵的現象時有出現，但並未出現非

〔註197〕王禮錫：《第三版卷頭語》，王禮錫等編輯：《中國社會史的論戰》第 1 輯，上海：神州國光社，1932 年。

〔註198〕王禮錫：《中國社會史論戰序幕》，《讀書雜誌》第 1 卷第 4、5 期合刊，1931年 8 月。

〔註199〕王禮錫：《第三版卷頭語》，王禮錫等編輯：《中國社會史的論戰》第 1 輯，上海：神州國光社，1932 年。

〔註200〕吳西岑：《機械的唯物論與布哈林》，《動力》1930 年創刊號。

〔註201〕王宜昌：《中國社會史短論》，《讀書雜誌》第 1 卷第 4、5 期合刊，1931 年 8月。

學術的政治力量的干預。《讀書雜誌》不受其影響，依然堅守不拘一格的辦刊宗旨，頗有「兼容並包」、「百家爭鳴」的氣象。這也是《讀書雜誌》贏得時人和後世學者敬佩的根本原因。「讀書雜誌派」不僅組織和推動論戰的順利開展，而且他們也積極參與論戰，詮釋他們的思想觀點，試圖通過思想交鋒和理論探討，從中獲取對中國出路的一致看法。

二、「讀書雜誌派」的社會史觀

《讀書雜誌》「採取的兼容並蓄、不拘一格的自由主義立場」，〔註202〕爲各派提供一個論戰平臺。雖然標榜「編者並沒有任何的主觀意見想左右戰場」，超越意識形態，一切是非有讀者去評判；但事實上，《讀書雜誌》主持者也承認「要說有政治目的，那只是普通的爭取言論自由，爲一切無幫口的作家供給發表主張的園地，即是起碼的民主鬥爭」。〔註203〕在進行學術論戰背後，隱含著爭自由與民主的政治目的，通過自由爭鳴，選擇一條適合的道路。「讀書雜誌派」不僅保持自由主義的中立的編輯立場，而且思想上亦受馬克思主義的影響，該派中胡秋原、王禮錫、王亞南等人也依據唯物史觀的方法參與到論戰中，闡述其立場和觀點。

早在日本留學期間，胡秋原就已關注到國內有關中國社會性質的討論。針對國內學者用唯物史觀解釋中國歷史存在的弊端，他在翻譯俄國學者佛理采的《藝術社會學‧譯者序言》中指出：

> 近來許多學者都在試用唯物史觀解釋中國社會史，可惜這些學者對於中國史識大都缺乏，同時對於辯證法底唯物史觀也沒有十分理解，其結果七扯八拉……牛頭不對馬嘴……爲成見所襲，拒絕新方法的應用……近年許多人似乎將中國幾千年來的社會，看做一個純粹封建社會或純粹畸形封建社會……在這樣的唯物史觀解釋之下，中國社會的這個謎，依然是一個謎而已。

在提出上述批評之後，他認爲要理解中國社會和文化的發展，至少應理解這幾個 Moment（方面）：

〔註202〕李洪岩：《從〈讀書雜誌〉看中國社會史論戰》，《中國社會科學院近代史研究所青年學術論壇》1999 年卷，北京：社會科學文獻出版社，2000 年，第 276 頁。

〔註203〕《讀書雜誌》第 3 卷第 3、4 期合刊「編後」，1933 年 3 月。

　　首先,「中國社會固然是一個長期封建底存在,然而是一種變相的半封建的社會,這社會有其特殊的生產方法──即馬克斯所謂『亞細亞底生產方法』,這種生產方法給與中國社會組織以特殊形態」。其次,「商業資本──雖然幼稚──在中國社會上無疑地演了重要的作用,中國的封建制度在東周便已趨於崩壞,到了秦始皇憑藉商人階級的勢力,結束了封建社會,建設了都市手工業形態底專制國家」。而土地和商業資本的結合,則是「『亞細亞生產方法』特徵之一」,這既「增加了農民的剝削」,又「阻礙了商業資本的發展」。農民的叛亂演化成中國史上的治亂循環,蠻族的入侵也對中國循環內亂產生不小的作用。第三,「印度文化的影響」,尤其是佛教輸入後,印度文化對中國思想文學藝術都有較大的影響。〔註204〕

這是胡秋原對中國社會性質和「中國社會史」的最早文字記錄。他參與社會史論戰的見解乃至多年後的重新認識,都是在此基礎上的進一步闡發,但基本觀點沒有太大變化。

　　由《讀書雜誌》推動的「中國社會史論戰」,引起廣泛關注。據胡秋原自述,「王禮錫先生屢次催我表示意見」,在研讀二十四史食貨志資料後,「我才以我所謂自由主義的馬克斯主義研究中國歷史」,投入到論戰中去。〔註205〕在對中國社會性質的認識上,胡秋原認爲「中國現在社會是帝國主義統治下的先資本主義社會,殖民地化的專制主義社會。」〔註206〕他在研究中國歷史後指出,「中國經濟前途只有兩條路:一是帝國主義的路,即殖民地的路;二是反帝國主義的路,即革命的路」。因此中國革命的中心問題「是一個反帝國主義及其代理人問題」,「土地問題也只是反帝國主義革命的一重要部分」;〔註207〕同時也是「民主性的革命」,「帝國主義、專制主義和封建主義三位一體」,〔註208〕是中國革命最重要問題。王禮錫認爲「中國現在已經陷入於半殖民地

〔註204〕〔俄〕佛理采著,胡秋原譯:《藝術社會學·譯者序言》,上海:神州國光社,1930年,第51～54頁。

〔註205〕胡秋原:《哲學與思想·自序》,臺北:東大圖書股份有限公司,1994年,第13頁。

〔註206〕胡秋原:《亞細亞生產方式與專制主義》,《讀書雜誌》第2卷第7、8期合刊,1932年8月。

〔註207〕胡秋原:《略覆孫卓章君並略論中國社會之性質》,《讀書雜誌》第2卷第2、3期合刊,1932年3月。

〔註208〕胡秋原:《專制主義論》,《讀書雜誌》第2卷第11、12期合刊,1932年12月。

性的資本主義社會」，所以，「抗日反帝是目前中國的惟一出路」。〔註209〕王亞南指出帝國主義既「阻礙」又「促進中國工業資本之發達」，「是一種矛盾現象」；中國思想界受蘇俄影響，「對於中國今日社會性質的問題，亦有兩種正相反對的意見」；贊成者的論據「大抵得自外人，忘卻中國封建制度的特質」；「即使依日本的或歐洲的封建制度來權衡，亦不免有冒爲比附之嫌」。〔註210〕神州國光社的後臺老闆、十九路軍精神領袖陳銘樞也認爲「中國是半殖民地國家」，「應當以反對日本帝國主義鬥爭作爲目前唯一的任務」。〔註211〕

在中國社會性質和革命前途認識上，與「動力派」和「新生命派」淡化對帝國主義鬥爭，認爲中國是資本主義社會不同。「讀書雜誌派」在抗日反帝問題上，與「新思潮派」一致，但不贊同「新思潮派」把共產國際決議教條化，認定中國是封建社會，他們認爲中國既不是封建的，也不是資本主義的，而是特殊的過渡社會。客觀而言，他們根據馬克思主義理論，結合中國歷史與現實，獨立思考，從學理上探索，更接近中國社會本身。「讀書雜誌派」的中國社會性質觀，反映了聚集在「神州」的知識分子群體，乃至陳銘樞等十九路軍領導集團的觀點。在民族危機加劇之際，他們懷有強烈的民族情感，其認識是從反帝抗日出發的。

對中國社會性質的認識不僅僅是學術討論，更重要的是具有強烈的現實政治訴求。大革命失敗後民眾的政治與革命熱情趨於消沉，革命理想的幻滅使思想文化界陷入迷茫。時人已普遍意識到：「因爲中國社會有決定中國革命的全權，中國社會到底是什麼社會，就是中國革命到底是什麼革命的結論」。〔註212〕現實與歷史密不可分，對中國社會性質的爭論必然「要深入到中國社會史中去」。〔註213〕誠如臺灣學者杜正勝所評價：「社會史論戰是議論歷史，而非研究歷史，每位論士都先有現實的關懷，相信當前中國革命的方向須取決於中國社會性質的認識」。〔註214〕在《讀書雜誌》的推波助瀾下，中國社會史問題成爲知識界關注的焦點。正如時人所言：「研究中國社會史底目的，在

〔註209〕 王禮錫：《國際經濟政治年報序》，《讀書雜誌》第 2 卷第 6 期，1932 年 6 月。
〔註210〕 王亞南：《封建制度論》，《讀書雜誌》第 1 卷第 4、5 卷合刊，1931 年 8 月。
〔註211〕 朱伯康、華振中：《十九路軍淞滬血戰史‧陳銘樞序》，上海：神州國光社，1933 年。
〔註212〕 朱伯康：《中國社會之分析》，《讀書雜誌》第 1 卷第 2 期，1931 年 5 月。
〔註213〕 顧一群等：《王禮錫傳》，成都：四川大學出版社，1995 年，第 60 頁。
〔註214〕 杜正勝：《中國古代社會史重建的省思》，《大陸雜誌》第 82 卷第 1 期，1991 年 1 月。

一方固然在學術眞理的討論，但更重要的是卻是認識當前的社會，由理解當前社會底必然法則，從而變革社會」。〔註215〕陳銘樞和王禮錫辦「神州」有一定的「政治企圖」，在《讀書雜誌》上的論戰則是「政治主張探討」。〔註216〕魯迅曾說「神州」是「武官們開的書店」，〔註217〕胡秋原在「指揮刀下談自由」，〔註218〕反映了他們的政治介入。「沒有革命的理論，便沒有革命的行動」，「讀書雜誌派」開展社會史論戰是爲了「正確的革命理論指導正確的革命途徑」，〔註219〕以達成革命道路的共識。論戰主要圍繞亞細亞生產方式、中國是否存在奴隸社會、封建社會三個問題展開。

在亞細亞生產方式問題上，胡秋原持否定態度。他認爲「歷史上並無特殊的亞細亞生產方法」，如要應用這個名詞，「是指中國（或印度）之先資本主義制的複合方法（農村公社與封建農奴制之結合），就是指亞洲的專制主義」。因此，「中國現在社會是半殖民地化的封建專制主義社會」，「中國革命問題便自然歸結到反帝國主義與土地革命了」。〔註220〕這是他對亞細亞生產方式問題的研究中得出的結論，然而他的這種認識後來被視爲「完全背離了歷史唯物主義，沒有什麼科學價值之可言」。〔註221〕

在奴隸社會問題上，胡秋原、王禮錫都是反對者。王禮錫認爲「在中國的各時代中，奴隸是從來就有的，但不曾在生產上占過支配的地位」；甚至「奴隸社會這個階段不但在中國找不出，就在歐洲也不是各國都要經過這個階段」，「所以我們不必機械地在中國尋找奴隸社會」。〔註222〕胡秋原認爲「誤解

〔註215〕王宜昌：《中國社會史短論》，《讀書雜誌》第 1 卷第 4、5 期合刊，1931 年 8 月。

〔註216〕趙慶河：《讀書雜誌與中國社會史論戰（1931～1933）》，臺北：稻禾出版社，1995 年，第 108 頁；鄭學稼：《社會史論戰簡史》，臺北：黎明文化事業股份有限公司，1978 年，第 6 頁。

〔註217〕魯迅：《淮風月談・後記》，《魯迅全集》第 5 卷，北京：人民文學出版社，2005 年，第 419 頁。

〔註218〕魯迅：《論「第三種人」》，《現代》第 2 卷第 1 期，1932 年 11 月。

〔註219〕王禮錫：《第三版卷頭語》，王禮錫等編輯：《中國社會史的論戰》第 1 輯，上海：神州國光社，1932 年。

〔註220〕胡秋原：《亞細亞生產方式與專制主義》，《讀書雜誌》第 2 卷第 7、8 期合刊，1932 年 8 月。

〔註221〕周子東等：《三十年代中國社會性質論戰》，上海：知識出版社，1987 年，第 59 頁。

〔註222〕王禮錫：《中國社會形態發展史中之謎的時代》，《讀書雜誌》第 7、8 期合刊，1932 年 8 月。

馬克思公式者，以奴隸社會是承繼氏族社會的」；他們不知道希臘羅馬「奴隸社會之前，是經過一個短期封建社會的」，「歷史不是一個直線」，「並不是原始社會以後一定繼之以奴隸社會」；翻翻各國歷史會發現英德就是「從氏族社會到封建社會的」；〔註223〕「中國雖有奴隸存在，但沒有奴隸社會」。〔註224〕由於參戰者大多缺乏足夠的西歐史知識，突顯這一觀點的獨特價值。胡秋原、王禮錫等人奴隸社會反對論，不贊同套用斯大林解釋中國歷史的觀點，因而受到批判，後來甚至被斥責為「顛倒歷史，製造混亂」。〔註225〕有學者指出「細察恩格斯的見解，即使西方有奴隸社會，東方也沒有奴隸社會」，這是精研馬恩文獻的胡秋原等人否認奴隸社會的原因，「將奴隸社會列為一個階段是斯大林的意見而非馬克思」。〔註226〕

在封建社會問題上，王禮錫的觀點基本與胡秋原一致，在《古代的中國社會》中，王禮錫提出的社會史分期問題沿襲胡秋原《中國社會＝文化發展草書（上）》中的觀點。他開始認為鴉片戰爭後，中國「已經陷入半殖民地性的資本主義社會」，〔註227〕陳銘樞也持相同觀點。王禮錫讀了胡秋原《專制主義論》後，頗為激賞，放棄了其主張的「商業資本論」，還特意撰寫《中國社會形態發展史中之謎的時代》，對專制主義進行闡述，認為從秦至清的中國社會是「專制主義社會」。〔註228〕正如有論者評價道：「王在社會史論戰的見解上並沒有多少創獲」。〔註229〕

王亞南認為「今日中國尚為封建社會，那卻是近年來由蘇俄幹部派發端的」。通過對中國與西歐日本封建制度的比較研究後，他指出那種「擬想一種與中國今日現狀類似的體制，而稱之曰封建制度，然後再用以確定今日中國

〔註223〕胡秋原：《中國社會＝文化發展草書》，《讀書雜誌》第3卷第3、4期合刊，1933年3月。

〔註224〕胡秋原：《略覆孫倬章君並略論中國社會之性質》，《讀書雜誌》第2卷第2、3期合刊，1932年3月。

〔註225〕周子東等：《三十年代中國社會性質論戰》，上海：知識出版社，1987年，第55頁。

〔註226〕吳安家：《中國社會史論戰之研究》（1931～1933），臺灣政治大學東亞研究所博士論文1986年，第220頁。

〔註227〕王禮錫：《國際經濟政治年報序》，《讀書雜誌》第2卷第6期，1932年6月。

〔註228〕王禮錫：《中國社會形態發展史中之謎的時代》，《讀書雜誌》第2卷第7、8期合刊，1932年8月。

〔註229〕李洪岩：《從〈讀書雜誌〉看社會史論戰》，《中國社會科學院近代史研究所青年學術論壇》1999年卷，北京：社會科學文獻出版社，2000年，第277頁。

一實行封建制度的封建社會：那方法，對於他當然是有效果的，但對於學理沒有幫助」。王亞南在此批評那種先入爲主，再進行論證的方法在學理上是站不住腳的，因而得出的結論也不能讓人信服。「中國周代的封建制，是與當時的井田制相爲始終的」，「井田制破壞完事了，封建制也就隨之告終」；「周後歷代的分封，則只限於一種政治設施」。〔註230〕實際上論證中國歷史的發展並不是蘇俄和共產國際所認定的觀點，同時也是批判「新思潮派」套用斯大林有關中國社會史分期的論斷，並不符合中國歷史的實際。胡秋原在評述《封建制度論》時指出：「王亞南君之封建制度論缺點在過於對封建製取學院式解釋，而忽視封建制的變形」。〔註231〕王亞南並未詳細考證論述封建制的種種變形，是其局限性，但他在比較中國與歐洲日本封建制度的基礎上對「封建制」的界定，顯示出他寬廣的學術視野，以及對學術規範的強調，因而不應以「學院式解釋」來評斷。王氏後來修正了其觀點，認爲秦以後是「專制官僚主義封建制」，又稱爲「專制官僚社會」。〔註232〕即便是1949年後特定歷史條件下，王亞南也並未贊成從秦至清的中國是封建社會的觀點，仍堅持不同於「五種社會形態」單線遞進說的「異見」，顯得尤爲可貴。

在日本留學期間，在翻譯《藝術社會學》時胡秋原就指出：「社會歷史經濟歷史之分期與各時期社會性質組織之分析闡明，是社會史的基本問題」。〔註233〕他回憶說：「這一本書以及霍善斯坦因的書對我影響最大的，即是他們都肯定，希臘古代乃經封建制度而到奴隸制度；又肯定封建制度與與資本制度之間，有一專制主義時代。這啓發我對中國社會史的見解」；「我記得在序文中，除討論此書之意義與內容並附帶若干批評外，我對中國的左翼有點嘲笑」，「對馬克斯主義之批評」。〔註234〕「中國社會史論戰」第一輯出版後，胡秋原與王禮錫通信中指出：「馬克斯以古代的，亞細亞的，封建的，有產者的生產方法，區分古今東西的經濟基礎。不幸馬克斯和恩格斯沒有給我們以詳細的分析與說明而去世了。後之論經濟史者，即根據古代社會（奴隸制），封

〔註230〕王亞南：《封建制度論》，《讀書雜誌》第1卷第4、5卷合刊，1931年8月。
〔註231〕胡秋原：《中國社會史的論戰第一輯出版以後‧通信九》，《讀書雜誌》第1卷第6期，1931年10月。
〔註232〕王漁邨（王亞南）：《中國社會經濟史綱》，上海：生活書店，1936年；王亞南：《中國官僚政治研究》，北京：中國社會科學出版社，1981年。
〔註233〕〔俄〕佛理采著，胡秋原譯：《藝術社會學‧譯者序言》，上海：神州國光社，1930年，第36頁。
〔註234〕胡秋原：《入學及回國》，《民主潮》第10卷第14期，1960年7月。

建社會（農奴制），有產者社會（工錢奴隸制）三個階段，來劃分歐洲社會之發展」。事實上這種直線發展的解釋並不符合歐洲史，他認爲「歐洲社會史不是一個直線的發展」。〔註 235〕因而呼籲論戰各派對歐洲經濟史要進行切實研究，弄清奴隸社會封建社會商業社會之定義性質作用，才不至於陷入硬套公式的教條主義。因此希望「神州」介紹有關歐洲社會史的名著。實際上，胡秋原在此已經明確提出反對機械教條理解馬克思主義的問題，並希望「中國社會史論戰」各派放寬歷史的視野，將中西歷史進行比較研究。這種頗有見地的觀點，比那些教條式的馬克思主義者遠爲深刻，可以說是更準確地理解了馬克思主義。

在「中國社會史論戰」中，胡秋原認爲「中國的封建論者，也是沒有瞭解中國封建制度之特殊性質，更沒有明白帝國主義侵入後中國封建社會之變化」。〔註 236〕由於從世界歷史觀察的多樣性以及對《馬恩全集》的研究，胡秋原不承認社會形態直線遞進模式的普遍性，提出兩個新穎的觀點：「封建社會繼承原始社會是人類歷史發展的普遍規律，希臘羅馬也先經過了封建社會，後來的奴隸社會只不過是封建社會的變形發展」；「不是奴隸社會先於封建社會，而是封建社會先於奴隸社會」；在中國「西周是封建社會之形成期，而戰國時代已是封建社會與專制主義社會之過渡期了」。〔註 237〕在「封建主義」與「資本主義」之間，有「專制主義」時期的存在，〔註 238〕從秦至清末是「專制主義時代」，鴉片戰爭以來則是「專制主義殖民地化社會時代」。〔註 239〕胡秋原力圖證明馬恩著作中承認專制主義的存在，並運用到中國歷史的研究之中。1961 年，他在回憶中國社會史論戰時說：「奴隸社會非各民族所必經，至少中國就沒有一個希臘羅馬式的奴隸社會」；「中國早已不是封建社會，秦漢以來，中國已是專制大帝國」；「至於中國當前社會，支配今日中國的，不是

〔註 235〕 胡秋原：《中國社會史的論戰第一輯出版以後‧通信九》，《讀書雜誌》第 1 卷第 6 期，1931 年 10 月。

〔註 236〕 胡秋原：《略覆孫倬章君並略論中國社會之性質》，《讀書雜誌》第 2 卷第 2、3 期合刊，1932 年 3 月。

〔註 237〕 胡秋原：《中國社會＝文化發展草書》，《讀書雜誌》第 3 卷第 3、4 期合刊，1933 年 3 月。

〔註 238〕 胡秋原：《專制主義論》，《讀書雜誌》第 2 卷第 11、12 期合刊，1932 年 12 月。

〔註 239〕 胡秋原：《中國社會＝文化發展草書》，《讀書雜誌》第 3 卷第 3、4 期合刊，1933 年 3 月。

中國資本主義，而是國際資本主義。幹部派和反對派都忽略這一事實，所以都不對。由於帝國主義的壓力，中國沒有發展資本主義之可能，只能由解除帝國主義與專制主義而走向社會主義」，並認爲當時的這種意見至今大部分仍是對的。〔註 240〕1972 年，他指出馬克思甚至列寧都不曾說過中國是封建社會，而是斯大林套用馬克思社會發展公式來解釋中國社會的發展。〔註 241〕1976 年他重申「奴隸制非一切人類社會所必經，日耳曼人與中國均無希臘羅馬的奴隸制」；「中國封建社會已結束於戰國時代，秦漢以來是專制主義社會」。〔註 242〕1994 年再次申述「秦漢以來中國不是蘇俄所謂封建社會，而是相當於西方 15 至 18 世紀的專制王權社會」；「在西方進入工業革命後，中國才落後了。中國之出路是工業化、民主化，先發展民族資本，然後進入社會主義」。〔註 243〕多年後何兆武指出：「在人類歷史上，由封建社會進入資本主義社會，我們還只見到西歐這樣一個例子，所以它應該算是一個孤例或特例。其餘的十幾個或幾十個文化或文明，包括中國，都沒有出現過這種特例，所以應該視爲常規」。〔註 244〕證實了胡秋原對於中西歷史的思考和比較研究並非無的放矢，而是基於歷史事實上的判斷。

人類社會是否具有定於一尊的具有「普世性」的發展規律？馬克思是否眞的如左翼理論家，乃至蘇俄學界和政治人物所認定的「五種社會形態」單線遞進說呢？「讀書雜誌派」尤其是胡秋原有關中國社會性質的認識，以及「中國社會史論戰」中的觀點是否合理？是否違背馬克思主義的觀點？長期以來由於受意識形態的影響，將他們的異見視爲「反馬克思主義」進行批判。時過遷境，我們站在客觀理性的學術立場上如何評價他們的觀點呢？

1877 年 11 月，在《給〈祖國紀事〉雜誌編輯部的信》中，馬克思指出「一定要把我關於西歐資本主義起源的歷史概述徹底變成一般發展道路的歷史哲

〔註 240〕胡秋原：《兩個談政治的朋友》，《民主潮》第 11 卷第 4 期，1961 年 2 月。

〔註 241〕Hu Chow yuan: The Prospect Of Chinese Communism And The Third World, A Lecture Given at St. John's University, Jamaica, N. Y. February 19, 1972.胡秋原：《胡秋原演講集・附錄》，臺北：學術出版社，1973 年，第 29～30 頁。

〔註 242〕胡秋原：《古代中國文化與中國知識分子・序言》，臺北：學術出版社，1988 年，第 15 頁。

〔註 243〕胡秋原：《哲學與思想・自序》，臺北：東大圖書股份有限公司，1994 年，第 13 頁。

〔註 244〕何兆武：《歷史研究中的一個假問題——從所謂中國封建社會的長期停滯論說起》，《百科知識》1989 年第 5 期。

學理論，一切民族，不管它們所處的歷史環境如何，都注定要走這條道路。……但是我要請他原諒，他這樣做，會給我過多的榮譽，同時也會給我過多的侮辱。」在這裏，馬克思明確反對將西歐歷史發展的規律視爲「一般發展道路的歷史哲學理論」，即不是人類社會發展的普遍規律，在不同的歷史環境中就會出現完全不同的結果。只有對各個民族的歷史發展過程進行比較研究，才會找到「理解這種現象的鑰匙，但是，使用一般歷史哲學理論這一把萬能鑰匙，那是永遠達不到這種目的」。1881 年 3 月，馬克思在給俄國女革命家查蘇利奇（Zasaoulich）的信中強調，他研究西歐史總結的關於封建社會向資本主義社會過渡的「歷史必然性」的結論，「明確地限於西歐各國」。〔註 245〕東方國家只能根據各自歷史特點才能判斷其社會發展的規律。由於資料所限，馬克思並不知曉 2000 多年的中國就已存在封建制度。筆者查閱《馬恩選集》中論述有關中國和印度的文章後發現，他們對中印的論斷也從未以「封建」相稱，而僅以「亞洲式專制」、「東方專制制度」；「官僚體系」、「宗法制度」等相稱。〔註 246〕之所以拒絕以「封建社會」稱前近代中印，是因爲他們並未把西歐社會歷史進化模式視爲具有「普世性」的發展規律，表明其嚴謹的治學態度。馬克思恩格斯都認爲人類社會發展並非沿著單線的軌跡，而是呈現出豐富多彩的圖景。普列漢諾夫對馬克思歷史多元性發展的理論有所闡發，在《馬克思主義的基本問題》、《歷史一元論》等著作中指出，人類歷史大約遵循歐洲和亞細亞兩種發展路徑。由於研究普氏的緣故，因而胡秋原在社會史論戰中對中西歷史的論斷自然受普氏影響，認爲人類社會是多元性的發展路徑，西歐歷史發展模式並不適合用來解釋中國歷史的發展。

　　馬克思有關人類社會歷史發展的社會人類學筆記和歷史文稿，公之於世只是頗爲晚近的事。中國社會史論戰的參戰者，不可能瞭解馬克思有關歷史多元途徑演進的觀點，他們接受的是馬克思闡述的歷史發展普遍規律的論斷，且多爲從蘇俄一再轉譯、斷章取義、爲我所用的頗爲片面的觀點，誤以爲歷史單線遞進說是馬克思主義的歷史觀。當時共產國際尤其是斯大林認爲

〔註 245〕馬克思：《給〈祖國紀事〉雜誌編輯部的信》、《給維・伊・查蘇利奇的信》，中央編譯局編譯：《馬克思恩格斯全集》第 19 卷，北京：人民出版社，1995年，第 130、131：268 頁。

〔註 246〕〔德〕馬克思：《不列顛在印度的統治》（1853），《鴉片貿易史》（1858），中央編譯局編譯：《馬克思恩格斯選集》第 1 卷，北京：人民出版社，1995 年，第 761、765、717 頁。

「五種社會形態」單線進化論是人類歷史發展的必然規律，並將其固定化、模式化，進一步宣稱是「唯一」正確的真理。〔註247〕1928 年，中共六大後，由於將蘇俄和共產國際的理論和經驗神聖化、教條化，加之斯大林壟斷了馬克思主義的解釋權，「五種社會形態」單線遞進說被視為唯一具有「普世性」的歷史模式被左翼理論家接受。多年後，吳大琨一針見血地指出，當時的思想學術界「對斯大林的重視和崇拜，超過了對馬克思的重視和崇拜」的現象。〔註248〕這種生吞活剝、教條式的理解和片面強調社會發展共性論，把西歐社會發展史的遞進模式視為「普世性」的不二路徑，錯誤就不可避免了。1930～1940 年代，毛澤東在《中國革命與中國共產黨》和《新民主主義論》等著作中論述秦至清的中國是封建社會，范文瀾等馬克思主義理論家為此論說進行論證。此後中國學界將秦漢至明清視為「封建時代」幾成定論。

張光明對馬克思有關人類社會多元化路徑發展的評論，值得我們深思。「馬克思當年所能掌握的材料在今天看來是不足的，但他的方法比後來那些認為全世界都要經歷『五種社會形態』的人們不知要高明多少倍！那種機械的、單線的社會發展觀事實上幾乎把我們的歷史研究引進了死胡同，不能前進半步。中國歷史的研究者們，是不是可以從馬克思本人的啟發中，擺脫馬克思主義的贋品，走出那些自己製造的永遠糾纏不清的無謂爭論，開闢出一條新的馬克思主義史學研究之路呢？」〔註249〕近年來學界對「五種社會形態」單線遞進說進行了反思，〔註250〕多數學者認為馬克思並未把東西方社會等同

〔註247〕 參見《聯共（布）歷史簡明教程》（中文版），北京：人民出版社，1954 年，第 474 頁。「五種社會形態」單線進化論是指原始社會——奴隸社會——封建社會——資本主義社會——社會主義社會。

〔註248〕 吳大琨：《重視「亞細亞生產方式」的研究》，《社會科學》1990 年第 6 期。

〔註249〕 張光明：《馬克思傳》，北京：中共中央黨校出版社，1998 年，第 400～401 頁。

〔註250〕 《社會形態與歷史規律再認識筆談》，《歷史研究》2000 年第 2 期；馬克·布洛赫：《封建社會》中譯本 2004 年由商務印書館出版，「馬克·布洛赫《封建社會》中譯本出版筆談」，《史學理論研究》2004 年第 4 期；馮天瑜：《封建考論》，武漢大學出版社 2006 年；《秦至清社會形態再認識筆談》，《湖北社會科學》2007 年第 1 期；《封建譯名與中國封建社會筆談》，《史學月刊》2008 年第 3 期；2007 年 10 月中國社會科學院舉辦「封建社會名實與馬列主義封建觀」學術研討會；中國社會科院歷史研究所等編：《「封建」名實問題討論文集》，南京：江蘇人民出版社，2008 年；葉文憲、聶長順：《中國「封建」社會再認識》，北京：中國社會科學出版社，2009 年；2010 年 5 月，《文史哲》編輯部舉辦的「秦至清末：中國社會形態問題」專題學術研討會；《「秦至清社會性質研究的方法論問題」筆談》，《史學月刊》2011 年第 3 期等。

起來，也並未把對西歐史研究的社會發展模式視爲「普世性」規律來考慮，是斯大林將之作爲普遍規律教條式運用的。「五種社會形態」單線遞進說忽視人類社會諸民族複雜多樣的歷史進程，將西歐史發展的「特例」視爲具有「普世性」的規律，將包括中國在內的其他民族的歷史發展軌跡硬套入這種簡約化的公式之中，自然漏洞百出。從某種程度上，可以說是對當年包括胡秋原在內的諸多「異見」的歷史回響。

在當時唯物史觀風靡於世的思想語境下，「在中國社會史的論戰裏，都是唯物的內部的爭鬥」，「中國社會史的論戰各方都是以唯物的辯證法做武器」。〔註251〕「讀書雜誌派」也不例外，他們也是用馬克思主義話語和唯物史觀進行論證，且「成了思想界的驕子」。〔註252〕爲何他們卻又受到左翼理論家的批判呢？由上文述及的馬克思反對將其研究西歐社會歷史發展模式視爲「普遍的歷史哲學」的見解，來審視「讀書雜誌派」尤其是胡秋原在中國社會史論戰中的觀點，可以發現他們比左翼理論家對於馬克思主義的認識和理解更準確，更深刻。他們認爲中國社會有其特殊性，不贊同「新思潮派」盲目崇信來自共產國際的理論，過分強調社會發展的普遍性，按照斯大林強調的五種社會發展模式解釋中國歷史。他們站在學術立場，而不是站在革命的政治立場，對中國問題進行分析和判斷。當時的左翼理論家不僅對中西歷史和馬克思主義的瞭解很膚淺，而且在論戰中將學術趨向政治化，以政治立場來判斷異見。誠如有論者所言：「實際上，社會史論戰者大多數對於唯物辯證法的瞭解還不算做成熟。他們尚缺乏世界史的豐富知識，所引馬列學說，多有教條性」。〔註253〕這裏所指的就是將「馬列學說」教條化傾向的左翼理論家，在他們看來，胡秋原等人是延續「文藝自由論辯」以來與他們爭奪馬克思主義話語權。此外，還與當時中共中央的政策和對「讀書雜誌派」的定性直接相關。「中央認爲，在目前加緊在思想和理論鬥爭的戰線上，向一切假冒的馬克思主義和公開仇視革命馬克思主義的派別進攻（如『讀書雜誌派』、『蘇俄評論社』與野雞的『社會新聞』等），這一切任務比任何時候都要迫切」。〔註254〕

〔註251〕王禮錫：《中國社會史論戰序幕》，《讀書雜誌》第 1 卷 4、5 期合刊，1931 年 8 月。
〔註252〕何乾之：《中國社會史問題論戰》，上海：生活書店，1937 年，第 201 頁。
〔註253〕鄭學稼：《社會史論戰簡史》，臺北：黎明文化事業股份有限公司，1978 年，第 13 頁。
〔註254〕中共中央文獻研究室：《建黨以來重要文獻選編（1921～1949）》第 10 冊，北京：中央文獻出版社，2011 年，第 124 頁。

據陳銘樞回憶：「神州」曾代「蘇俄評論社」印行「蘇俄評論」，〔註255〕將「讀書雜誌派」與國民黨主辦的雜誌「社會新聞」並列，可見其被中共視爲敵人加以批判。並將其定性爲「假冒的馬克思主義和公開仇視馬克思主義的派別」，後來的歷史評價延續了這種定性，這便是長期以來他們受到批判的思想根源。

客觀而言，「讀書雜誌派」在學術上信奉唯物史觀，其思想價值在宏大「革命史觀」敘事下被遮蔽了。事實上，他們「也是國際共產主義運動內部不同派別」，應當承認他們因強調中國社會特殊性所揭示的某些特點，「馬列主義史學家恰恰在這一點上，由於過分強調普遍性而無視中國歷史發展的特殊性，留下許多矛盾和薄弱環節」。〔註256〕按照王學典將馬克思主義劃分爲「社會理念」或「行動」的馬克思主義和「學術理念」的馬克思主義，〔註257〕當時的胡秋原等人明顯屬於後者。他們的觀點「較接近於中國歷史的自身狀態」，因其「影響力有限，甚至被遺忘，然其讜議終究不能掩沒」。〔註258〕當然有些觀點也值得商榷，如「專制主義論」「誇大了其理論分析的原創性和獨特性」。〔註259〕

在「讀書雜誌派」中，尤其值得注意的是胡秋原的觀點。由於他在日本留學時不僅研究普列漢諾夫，而且通讀了《馬恩全集》，其馬克思主義理論素養絕非左翼理論家可比，因而在「中國社會史論戰」中呈現出其對馬克思主義理論認識、理解和把握得更爲準確的水準。正如有學者評價說：「他研習唯物史觀自有心得，不苟同來自蘇俄的某些教條，在社會史論戰中，對中國前近代社會形態做出的界定，富於創識」。「自由人」胡秋原「兼通中西學術，較熟悉馬克思、恩格斯原論，立足於中國歷史實際」，反對以「『原始社會——奴隸社會——封建社會——資本主義社會』這一線性公式硬套中國史，認爲秦至清的社會形態不能以『封建』名之」，而以「專制主義」社會來概括。

〔註255〕朱宗震、汪朝光編：《陳銘樞回憶錄》，北京：中國文史出版社，1997年，第150頁。
〔註256〕劉志琴：《請爲「封建社會理論研究」鬆綁！》，《讀書》2009年第6期。
〔註257〕王學典：《話語更新、「合法性」危機的消解與唯物史觀派史學的學術重塑》，陳峰：《民國史學的轉折：中國社會史論戰研究（1927～1937）・代序》，濟南：山東大學出版社，2010年，第8頁。
〔註258〕馮天瑜：《「封建」考論》，北京：中國社會科學出版社，2010年，第244頁。
〔註259〕〔美〕阿道夫・德里克著，翁賀凱譯：《革命與歷史：中國馬克思主義歷史學的起源，1910～1937》，南京：江蘇人民出版社，2005年，第168頁。

〔註260〕「當時的多數論者尚無法擺脫西歐歷史模式的影響，關於秦至清的社會形態只能在『封建』與『資本』之間作出選擇。胡秋原是少數跳出此一窠臼的論者」。〔註261〕臺灣學者趙慶河認爲：「偏向國民黨的新生命派，以及中立派的馬克思主義者，屢次強調馬克思主義並沒有世界性，中國有自成體系的歷史背景，因此不能死背馬列主義的公式」。這裏的「中立派的馬克思主義者」包括胡秋原在內。「胡秋原、王禮錫受普列漢諾夫及第二國際思想家的影響，都可以使論戰激烈而持久，可見社會史論戰的心理層次，可追溯到思想方法、來源及受教育背景之爭」。〔註262〕

胡秋原對中國社會性質的判斷和中國社會史分期問題上的觀點，是建立在對中西歷史比較研究的基礎上的。有論者評價道：「他們的學術水準，超出了『五四』時代的啓蒙者。他們不特瞭解前一代人的思想，而且還瞭解西方的思想；最難得的，他們對比中國和西方的歷史中，多有一家之言」。事實上，真正瞭解中西歷史且「多有一家之言」的學者並不多，胡秋原是其中之一。在日本留學時研讀西方歷史文化哲學和《馬恩全集》爲其奠定了理論素養，使他認識到斯大林壟斷了馬克思主義話語權，誤解了馬克思有關人類社會多元化發展路徑，將「五種社會發展形態」單線遞進說硬套入中國歷史進行解釋，必然會背離中國歷史發展的真相。他認爲當時中國處於日本的侵略之下，當務之急是民族解放，而不是階級鬥爭。在比較中西文化之後，他提出西方工業化是中西興衰的分水嶺，因此中國的發展方向是經濟工業化和政治民主化，爲抗戰建國奠定基礎。重新審視這些觀點，在當下依然具有現實意義和思想價值。對於胡秋原在社會史論戰中的表現，鄭學稼評價說：他當時「不過二十二、三歲，儘管內中值得討論主張頗多，卻足表現他的多方面的修養和特見。如果他不參加政治活動，他在思想中的成就必更大。可是當日的環境，怎能不驅使知識分子走上政治舞臺呢？」〔註263〕

胡秋原也和其他各派學者一樣，參戰時所依據的理論是馬克思主義唯物

〔註260〕馮天瑜：《胡秋原論中國前近代社會形態》，武漢大學哲學學院編：《哲學評論》第9輯，武漢大學出版社，2011年，第7頁。

〔註261〕馮天瑜：《「封建」考論》，北京：中國社會科學出版社，2010年，第244頁。

〔註262〕趙慶河：《讀書雜誌與中國社會史論戰1931～1933》，臺北：稻禾出版社，1995年，第44、59頁。

〔註263〕鄭學稼：《社會史論戰簡史》，臺北：黎明文化事業股份有限公司，1978年，第1、108～109頁。

史觀。正如後來學者所評價：「所有參與這場當代中國社會性質論戰的派別，都相信馬克思主義是有效的分析問題的工具」。〔註264〕「論戰各方，即使不屬於中共或托派。甚至是共產黨的反對者，都大體接受了馬克思主義基本學說，並以這作爲論證的理論根據。包括胡秋原等人也是如此」。〔註265〕如果說「文藝自由論辯」是他「自由主義的馬克思主義」思想的首次具體體現，那麼，在「中國社會史論戰」中，他依然秉持這種思想，但值得注意的是在此期間，他已經開始對馬克思主義唯物史觀公式加以修正了。胡秋原是少數跳出西歐歷史模式的窠臼，駁斥那些誤解馬克思公式的人，認爲唯物史觀不能機械教條地應用於中國社會，「五種社會發展形態」直線遞進模式不能合理地解釋中國歷史的發展。對此有學者評價道：「儘管有些社會史論戰者，開始之時穿著馬克斯主義的甲冑登場，到了結局，他們都拋棄那甲冑，而充當馬克斯主義的反對者」。〔註266〕胡秋原多年後也指出：「當初大家都在馬克斯主義尋找根據，但後來也能跳出馬克斯主義圈子」。〔註267〕但眞正跳出來的只是少數人而已，這一部分人否認馬克思主義關於階級鬥爭的觀點，中國當前的問題是爭取民族獨立和國家統一，抵抗日本侵略。在他們看來，中國既不是封建的，也不是資本主義的，而是一個特殊的社會，因此馬克思主義階級鬥爭的觀點不適合中國。胡秋原等人在隨後的政治活動和學術論著中逐漸遠離馬克思主義，直至1949年大陸變色時去了臺灣。可以把這一歷程看著是他們早在1930年代論戰時就已表現出來的立場的延續。他們在論戰中儘管也用馬克思主義術語，但在政治上還是與馬克思主義針鋒相對，他們致力於民族主義立場，與左翼理論家所持的階級鬥爭觀點明顯不同。

　　參與論戰的大多是熱衷於政治的知識分子，這些人受到激進民主主義、社會主義和馬克思主義的影響，致力於探討中國社會性質和中國出路。1930年代儘管參與論戰的知識分子對馬克思主義有強烈的認同感，但胡秋原等人強烈反對簡單複製西歐模式來解釋中國歷史的發展，這種觀點打破了左翼理論家的馬克思主義話語權。簡單套用不加分析地用階級鬥爭解釋中國歷史，

〔註264〕〔美〕阿里夫·德里克著，翁賀凱譯：《革命與歷史：中共馬克思主義歷史學的起源，1919～1937》，南京：江蘇人民出版社，2004年，第67頁。

〔註265〕李澤厚：《中國現代思想史論》，上海：東方出版社，1987年，第71頁。

〔註266〕鄭學稼：《社會史論戰簡史》，臺北：黎明文化事業股份有限公司，1978年，第120頁。

〔註267〕胡秋原：《中西歷史之理解》，臺北：中華雜誌社，1966年，第33頁。

忽視馬克思主義關於社會經濟結構等方面的理論，輕視中西社會歷史發展的差異，導致對社會發展的解釋過於單一，否認歷史發展的多元性，對中國歷史的解釋都歸於革命範式之下，是粗暴的不科學的歷史發展觀，必然會走向公式化、機械化和形式主義的錯誤傾向，這種解釋經不起歷史的檢驗，對後來馬克思主義歷史學的發展產生消極影響。胡秋原等人的觀點與「新思潮派」相比雖不是主流，但卻使論戰呈現多元化傾向。胡秋原將中國歷史放在世界歷史的發展中進行比較研究，可見其是具有寬廣的世界眼光，對於擺脫狹隘的以中國為中心的視野，使中國融入到世界之中具有積極的歷史意義和學術價值。

通過論戰，胡秋原等人發現馬克思主義的階級鬥爭學說和唯物史觀不適合解釋中國社會歷史的演進，進一步加劇了他對馬克思主義的質疑，到 1935 年應邀赴莫斯科幫助中共宣傳抗日主張，在蘇俄一年半看到革命的馬克思主義的真相之後，放棄「自由主義的馬克思主義」，成為馬克思主義的反對者了。思想上再次轉向，進入他稱之為「新自由主義文化史觀」時期。縱觀胡秋原等「讀書雜誌派」的觀點，可以發現他的思想理路是沿著馬、恩和普列漢諾夫一脈而進行闡發的，可以說是受馬克思本人的思想體系和第二國際馬克思主義思想家的影響，這也是他後來回憶說：「當時我認為，馬恩以後，全世界馬克斯主義者只有四個人：俄國樸列漢諾夫，德國梅林與考茨基，波蘭盧森堡女士」。〔註 268〕這四個人是第二國際的思想家，繼承了正統的馬克思主義，同時他們又都批判列寧主義。〔註 269〕從思想脈絡上來審視，胡秋原拒不接受階級鬥爭理論，畢生堅稱他的馬克思主義源自普列漢諾夫等第二國際的思想家。胡秋原此舉明顯是消弭列寧主義的影響，這就與「新思潮派」信奉的第三國際的馬、恩、列、斯（大林）主義正好處於對立的狀態。這種對立無論是第二國際與第三國際之間，還是中國左翼理論家與自由的馬克思主義者之間的爭論，實際上是爭馬克思主義的正統性。這種爭論在國際共產主義運動史上延續多年，時至今日，究竟是普列漢諾夫等第二國際思想家還是列寧繼

〔註 268〕胡秋原：《關於〈紅旗〉對胡秋原先生的誹謗及文藝自由與統一救國等問題》，《中華雜誌》1972 年 8 月號。
〔註 269〕普列漢諾夫批評列寧主義是「布朗契主義（Blanquist）」；考茨基批評列寧主義與馬恩主張完全相反，是「恐怖主義」，「完全拋棄民主原則，全靠暴力維持」，是「韃靼式社會主義」；盧森堡將其視為「韃靼的馬克思主義」。參見胡秋原：《馬列主義與中國問題》，胡秋原：《哲學與思想》，臺北：東大圖書股份有限公司，1994 年，第 257 頁。

承了馬克思主義的正統性仍在激烈爭論。蘇聯 70 多年的歷史實踐及其解體，尤其是普列漢諾夫遺囑的發現，孰是孰非，不言而喻，困擾中俄學界多年的爭論應塵埃落定了。由此反觀胡秋原當年的思想理路，究竟是反馬克思主義者還是更深刻的理解馬克思主義，也就不難辨析了。

「讀書雜誌派」發動「中國社會史論戰」，表面是為了「弘揚學術，活躍思想」，〔註 270〕實際上隱含著各派之間的政治對立。「新思潮派」將秦至清的中國定性為封建社會，是為中共實行「土地革命」，在無產階級領導下，「不經資本主義，直接進行社會主義」尋求理論依據。〔註 271〕「新生命派」的立場在於中國社會的複雜性和特殊性，不能硬套第三國際所宣講的世界共產主義革命的普遍模式來解釋中國歷史，而應用特殊的理論，即三民主義來解釋，是為國民黨的統治尋求理論支撐。作為介於國共兩黨之間「第三種勢力」的「讀書雜誌派」試圖超越左右意識形態的羈絆，以學術研究求索中國向何處去的社會現實問題。事實上「讀書雜誌的幾個中心的撰稿人，當然是有一個基本思想與信仰，有一種確定的社會觀的」。〔註 272〕他們通過各種理論介紹和辯論凝聚共識，「進而企圖得著指示行動的結論」，〔註 273〕希望在國共之外尋找一條新的發展道路，是其政治訴求的宣示。這正與「因不滿現狀，亟欲另開政治局面，同時也意識到文化事業對政治的作用」的十九路軍領袖陳銘樞不謀而合。〔註 274〕在國民黨當局收緊言論與思想控制，進步思想和理論遭到禁錮和迫害的情況下，《讀書雜誌》何以能夠獲得熱烈的響應，使「神州」「由一個暮氣沉沉的古老書店，變成一個聲勢浩大的新書店」；且成立讀書會、函授學會、聯誼等活動，企圖超出單純文化活動的範疇，進而影響社會。這歸結於時任京滬衛戍區司令的陳銘樞，是「神州」權勢網絡中的政治保護傘，陳氏始終把「神州」視為「十九路軍集體事業的一部分」。〔註 275〕通過「神州」

〔註 270〕陳峰：《民國史學的轉折：中國社會史論戰研究（1927～1937）》，濟南：山東大學出版社，2010 年，第 40 頁。

〔註 271〕胡秋原：《哲學與思想‧自序》，臺北：東大圖書股份有限公司，1994 年，第 13 頁。

〔註 272〕胡秋原：《關於讀書雜誌》，《讀書雜誌》第 3 卷第 7 期，1933 年 9 月。

〔註 273〕王禮錫：《年終的話》，《讀書雜誌》第 1 卷第 9 期，1931 年 12 月。

〔註 274〕民革中央宣傳部：《陳銘樞紀念文集》，北京：團結出版社，1989 年，第 85 頁。

〔註 275〕朱宗震、汪朝光編：《陳銘樞回憶錄》，北京：中國文史出版社，1997 年，第 145、139 頁。

結交文化人，爲其「在政治上獨樹一幟造輿論和招募智囊」，〔註276〕使「神州」演變爲文化團體和政治派別，隸屬於「神州」的「讀書雜誌派」，論戰主張反映了其政治傾向，也決定了在十九路軍淞滬抗戰和「閩變」中所要走的道路。正是建立在這種對中國社會性質的判斷和對中國社會史認識的基礎上，「讀書雜誌派」將其政治訴求在「閩變」中付諸實施，並扮演著不可或缺的重要角色。

第三節　書生問政——「讀書雜誌派」對中國出路的探索

　　「讀書雜誌派」和很多抱有革命理想的青年人一樣，經歷了政治上的矛盾和思想困惑，「他們既不滿意到處暴動組織蘇維埃政府的共產黨，認爲是超時代的政策；而同時不滿意拆著爛污『殺盡共產黨就是實行三民主義』的國民黨」；「他們想替革命找出一條新路來」，「乃以中道的辦法求出路」。〔註277〕這些人齊聚在「神州」旗下，以《讀書雜誌》爲陣地，通過思想自由爭論，達成革命路徑共識，形成「對中國前途的自以爲是的一套看法」，〔註278〕「去選擇一條適合自己要求的道路，並逐步使越來越多的讀者也接受這條道路，以達到他們的政治目的」。〔註279〕「讀書雜誌派」的政治訴求，與既認爲工農運動「越軌過火」，〔註280〕又不滿蔣介石而欲開政治新局面的陳銘樞等人目標一致，投入陳氏領導的反蔣抗日的「閩變」之中，試圖尋求有別於國共的第三條救國出路。

一、「讀書雜誌派」與「閩變」

　　「『一・二八』之役是十九路軍從擁蔣到反蔣的分水嶺」。淞滬停戰後，隨著陳銘樞與蔣介石關係的惡化，1932年5月，十九路軍被派至福建「剿共」。

〔註276〕梅昌明整理：《梅龔彬回憶錄》，北京：團結出版社，1994年，第79頁。
〔註277〕迪可：《論第三黨》，藍玉光編：《第三黨討論集》，上海：黃葉書局，1928年，第2、9頁。
〔註278〕朱宗震、汪朝光編：《陳銘樞回憶錄》，北京：中國文史出版社，1997年，第155頁。
〔註279〕蔣建農：《陳銘樞與神州國光社》，《百年潮》2002年第5期。
〔註280〕朱宗震、汪朝光編：《陳銘樞回憶錄》，北京：中國文史出版社，1997年，第47頁。

陳銘樞也因人脈廣，且懷有政治抱負，主張停止「剿共」，一致抗日，「多少有和蔣介石、汪精衛等爭取權力的野心」，〔註281〕受到排擠，被迫於 1933 年 1 月出洋。「神州」也因此失去政治靠山，遭受到國民黨當局的整肅，遭遇到自開辦以來最大的危機。王禮錫主持「神州」以來，大量出版左翼書籍，開展社會史論戰，引起社會各界廣泛關注，使「神州」充滿了生機與活力。《讀書雜誌》所刊載的文章中多主張民主與抗日，儘管與左翼理論家以階級鬥爭學說為理論依據，試圖通過開展土地革命來尋求中國出路的途徑不同。「讀書雜誌派」大都以馬克思主義立論，國民黨擔心他們與左翼合作進行政治活動，引發不安。1933 年初，南京國民政府以觸犯《出版法》為由，下令封鎖《讀書雜誌》及「神州」。王禮錫到南京國民黨中央交涉時，被認為「『神州』馬克思主義書出得太多了，對政府批評太激烈了，特別是《讀書雜誌》攻擊了國策」，並由鐵道部給王禮錫以專員名義赴英國考察。王禮錫告知胡秋原已同陳銘樞「商量好了，由你來主持神州」。〔註282〕事實上，王禮錫任主編期間，「編輯部事務需要解決者，王禮錫不在所時，由胡秋原代為處理，此是因胡具備多方面的學識之故」。〔註283〕道出了王禮錫選擇胡秋原的根本原因。但在胡秋原看來，王禮錫與國民黨長期有聯繫，且是反共之人，政府尚不信任，擔心自己與政府素無淵源，又研究馬克思主義，不能獲得信任。而王禮錫認為胡秋原是無黨派的「自由人」，熱衷於研究理論的純粹書生，自然會讓政府放心，經勸說胡秋原答應繼任其職務。

胡秋原到南京中央黨部拜會時任中宣部長的陳立夫，以「神州」總編輯身份請求中央對其書籍解禁。「我們都是關心國家命運的，不僅不是共產黨，而且是在思想上反對共產黨的，希望中央不要對我們誤會，更希望讓我們瞭解中央的意思，得到中央的指教。」陳立夫指出：「我們建國……必須合乎自己的情況，如果只是介紹外國的圖樣……就很荒謬了。」胡秋原回應說：「陳先生……的批評很對，不過我想……如果不集思廣益，多看看別人著名的圖樣，只認為

〔註281〕蔣光鼐：《對十九路軍與「福建事變」的補充》，《文史資料選輯》第 59 輯，北京：中華書局，1979 年，第 117、66 頁。

〔註282〕顧一群等：《王禮錫傳》，成都：四川大學出版社，1995 年，第 83、84 頁。據胡秋原自述，王禮錫告知胡秋原，國民黨中央黨部認為「《讀書雜誌》談馬克思主義談得太多了，這對一般青年有不好的影響」。參見：張漱菡：《胡秋原傳──直心巨筆一書生》，臺北：皇冠出版社，1988 年，第 469 頁。

〔註283〕梅方義：《回憶〈神州國光社〉與〈時代日報〉》，《中華雜誌季刊》1993 年 12 月號。

自己的最好，那麼其損失恐怕和陳先生剛才所說的也差不多！所以，即使敵人的言論，也要有知己知彼之明才行」。「我們沒有任何成見，我記得陳先生也有大作在《讀書雜誌》上發表過。」〔註284〕從二人談話可以看出，陳立夫提到的介紹外國的圖樣，主要是指「神州」出版馬克思主義等左翼著作、《讀書雜誌》開展的中國社會史論戰而言，胡秋原贊同陳立夫建國不能僅按照外國圖樣，但認為當局不應固步自封，而應視野開闊，通過討論，在比較研究中找到一條建國之路。胡秋原力主言論出版自由，獲得回應。大約一周多後，解除了對「神州」的封鎖。鑒於這次查禁，胡秋原接任主編後聲明：本刊為各派「在純理論上立言」，「一視同仁」。「露骨的政治宣傳，則絕對避免」。〔註285〕儘管他主持「神州」和《讀書雜誌》時間很短，但他依然保持其宗旨。既未因查禁而屈服於權勢，亦未成為陳銘樞等人一家之言的宣傳機構，而依然具有相對獨立、兼容並包的心態和多元的文化品格，繼續為國民黨、中共、托派、自由知識分子等各界文化人提供一個發表政見的陣地。可見其對「神州」這一文化平臺的珍惜，試圖保持「神州」的相對獨立性與超越政治意識的壁壘。由於受意識形態的影響，中共對胡秋原等「讀書雜誌派」始終持否定態度，尤其是將在學術討論中思想觀點的爭論視為是對馬克思主義的扭曲，被定性為「敵我矛盾」，長期以來認為胡秋原等人是反馬克思主義者。

中國社會史論戰還在激戰之際，日本侵略東三省之後，開始向華北大舉進犯，民族危機急劇上陞。駐守福建的十九路軍既不滿國民黨當局一黨專政的現狀和消極的對日政策，也不滿中央的「剿共」內戰政策，而是高擎民族主義的大旗，主張抗日，被愛國和反蔣人士寄予厚望，因而十九路軍與中央的隔閡日漸加深。陳銘樞受「讀書雜誌派」的影響，閱讀了不少馬克思主義著作，又在出洋後結識了不少留洋的知識分子，受其影響思想進一步「左傾」，並與他們探討國事，增強了其政治抱負。「逐漸改變了政治傾向，走向福建政變」。〔註286〕胡秋原1937年在美國《美亞》雜誌上撰文，將陳銘樞和十九路

〔註284〕張漱菡：《胡秋原傳──直心巨筆一書生》，臺北：皇冠出版社，1988年，第472頁。胡秋原在此提到陳立夫的文章是指1932年第2卷第10期在《讀書雜誌》刊發的《蕭著法西斯黨及其政治序》一文，在該文中陳立夫提出：「中國有中國的歷史的背景，時代的需要，自有它獨有的革命方式和革命主義，抄襲和固拒是一樣的錯誤」。

〔註285〕胡秋原：《關於讀書雜誌》，《讀書雜誌》第3卷第5期，1933年5月。

〔註286〕朱宗震、汪朝光編：《陳銘樞回憶錄》，北京：中國文史出版社，1997年，第119頁。

軍「反蔣原因歸結為對蔣介石的長久統一與抗日期望的徹底破滅」。〔註287〕

　　1933 年 5 月下旬，陳銘樞回到福州與蔣光鼐、蔡廷鍇會晤，時值中日塘沽協定簽訂，以及國共兩黨在軍事和文化兩條戰線上開展「圍剿」與「反圍剿」鬥爭之際。現實的政治矛盾和思想分歧使「領袖欲望很強的」〔註288〕陳銘樞「很想取蔣而代」，〔註289〕決心在國共之外另闢新的救國道路。一方面蔣光鼐、蔡廷鍇致電當局反對中日議和，另一方面陳銘樞支持「讀書雜誌派」組織和推動「中國社會史論戰」，目的是爭取輿論支持和通過思想論戰構建他們的主張。「神州」也因此由文化出版機構向文化團體乃至政治派別演變，而聚集在「神州」旗下的「讀書雜誌派」自然贊同十九路軍的抗日主張。胡秋原等人進行抗日反蔣的輿論宣傳和「中國社會史論戰」使陳銘樞的社會聲望日益盛隆。5 月底，陳銘樞在福州各界歡迎會上做《從國際形勢說到中國民族的出路》的演講，主張言論自由，全民抗日。胡秋原接到要《讀書雜誌》刊登此文的要求，儘管贊同陳銘樞的主張，但考慮到文中對當局的批評過於尖銳，擔心發表此文會使其再次被禁。又因陳銘樞是「神州」後臺老闆，故打算單獨編印，附在雜誌中作為權宜之計，不至於引起那麼多人注意。但迫於壓力，最終發表該文，進一步加劇了十九路軍與中央關係的惡化。6 月中旬，胡秋原得知李濟深和陳銘樞有致中央研究院院長蔡元培，總幹事楊杏佛的密電，請二人赴港議事。18 日，楊杏佛被刺身亡，胡秋原懷疑與上述電報有關。他回憶說：「在上海甚感不安」，〔註290〕是指楊氏被殺之事。在當時一片肅殺的政治氛圍下，胡秋原認為「神州」及其同仁的安全與十九路軍動向密切相關，當晚赴港陳銘樞處一探究竟。

　　當時中國思想界很混亂，除正在進行激烈爭論的社會史論戰外，1933 年 7 月在《申報月刊》上進行「現代化問題」的討論。主題是中國的前途究竟是資本主義還是社會主義？簡言之，究竟是西化？還是俄化？據胡秋原自述：「而多數是傾向社會主義的——自然不一定是俄式社會主義」。〔註291〕此外，

〔註287〕Hu Chow yuan: The Nineteenth Route Army, Amerasia: A Review of America and the Far East, vol.1, no.3（May 1937）, p.129.

〔註288〕胡蘭畦：《胡蘭畦回憶錄（1901～1949）》，成都：四川人民出版社，1985 年，第 288 頁。

〔註289〕陳公博：《苦笑錄》，北京：現代史料編刊社出版，1981 年，第 208 頁。

〔註290〕胡秋原：《在唐三藏與浮士德之間》，胡秋原：《〈在唐三藏與浮士德之間〉及其他》，臺北：胡秋原自刊本，1962 年，第 17 頁。

〔註291〕胡秋原：《一百三十年來中國思想史綱》，臺北：學術出版社，1983 年，第 133 頁。

法西斯思潮傳到中國後，又有法西斯運動。領導層中思想如此分歧，無怪乎一般知識分子，尤其是知識青年陷入苦悶的情緒之中，對中國出路感到彷徨。他們對蘇俄武裝革命道路和法西斯主義充滿疑惑，因而主張抗日，取消黨治，對國共都不滿的人傾向民主社會主義，試圖走第三條道路。「讀書雜誌派」被國民黨誤以爲組織「社會民主黨」，並予以打擊。據陳銘樞自述：「神州」同仁大都「不自覺地帶有社會民主主義傾向，有人說它是『社會民主黨的機關』，在國民黨元老中的人則說『神州社』同共產黨有聯繫」。〔註292〕而中共誤以爲「讀書雜誌派」組織「社會民主黨」，與左翼爭奪上海著作者協會領導權。儘管胡秋原、王禮錫都否認此事，卻反而激起了一部分信奉社會主義的人相信確有其事。這些游離於國共之外的各派，以及關心時事的知識分子對陳銘樞和十九路軍寄予厚望。陳銘樞公館一時間門庭若市，胡秋原在港月餘，雖也與這些人士交往，且受陳銘樞邀請爲十九路軍陣亡將士撰寫碑文並受到稱讚，〔註293〕其文采受到青睞，也爲其在「閩變」中負責文宣奠定基礎。在港期間他也感受到香港殖民地買辦文化的氛圍，與之相比，固然上海受十里洋場的影響，但還保持中國文化的底色。使他初步認識到西方的富強是建立在侵略其他民族利益之上，西方所謂自由民主價值的不徹底性，這成爲他 1935 年歐遊後轉向提倡新自由主義的思想因子。

陳銘樞在港期間，與十九路軍將領謀劃抗日反蔣大計，並有上中下三策，〔註294〕通過梅龔彬將「反蔣三策」計劃告知中共中央，並設法務求達成十九路軍與紅軍的停戰與合作。當胡秋原瞭解到陳銘樞等人打電報請蔡元培、楊杏佛來港，即是向他們請教聯絡中共之事，深感事態嚴重。不由得聯想到1927年大革命中幾乎差點喪命的經歷，認爲如果事態發展下去，勢必將他捲入其中，本想置身事外，已不可能！如果能挽救國運，他願意協助十九路軍開拓

〔註292〕朱宗震、汪朝光編：《陳銘樞回憶錄》，北京：中國文史出版社，1997年，第118頁。

〔註293〕早在十九路軍調往福建時，陳銘樞、蔣光鼐、蔡廷鍇就決定在廣州修建一座該軍陣亡將士公墓，曾請幾位老先生撰寫碑文，要麼不滿意，要麼未見下文，而胡秋原撰寫的碑文獲得首肯，該碑文豎立在十九路軍陣亡將士墓前，文革期間被毀。

〔註294〕上策是聯合粵、桂，擁護胡漢民和陳濟棠，以福建和十九路軍爲核心，建立新的政黨，聯合中共，發動民眾；中策是請胡漢民和李宗仁合作；下策聯絡中共，推李濟深爲領袖，甚至是孤軍奮戰。參見朱宗震、汪朝光編：《陳銘樞回憶錄》，北京：中國文史出版社，1997年，第121頁。

出一條新路，這是很值得期待的事情；如果失敗，中國如何團結抗日，又將
走向何處？他又該如何自處？帶著這些疑問，他於 7 月底回滬，召集編輯部
同仁，轉告福建與中央關係將會日趨惡化的情況。爲保「神州」，不得不讓《讀
書雜誌》與「神州」脫離關係，甚至停刊，函授學校等也一併結束。〔註295〕
胡秋原將已寫好的《讀書雜誌》「編後」廢棄，以脫離「神州」的聲明附於其
後，又刊出他辭去編輯啓事，《讀書雜誌》於 1933 年 9 月出版第 3 卷第 7 期
終結。胡秋原於 8 月間離滬赴港，直到抗戰勝利後的第二年才重返他揮毫論
戰、呼籲抗日的上海。

　　1933 年 11 月 20 日，經過多方奔走商議，陳銘樞聯合「第三黨」、國民黨
內反蔣民主人士，以及「讀書雜誌派」和許多自稱社會主義的人士，在福州
發動了震驚中外的「閩變」。在胡秋原看來，「閩變」的背景，主要是參加者
「對於當時政府不滿之情緒，反抗日本之心理，以及多年來社會主義之思想
宣傳合流而成的」。〔註296〕在這些人中，對陳銘樞影響最大的莫過於「讀書雜
誌派」。據陳銘樞回憶：「從接辦神州到福建人民政府階段，以王禮錫對我的
思想影響最大」，中國社會史論戰「給了我極大的影響，使我逐漸改變了政治
傾向，走向福建政變」。陳銘樞的回憶並不準確，「讀書雜誌派」中，如果說
王禮錫是社會史論戰的組織者和推動者，那麼胡秋原則扮演著思想者的角
色，前文述及在社會史論戰中王禮錫深受胡秋原思想的影響，這表明陳銘樞
實際上也受到胡秋原思想的影響。1933 年 10 月底，陳銘樞與胡秋原就將在福
州成立抗日反蔣新政府的談話，顯示出胡秋原作爲思想者深邃的思考。當胡
秋原問及把握時，陳銘樞認爲在一黨專政和對日不抵抗及「剿共」的局面下，
他們領導抗日，結束黨治，必定能打開一個新局面。事實上，陳銘樞過高估

〔註295〕據陳銘樞回憶：「胡曾宣告《讀書雜誌》脫離『神州』體系，而以『讀賣書店』
　　　　名義發行……胡秋原仍爲主編，經過情形不詳。不久即停刊」。參見朱宗震、
　　　　汪朝光編：《陳銘樞回憶錄》，北京：中國文史出版社，1997 年，第 149 頁。
　　　　另據梅方義回憶：「他（胡秋原）原有意在香港繼續出版《讀書雜誌》，後來
　　　　這計劃也放棄了」。參見梅方義：《回憶〈神州國光社〉與〈時代周報〉》，《中
　　　　華雜誌季刊》1993 年 12 月號。據胡秋原說，他宣告《讀書雜誌》脫離「神
　　　　州」，是有意在香港出版，不致連累神州，此計劃並未實現。參見陳銘樞遺著：
　　　　《〈神州國光社〉後半部史略·附錄 6》，《中華雜誌季刊》1993 年 3 月號。由
　　　　此可見，陳銘樞所說以「讀賣書店」名義發行，並不準確。
〔註296〕胡秋原：《在唐三藏與浮士德之間》，胡秋原：《〈在唐三藏與浮士德之間〉及
　　　　其他》，臺北：胡秋原自刊本，1962 年，第 17 頁。

計了自己的實力。正如他在回憶中所言：「當時我過分自信能夠聯合多數的抗日反蔣的派別，又深信全國軍民結成軍民一體來共同抗日」。〔註297〕胡秋原儘管贊同陳銘樞的主張，但由於在「文藝自由論辯」中，經歷過左翼理論家統戰中曾經反覆的經驗，對與中共簽署的《反日反蔣的初步協定》，以及中共能否靠得住充滿疑慮，「閩變」的失敗與中共未履行協定是分不開的，也證實了胡秋原的疑慮。

　　儘管如此，因胡秋原是「陳銘樞的親信」，〔註298〕與陳銘樞的秘書劉叔模，王禮錫、梅龔彬、王亞南等「神州」骨幹先後於 11 月初到福州參與籌劃「閩變」。他們幫助陳銘樞策劃「閩變」，扮演引導輿論、宣傳鼓吹、理論指導作用。任何新政權建立，必將宣傳其政治綱領，以獲取民心。陳銘樞等人也認識到輿論重要性，在「閩變」發動前，「讀書雜誌派」赴福州接管國民黨省黨部機關報《民國日報》，進行改版並作抗日反蔣的輿論宣傳，後改爲《人民日報》，成爲新政府的「喉舌」，彭芳草任總編輯，胡秋原任社長，負責新政府的文宣，且起草文件，提出言論方針，招待中外記者，接待各地來的文化界人士。針對外地報紙有關「閩變」的不利言論，有人主張扣留報紙，胡秋原認爲報紙上的言論與廣播中大同小異，且新政府標榜言論自由，因此無法禁止。當他把《人民日報》校樣遞給陳銘樞時說：「這些文章我都改過了，這都是歷史性的文件，有一種沉重的歷史感在驅使著我」。陳銘樞給予高度評價「你們這次來閩，發揮了很大作用。」〔註299〕不久胡秋原在新政府中擔任文化宣傳處主任，因「公務紛繁，無暇兼顧」，由王亞南接任。〔註300〕據筆者統計，《人民日報》從 1933 年 11 月 20 日至 1934 年 1 月 12 日，共發行 51 期，社論計有 48 篇，大都由胡秋原、王禮錫、王亞南、彭芳草撰寫。其中胡秋原親自撰寫的就有 9 篇，占 19%，可見其成爲引領輿論宣傳方面的關鍵人物。新政府成立的文化委員會，由陳銘樞主持，王禮錫、胡秋原、梅龔彬、王亞南等爲委員，王禮錫兼任秘書長，梅龔彬兼任民眾訓練處主任，胡秋原兼任

〔註297〕朱宗震、汪朝光編：《陳銘樞回憶錄》，北京：中國文史出版社，1997 年，第 139、119、120 頁。

〔註298〕《彭澤湘自述》，福建省檔案館編：《福建事變檔案資料 1933.11～1934.1》，福州：福建人民出版社，1984 年，第 277 頁。

〔註299〕陳光明：《勁旅之亡──十九路軍兵敗福建紀實》，北京：解放軍文藝出版社，1996 年，第 147 頁。

〔註300〕《人民日報・社長易人》（福州），1933 年 12 月 13 日。

文化宣傳處主任並「負責組織人民大學」。〔註301〕他們也是陳銘樞組織的「生產人民黨」的核心成員，據何公敢回憶：「陳在組成『生產人民黨』後擔任黨的主席，事實上是把文委會代替了『黨』，主持文化工作和群眾工作」。〔註302〕

「讀書雜誌派」不僅負責輿論宣傳，更重要的是新政府的「宣言、政綱早有陳銘樞的智囊團王禮錫、胡秋原、梅龔彬、彭芳草等擬好」。〔註303〕另據朱伯康回憶：「在陳銘樞家裏，禮錫、秋原、龔彬等襄助陳銘樞積極進行各種籌辦工作，我當時見到人民權利宣言草稿、政府草稿」。〔註304〕這些宣言與他們在《讀書雜誌》上的論戰觀點一脈相承，無一不體現其政治訴求。如果說「讀書雜誌派」通過思想論戰尋求中國出路的話，「閩變」則是其政治理念的具體實施。《人民權利宣言淺釋》：「中國革命之目的」，「排除帝國主義在中國勢力，打倒軍閥，剷除封建殘餘制度」，「發展人民經濟，實現徹底的民主政權」。〔註305〕新政府的使命是「把中國民族從危難中挽救出來，同時建設新的中國，保護人民的利益」。〔註306〕在土地政策上實行土地國有，計口授田，耕者有其田是解決土地問題的基本原則。上述綱領顯示其政權具有民主性質，對中國社會性質判斷和革命前途追求上與中共有相似之處。

二、和而不同——「讀書雜誌派」與「第三黨」在「閩變」中的思想分歧

正當很多人對第三條道路充滿期待之際，也恰恰是「第三黨」（農工民主黨的前身）和「讀書雜誌派」爭論的時候。後者中王禮錫兼備理論和實際政治經驗，此時已流亡歐洲。胡秋原和王亞南都是熱衷於理論研究的「書生」，缺乏實際的政治經驗。梅龔彬雖有實際政治經驗，但對革命的馬克思主義充滿質疑。對當時的政治局勢，「讀書雜誌派」並沒有一個系統而具體的主張。「閩變」雖然是陳銘樞李濟深等國民黨內反蔣的民主人士組織的，但在參與

〔註301〕《閩府籌設文教機構》，《北平晨報》1933 年 12 月 7 日。

〔註302〕何公敢：《「福建人民政府」和「生產人民黨」斷片》，《福建文史資料選輯》第 1 輯，福州：福建人民出版社，1963 年，第 4 頁。

〔註303〕蔡廷鍇：《回憶十九路軍在閩反蔣失敗經過》，《文史資料選輯》第 59 輯，北京：中華書局，1979 年，第 95 頁。

〔註304〕朱伯康：《憶王禮錫先生》，潘頌德編：《王禮錫研究資料》，北京：知識產權出版社，2010 年，第 313 頁。

〔註305〕《人民日報·號外》（福州），1933 年 12 月 2 日。

〔註306〕《人民革命政府成立》，《人民日報》（福州），1933 年 11 月 23 日。

的各派中「第三黨」是最有勢力者。出國期間，陳銘樞在巴黎與「第三黨」
領導人黃琪翔等人商談國事。在李濟深家中商談發動「閩變」的香港會議上，
「第三黨」的黃琪翔和章伯鈞成為座上賓。據梅方義自述：「李陳密議之時，
李的主張都是第三黨來的」。〔註307〕而在與中共的談判上，「第三黨」也扮演
了重要推手的角色，「章伯鈞和彭澤湘說動了李濟深，建議陳銘樞與中共談
判」。〔註308〕在「閩變」發動之後，「第三黨」有包辦之勢，這表明「第三黨」
在「閩變」中的地位和影響。據胡秋原自述：「閩變」中也有各黨派，「最有
勢力者是工農黨（即第三黨）。好多事情，都是他們決定的」。〔註309〕對於傳
言「閩變」是「第三黨和社會民主黨主持」之說，胡秋原回憶說：「當時有社
會民主思想，但實無黨的組織。福建事變之主體為十九路軍，促成之者實為
工農黨。國家主義派，神州國光社和其他自稱社會主義的人，是後來參加的。
由於共產黨和工農黨之威脅，後三方面的人才臨時組織『生產黨』以為對抗。
生產黨者，以為中國應以一切參加生產的人民為主，此包括民族資本家、工
人、農民、以及精神勞動者以及其他有益於生產的人民，如正當商人」。〔註
310〕胡秋原主張的「生產人民」，不僅有別於中共的無產階級（工人階級）之
說，也有別於「工農黨」（第三黨）強調的工農之說。

　　事實上，「第三黨」在「閩變」之前就試圖與「讀書雜誌派」進行合作。
1932年冬，因在炮火中停刊的《文化評論》已改為不定期出版的《文化季刊》，
也因經濟困難而難以為繼，「第三黨」的章伯鈞來找胡秋原商談，願意資助《文
化》出版，仍由胡秋原主編，「神州」發行。胡秋原同意與章伯鈞合辦，但條
件是保持《文化》的純學術性，即不為「第三黨」作政治宣傳，並改名為《國
際文化》。而當各派齊聚福州討論新政府產生程序、宣言、組織等時，因「第
三黨」是「閩變」的主要策動者，因此佔據優勢，引起了十九路軍的不滿。
這些人找到胡秋原說：「連日開會完全是『第三黨』主持一切，不是好現象。

〔註307〕梅方義：《回憶〈神州國光社〉與〈時代日報〉》，《中華雜誌季刊》1993年12
　　　　月號。
〔註308〕張漱菡：《胡秋原傳——直心巨筆一書生》，臺北：皇冠出版社，1988年，第
　　　　503頁。
〔註309〕胡秋原：《在唐三藏與浮士德之間》，胡秋原：《〈在唐三藏與浮士德之間〉及
　　　　其他》，臺北：胡秋原自刊本，1962年，第17頁。
〔註310〕胡秋原：《一百三十年來中國思想史綱》，臺北：學術出版社，1983年，第134
　　　　頁。

現在組織政府，與南京決裂，是自取孤立的下策。現在木已成舟，已難挽回，唯有在文字上，不要用『第三黨』口號，如『計口授田』之類，以免自亂陣腳。胡秋原深以爲然。自此胡在會議上常與『第三黨』辯論。因有『神州』同仁支持，常獲得通過。」〔註311〕

　　早在「閩變」發動前，十九路軍和「第三黨」在閩西的改革標榜「實現三民主義，實行耕者有其田，計口授田，將共（產）黨所分土地，從新分配」。〔註312〕實際上是將國民黨的建國理想與中共土地改革糅合在一起，是「第三黨」政治經濟主張的翻版和具體體現。與中共的「燒田契，鏟田界」等激烈階級鬥爭的土地革命不同，「計口授田」試圖通過自上而下的「恩賜式改良主義」調和階級鬥爭，以非暴力的「和平」方式「解決土地問題」，使農民獲得一份土地，從而達到農村社會的根本改造。而中共的土地革命政策則是「以暴動奪取土地」，「含著挑起階級鬥爭的性質」。〔註313〕「第三黨」在閩西推行「計口授田」政策，目的是爲對抗中共以激烈的階級鬥爭手段的土地政策，發展農村經濟，爭取群眾支持，維護福建的穩定，成爲反蔣抗日的重要基地。反映了他們對中國民主革命的要求，同時兼備反蔣又反共的兩面性。他們宣稱：「解決土地，一方面摧毀豪紳地主的統治，掃除鄉村寄生分子的剝削，肅清封建殘餘，另一方面是使社會向上發展，過渡到社會主義的歸宿」；並認爲「共產黨的土地革命是挑起農民鬥爭，實行其所謂世界革命的一種手段，並非眞正革命的目的」。〔註314〕「第三黨」的土地政策與陳銘樞通過「中國社會史論戰」獲得的農村理論基本相同，且都源自孫中山「耕者有其田」的思想。因此，「第三黨」的許多黨員成爲推行「計口授田」政策的骨幹，也是將陳銘樞自成一套的革命理論的具體化。由此可見，「第三黨」主張的「計口授田」政策，既要實現社會主義的理想，又要避免重走中共通過激烈的階級鬥爭的方式解決土地問題。反映了當時很多信奉社會主義，又不滿國共兩黨政策的中間知識分子試圖探索第三條道路的努力。但事實上，正如蔡廷鍇所言：「計口授田」政策「原來是想對抗共產黨打土豪分田地政策的，但這種恩賜式改

〔註311〕梅方義：《回憶〈神州國光社〉與〈時代日報〉》，《中華雜誌季刊》1993年12月號。

〔註312〕蔡廷鍇：《蔡廷鍇自傳》，哈爾濱：黑龍江人民出版社，1982年，第307頁。

〔註313〕《土地委員會委員劉競渡談關於計口授田意見》，《人民日報》（福州）1934年1月10日。

〔註314〕《江聲報》（廈門），1933年12月13日。

良主義，動員不了農民起來組織自衛軍保衛政權」。〔註315〕「因農民動員不起來，所謂人民革命實質上名不符實，地方政府還是老一套，頒佈的十八條政綱無法實現一條」。〔註316〕揭示了這種土地政策的局限性，同時也是「閩變」失敗的原因之一。

　　胡秋原等人與「第三黨」在土地改革等方面的分歧，實際上是對中國社會性質的不同認識，也是社會史論戰中「讀書雜誌派」的觀點在革命實踐中的反映。章伯鈞拜訪胡秋原，力求達成一致意見；但胡秋原堅持其在社會史論戰中的觀點，認為當前經濟上以安定為宜。儘管如此，章伯鈞等「第三黨」領導人認為閩西實行「計口授田」的改革卓有成效，因此應將此政策在福建推廣，成為新政府的政綱。據胡秋原自述：「工農黨又力主在福建實行土地改革，計口授田。因我們若干人對此堅決反對，才作罷論」。〔註317〕在胡秋原等人看來，「計口授田」在素有「八山一水一分田」之稱的福建是很難推行的，一旦成為政綱，大批的農民如果分不到田必然會導致社會混亂。他根據對中國社會史的研究認為：「共產黨分田，是裹脅農民的手段。唯有改革政治、發展交通實業，興修水利，改進耕作技術，同時減租減息，才能提高農業生產力，也才能團結整個農村，才能對抗共（產）黨。如果此時在毫無準備的情形之下，就許諾計口授田，其結果必然會自亂的」，「耕者有其田比較有彈性」。〔註318〕客觀而言，胡秋原的主張比「第三黨」更具操作性。在新政府的籌備會議上通過了由胡秋原起草的《人民權利宣言》，並提議為臨時約法，以「耕者有其田」代替「第三黨」力主的「計口授田」，宣言中提出的「生產人民」有別於中共的無產階級，而將肉體勞動與精神勞動並重，也與馬列主義不同。實際上，反映了胡秋原等人對 1930 年代中國革命的焦點──土地問題的認識。胡秋原主張的「生產人民」比中共的無產階級和「第三黨」的工農說範圍更廣，實際上是建立更廣泛的統一戰線，團結更多的民眾投入到抗日救亡

〔註315〕蔡廷鍇：《回憶十九路在閩反蔣失敗經過》，《文史資料選輯》第59輯，北京：中華書局，1979年，第78頁。

〔註316〕蔣光鼐：《對十九路軍與「福建事變」的補充》，《文史資料選輯》第59輯，北京：中華書局，1979年，第132頁。

〔註317〕胡秋原：《在唐三藏與浮士德之間》，胡秋原：《〈在唐三藏與浮士德之間〉及其他》，臺北：胡秋原自刊本，1962年，第17頁。

〔註318〕張漱菡：《胡秋原傳──直心巨筆一書生》，臺北：皇冠出版社，1988年，第522頁。

運動之中。據何公敢回憶說：「生產人民」其實在「當時只是一種標榜，思想上和在行動上距離很遠」。〔註319〕

「第三黨」在「閩變」前後活動頻繁，發展政治勢力，力圖實現其政治綱領。「閩變」所選用的國號「中華共和國」是「第三黨」決定的，用意是有別於「中華民國」和「中華蘇維埃共和國」，表示要走第三條道路。在討論胡秋原起草的《人民權利宣言》中，仍沿用「第三黨」提出的「實行計口授田」的文字，在新政府的機構中，「第三黨」佔據不少重要職位，影響力可見一斑。但在新政府的文件，胡秋原等「讀書雜誌派」扮演了極爲重要的作用。據蔣光鼐回憶說：「當時凡屬重要文件，陳銘樞多交給他的智囊──神州國光社主要人物胡秋原、王禮錫執筆主稿」。〔註320〕鑒於「第三黨」影響和不同勢力相互激蕩，陳銘樞要求黃琪翔解散「第三黨」，〔註321〕加入其組織並任主席的「生產人民黨」，下令閩府保護工商業，嚴禁共產黨活動，陳氏試圖以此爲中心領導革命。該黨宣言由胡秋原起草，「神州」同仁大都加入其中。當時有人傳言王禮錫、胡秋原組織「社會民主黨」，事實上是「生產人民黨」的誤傳。

參加「閩變」的各派「在『反蔣抗日』這一點上是一致的，但在政略上還未形成一致的主張，在戰略上則更欠考慮。例如在商決政綱時，胡秋原主張在各種『自由』上面，應加『絕對』一語，有人反對，胡力爭，便通過了」。

〔註319〕何公敢：《「福建人民政府」和「生產人民黨」斷片》，《福建文史資料選輯》第 1 輯，福州：福建人民出版社，1963 年，第 5 頁。

〔註320〕蔣光鼐：《對十九路軍與「福建事變」的補充》，《文史資料選輯》第 59 輯，北京：中華書局，1979 年，第 101 頁。

〔註321〕據何公敢回憶：「親見黃琪翔帶領了很多第三黨人員往密室中簽名，並在福州報紙（那時辦有《人民日報》）上聲明解散第三黨」。此外，「閩變」失敗後「生產人民黨」曾在香港成立組織，與宋慶齡主持的反帝民族解放大同盟混合在一起。「七・七」全面抗戰後，在南京胡秋原等人主張陳銘樞解散「生產人民黨」，經李濟深、蔣光鼐和蔡廷鍇商議後決定在南京登報解散，名義上解散了「中華民主革命同盟」，實際上「生產人民黨」也隨之解散。參見何公敢：《「福建人民政府」和「生產人民黨」斷片》，《福建文史資料選輯》第 1 輯，福州：福建人民出版社，1963 年，第 5、19 頁。有關解散「生產人民黨」還有另一種說法，1935 年，「生產人民黨」改稱「民族革命同盟」，鼓吹抗日與民主。1937 年抗戰開始，十九路軍將領奉召共赴國難，胡秋原自美歸國一道入京，認爲中央已實現當初的抗日主張，建議正式宣佈解散「民族革命同盟」，參加抗戰。而民主的主張，是在憲法頒佈後實現。抗戰和制憲是民國史上的大事，胡秋原均參與其中。參見張漱菡：《胡秋原傳──直心巨筆一書生》，臺北：皇冠出版社，1988 年，第 540 頁。

〔註322〕胡秋原力主言論思想自由，是其「自由人」、「自由知識階級」和「自由主義的馬克思主義」思想的反映。「讀書雜誌派」與「第三黨」儘管在土地政策等問題上存在分歧，但事實上他們對於國共都不滿，也都試圖尋求挽救民族危亡的第三條道路。正是建立在這種思想認識的基礎上，使他們成為「閩變」中的主導力量。

在胡秋原所起草的政綱和宣言中，提出中國是「在帝國主義者統治下半封建的社會，中國革命之最大目的，在消滅帝國主義者在華之宰割；同時掃除一切封建勢力，以樹立完全代表人民權利之政府」；〔註323〕「要發展人民經濟，實現徹底的民主政權」。〔註324〕主張民族獨立、政治民主化和經濟工業化、言論出版自由、結束一黨專政、停止內戰、一致抗日、中國出路在於民族問題而非階級鬥爭等。與胡秋原等人在「中國社會史論戰」中的主張一脈相承，都觸及到 1930 年代中國最現實問題的焦點。「閩變」的領導人都傾向馬克思主義，對社會主義充滿嚮往。據何公敢回憶，在香港時陳銘樞就曾問及「將來舉事，標榜馬列主義，何如」？「我表示贊同（彼此實在都未認真認識）」。在蔣光鼐處也見到其讀唯物史觀一類的書，並從他那裏得知陳銘樞要求十九路軍將領都讀此類書。李濟深也「談起社會主義來」，蔡廷鍇等人也聚集在一起談論馬克思主義。〔註325〕「閩變」中的很多主張與中共的觀點有頗多相似之處，但在「起事次日，莫斯科及中共都廣播攻訐」。〔註326〕中共中央機關報《紅旗周報》發表社論，攻擊王禮錫、胡秋原等人是 AB 團成員，組織「社會民主黨」；將十九路軍抗日反蔣的壯舉視為「用新的欺騙，以民族改良主義的武斷宣傳來愚弄群眾……來奪取反動統治的領導權，去挽救資產階級的最後的崩潰」。由此斷定「閩變」是為了在「有利的條件，繼續進攻紅軍和蘇區，鎮壓福建的革命運動」，「閩變將加速帝國主義侵略中國」。〔註327〕儘管「閩變」

〔註322〕何公敢：《「福建人民政府」和「生產人民黨」斷片》，《福建文史資料選輯》第 1 輯，福州：福建人民出版社，1963 年，第 15 頁。

〔註323〕《人民政綱——最低綱領十八條》，《國聞周報》第 10 卷第 48 期，1933 年 12 月 4 日。

〔註324〕《人民權利宣言淺釋》，《人民日報·號外》（福州），1933 年 12 月 2 日。

〔註325〕何公敢：《「福建人民政府」和「生產人民黨」斷片》，《福建文史資料選輯》第 1 輯，福州：福建人民出版社，1963 年，第 9 頁。

〔註326〕胡秋原：《在唐三藏與浮士德之間》，胡秋原：《〈在唐三藏與浮士德之間〉及其他》，臺北：胡秋原自刊本，1962 年，第 17 頁。

〔註327〕《福建的事變與我們的任務》，《紅旗周報》第 63 期，1934 年 1 月 1 日。

的爆發迫使蔣介石從第五次「圍剿」的前線抽調兵力，減輕了對蘇區和紅軍的壓力，但十九路軍與紅軍簽署的初步協定卻未換回中共的支持。證實了當初簽訂協議時胡秋原的憂慮，可見其敏銳的觀察和深刻的洞見。雖然「閩變」在政治軍事上以失敗而告終，但「第三黨」在閩西進行以非暴力、和平的土地改革；「讀書雜誌派」起草的抗日反蔣的政治綱領和宣言，民主社會主義的思想理念，對自由民主、公平正義等理念的追求，以及各派合作建立的人民政府；可以說是對社會主義制度的發展和對中國出路的探索，都產生了積極影響。

三、對中國出路的初步思考

「讀書雜誌派」在「閩變」中所起草的政綱和宣言，實際上是他們在中國社會史論戰中觀點的體現。在「閩變」前的籌備會上討論新政府的準備工作時，基於美、法、俄革命先例，胡秋原提議應由人民代表會議發表人民權利宣言和政治綱領，作爲新政府成立的依據，這兩份宣言都是由胡秋原起草的。他認爲當時外有日本侵略，而內部紛爭不斷的背景下，首要問題是民族獨立，其次是實現政治民主化和經濟工業化，爲團結全民一致抗日提供政治保證和奠定堅實的物質基礎。這就「必須結束一黨政治，停止內戰，發展科學技術，改革財政，肅清貪污」。〔註328〕這些恰恰是南京政府沒有顧及到的，從而導致日本侵略加深，國勢日微，這也是成立新政府的根本原因。在「救護國家，保障人權」的宗旨下，胡秋原提出最低政綱十八條。〔註329〕政綱和宣言雖然是爲新政府起草的，但事實上也是胡秋原政治思想的反映。從政綱和宣言中，可以看出自由、民主、人道理念是其一以貫之的思想。國民黨對內武裝鎮壓和對日妥協的外交政策，中共在革命的馬克思主義指導下的激烈的階級鬥爭和武裝革命，與胡秋原追求的公平正義的社會主義理想社會相距甚遠，注定他參與「閩變」尋求有別於國共兩黨的第三條道路——民主社會主義，這也同樣是當時參與「閩變」的知識分子的政治訴求。

1925 年以來，胡秋原醉心於馬克思主義已有七年之久。自從日本歸國以

〔註328〕張漱菡：《胡秋原傳——直心巨筆一書生》，臺北：皇冠出版社，1988 年，第520 頁。

〔註329〕《人民政綱——最低綱領十八條》，《國聞周報》第 10 卷第 48 期，1933 年 12月 4 日；又見福建省檔案館編：《福建事變檔案資料 1933.11～1934.1》，福州：福建人民出版社，1984 年，第 36～37 頁。

來，先後參加「文藝自由論辯」和「中國社會史論戰」，投入到抗日救亡與探索中國出路中。特別是首次參與「閩變」的實際政治活動，目睹社會革命現實的許多情況，又接觸到各派政治人物之後，使他深深認識到中國革命的首要問題是民族鬥爭，而不是中共宣揚的階級鬥爭，與馬克思主義中的無產階級專政，以及馬克思從研究西歐歷史的結論中總結出來的社會形態發展規律沒有必然的聯繫。在現實中接觸的各派知識分子喜談馬克思主義，而實際上他們對馬克思主義的瞭解多是經蘇俄傳播來的，難免會出現斷章取義、生吞活剝、為我所用式的理解，缺乏對馬克思主義理論的深入研究，因此也多是虛淺而又錯誤的。對於有人大談馬克思主義，胡秋原提出「這也算馬克思主義的疑問」？〔註330〕有了這種感悟之後，進一步加劇了他對革命的馬克思主義的質疑和離心傾向。這與當時一般知識青年和學人對革命的馬克思主義的尊奉態度形成鮮明的對比，也成為他 1935 年目睹莫斯科大審後最終放棄馬克思主義的思想先導。

胡秋原在為「生產人民黨」起草的宣言中，宣稱「中國革命是民族革命，在經濟上須求中國之工業化，在政治上要實現民主政治。當前任務是成立一個全民政府，再來一個更偉大的『一·二八』戰爭」。這實際上是胡秋原起草的人民政府宣言的簡化版，反映了其對當時中國革命的認識。顯而易見，胡秋原提出的「民族革命」與中共主張通過激烈的階級鬥爭實現無產階級專政是不同的。「經濟工業化」和「實現民主政治」，「成立全民政府」抵抗日本侵略的主張也符合當時中國革命的實際。多年後，胡秋原在回憶「閩變」時說：「我當時相信，中國應由抗日而實現獨立，民主化、工業化；不過，應走社會主義道路」。對於生平第一次參加政治活動的胡秋原來說，「得到許多經驗與教訓，人與人之間關係之實際。在思想上，對馬克思主義迷信漸減，而對共（產）黨益抱戒心。同時，我從此深信武裝的鬥爭、革命，政變，都是不可以的。從此我再也不與軍人談論政治」。〔註331〕換言之，這是當時胡秋原對中國出路的初步思考，在對外方面力主全民團結一致武力抗日，但對於內部爭論，必須以和平方式解決。思想上與馬克思主義的情緣漸行漸遠，直到西

〔註330〕張漱菡：《胡秋原傳——直心巨筆一書生》，臺北：皇冠出版社，1988 年，第 529 頁。

〔註331〕胡秋原：《在唐三藏與浮士德之間》，胡秋原：《〈在唐三藏與浮士德之間〉及其他》，臺北：胡秋原自刊本，1962 年，第 18 頁。

行歐遊後最終放棄馬克思主義，開啓一生思想上的第二次轉變，轉向構建新自由主義和文化史觀時期。

「閩變」失敗「神州國光社的政治靠山倒了下去，也就回到以往無聲無息的老樣兒」。〔註332〕總社和全國分部都被政府查封，以至於「神州在經濟上受到致命的打擊，並由於經營不善，到了破產的邊緣」。〔註333〕「神州」已無力收購稿件出版新書了，這對於流落到香港以著文為生的胡秋原來說更是雪上加霜。由於他一度成為馬克思主義的追隨者，在「文藝自由論辯」和「中國社會史論戰」中都使用馬克思主義話語，參與「閩變」嚮往社會主義，因此流落香港時被人告密為「共產黨」，這次被捕使他體會到自由的可貴，也認識到以自由相標榜的英國對於異族卻並不自由的實質，西行歐遊過程中看到更多的有色人種遭受到白種人的壓迫和奴役，進一步使他認識到西方殖民者所宣揚的自由是狹隘的，不徹底的，也是他提倡新自由主義的原因之一。胡秋原被捕後經保釋「自動離境」赴歐洲西遊，讀書譯書之際，仍不忘呼籲抗日救亡。胡秋原因參與「閩變」，直到1962年在臺灣發生的中西文化論戰中，被憤怒青年李敖攻擊為「叛國行動」，十九路軍「聯俄聯共」，抗日「只不過是一個幌子」。〔註334〕胡秋原走向法庭，駁斥這種亂帶「紅帽子」的政治清算行為〔註335〕，同時也為十九路軍的愛國行為辯護。

「中國社會史論戰」、「文藝自由論辯」、「現代化」問題的討論及其影響到西化派內獨裁與民主之爭，反映了三十年代不少知識分子的傾向是「拒絕土地革命及左右獨裁，要求思想自由，對中國前途則有一種模糊的社會主義的信念，這大體上是折衷的，即調和自由主義與馬克思主義，折衷於歐美與蘇俄之間的社會民主主義，而這也便是希望國共之外之前途」。而當務之急是「主張抵抗日本與取消黨治。福建事變以此為號召，這便是參加這三種論爭的人很多參加福建事變的原因」。〔註336〕這裏所說的「拒絕土地改革」是指「拒絕通過激烈的階級鬥爭來實現土地革命」，事實上大多數人還是支持土地改革

〔註332〕曹聚仁：《神州國光社》，《曹聚仁書話》，北京：北京出版社，1998年，第189頁。
〔註333〕俞巴林：《關於神州國光社的情況》，《古舊書訊》1981年第3期。
〔註334〕李敖：《胡秋原的真面目》，《文星雜誌》（臺北）1962年10月。
〔註335〕胡秋原：《反對誹謗及亂戴紅帽》、《此風不可長》、《誹謗集團公然煽動政治清算問題》，臺北：學術出版社，1963年。
〔註336〕胡秋原：《一百三十年來中國思想史綱》，臺北：學術出版社，1983年，第133～134頁。

的，以達到對農村社會改造的目的。只是他們支持土地改革的方式是非暴力的、和平的改良主義。多年後他在闡述參加「福建事變」的原因時說：「『九・一八』、『一・二八』後，我已力主舉國團結抗日。在抗日之中和勝利以後，中國必須進行工業化，民主化。這是中國落後之處。為了工業化，必先發展民族資本，然後實行社會主義」。〔註 337〕這種認識符合中國的現實和發展方向。如果說胡秋原等人在「中國社會史論戰」中還限於理論探討，那麼「閩變」則是其理論觀點在現實革命實踐中的反映。他們在「閩變」中的地位和作用，不僅體現在組織上，而且在政綱和宣言中無一不體現他的思想傾向。但長期以來胡秋原等中間知識分子在民族危機深重時期，對中國出路的思考和探索卻受到指責。客觀而言，正是這些思想認識，使他們在 1930 年代的思想界留下了濃重的一筆，其自由、民主、人道、平等、公正的理念和對社會主義的追求等價值並未因「閩變」的失敗而煙消雲散，相反卻愈發顯示出思想價值。

小　結

在國共兩黨對峙的政治環境下，「讀書雜誌派」的思想理念和政治訴求，在國民黨眼中他們是反叛者，中共將其視為反馬克思主義者。長期以來被列為「異類」，有意無意地遮蔽掉了，處於被失語的狀態，在學界研究中備受冷落。時過遷境，我們摒棄情緒化思維定式和意識形態的影響，站在客觀的學術立場上，該如何看待他們的價值理念和政治訴求呢？

事實上，「讀書雜誌派」大都是熱衷於政治的青年學子，與國共兩黨有過不同程度的組織關係，在大革命中捲入過政治鬥爭，接受過戰鬥的洗禮。1927年國共兩黨分裂後，作為「正在彷徨歧途，不知所向的小資產階級的青年們」，〔註 338〕也和那個時代游離於國共之外的許多中間知識分子一樣經歷了理想的幻滅和革命熱情的消沉。面對大革命失敗後的中國局勢，為中國前途擔憂，既對國民黨失望，也不理解當時「左」得出奇的政治和文壇紛爭，因而從「政治人」轉向「文化人」，在《讀書雜誌》上組織中國社會性質的討論和中國社

〔註 337〕 胡秋原：《自序・我的時代與我的思想》，李敏生編：《中華心・胡秋原政治文藝哲學文選》，北京：社會科學文獻出版社，1995 年，第 2 頁。

〔註 338〕 迪可：《論第三黨》，藍玉光編：《第三黨討論集》，上海：黃葉書局，1928 年，第 4 頁。

會史論戰，從學理上進行思想論辯，達成共識。作爲當時國共之間的「邊緣勢力」，試圖站在激進與保守之間的中間立場，通過學術論辯宣示其強烈的現實政治訴求，目的是解答「中國向何處去」的問題，尋求一條中道的立國之道。「閩變」是其政治訴求的體現，提出「人民是國家的主幹，國家是人民的代表，人民固應對國家盡義務，國家也要給人民以權利」。〔註 339〕他們對社會性質的判斷、反蔣抗日、爭取自由、取消黨治、建立民主政府等都觸及到當時中國社會所面臨現實問題中的焦點。傾向於探索出有別於國共的民主社會主義——第三條道路。這是當時許多中間知識分子的傾向，甚至和國共兩黨相聯繫的不少人也贊成走這條路。胡秋原、王禮錫等自由知識分子被有政治企圖且喜歡結交文人的陳銘樞招攬至「神州」旗下，爲探索第三條道路搖旗吶喊，進行輿論宣傳。縱觀胡秋原等人在「神州」麾下，無論是參與「中國社會史論戰」、還是支持十九路軍淞滬抗日救亡，抑或是參與「閩變」，他們始終扮演陳銘樞文膽的角色。如果說十九路軍是陳銘樞的「槍桿子」，是其革新政治所依靠的軍事後盾；胡秋原等人則當之無愧是其「筆桿子」，是陳銘樞爲實現政治抱負而藉重的思想靈魂和政治智囊。

　　「讀書雜誌派」的政治訴求與中共有很多相似之處，也以馬克思主義作爲思想理論武器，但反對教條式運用；同時又有自由主義理念，正是這一點上既不爲國民黨所喜，也與中共格格不入，因而在革命路徑的選擇上與國共不同，帶有更多的學理性色彩，又因對中國革命的複雜性認識不足，注定其難以獲得更多支持，但他們在建設現代化強國的目標上卻殊途同歸。1930 年代，在當時兩大政黨對峙的社會環境下，「讀書雜誌派」的立國訴求雖然失敗了，但他們對中國出路探索的思想價值，並未隨著成王敗寇的邏輯而煙消雲散。威權體制的建立，「固然解決了救亡與民族統一的問題」，但他們「對馬克思思想體系中有關人道、民主的許多可貴遺產」的探索卻被扼殺了。〔註 340〕「讀書雜誌派」隨著「閩變」的失敗產生分化，各自走向不同的政治道路。不能因後來政治立場的走向，將他們「完全排除」在「信從過唯物史觀的人」之外，〔註 341〕否認他們研究馬克思主義、追尋社會主義道路作出的探索及其貢獻。

〔註 339〕《人民權力宣言》，《人民日報》（福州）1933 年 11 月 20 日。
〔註 340〕趙慶河：《讀書雜誌與中國社會史論戰（1931～1933）》，臺北：稻禾出版社，1995 年，第 16 頁。
〔註 341〕王學典：《唯物史觀派史學的學術重塑》，《歷史研究》2007 年第 1 期。

　　尤其值得注意的是，在「讀書雜誌派」中扮演思想靈魂、以「自由人」
著稱的胡秋原，以英勇無畏、沖決文化「圍剿」羅網的精神，在當時上海文
化界存在非楊即墨、形而上學偏頗的年代，他不僅參與思想論戰，主張言論
思想自由，提倡人道主義，成為中國較早反對馬克思主義機械唯物論的學者。
更重要的是在民族危機深重之際，為尋求中國向何處去問題的答案，投身到
抗日救亡運動之中，並通過「閩變」來實現其立國訴求。在政治風雲變幻的
1930 年代，胡秋原作為「神州」思想靈魂，在「提供精神食糧，喚起國人的
覺醒」方面功不可沒。〔註 342〕儘管「閩變」失敗後流亡海外，但他依然繼續
高擎民族主義和抗日大旗，發揚民族主義與中國文化，探索中國出路。無論
是 1935 年赴莫斯科幫助中共編輯《救國時報》和《全民月刊》，還是抗戰期
間創辦《時代周報》、《祖國》、《民主政治》乃至赴臺後創辦《中華雜誌》，胡
秋原繼承了當年的民族主義和抗日的精神遺產。這些刊物可以看作他在《讀
書雜誌》之後對中國出路的繼續探索，並歸結為民族主義和復興中國文化的
立場，尤其是他提出中國前途要「超越傳統、超越西化、超越俄化」，走自己
的路，主張兩岸和平統一，創造一個屹立於世界的文化經濟大國的主張，可
謂是對當年中國向何處去問題的回答。這種主張即便是進入 21 世紀的當下，
對於處理海峽兩岸關係依然不無裨益。胡秋原卓然獨立的思想長期以來受
「左」傾錯誤和意識形態的影響，其思想價值被湮沒了。蕩滌思想上的塵埃
和左右之爭，重新審視其見解，仍不失其思想的價值和光輝。

〔註 342〕邢天生：《神州國光社回憶片斷》，宋原放主編：《中國出版史料》（現代部分）
　　　　第 1 卷上冊，濟南：山東教育出版社，2001 年，第 281 頁。